에듀윌과 함께 시작하면,
당신도 합격할 수 있습니다!

대학 진학 후 진로를 고민하다 1년 만에
서울시 행정직 9급, 7급에 모두 합격한 대학생

다니던 직장을 그만두고
어릴 적 꿈이었던 경찰공무원에 합격한 30세 퇴직자

용기를 내 계리직공무원에 도전해
4개월 만에 합격한 40대 주부

직장생활과 병행하며 7개월간 공부해
국가공무원 세무직에 당당히 합격한 51세 직장인까지

누구나 합격할 수 있습니다.
시작하겠다는 '다짐' 하나면 충분합니다.

마지막 페이지를 덮으면,

에듀윌과 함께
공무원 합격이 시작됩니다.

6년간 아무도 깨지 못한 기록
합격자 수 1위
에듀윌
합격자 모임 실제 현장 (서울 강남 코엑스)
KRI 한국기록원 2016, 2017, 2019년 공인중개사 최다 합격자 배출 공식 인증
(2022년 현재까지 업계 최고 기록)

합격자 수 1,800%* 수직 상승! 매년 놀라운 성장

에듀윌 공무원은 '합격자 수'라는 확실한 결과로 증명하며 지금도 기록을 만들어 가고 있습니다.

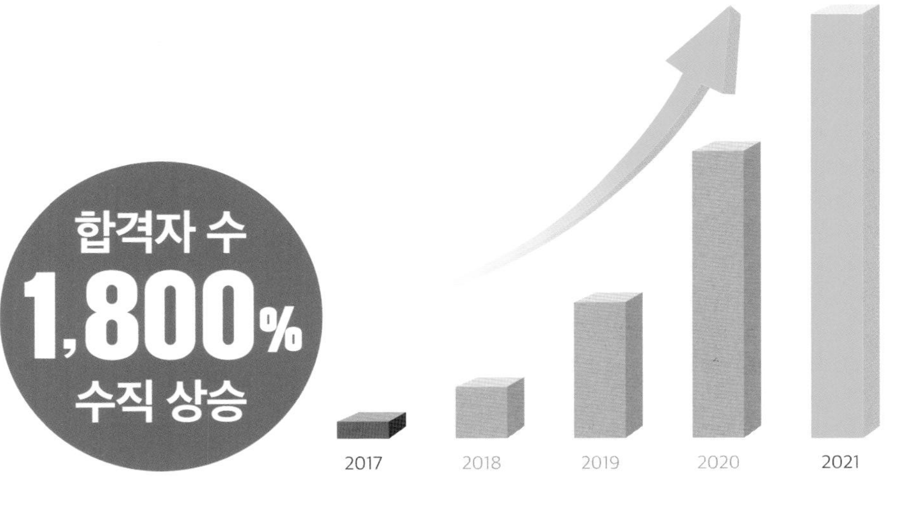

합격자 수를 폭발적으로 증가시킨 독한 평생패스

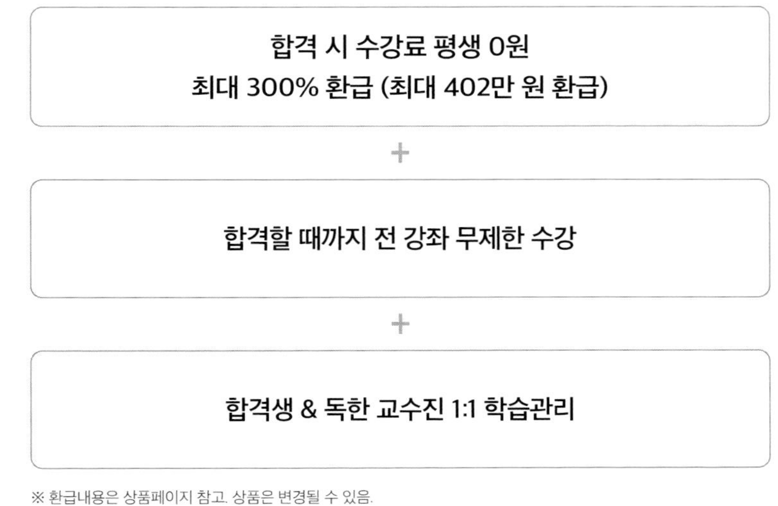

※ 환급내용은 상품페이지 참고. 상품은 변경될 수 있음.

상품 페이지

* 2017/2021 에듀윌 공무원 과정 최종 환급자 수 기준

eduwill

강의 만족도 99%* 명품 강의

에듀윌 공무원 전문 교수진! 합격의 차이를 직접 경험해 보세요

합격자 수 1,800%* 수직 상승으로 증명된 합격 커리큘럼

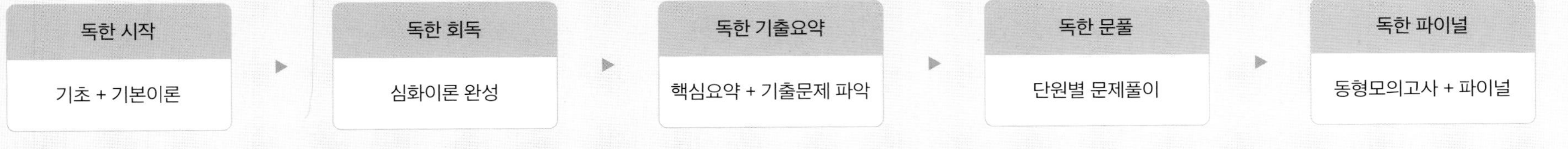

* 2017/2021 에듀윌 공무원 과정 최종 환급자 수 기준
* 7·9급공무원 대표 교수진 2021년 7월 강의 만족도 평균 (배영표/성정혜/신형철/윤세훈/강성민)
* 경찰공무원 대표 교수진 2020년 11월 강의 만족도 평균
* 소방공무원 대표 교수진 2020년 12월 강의 만족도 평균
* 계리직공무원 대표 교수진 2021년 9월~11월 강의 만족도 평균

에듀윌 직영학원에서 합격을 수강하세요!

우수한 시설과 최강 전문 교수진, 독한 에듀윌 합격시스템 '아케르[ācer]'*

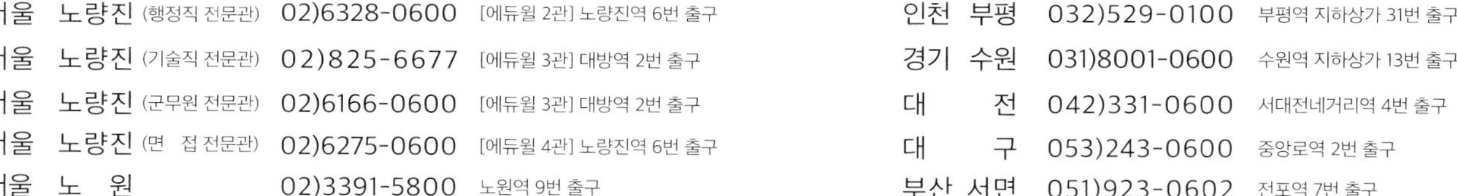

서울 노량진 (행정직 전문관)	02)6328-0600	[에듀윌 2관] 노량진역 6번 출구
서울 노량진 (기술직 전문관)	02)825-6677	[에듀윌 3관] 대방역 2번 출구
서울 노량진 (군무원 전문관)	02)6166-0600	[에듀윌 3관] 대방역 2번 출구
서울 노량진 (면 접 전문관)	02)6275-0600	[에듀윌 4관] 노량진역 6번 출구
서울 노 원	02)3391-5800	노원역 9번 출구
인천 부평	032)529-0100	부평역 지하상가 31번 출구
경기 수원	031)8001-0600	수원역 지하상가 13번 출구
대 전	042)331-0600	서대전네거리역 4번 출구
대 구	053)243-0600	중앙로역 2번 출구
부산 서면	051)923-0602	전포역 7번 출구

에듀윌의 상징 노란색의 환한 학원 입구

고품질 영상 및 음향 장비를 갖춘 최고의 강의실

언제나 전문 학습 매니저와 상담이 가능한 안내데스크

재충전을 위한 카페 분위기의 아늑한 휴게실

넉넉한 수납 공간의 개인사물함

* ācer: '독한, 강한, 예리한'의 뜻을 가진 라틴어

2021 공무원 수석 합격자* 배출!
합격생들의 진짜 합격스토리

에듀윌 강의·교재·학습시스템의 우수성을 2021년도에도 입증하였습니다!

에듀윌 커리큘럼을 따라가며 기출 분석을 반복한 결과 7.5개월 만에 합격

권○혁 지방직 9급 일반행정직 최종 합격

샘플 강의를 듣고 맘에 들었는데, 가성비도 좋아 에듀윌을 선택하게 되었습니다. 특히, 공부에 집중하기 좋은 깔끔한 시설과 교수님께 바로 질문할 수 있는 환경이 좋았습니다. 학원을 다니면서 에듀윌에서 무료로 제공하는 온라인 강의를 많이 활용했습니다. 늦게 시작했기 때문에 처음에는 진도를 따라가기 위해서 활용했고, 그 후에는 기출 분석을 복습하기 위해 활용했습니다. 마지막에 반복했던 기출 분석은 합격에 중요한 영향을 미쳤던 것 같습니다.

고민없이 에듀윌을 선택, 온라인 강의 반복 수강으로 합격 완성

박○은 국가직 9급 일반농업직 최종 합격

공무원 시험은 빨리 준비할수록 더 좋다고 생각해서 상담 후 바로 고민 없이 에듀윌을 선택했습니다. 과목별 교재가 동일하기 때문에 한 과목당 세 교수님의 강의를 모두 들었습니다. 심지어 전년도 강의까지 포함하여 강의를 무제한으로 들었습니다. 덕분에 중요한 부분을 알게 되었고 그 부분을 집중적으로 먼저 외우며 공부할 수 있었습니다. 우울할 때에는 내용을 아는 활기찬 드라마를 틀어놓고 공부하며 위로를 받았는데 집중도 잘 되어 좋았습니다.

체계가 잘 짜여진 에듀윌은 합격으로 가는 최고의 동반자

김○욱 국가직 9급 출입국관리직 최종 합격

에듀윌은 체계가 굉장히 잘 짜여져 있습니다. 만약, 공무원이 되고 싶은데 아무것도 모르는 초시생이라면 묻지 말고 에듀윌을 선택하시면 됩니다. 에듀윌은 기초·기본이론부터 심화이론, 기출문제, 단원별 문제, 모의고사, 그리고 면접까지 다 챙겨주는, 시작부터 필기합격 후 끝까지 전부 관리해 주는 최고의 동반자입니다. 저는 체계적인 에듀윌의 커리큘럼과 하루에 한 페이지라도 집중해서 디테일을 외우려고 노력하는 습관 덕분에 합격할 수 있었습니다.

다음 합격의 주인공은 당신입니다!

더 많은
합격스토리

* 2021 국가직 7급 검찰직 수석 합격

eduwill

1초 합격예측 모바일 성적분석표

1초 안에 '클릭' 한 번으로 성적을 확인하실 수 있습니다!

활용 GUIDE
실시간 성적분석 방법!
STEP 1
QR 코드 스캔
STEP 2
모바일 OMR 입력
STEP 3
자동채점 & 성적분석표 확인

STEP 1

QR 코드 스캔
2020
9월 26일 시행
국가직
• 교재의 QR 코드를 모바일로 스캔 후 에듀윌 회원 로그인
• QR 코드 하단의 바로가기 주소로도 접속 가능

STEP 2

모바일 OMR 입력
답안입력
• 회차 확인 후 '응시하기' 클릭
• 모바일 OMR에 답안 입력
• 문제풀이 시간까지 측정 가능

STEP 3

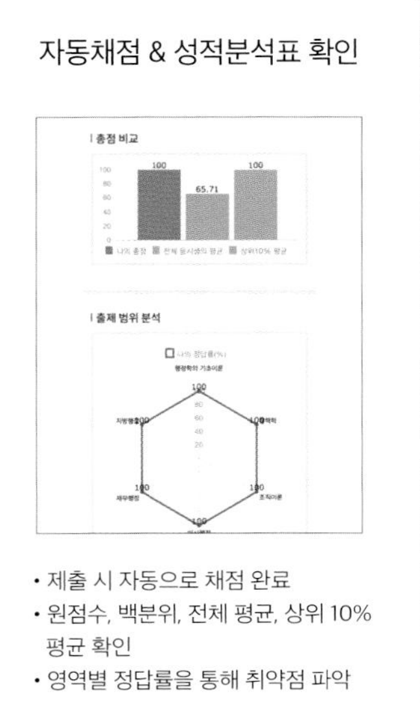

자동채점 & 성적분석표 확인
• 제출 시 자동으로 채점 완료
• 원점수, 백분위, 전체 평균, 상위 10% 평균 확인
• 영역별 정답률을 통해 취약점 파악

※ 본 서비스는 에듀윌 공무원 교재(연도별, 회차별 문항이 수록된 교재)를 구입하는 분에게 제공됨.

eduwill

스스로 계획하는

3회독 완성 SELF 플래너

합격을 위한 나의 목표를 세워보세요!

★1회독 완료: ___월 ___일까지 2회독 완료: ___월 ___일까지 3회독 완료: ___월 ___일까지

PART	CHAPTER	1회독	2회독	3회독
1 행정법 통론	01 행정	__월 __일 ☐	__월 __일 ☐	__월 __일 ☐
	02 행정법 개설	__월 __일 ☐	__월 __일 ☐	__월 __일 ☐
	03 행정법의 지도원리	__월 __일 ☐	__월 __일 ☐	__월 __일 ☐
	04 행정법의 법원(法源)	__월 __일 ☐	__월 __일 ☐	__월 __일 ☐
	05 행정법의 일반원리	__월 __일 ☐	__월 __일 ☐	__월 __일 ☐
	06 행정법의 효력	__월 __일 ☐	__월 __일 ☐	__월 __일 ☐
	07 행정법 관계	__월 __일 ☐	__월 __일 ☐	__월 __일 ☐
	08 행정법상 관계의 형성	__월 __일 ☐	__월 __일 ☐	__월 __일 ☐
	09 공법행위	__월 __일 ☐	__월 __일 ☐	__월 __일 ☐
2 일반행정작용법	01 행정입법	__월 __일 ☐	__월 __일 ☐	__월 __일 ☐
	02 행정행위	__월 __일 ☐	__월 __일 ☐	__월 __일 ☐
	03 행정행위의 요건과 효력	__월 __일 ☐	__월 __일 ☐	__월 __일 ☐
	04 행정행위의 하자	__월 __일 ☐	__월 __일 ☐	__월 __일 ☐
	05 그 밖의 행정의 주요행위형식	__월 __일 ☐	__월 __일 ☐	__월 __일 ☐
3 행정절차 · 행정 정보공개	01 행정절차	__월 __일 ☐	__월 __일 ☐	__월 __일 ☐
	02 개인정보보호와 정보공개청구	__월 __일 ☐	__월 __일 ☐	__월 __일 ☐
	03 권리구제를 위한 개별법률	__월 __일 ☐	__월 __일 ☐	__월 __일 ☐

PART	CHAPTER	1회독	2회독	3회독
4 행정의 실효성 확보수단	01 실효성 확보수단의 체계	__월 __일 ☐	__월 __일 ☐	__월 __일 ☐
	02 행정상 강제집행	__월 __일 ☐	__월 __일 ☐	__월 __일 ☐
	03 행정상 즉시강제와 행정조사	__월 __일 ☐	__월 __일 ☐	__월 __일 ☐
	04 행정벌	__월 __일 ☐	__월 __일 ☐	__월 __일 ☐
	05 새로운 의무이행 확보수단	__월 __일 ☐	__월 __일 ☐	__월 __일 ☐
5 행정구제법 I	01 행정구제	__월 __일 ☐	__월 __일 ☐	__월 __일 ☐
	02 손해배상	__월 __일 ☐	__월 __일 ☐	__월 __일 ☐
	03 손실보상	__월 __일 ☐	__월 __일 ☐	__월 __일 ☐
6 행정구제법 II	01 행정심판	__월 __일 ☐	__월 __일 ☐	__월 __일 ☐
	02 행정소송	__월 __일 ☐	__월 __일 ☐	__월 __일 ☐

⇩ 1회독 완성 ⇩ 2회독 완성 ⇩ 3회독 완성

따라하는

3회독 완성 SELF 플래너

합격을 위한 나의 목표를 세워보세요!

★1회독 완료: ___월 ___일까지　2회독 완료: ___월 ___일까지　3회독 완료: ___월 ___일까지

PART	CHAPTER	1회독	2회독	3회독
1 행정법 통론	01 행정	1	1	1
	02 행정법 개설			
	03 행정법의 지도원리	2		
	04 행정법의 법원(法源)	3		
	05 행정법의 일반원리	4	2	
	06 행정법의 효력	5		
	07 행정법 관계	6	3	
	08 행정법상 관계의 형성	7	4	2
	09 공법행위	8		
2 일반행정작용법	01 행정입법	9	5	
	02 행정행위	10~12	6~7	
	03 행정행위의 요건과 효력	13	8	3
	04 행정행위의 하자	14~15	9	
	05 그 밖의 행정의 주요행위형식	16~17	10	
3 행정절차·행정 정보공개	01 행정절차	18	11	4
	02 개인정보보호와 정보공개청구	19	12	
	03 권리구제를 위한 개별법률			

PART	CHAPTER	1회독	2회독	3회독
4 행정의 실효성 확보수단	01 실효성 확보수단의 체계	20	13	5
	02 행정상 강제집행			
	03 행정상 즉시강제와 행정조사	21		
	04 행정벌	22	14	
	05 새로운 의무이행 확보수단	23		
5 행정구제법 I	01 행정구제	24~25	15	6
	02 손해배상			
	03 손실보상	26	16	
6 행정구제법 II	01 행정심판	27	17	7
	02 행정소송	28~30	18~20	
		⇩	⇩	⇩
		30일 완성	20일 완성	7일 완성

시작하는 방법은
말을 멈추고
즉시 행동하는 것이다.

– 월트 디즈니(Walt Disney)

2023

에듀윌 공무원 행정법

단권화 요약노트

7·9급 / 소방 / 군무원

PREFACE

<행정법 단권화 요약노트>가 여러분들에게 합격의 지름길과 이정표가 되기를 간절히 바랍니다.

수험생들은 행정법을 학습하는 데 많은 시간을 할애하지만 점수에 대한 만족도는 그리 높지 않습니다. 따라서 이러한 고민을 여러분들과 함께하며 행정법 과목을 고득점의 발판으로 만들기 위해 본 교재를 출간하게 되었습니다. 직렬과 직급에 따라 출제 범위와 난도가 상이하므로 본 시험에 가장 잘 대처할 수 있는 교재를 만들기 위하여 고민하고 고민하였습니다. 각종 공무원 시험에서 행정법 과목의 공통적인 특징은 주어진 시간 안에 누가 더 명확하게 조문과 판례를 선별하여 질문에 대한 정답을 찾아낼 수 있는지에 초점이 맞춰져 있다는 것입니다. 결과적으로 최근 각종 공무원 시험에서 행정법은 기본적인 조문과 이론의 토대 위에 판례의 구성이 당락을 좌우하게 되었습니다. 이에 본 교재는 이러한 문제의식을 느끼고 수험생들이 더욱더 효율적으로 학습할 수 있고, 실제 시험장에서 도움이 될 수 있도록 이해 및 암기라는 측면에서 행정법 전체의 주요 내용을 정리하여 본 교재를 구성하게 되었습니다.

본 교재의 특징은 다음과 같습니다.
첫째, 최신 판례와 개정 법령의 반영입니다.
동일한 내용이라도 최근의 판례 사안과 관련된 내용을 좀 더 자세하게 요약하였습니다. 따라서 최신 판례들을 추가하고, 최근 제정 · 개정된 법령 내용을 반영하였습니다.

둘째, 이해를 돕기 위해 최신 기출OX 문제를 수록하였습니다.
요약노트의 장점을 살리면서도 출제가 예상되는 영역에 대해서는 최신 기출OX 문제를 배치하였습니다. 특히, 최근 출제된 지문은 앞으로의 출제 방향을 제시하므로 반드시 확인 학습을 병행해야 학습의 효과를 배가시킬 수 있을 것입니다.

셋째, 핵심정리를 위한 명확한 키워드 암기 방식과 목차입니다.
효율적 암기와 복습을 통해 빠르게 기억을 재생시킬 수 있도록 키워드의 근간을 유지하면서도, 출제가 예상되는 중요 주제에 대해서는 시각적 효율화를 위해 문제점 → 학설 → 판례 → 검토순으로 목차를 배열하였습니다.

되도록이면 세세한 내용을 더 소개하고 싶으나 본 교재의 가장 큰 특징을 간략히 소개하는 것으로 마무리합니다. 마지막으로 본 교재가 각종 공무원 시험을 준비하는 여러분 모두에게 합격의 지름길이 되기를 바라고, 이정표가 되기를 간절히 바랍니다. 무엇보다 출제경향의 철저한 분석을 통해 심도 있는 계획과 자신만의 수험 전략을 세워 준비하는 것이 가장 중요합니다. 수험생활이라는 긴 여정 속에서 본 교재가 여러분들이 세운 계획을 돕고, 합격에 이르는 데 동반자가 되기를 바랍니다.

편저자 정인영

WHY

단권화 요약노트 왜 필요할까요?

방대한 이론을 압축한 요약노트로 효율적인 학습 가능!

공무원 행정법, 암기해야 할 개념도 많고 풀어야 할 문제도 많습니다. 어디서부터 어디까지, 얼마나 공부해야 하는지 막막한 수험생을 위해 〈행정법 단권화 요약노트〉는 방대한 양의 행정법 이론을 핵심 키워드 중심으로 압축 정리하였습니다. 또한 이론 옆의 기출OX 문제를 통해 이론을 문제에 바로 적용해 보며 핵심이론부터 기출 선지까지 효율적으로 학습할 수 있습니다.

나만의 행정법 단권화 교재로 활용!

교재 내 '단권화 메모' 및 필기 공간을 통해 스스로 필요한 내용을 정리할 수 있으며, 자신만의 단권화 교재로 활용할 수 있습니다. 수동적인 단순 암기식 학습을 넘어, 개념을 직접 보충하면서 개념에 대한 이해를 바탕으로 하는 효과적인 학습이 가능하도록 구성하였습니다.

1회독부터 시험 직전까지 활용 가능한 독학용 교재!

〈행정법 단권화 요약노트〉는 기본서 1회독부터 시험 직전 마무리까지 모든 과정에서 활용할 수 있으며, 회독 시간을 효과적으로 줄여 기본서부터 학습해야 하는 부담감을 줄여드립니다. 또한 시중에 나온 행정법 기본서와 목차를 동일하게 구성하여 어떤 기본서와도 병행 학습이 가능할 뿐 아니라 단권화 요약노트만을 반복 회독하여도 이론을 체계적으로 학습할 수 있도록 구성하였습니다.

공무원 행정법을 가장 효율적으로 학습하는 방법,

에듀윌x정인영이 제시해 드립니다.

HOW TO USE

단권화 요약노트 200% 활용법

단권화 요약노트 활용 Guide

STEP 1 플래너로 학습 계획하기

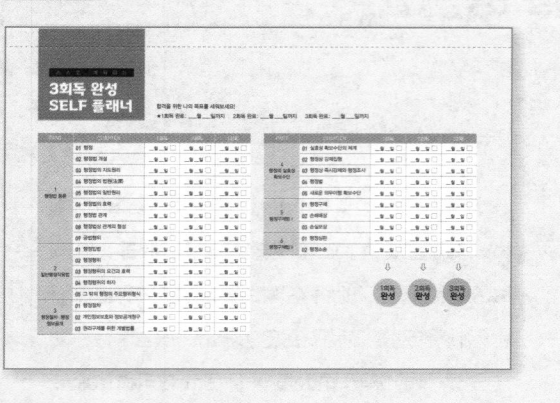

STEP 2 출제경향 & 학습전략 파악하기

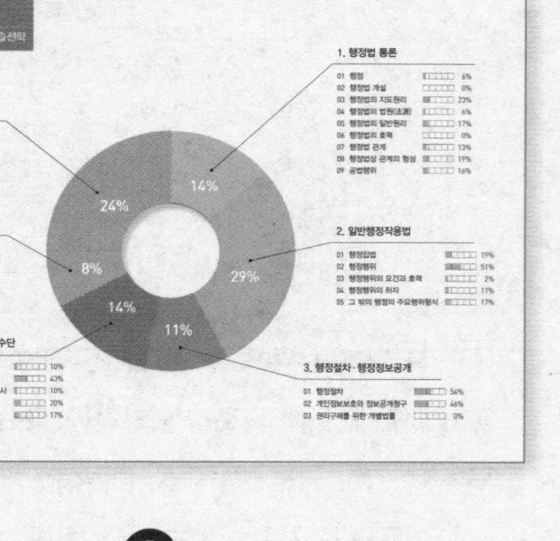

STEP 3 핵심이론 학습 & 기출OX 문제 풀이

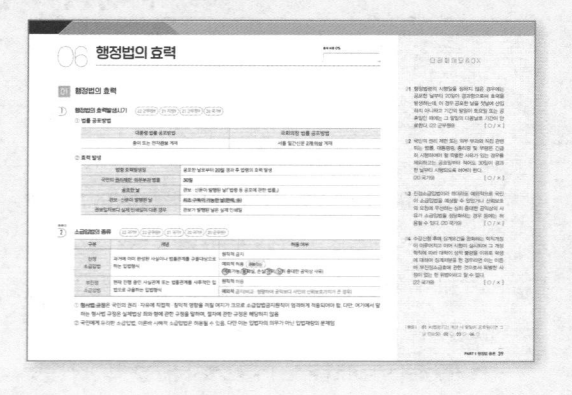

+ 단권화를 확실하게 책임지는, 무료 합격팩

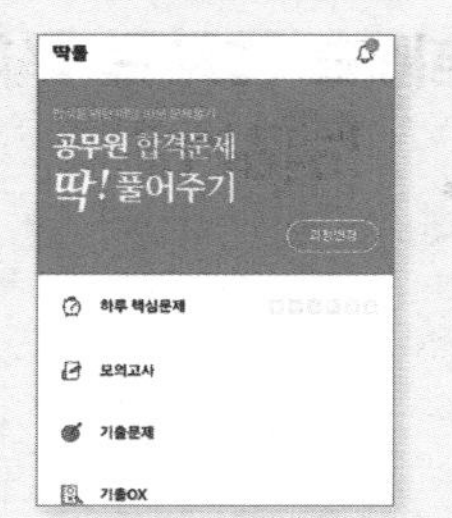

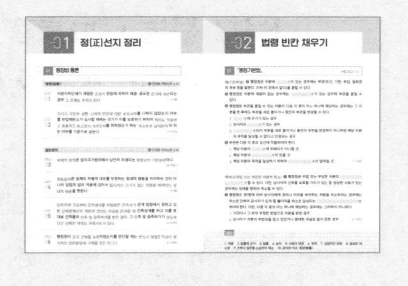

선지&법령 초고속 암기 워크북

최근 2개년 기출에서 뽑은 정(正)선지 정리 및 법령 빈칸 채우기

기출OX 문제풀이 APP

문제풀이 APP으로 기출OX 문제를 풀어보며 복습 가능

핵심 내용만 쏙 뽑은 빈출 쟁점 무료특강

핵심이론 강의로 한번 더 정리하며 개념 이해 가능

※ 관련 내용은 8~9페이지에서 자세하게 확인하실 수 있습니다.

핵심이론 & 기출OX 문제

방대한 이론을 핵심 키워드 중심으로 압축 정리하여 효율적인 회독 가능

정인영 선생님의 필기를 그대로 제시해 명료하게 이론 이해

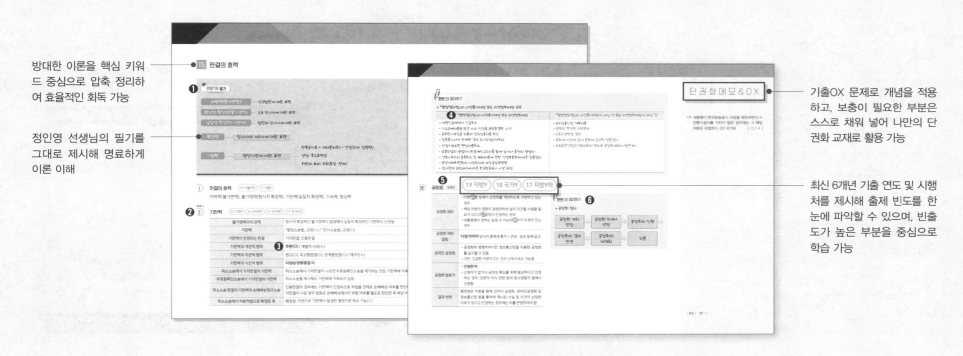

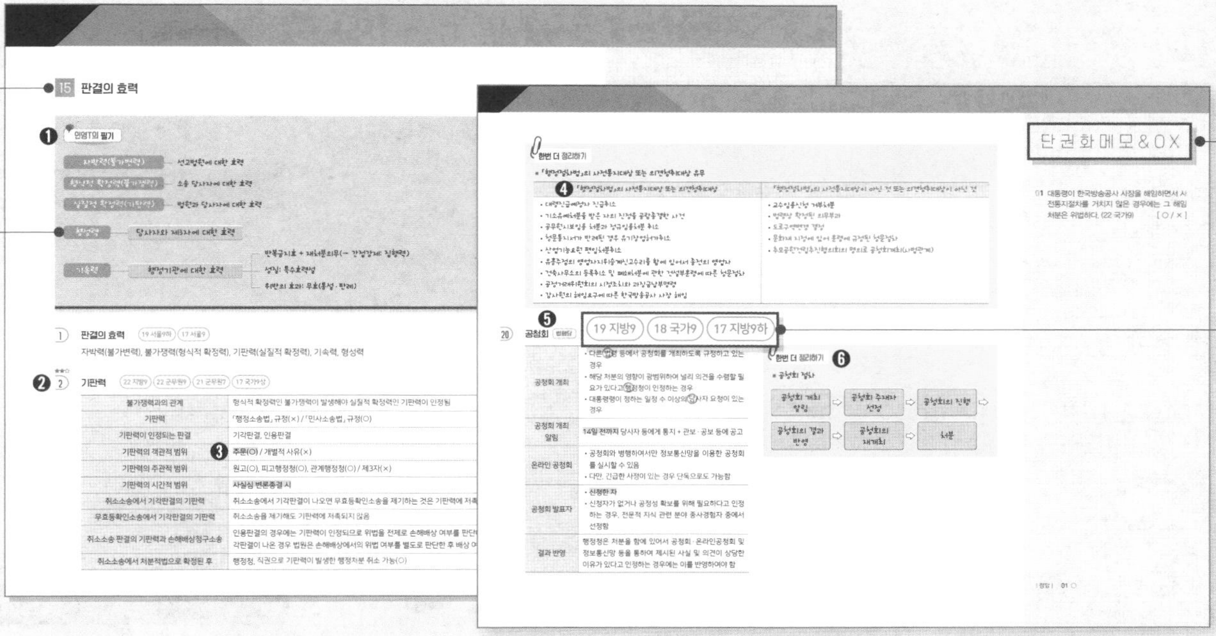

기출OX 문제로 개념을 적용하고, 보충이 필요한 부분은 스스로 채워 넣어 나만의 단권화 교재로 활용 가능

최신 6개년 기출 연도 및 시행처를 제시해 출제 빈도를 한눈에 파악할 수 있으며, 빈출도가 높은 부분을 중심으로 학습 가능

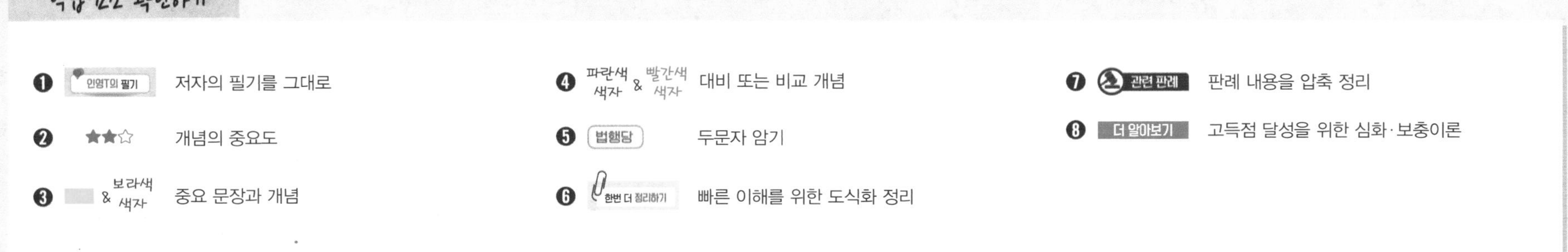

학습 요소 확인하기
❶ 인영T의 필기 저자의 필기를 그대로
❷ ★★☆ 개념의 중요도
❸ & 보라색 색자 중요 문장과 개념
❹ 파란색 색자 & 빨간색 색자 대비 또는 비교 개념
❺ 법행당 두문자 암기
❻ 한번 더 정리하기 빠른 이해를 위한 도식화 정리
❼ 관련 판례 판례 내용을 압축 정리
❽ 더 알아보기 고득점 달성을 위한 심화·보충이론

단권화를 확실하게 책임지는, 무료 합격팩

3회독 완성 SELF 플래너

- Ver 1. 스스로 계획하는 플래너
- Ver 2. 따라하는 플래너

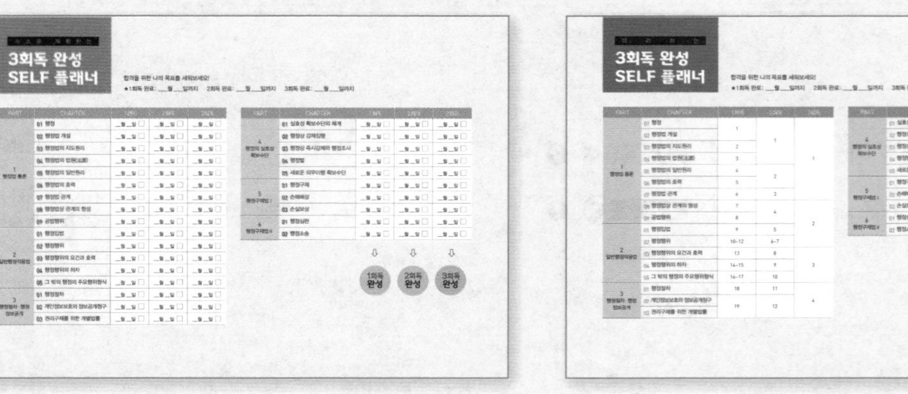

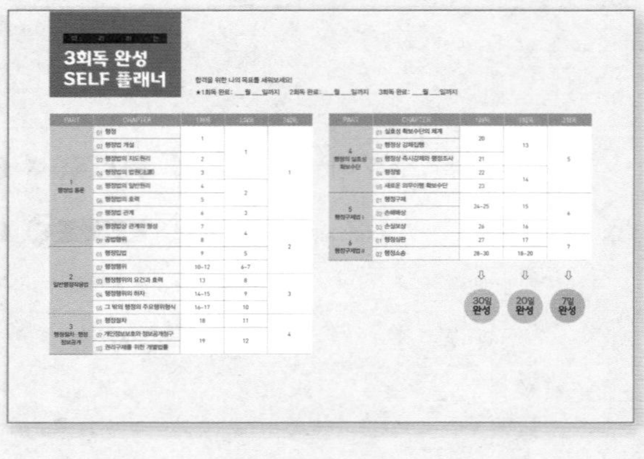

선지&법령 초고속 암기 워크북

- 정(正)선지 정리, 법령 빈칸 채우기
- 중요 선지&법령을 언제 어디서든 학습하며 초고속으로 정리 가능

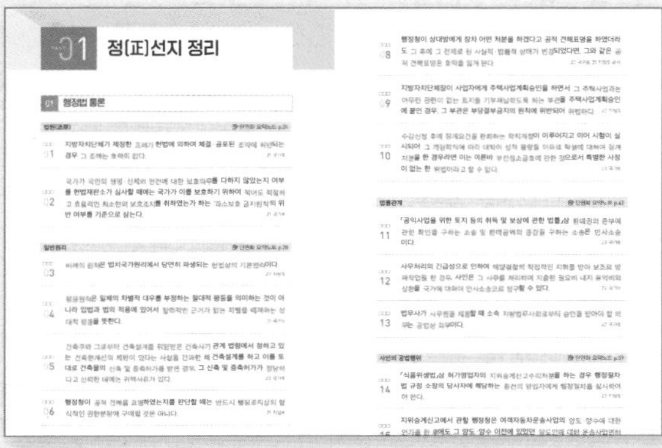

핵심 내용만 쏙 뽑은 빈출 쟁점 무료특강

- 방대한 행정법 이론의 빈출 쟁점을 한번에 비교정리
- 핵심 내용만 추출하여 완벽한 마무리 가능

수강방법 ❶

QR 코드 스캔으로 바로 접속

수강방법 ❷

에듀윌 도서몰(http://book.eduwill.net) ▶ 동영상 강의실

※ 에듀윌 회원가입 후 이용하실 수 있는 서비스입니다.

기출OX 문제풀이 APP

- 개념 학습 후 기출OX 문제로 바로 적용
- 에듀윌 모바일 앱으로 손쉽게 접속하여 문제풀이 가능

에듀윌 합격앱 접속하기

에듀윌 합격앱 다운받기

또는

QR 코드 스캔하기

기출OX 퀴즈 무료로 이용하기

하단 딱풀 메뉴에서 기출OX 선택 ▶ 직렬/과목/PART 선택 ▶ 퀴즈 풀기

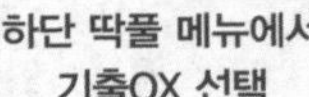

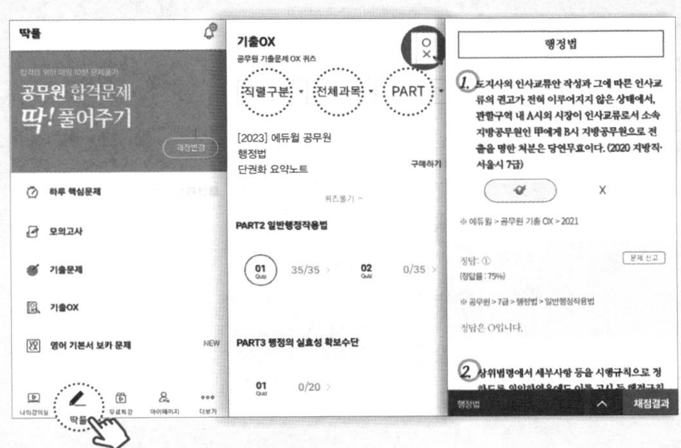

틀린 문제는 기출오답노트에서 다시 확인할 수 있으며, 교재 구매 인증을 하지 않으면 7일 동안만 무료체험이 가능합니다(최초 1회 인증 필요).

교재 구매 인증하기

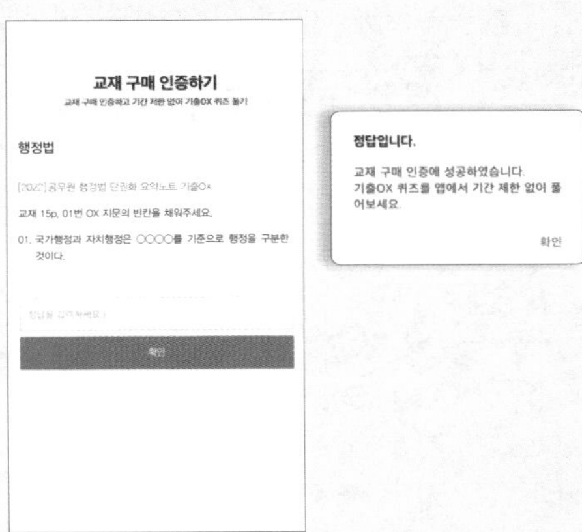

교재 구매 인증 화면에서 질문에 대한 정답을 입력하면 기간 제한 없이 기출OX 퀴즈를 무료로 이용할 수 있습니다.

※ 에듀윌 합격앱 어플에서 회원가입 후 이용하실 수 있는 서비스입니다.
※ 스마트폰에서만 이용 가능하며, 일부 단말기에서는 서비스가 지원되지 않을 수 있습니다.
※ 해당 서비스는 추후 다른 서비스로 변경될 수 있습니다.

ANALYSIS

최근 6개년 출제경향 & 학습전략

출제비중

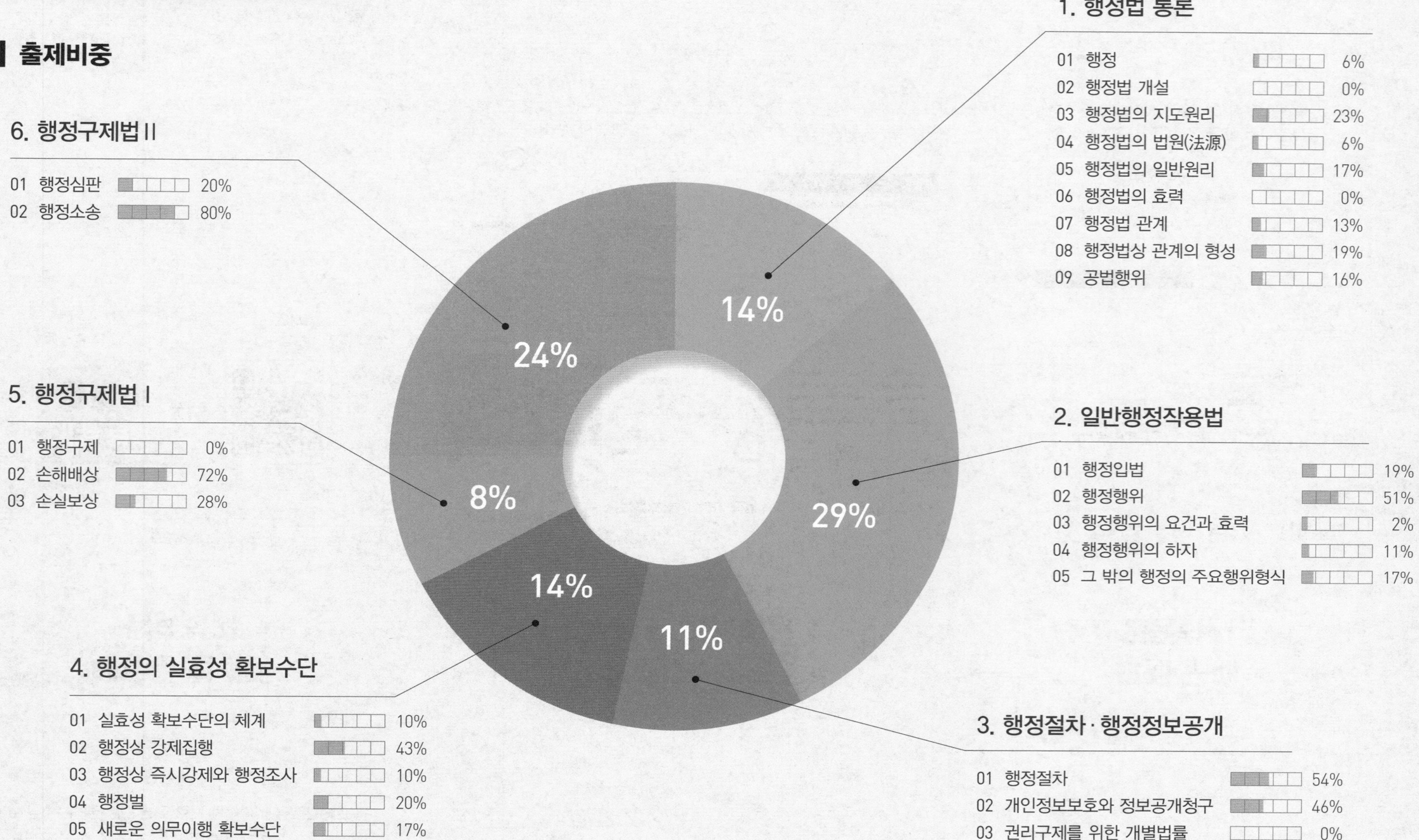

1. 행정법 통론
01 행정 6%
02 행정법 개설 0%
03 행정법의 지도원리 23%
04 행정법의 법원(法源) 6%
05 행정법의 일반원리 17%
06 행정법의 효력 0%
07 행정법 관계 13%
08 행정법상 관계의 형성 19%
09 공법행위 16%
2. 일반행정작용법
01 행정입법 19%
02 행정행위 51%
03 행정행위의 요건과 효력 2%
04 행정행위의 하자 11%
05 그 밖의 행정의 주요행위형식 17%
3. 행정절차 · 행정정보공개
01 행정절차 54%
02 개인정보보호와 정보공개청구 46%
03 권리구제를 위한 개별법률 0%
4. 행정의 실효성 확보수단
01 실효성 확보수단의 체계 10%
02 행정상 강제집행 43%
03 행정상 즉시강제와 행정조사 10%
04 행정벌 20%
05 새로운 의무이행 확보수단 17%
5. 행정구제법 I
01 행정구제 0%
02 손해배상 72%
03 손실보상 28%
6. 행정구제법 II
01 행정심판 20%
02 행정소송 80%
14%
29%
11%
14%
8%
24%

파트별 출제경향과 학습전략

PART	출제경향	학습전략
1. 행정법 통론	법원의 법규성 유무, 법률유보의 범위에 관한 판례, 공법관계와 사법관계의 구체적인 예, 사인의 공법상 행위로서 신고 등을 물어보는 문제가 많이 출제된다.	행정법 통론은 행정법 전반에 적용되는 법치행정의 원칙과 법률관계, 마지막으로 사인의 공법행위에 관한 학습 영역에 해당한다. 따라서 행정법 중에서도 기본이 되는 영역으로 출제비중이 높지는 않지만 이해와 기본용어 정리를 자세히 해두어야 한다. 자주 출제되지 않는다 하여 학습을 소홀히 할 경우 나머지 개별 영역에서 잘 이해되지 않거나 학습을 흐름을 찾지 못하여 행정법을 단순 암기식으로 학습하게 된다. 이런 경우 출제된 문제에 따라 점수가 고르지 못할 수 있으므로 기본적인 학습을 탄탄하게 해야 하는 영역이다.
2. 일반행정작용법	행정입법에서 형식과 실질의 불일치, 입법부작위, 기속과 재량, 행정행위의 성질과 부관, 행정행위의 효력과 하자로서 취소, 철회, 치유와 승계 등이 출제되는 전형적인 빈출 영역이다. 또한 최근에는 공법상 계약과 행정계획이 자주 출제되고 있다.	전통적으로 출제비중이 높은 영역이므로 많은 학습과 암기가 선행되어야 한다. 전반적인 흐름을 상기하면서 개별 영역별 핵심 키워드가 암기되어야 한다. 예를 들어, 행정입법에서 법규명령과 행정규칙에서 형식과 실질의 불일치에 관한 별표와 제재의 처분기준, 제재의 처리기준, 재량준칙 등이 같은 의미를 가지므로 이를 암기하여 문제를 접근하여야 한다. 일반적으로 많은 수험생들이 어려워하는 영역이기에 효과적인 학습을 위한 키워드, 핵심이론, 판례를 구분하여 암기를 하여야 한다. 과거에 비하여 최근 출제비중이 조금은 낮아졌지만, 그렇다 하더라도 여전히 출제비중이 높은 영역이므로 단순한 암기식 학습은 피하여야 한다.
3. 행정절차 · 행정정보공개	최근 개정된 「행정절차법」은 항상 출제되며, 정보 관련 법령은 「개인정보보호법」과 「공공기관 정보공개에 관한 법률」이 교차로 출제되는 추세이다.	개정법 중심으로 학습이 필요한 영역이다. 최근 「행정절차법」이 개정되면서 많은 내용이 추가되었다. 당분간 출제가 지속적으로 이루어질 수 있으므로 반드시 암기가 이루어져야 한다.
4. 행정의 실효성 확보수단	강제집행에서의 대집행, 이행강제금, 그리고 즉시강제와 「행정조사기본법」, 행정법에서의 통고처분 내지는 「질서위반행위규제법」 조문, 마지막으로 과징금 등이 자주 출제되고 있다.	최근에는 전년도에 많이 출제되면 그다음 연도에는 적게 출제되는 식으로 문항 수가 조절이 되는 영역이다. 다만, 정해진 영역에서 출제되다 보니 큰 변별력은 없는 영역으로 반드시 득점해야 하는 영역에 해당한다. 이 영역이 약한 경우 기본 점수대 진입이 어렵기 때문에 전반적인 이해 후 핵심부분 암기식으로 접근해야 한다. 문어발식 학습보다는 선택과 집중이 필요한 영역이다.
5. 행정구제법 I	일반적으로 손해배상은 매번 출제되며, 손실보상은 해마다 출제되지는 않는다. 다만, 손실보상 문제가 출제될 경우 9급과 7급에서 문제 난도가 다르며, 7급에서는 각론과 연계된 문제로 출제되고 있다. 또한 7급에서는 손실보상 문제가 해마다 출제되고 있다.	변별력을 주는 영역, 즉 고득점을 위하여 반드시 섭렵해야 하는 영역이다. 손실보상의 경우 출제된다면 어렵게 출제되어 수험생들의 실력을 평가하고자 한다. 하지만 너무나 많은 시간을 들이기보다는 핵심요약을 중점적으로 학습하고, 판례의 출제비중이 높으므로 판례를 선택적 암기하는 방법이 더 좋은 전략이 될 수 있다.
6. 행정구제법 II	행정심판, 행정소송에서의 요건과 변론절차에서의 소의 변경, 처분사유의 추가 · 변경, 판결의 효력, 당사자소송 등이 출제되는 어려운 영역에 해당한다.	대부분의 수험생들이 어려워하는 영역이다. 우선 쟁송은 어디까지나 절차이다. 예를 들어, 게임을 하기 위해서는 기본적인 암기사항과 절차가 있듯이 쟁송을 게임처럼 이해하고 접근한다면 좀 더 쉽게 학습할 수 있을 것이다. 모든 주제를 자세히 학습하기보다는 쟁송 부분은 「행정심판법」과 「행정소송법」의 법규정을 중심으로 판례를 암기하는 것을 추천하며, 전반적인 소송 절차를 학습하고 선별적인 조문과 판례를 암기하는 방법이 가장 현명한 고득점 전략이 될 수 있다.

CONTENTS

PART 1
행정법 통론

※ QR코드 스캔으로 무료강의 바로 접속

01 행정

출제 비중 6%

01 행정의 의의

1) 행정과 권력분립

① 행정개념은 각국의 역사적 발전과정에 따라서 성립 · 발전하였음
② 행정은 권력분립을 전제로 함
③ 행정은 국가작용을 입법 · 사법 · 행정으로 구별하면서 성립하였음

권력분립 이론
- 견제와 균형
- 자유를 보호하기 위한 국가조직원리
- 법치주의의 전제
- 효율성(×)
- 위임입법 인정(×)

2) 형식적 의미의 행정과 실질적 의미의 행정 구분 (18 서울9하)

행정법의 대상이 되는 행정은 실질적 행정에 한정되지 않음. 따라서 형식적 의미의 행정이 행정의 대상이 됨

형식적 의미의 행정	행정부가 하는 모든 행위 참고 • 형식적 의미의 입법은 국회가 하는 모든 행위 • 형식적 의미의 사법은 법원이 하는 모든 행위
실질적 의미의 행정	실질과 내용을 기준으로 개별적 · 구체적 작용으로서 능동적으로 국가목적을 실현하는 국가작용

3) 실질적 의미의 행정

① 실질적 의미의 행정과 형식적 의미의 행정을 구별할 수 있다는 긍정설과 부정설로 나뉨

긍정설	• 적극설: 목적설, 결과실현설 • 소극설: 공제설
부정설(기관양태설, 법단계설)	실질적 의미의 행정을 부정 → 입법 · 행정 · 사법의 본질적 차이를 인정하지 않음

② 입법과 행정의 구별

구분	입법	행정
적용되는 사람	일반성	개별성
적용되는 사건	추상성	구체성

③ 사법과 행정의 구별

구분	사법	행정
공통	법 아래 국가목적을 달성하기 위한 작용	
작용특징	수동적 통제	능동적 집행

단권화 메모 & OX

01 행정법의 대상이 되는 행정은 실질적 행정에 한한다. (18 서울9하) [○ / ×]

| 정답 | 01 ×(형식적 의미의 행정을 대상으로 함)

④ 행정 · 입법 · 사법작용의 비교

구분		행정		입법		사법	
		형식적 의미의 행정	실질적 의미의 행정	형식적 의미의 입법	실질적 의미의 입법	형식적 의미의 사법	실질적 의미의 사법
행정	• 운전면허 • 징계처분 • 조세처분 • 운전면허 취소 • 공무원 임명 • 토지수용	○	○				
	• 법규명령, 규칙	○			○		
	• 경찰청장의 통고처분 • 행정심판 재결	○					○
입법	• 국회 사무총장의 직원 임명		○	○			
	• 국회의 법률 제정			○	○		
사법	• 대법원장의 직원 임명		○			○	
	• 대법원 규칙 제정				○	○	

4 형식적 의미의 행정을 전제로 한 행정 분류 (18 서울9하)

주체에 의한 분류	국가행정, 자치행정, 위임행정
내용(목적)에 의한 분류	질서행정, 급부행정, 유도행정, 계획행정, 공과행정, 조달행정 등
형식에 의한 분류	공법행정, 사법행정
상대방에 대한 효과에 의한 분류	수익적 행정, 침익적 행정, 복효적 행정
수단에 의한 분류	권력적 행정, 비권력적 행정

단권화메모 & OX

01 국가행정과 자치행정은 행정주체를 기준으로 행정을 구분한 것이다. (18 서울9하) [○ / ×]

02 행정은 그 법 형식을 기준으로 하여 공법형식의 행정과 사법형식의 행정으로 구분할 수 있다. (18 서울9하) [○ / ×]

| 정답 | 01 ○ 02 ○

02 행정법 개설

출제 비중 0%

단권화 메모 & OX

01 행정법의 의의

1) 행정법의 의의

① 행정에 관한 법
② 행정에 관한 일반법으로서 「행정기본법」, 「행정절차법」, 행정작용법, 행정구제법, 행정조직법, 관습법, 일반원칙 등이 있음
③ 국제조약과 일반적으로 승인되는 국제법규도 행정법이 될 수 있음

2) 헌법과 행정법

과거 형식적 법치주의하에서 헌법은 변해도 행정법은 변하지 않음	오토 마이어(O. Mayer): 헌법은 정치적 법이지만 행정법은 비정치적이고 기술적인 법이므로 서로 관련성을 부정하는 견해. 관련성을 부정함
현재 실질적 법치주의하에서 행정법은 헌법을 구체화시키는 집행법	베르너(F. Werner): 헌법과 행정법의 관련성을 인정하는 견해

02 행정법의 성립과 특징

1) 행정법의 성립과 세계 각국의 유형

프랑스	블랑코(Blanco, 1873) 판결을 계기로 사법부 불신에 기한 법원이 아닌 행정재판소[국참사원(Conseil d'État)]의 판례에 의하여 공역무(public service)를 중심으로 행정제도가 발전하였음
독일	프랑스 시민혁명의 행정법 발전과정에 영향을 받아 타협의 산물로서 일반 민사법원이 아닌 실정법으로, 행정법의 독자적인 영역으로 성립·발전하였음
영·미법계	절차법 중심으로 발전하였음

현재 영·미법계의 행정절차법 등은 대륙법계(프·독)의 법치주의에서도 인정하고 있음

2 행정법의 특징

① 행정에 관한 일반법으로 「행정기본법」을 제정함
② 행정법은 「민법」과는 다른 독자적인 공법
③ 획일성 · 강행성
④ **행정법의 강행법규**: 단속규정(장래효) 위주, 효력규정(소급효)은 예외적으로 인정함
⑤ 형식의 다양성
⑥ 행정주체의 우월성

3 행정법의 최근 경향

최근 경향인 것	최근 경향이 아닌 것
• 행정절차의 확대 • 행정에서 국민참여의 강조 • 국가보상에서의 위험책임론 • 특별권력관계에서 사법심사의 확대 • 개인적 공권의 확대 • 원고적격의 확대 • 행정입법에 대한 통제의 필요성 가중	• 본질적인 통치행위 범위의 확대 • 고유한 의미의 특별권력관계의 확대 • 국회입법의 확대 • 행정입법의 축소 • 본질적인 자유재량의 확대 • 판단여지의 확대

단 권 화 메 모 & O X

03 행정법의 지도원리

출제 비중 23%

단권화 메모 & OX

01 우리나라 행정법의 지도원리

실질적 법치주의, 민주행정원리, 복지국가원리, 권력분립원리, 사법국가주의

02 법치주의

1) 법치주의 이념

① 권력분립 전제, 권력남용 억제라는 소극적 목적으로 효율성보다는 안정성에 중점을 둠
② **법적 안정성, 예측 가능성**
③ **법치주의에서의 법**: 형식적 의미의 법률 + 법률에 근거(위임, 유보, 수권)한 명령 · 조례

2) 형식적 법치주의와 실질적 법치주의의 비교

구분	형식적 법치주의	실질적 법치주의
개념	국회가 제정한 법에 따라 통치해야 함	정당한 법에 따라 통치해야 함
이념	• 악법도 법 • 행정의 **합법률성** 강조	• 악법은 법이 아님 • 행정의 **정당성** 강조 • 행정의 **합헌성** 강조 • 위헌법률심판
위헌법률심판	×	○
법률유보	침해유보설	• 법률유보 범위 확대 • 중요사항유보설
행정구제	열기(제한)주의	개괄(예시)주의
국가손해배상책임	×	○
특별권력관계에서 법치주의 적용	×	○
자유재량 사법심사	×	○
행정입법	소극적	적극적, 확대

3 법률의 법규 창조력

① **개념: 법률만**이 시원적으로 법규를 창조함

② 실질적 법치주의에 근거하여 법률에 따른 법규명령, 조리, 관습법에 따른 법규 창조도 가능하므로 실익이 점차로 감소하고 있음

더 알아보기

- 법규: 대외적 구속력을 가진 규범
- 규범
  - 대외적 구속력 O: 법규(행정부, 국민, 법원 모두 구속)
  - 대외적 구속력 ×: 행정규칙(행정부 내부만 구속)

★★☆

4 법률우위

① 행정부는 법률에 반하는 행위를 해서는 안 됨 → 국회의 의사 > 행정부의 의사

② 법률규정이 있는 경우 행정부는 모든 영역에서 법률에 위반해서는 안 됨

③ **법률우위에 반하는 행정부의 행위**: 위법

④ 법률우위원칙은 법률이 있는 경우에 문제되는 것인 데 반하여, 법률유보원칙은 법률이 없는 경우에 문제되는 것임

5 법률우위와 법률유보의 비교 (21 소방7) (16 서울9하)

구분	법률우위	법률유보
의미	• 소극적 의미 • 행정에 대한 법률침해 방지	• 적극적 의미 • 행정도 법률의 근거가 필요
법률의 범위	관습법(○)	관습법(×)
	행정규칙(×)	행정규칙(×)
	법률 + 법규명령(○)	법률 + 법규명령(○)
적용영역	모든 행정작용(○)	모든 행정작용(×)

6 법률유보와 법률우위의 적용범위

구분	법률유보 적용	법률우위 적용
침해행정	○	○
급부행정	• 급부유보설과 전부유보설(○) • 침해유보설(×)	○
법규명령	○	○
행정규칙	×	○
공법상 계약	×	○
행정행위 철회·취소	×	○

단권화 메모 & OX

01 관습법은 성문법령의 흠결을 보충하기 때문에 법률유보원칙에서 말하는 법률에 해당한다. (16 서울9하) [○ / ×]

| 정답 | 01 ×(관습법, 일반원칙은 불가)

7 법률유보 (22 소방9) (19 국가9) (19 서울9) (17 국가7상)

「행정기본법」 제8조【법치행정의 원칙】 행정작용은 법률에 위반되어서는 아니 되며, 국민의 권리를 제한하거나 의무를 부과하는 경우와 그 밖에 국민생활에 중요한 영향을 미치는 경우에는 법률에 근거하여야 한다.

① **법률유보에서 법률의 의미:** 내부 · 조직규범(×) / 외부 · 작용규범(○)

→ 행정작용이 적법하게 이루어지기 위해서는 조직법적 근거와 작용법적 근거 둘 다 필요함. 다만, 법률유보에서 말하는 법적 근거는 작용법적 근거라는 뜻

② **법률유보 학설의 비교** 전력해부질

구분	특징	비판
침해유보설	• 군주와 시민의 타협의 산물 • 자유주의사상과도 관련 • O. Mayer가 주창한 학설로 제2차 세계대전까지 독일 다수설 • 행정의 자유	• 사회국가원리 실현이 어려움 • 급부영역에서 법률의 근거 필요
권력행정유보설	• 권력작용이면 급부영역에서도 법률의 근거 필요 • 비권력작용에서는 법률의 근거를 요하지 않음	침해유보설의 변형
급부유보설	• 사회적 법치국가사상에 근거 • 침해작용 + 급부작용에도 법률의 근거 필요 • 행정을 통한 자유 강조	법률이 없으면 급부가 불가능
전부유보설	• 국민주권, 의회주의에 근거 • 공법상 계약, 행정지도와 같은 비권력작용도 법률에 근거	• 전부유보설은 행정의 입법에 대한 전면적 종속을 낳아 권력분립을 훼손할 수 있음 • 국가의 적극적 목적달성이라는 행정작용의 목적을 무시 • 법률이 없으면 급부가 불가능
중요사항유보설 (본질성이론)	• 기본권과 공동체의 기본적인 사항을 법률로 정해야 함 • 독일 연방헌법재판소, 우리 헌법재판소, 대법원에 의해 지지받는 학설 • 의회유보의 근거	무엇이 본질적 내용이냐에 대한 문제가 있음

단권화 메모 & OX

01 법률유보의 원칙에서 요구되는 행정권 행사의 법적 근거는 작용법적 근거를 말하며 원칙적으로 개별적 근거를 의미한다. (17 국가7상) [○ / ×]

| 정답 | 01 ○

★★★

8 본질성이론 관련 판례 (22 소방7) (17 국가9상)

① 본질적 내용인 것과 아닌 것

본질적 내용	비본질적 내용
• 수신료 금액 증액(헌재 1999.5.27. 98헌바70) • 중학교의무교육의 실시 여부와 연한 • 기준시가 • 중과세대상이 되는 고급주택, 고급오락장 • 병(兵)의 복무기간 • 지방의회의원에 대하여 유급보좌인력을 두는 것(대판 2013.1.16. 2012추84) • 토지 등 소유자가 도시환경정비사업을 시행하는 경우, 사업시행인가 신청 시 요구되는 토지 등 소유자의 동의정족수를 정하는 것(헌재 2011.8.30. 2009헌바128)	• 수신료징수업무를 한국방송공사가 할 것인지, 제3자에게 위탁할 것인지 여부 • 중학교의무교육의 실시시기와 범위 • 법학전문대학원 총입학정원의 구체적인 수 • 국가유공자단체의 대의원선출에 대한 관련사항 • 주택재개발사업계획 인가신청의 동의요건

② **법률유보원칙에 위반된 행정작용**: 위법

9 의회유보

의회유보원칙은 본질성이론과 관련되어 발전됨

관련 판례

오늘날 법률유보원칙은 단순히 행정작용이 법률에 근거를 두기만 하면 충분한 것이 아니라, 국가공동체와 그 구성원에게 기본적이고도 중요한 의미를 갖는 영역, 특히 국민의 기본권실현에 관련된 영역에 있어서는 행정에 맡길 것이 아니라 국민의 대표자인 입법자 스스로 그 본질적 사항에 대하여 결정하여야 한다는 요구까지 내포하는 것으로 이해하여야 함(이른바 의회유보원칙)(헌재 1999.5.27. 98헌바70)

10 행정유보

① 행정의 일정영역은 행정부가 독자적으로 결정하도록 유보되어 있다는 원리

② 일정 행정활동에는 법률제정이 허용되지 않고 행정입법에 근거하면 된다는 배타적 행정유보는 법치주의 원칙에 위반되므로 허용될 수 없음

단권화 메모 & OX

01 대법원은 지방의회의원에 대하여 유급보좌인력을 두는 것은 지방의회의원의 신분·지위 및 그 처우에 관한 현행 법령상의 제도에 중대한 변경을 초래하는 것으로서, 이는 개별 지방의회의 조례로써 규정할 사항이 아니라 국회의 법률로써 규정하여야 할 입법사항이라고 한다. (17 국가9상) [○ / ×]

02 헌법재판소는 토지 등 소유자가 도시환경정비사업을 시행하는 경우, 사업시행인가 신청시 필요한 토지 등 소유자의 동의정족수를 정하는 것은 국민의 권리와 의무의 형성에 관한 기본적이고 본질적인 사항으로 법률유보 내지 의회유보의 원칙이 지켜져야 할 영역이라고 한다. (17 국가9상) [○ / ×]

| 정답 | 01 ○ 02 ○

03 통치행위

단권화 메모 & OX

1) 의의

통치행위의 개념	• 실정법 개념(×) • 학문 · 판례상 개념(○)
통치행위의 확립	• 프랑스 판례를 통해 확립(○) • 독일 실정법으로 확립(×)
소송대상의 열기(열거)주의	통치행위 논할 실익 없음
소송대상의 개괄(예시)주의	• 부정설, 통치행위 논할 실익 있음(○) • 통치행위의 이론적 근거(×)
통치행위의 주체	정부(○), 국회(○), 법원(×)
최종적 판단 주체	법원(○), 헌법재판소(○)

열기(열거)주의	법에서 열기(나열)한 사항에 대해서만 행정소송이 가능한 제도
개괄(예시)주의	행정소송의 대상을 나열하지 않고, 국민의 권리 · 의무를 침해하는 사항에 대해서 모두 행정소송이 가능한 제도로 「행정소송법」은 소송의 대상으로 '처분 등'이라는 개념을 사용함(제2조 제1호)

2) 인정 여부에 관한 판례

대법원	사법부자제설, 내재적 한계설
헌법재판소	사법부자제설

대법원 → 통치행위 개념을 인정하면서도 그 자체가 법치주의를 훼손하는 범죄행위에 해당하는지 여부에 관하여는 심사할 수 있다고 봄

헌법재판소 → 통치행위 개념을 인정하면서도 그것이 헌법상 국민의 기본권 침해와 직접 관련되는 경우에는 당연히 헌법재판소의 심판대상이 된다고 함

3) 통치행위의 범위 → 점차적으로 축소되는 추세

구분	항고소송 대상	통치행위
국회의원 징계	× (헌법 제64조 제4항)	○
지방의원 징계	○	×

4) 통치행위의 한계

통제	• 사법적 통제로부터 자유(○) • 정치적 통제로부터 자유(×)
국회	• 통치행위의 우선 통제(○) • 최종적으로 신중한 사법부 통제
국민	정치적 책임 가능
통치행위로 인한 손해	가능하다 봄이 일반적
통치행위로 인한 손실	보상해야 함

5 통치행위 해당 여부 판례 (17 지방9상)

통치행위에 해당하는 경우	통치행위에 해당하지 않는 경우
• 대통령의 외교행위(조약의 체결 · 비준) • 국가의 승인, 외교사절의 신임 · 접수 · 파견 • 선전포고 및 강화, 외국(이라크)에의 국군의 파견결정(헌재 2004.4.29. 2003헌마814): 부적법 각하 • 사면(헌재 2000.6.1. 97헌바74) • 비상계엄의 선포나 확대행위(대판 1997.4.17. 96도3376(전합); 대판 1982.9.14. 82도1847): 법원에 비상계엄선포의 요건구비 여부나 선포의 당 · 부당을 판단할 권한 없음 • 긴급명령이나 긴급재정경제명령의 발동(헌재 1996.2.29. 93헌마186) ※ 다만, 국민의 기본권침해와 직접 관련되는 경우에는 헌법재판소의 심판대상이 됨(기각) • 「군사시설보호법」에 의한 군사시설보호구역의 설정 · 변경 또는 해제(대판 1985.1.22. 83누279) • 남북정상회담의 개최(대판 2004.3.26. 2003도7878) • 법률안 거부권의 행사 • 중요정책의 국민투표부의(실시): 신행정수도건설이나 수도이전의 문제를 국민투표에 붙일지 여부에 관한 대통령의 의사결정(헌재 2004.10.21. 2004헌마554) • 대통령의 국무총리 · 국무위원의 임명 • 대통령의 지방자치단체장 선거일을 공고하지 아니한 부작위(헌재 1994.8.31. 92헌마126)	• 비상계엄의 선포나 확대가 국헌문란의 목적을 달성하기 위하여 행하여진 군사반란 · 내란행위인 경우(대판 1997.4.17. 96도3376(전합)): 법원은 그 자체가 범죄행위에 해당하는지 여부를 심사할 수 있음 • 계엄 관련 후속 집행행위 • 유신헌법 제53조에 근거한 긴급조치 제1호(대판 2010.12.16. 2010도5986(전합)) • 대북송금행위(대판 2004.3.26. 2003도7878) • 신행정수도건설이나 수도이전(헌재 2004.10.21. 2004헌마554) • 한미연합 군사훈련의 일종인 2007년 전시증원연습을 하기로 한 결정(헌재 2009.5.28. 2007헌마369) • 지방의회의원의 징계(대판 1993.11.26. 93누7341) • 대통령의 서훈취소(대판 2015.4.23. 2012두26920): 법원이 사법심사를 자제해야 할 고도의 정치성을 띤 행위가 아님

단권화메모&OX

01 신행정수도건설이나 수도이전문제는 그 자체로 고도의 정치적 결단을 요하므로 사법심사의 대상에서 제외되고, 그것이 국민의 기본권 침해와 관련되는 경우에도 헌법재판소의 심판대상이 될 수 없다. (17 지방9상) [○ / ×]

02 고도의 정치적 성격을 지니는 남북정상회담 개최과정에서 정부에 신고하지 아니하거나 협력사업 승인을 얻지 아니한 채 북한 측에 사업권의 대가 명목으로 송금한 행위 자체는 사법심사의 대상이 된다. (17 지방9상) [○ / ×]

| 정답 | 01 ×(수도이전은 국민이 직접 정할 사항)
02 ○

04 행정법의 법원(法源)

출제 비중 6%

단권화 메모 & OX

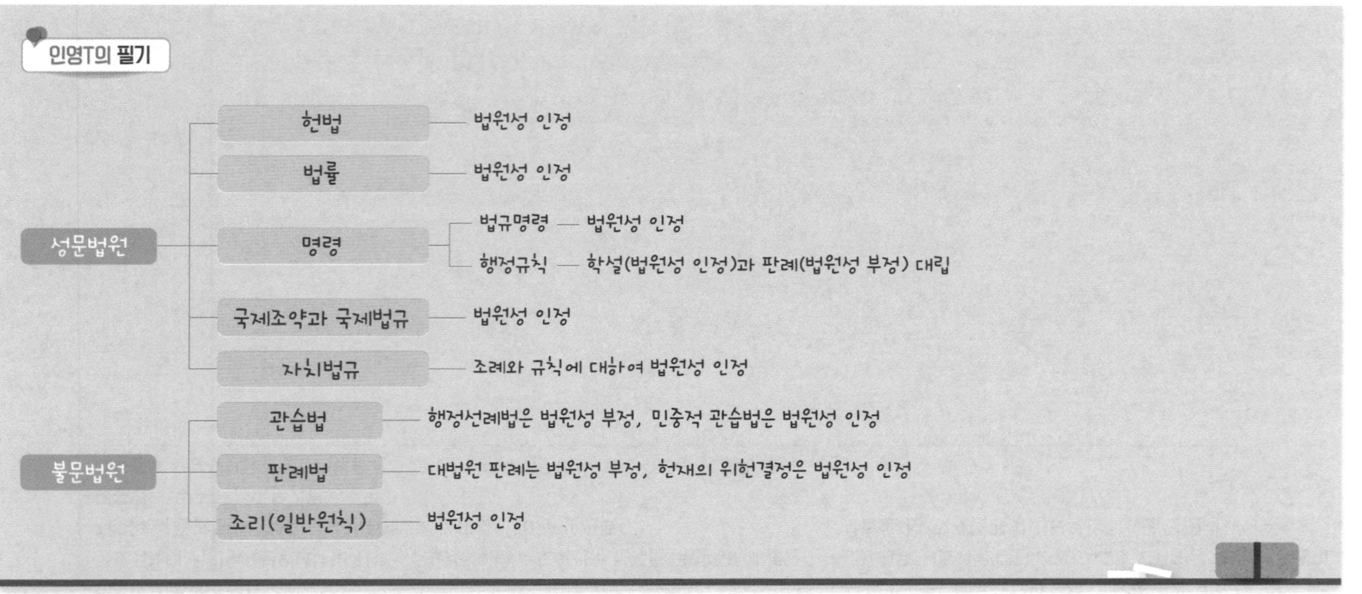

01 법원(法源)의 범위

구분	개념	행정규칙의 법원성
협의설(판례)	법규만이 규범력이 있는 법의 존재형식	×
광의설(다수설)	법으로서 효력을 가지는 일체의 법규범	○

02 성문법원 (22 국가9) (20 국가9) (20 지방9) (20 군무원7) (18 국가9) (17 국가9상)

1) 헌법과 행정법과의 관계

조화로운 경우	행정법이 헌법보다 우선 적용
행정법이 헌법에 위반될 경우(충돌)	헌법의 효력 우위(헌법은 행정법의 최고법원으로 과잉금지원칙과 같은 헌법의 기본권 제한의 한계원칙은 행정법의 해석에도 적용될 수 있음)

2) 법률

행정법의 법원으로서 가장 중요한 법원에 해당함

3) 조약

> **헌법 제6조** ① 헌법에 의하여 체결·공포된 조약과 일반적으로 승인된 국제법규는 국내법과 같은 효력을 가진다.

① 조약, 일반적으로 통용되는 국제법규는 국내법으로서 법원임(헌법 제6조)
② 조약과 일반적으로 통용되는 국제법규는 국내입법 없이 바로 효력을 가짐
③ 모든 조약과 일반적으로 통용되는 국제법규는 국회의 동의를 요하는 것은 아님
④ **조약의 규범통제**

구분	효력	규범통제	위헌결정된 법령의 효력
국회의 동의 ○	법률의 효력	헌법재판소	• 국제법: 효력 유지 • 국내법: 효력 상실
국회의 동의 ×	명령의 효력	• 헌법재판소, 헌법소원 • 법원의 명령규칙 심사	법원 위헌판단 → 개별적 효력 부인

⑤ 「우편법」과 「특허법」은 조약이 국내법보다 우선한다고 규정한 바 있었으나 최근 삭제됨
⑥ **일반적으로 승인된 국제법규**: 국회동의, 대통령 비준 등의 절차와 같은 특별한 절차 없이 국내법으로 효력을 가짐

관련 판례

1. 학교급식을 위해 국내 우수농산물을 사용하는 자에게 식재료나 구입비의 일부를 지원하는 것 등을 내용으로 하는 지방자치단체의 조례안은 내국민대우조항을 규정하고 있는 '1994년 관세 및 무역에 관한 일반협정'(GATT협정)에 위반되어 그 효력이 없음(대판 2005.9.9. 2004추10)
2. 반덤핑부과처분이 WTO협정에 위반된다 하여 사인이 직접 국내법원에 처분의 취소를 구하는 소를 제기할 수 없음(대판 2009.1.30. 2008두17936)

더 알아보기

국내법적 효력을 가지는 조약	국내법적 효력이 없는 신사협정
• 국제통화기금협정(법률) • 마라케쉬협정(법률) • 미군의 지위에 관한 협정(법률) • 국제인권규약(법률)	• 남북합의서 • 국제인권선언 • 교원의 지위에 관한 권고

단권화 메모 & OX

01 지방자치단체가 제정한 조례가 헌법에 의하여 체결·공포된 조약에 위반되는 경우 그 조례는 효력이 없다. (17 국가9상) [○ / ×]

| 정답 | 01 ○

4) 행정입법 (18 국가9) (16 서울9하)

① **법규명령:** 법원성 인정

[참고] 중앙선거관리위원회규칙(헌법에 근거), 감사원규칙(법률에 근거)은 법규명령에 해당함

② **행정명령(행정규칙):** 법원성 부정(판례) / 법원성 긍정(학설)

5) 자치법규

① **지방의회의 조례, 지방자치단체장의 규칙, 교육감의 교육학예규칙:** 모두 법원성 인정

② 조례가 규칙보다 상위의 효력을 가짐

03 불문법원

1) 관습법 (17 국가9하)

법원성 여부		행정법의 법원(○)
성립가능성		행정법에서 관습법이 성립될 수 있음. 그러나 「민법」보다 행정법에서 관습법의 성립가능성은 낮음
성립요건		국가승인(×) / 국민승인(○)
효력		**보충적, 열후적 효력(○)**, 성문법 개폐(×)
종류	행정선례법	「국세기본법」 제18조 제3항(비과세 관행)과 「행정절차법」 제4조 제2항은 행정선례법을 명문으로 인정함
	민중적 관습법	입어권, 유수사용권 등은 민중관습법으로 인정되는 권리이나, 어업권, 광업권은 각각 「수산업법」과 「광업법」에서 인정되는 성문법상 권리임
최근 추세		**관습법 점차 축소**, 성문법 증가

2) 판례법

영·미계	판례, 선례구속력이 인정되므로 관습법의 법원성 인정
대륙법계(우리나라)	판례, 선례구속력이 부정되므로 **관습법의 법원성 부정**
대법원 판결	형식적·법적 구속력은 없으나 실질적·사실상 구속력은 있음. 다만, 대법원 판례가 사안이 서로 다른 사건을 재판하는 하급심법원을 직접 기속하는 효력이 있는 것은 아님(대판 1996.10.25. 96다31307) → **당해 사건에서 기속력(○)**, 동종사건·유사사건에서 기속력(×)
헌법재판소의 위헌결정	보충적 법원성 인정(국가기관과 지방자치단체 모두를 기속함)

더 알아보기

구속력 비교

구분	대법원 판결	헌법재판소 결정
구속력	당해 사건에 한함 (개별적 효력)	일반사건 모두 적용 (일반적 효력)

단권화 메모 & OX

01 헌법재판소 판례에 의하면 감사원규칙은 헌법에 근거가 없으므로 법규명령으로 인정되지 않는다. (16 서울9하) [○ / ×]

| 정답 | 01 ×(감사원규칙도 법규성을 인정함)

3 조리법

① 법원성 인정
② 조리는 최후의 법원
③ **조리에 위반된 행정행위:** 부당(×), 위법(○)
④ 조리는 영구불변은 아님
⑤ 우리나라는 조리와 행정법의 일반원칙을 구분하지 않음이 판례 입장

단권화 메모 & OX

04 법원 간의 충돌

법효력 순위	헌법 및 헌법원리 → 법률, 긴급명령, 긴급재정경제명령, 국회의 비준동의를 받은 조약 → 대통령령 → 총리령 또는 부령 → 광역단체의 자치법규(조례 > 규칙) → 기초단체의 자치법규
상위법과 하위법 충돌	대통령령과 법률은 특별법과 일반법 관계가 아니라, 하위법과 상위법과의 관계이므로 양자가 충돌하면 상위법인 법률이 적용됨 ※ 시행령과 시행규칙이 모순·충돌하는 경우 시행규칙이 특별법이라도 시행령이 우선됨
동일한 효력을 가진 법원 간의 충돌	특별법 우선, 신법 우선 원칙
특별법과 신법 충돌	특별법 우선

05 행정법의 일반원리

출제 비중 17%

17 100

단 권 화 메 모 & O X

인영T의 필기

- 비례의 원칙(과잉금지의 원칙)
  - 내용
    - 적합성의 원칙
    - 필요성의 원칙
    - 상당성의 원칙 — 협의의 비례원칙
    - (적합성·필요성·상당성의 원칙: 광의의 비례원칙)
- 평등의 원칙(자의금지의 원칙)
- 자기구속의 원칙
  - 근거
    - 평등의 원칙과 신뢰보호의 원칙(判)
  - 요건
    - 재량영역에서의 재량준칙에 기한 행정작용일 것
    - 동일한 행정청일 것
    - 행정선례가 존재할 것(判)
- 신뢰보호의 원칙
  - 적극적 요건
    - 행정청의 선행조치로서 공적인 견해표명
    - 사인의 보호가치가 있는 신뢰가 존재
    - 신뢰에 기초한 상대방의 처리행위
    - 선행조치에 반하는 행정청의 후행처분과 그로 인한 손해
  - 소극적 요건
    - 공익 또는 제3자의 이익을 현저히 해하지 않을 것
    - 비교·교량(제3자)
- 부당결부금지의 원칙
  - 요건
    - 공권력의 행사로서 주된 행정행위의 존재
    - 주된 행정행위에 결부된 사인의 반대급부
    - 주된 행정행위와 결부된 반대급부 사이에 실질적 관련성

01 행정법의 일반원칙

① **행정법의 일반원칙에 반한 행정행위**: 위법(취소사유가 일반적)
② 행정법에도 일반원리가 있음
③ 행정법의 일반원칙에 성문법적 근거가 요구되는 것은 아님. 다만, 「행정기본법」상 근거를 마련하여 근거에 관한 논의는 더 이상 무의미하게 되었음

★★☆

02 평등원칙과 행정의 자기구속의 원칙 (22 지방9) (21 군무원9) (18 국가9)

1) 자기구속 원칙의 근거

① **학설 · 판례**

다수설	평등의 원칙(○), 신뢰보호의 원칙(×)
판례	평등의 원칙(○), 신뢰보호의 원칙(○)

② 「행정기본법」 제9조는 평등원칙에 관한 명시적 규정만 마련하고 자기구속의 원칙에 관한 명시적 규정은 없음. 다만, 헌법상 당연히 인정되는 행정법의 일반원칙을 인정함

> **「행정기본법」 제9조【평등의 원칙】** 행정청은 합리적 이유 없이 국민을 차별하여서는 아니 된다.

관련 판례

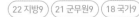

행정규칙은 일반적으로 행정조직 내부에서만 효력을 가지는 것이고 대외적인 구속력을 갖는 것은 아니지만, 행정규칙이 법령의 규정에 의하여 행정관청에 법령의 구체적 내용을 보충할 권한을 부여한 경우 또는 재량권행사의 준칙인 규칙이 그 정한 바에 따라 되풀이 시행되어 행정관행을 이루게 되어 평등의 원칙이나 신뢰보호의 원칙에 따라 행정기관이 그 상대방에 대한 관계에서 그 규칙에 따라야 할 자기구속을 당하게 되는 경우에는 대외적인 구속력을 가지게 되어 행정규칙도 헌법소원의 대상이 되게 됨(헌재 1990.9.3. 90헌마13)

2) 자기구속 원칙의 요건

동일한 행정청, 동종사안이고, 행정 적법한 선례가 있어야 함

3) 자기구속 원칙의 적용영역

① 기속영역(×), 재량영역(○)
② 법령의 최종적 해석에 관한 권한은 대법원(헌법 제101조)에 있으므로 규범해석규칙은 법원을 구속하지 못함
→ 규범해석규칙은 자기구속의 법리를 적용할 수 없음
③ 재량이기만 하면 선택재량, 결정재량, 수익적 행위, 침익적 행위 구분 없이 인정할 수 있음

단 권 화 메 모 & O X

01 헌법재판소는 평등의 원칙이나 신뢰보호의 원칙을 근거로 행정의 자기구속의 원칙을 인정하고 있다. (18 국가9) [○ / ×]

02 「행정기본법」에 규정된 행정법상 원칙으로 행정의 자기구속의 원칙이 있다. (22 군무원7) [○ / ×]

03 평등의 원칙은 본질적으로 같은 것을 자의적으로 다르게 취급함을 금지하는 것이므로, 위법한 행정처분이 수차례에 걸쳐 반복적으로 행하여졌다면 행정청에 대하여 자기구속력을 갖게 된다. (22 지방9) [○ / ×]

| 정답 | 01 ○ 02 ×(명문의 규정은 평등의 원칙만 마련되어 있음) 03 ×(적법한 선례이어야 함)

4) 자기구속의 법칙과 불법영역

자기구속의 법칙과 평등의 원칙은 불법영역에는 적용되지 않음

관련 판례

행정청이 과거에 위법한 조합설립승인을 했다고 해서 위법한 조합설립을 승인해야 할 의무는 없음. 행정청이 조합설립추진위원회의 설립승인심사에서 위법한 행정처분을 한 선례가 있다고 하여 그러한 기준을 따라야 할 의무가 없음(대판 2009.6.25. 2008두13132)

5) 자기구속의 원칙에 반하면 위법·위헌이 됨

6) 행정규칙의 전환규범으로서 평등의 원칙과 자기구속의 법리 (20 지방9)

① 행정규칙은 대외적 효력이 없으므로 행정규칙에 반한 행정청의 행위가 위법이 되는 것은 아님

② 행정규칙은 자기구속의 법리를 통해 간접적으로 대외적 효력을 갖게 됨. 자기구속의 법리는 행정규칙을 준법규로 전환시키는 기능을 함

관련 판례

행정청이 행정규칙인 「식품위생법 시행규칙」에 따라 A이 법에 위반한 영업행위를 한 경우 1개월의 영업정지를 한 바 있었음. 그 후 B이 A과 동일한 법위반의 영업행위를 했는데 B에 대해 2월 15일의 영업정지를 한 것은 평등원칙, 신뢰보호원칙에 반하여 위법한 처분임. 이 사건 시행규칙이 행정규칙이라고 하더라도 A에 대한 1월의 영업정지로 행정관행이 이루어지게 되면 동일한 법위반을 한 B에게도 동일한 처분을 하여야 함. 그렇지 않으면 **평등원칙과 신뢰보호원칙에 위반됨**. 따라서 규칙에 따른 관행이 있는 경우 행정청은 특별한 사정이 없는 한 행정규칙에 따라 처분을 해야 하고, 그렇지 않은 경우 위법한 처분이 됨(대판 1993.6.29. 93누5635)

7) 자기구속의 법칙과의 관련 여부

관련이 있는 것	관련이 없는 것
• 평등의 원칙, 신뢰보호의 원칙 • 재량준칙(행정규칙) • 준법규 • 전환규범	• 행정규칙의 법규성 부정 • 특별명령

단권화 메모 & OX

01 재량권행사의 준칙인 행정규칙이 그 정한 바에 따라 되풀이 시행되어 행정관행이 이루어지게 되면 평등의 원칙이나 신뢰보호의 원칙에 따라 행정기관은 그 상대방에 대한 관계에서 그 규칙에 따라야 할 자기구속을 받게 된다. (20 지방9) [○ / ×]

| 정답 | 01 ○

8 평등의 원칙 위반 여부 판례 (21 국가9) (20 소방9)

평등의 원칙 위반인 것	평등의 원칙 위반이 아닌 것
• 함께 화투놀이를 한 1명은 견책, 1명은 파면(대판 1972.12.26. 72누194) • 외교관 자녀에 대한 대학입시 가산점 20%(대판 1990.8.28. 89누8255) • 청원경찰의 인원감축 때 초등학교 이하 학력집단과 중학교 중퇴 이상의 학력집단을 나누어 시험을 실시한 것(대판 2002.2.8. 2000두4057) • 전기공급시설에 대한 부담금의 부과율을 100분의 20으로 하면서 집단에너지 공급시설부담금을 100분의 100으로 정한 것(대판 2007.10.29. 2005두14417(전합)) • 국립사범대졸업자를 국공립학교 교사로 우선 채용하는 것(헌재 1990.10.8. 89헌마89) • 약사에 한해서 법인을 구성하여 업무를 수행할 수 없도록 한 것(헌재 2002.9.19. 2000헌바84) • 일반재산(구 잡종재산)에 대한 시효취득금지(헌재 1991.5.13. 89헌가97) • 플라스틱폐기물부담금과 관련해 국내제조업자에게는 합성수지투입 kg당 7.6원 또는 3.8원으로 정하고, 수입업자에 대해서는 수입원가의 0.7%로 정하고 있는 것(대판 2008.11.20. 2007두8287(전합)) • 국가유공자의 가족들에게 만점의 10%라는 높은 가산점을 부여하는 조항(헌재 2006.2.23. 2004헌마675) • 지방의회 조사, 감사를 위하여 채택된 증인의 불출석 등에 대한 과태료를 그 사회적 신분에 따라 차등 부과할 것을 규정한 조례(대판 1997.2.25. 96추213)	• 택시자격요건을 강화하고 그 요건을 변경함에 있어 유예기간을 두지 않은 것(대판 1996.7.30. 95누12897) • 일반직 직원의 정년을 58세로 규정하면서 전화교환직 직원만은 정년을 53세로 규정한 것(대판 1996.8.23. 94누13589) • 비위를 저지른 사립중학교 교사들 중 잘못을 시인한 교사, 잘못을 시인하지 아니한 교사들에게 서로 다른 징계를 한 경우(대판 1999.8.20. 99두2611) • 연구단지 내 녹지구역에서 위험물 저장시설인 주유소와 LPG충전소 중에서 주유소는 허용하면서 LPG충전소는 금지하는 것(헌재 2004.7.15. 2001헌마646)

03 비례의 원칙(과잉금지의 원칙)

1 의의 (22 지방9)

① **연혁:** 경찰행정(소극적 목적) 영역에서의 침익적 국가작용 수단은 합리적인 비례관계가 있어야 한다는 논리에서 성립 · 발전한 원칙

② **근거:** 헌법 제37조 제2항, 「행정기본법」 제10조, 「경찰관직무집행법」, 「국세기본법」 등

> **「행정기본법」 제10조【비례의 원칙】** 행정작용은 다음 각 호의 원칙에 따라야 한다.
> 1. 행정목적을 달성하는 데 유효하고 적절할 것
> 2. 행정목적을 달성하는 데 필요한 최소한도에 그칠 것
> 3. 행정작용으로 인한 국민의 이익 침해가 그 행정작용이 의도하는 공익보다 크지 아니할 것

③ 적합성 원칙, 필요성 원칙, 상당성 원칙 중 어느 하나라도 위반되면 위법이 됨

④ 행정계획과 관련해서는 계획재량을 제한하는 형량명령이론으로 발전하였음

⑤ 헌법재판소는 비례의 원칙을 위헌법률심사의 기준으로 삼고 있음

단 권 화 메 모 & O X

01 평등원칙은 일체의 차별적 대우를 부정하는 절대적 평등을 의미하는 것이 아니라 입법과 법의 적용에 있어서 합리적인 근거가 없는 차별을 배제하는 상대적 평등을 뜻한다. (21 국가9) [○ / ×]

02 연구단지 내 녹지구역에 위험물저장시설인 주유소와 LPG충전소 중에서 주유소는 허용하면서 LPG충전소를 금지하는 시행령 규정은 LPG충전소 영업을 하려는 국민을 합리적 이유 없이 자의적으로 차별하여 결과적으로 평등원칙에 위배된다는 것이 헌법재판소의 태도이다. (20 소방9) [○ / ×]

03 비례의 원칙은 법치국가원리에서 당연히 파생되는 헌법상의 기본원리이다. (22 지방9) [○ / ×]

| 정답 | 01 ○ 02 ×(대덕연구단지 특성상 예외 인정) 03 ○

2 비례의 원칙 적용범위 (22 소방9) (21 소방9) (21 군무원9)

행정영역	침익적 + 급부적 행정행위(○) → **모든 행정영역(○)**
수익적 행정행위의 취소·철회	○
부관의 한계	○
재량영역	○
기속영역에 직접 적용	×(단, **간접적으로 적용**)
사법관계	×

관련 판례

1. 판사, 검사로 근무한 자 중 15년 미만 근무한 자에 한해 변호사개업지(**전관예우방지**)를 3년간 제한한 「변호사법」은 정실개입의 방지를 통한 공정한 업무처리라는 목적달성에 부적합한 법임(헌재 1989.11.20. 89헌가102)
2. **단지 1회 훈령에 위반**하여 요정에 출입한 공무원에 대하여 파면처분한 것도 비례의 원칙에 반함(대판 1967.5.2. 67누24)
3. 경찰관이 가스총을 근접 발사하여 실명시킨 것은 최소한의 안전수칙을 준수하지 못한 행위이므로 위법함(대판 2003.3.14. 2002다57218)
4. **청소년유해매체물로 결정·고시된 만화인 사실을 모르고 있던 도서대여업자**가 그 고시일로부터 8일 후에 청소년에게 그 만화를 대여한 것을 사유로 그 도서대여업자에게 금 700만 원의 과징금을 부과한 것은 가혹한 부과처분임(대판 2001.7.27. 99두9490)
5. **주유소영업의 양도인이 등유가 섞인 휘발유를 판매한 바를 모르고** 이를 양수한 석유판매업자에게 전(前)운영자의 위법사유를 들어 사업정지기간 중 최장기간인 6월의 사업정지에 처한 처분은 비례의 원칙을 위반한 위법한 처분임(대판 1992.2.25. 91누13106)
6. **공정한 업무처리에 대한 사의로 두고 간 돈 30만 원**이 든 봉투를 소지함으로써 피동적으로 금품을 수수하였다가 돌려 준 20여년 근속의 경찰공무원에 대한 해임처분이 사회통념상 현저하게 타당성을 잃어 재량권의 남용에 해당함(대판 1991.7.23. 90누8954)
7. 신변안전을 이유로 여권 발급을 거부한 것은 비례의 원칙에 위반됨(대판 2008.1.24. 2007두10846)
8. 지방식품의약품안전청장이 **수입 녹용 중 전지 3대**를 절단부위로부터 5cm까지의 부분을 절단하여 측정한 회분함량이 기준치를 0.5% 초과하였다는 이유로 수입 녹용 전부에 대하여 전량 폐기 또는 반송처리를 지시한 것은 비례의 원칙 위반이 아님(대판 2006.4.14. 2004두3854)
9. 혈중알코올농도 0.18% 상태에서 음주운전하다가 교통사고를 낸 택시운전사에 대하여 운전면허를 취소한 처분은 재량권 일탈로 볼 수 없음(대판 1995.9.29. 95누8126)

단권화 메모 & OX

01 원고가 단지 1회 훈령에 위반하여 요정출입을 하다가 적발된 정도라면, 면직처분보다 가벼운 징계처분으로서도 능히 위 훈령의 목적을 달성할 수 있다고 볼 수 있는 점에서 이 사건 파면처분은 이른바 비례의 원칙에 어긋난 것으로 위법하다고 판시하였다. (21 소방9) [○ / ×]

02 청소년유해매체물로 결정·고시된 만화인 사실을 모르고 있던 도서대여업자가 그 고시일로부터 8일 후에 청소년에게 그 만화를 대여한 것을 사유로 그 도서대여업자에게 금 700만원의 과징금이 부과된 경우, 그 과징금부과처분은 재량권을 일탈·남용한 것으로서 위법하다고 판시하였다. (21 소방9) [○ / ×]

03 수입 녹용 중 일정성분이 기준치를 0.5% 초과하였다는 이유로 수입 녹용 전부에 대하여 전량 폐기 또는 반송처리를 지시한 처분은 재량권을 일탈·남용한 경우에 해당한다고 판시하였다. (21 소방9) [○ / ×]

| 정답 | 01 ○ 02 ○ 03 ×(랜덤 샘플에서 모두 농약 검출되었으므로 전부가 오염되었다고 봄)

★★★

04 신뢰보호의 원칙 (22 국가9) (22 소방9) (21 지방9)

단권화 메모 & OX

1) 연혁

① 과거 형식적 법치주의에서는 인정되지 않았으나 실질적 법치주의로 발전하면서 등장한 원칙
② 사회국가적 기능과 관련하여 헌법상 원칙으로 발전해 옴
③ 영·미에서는 금반언(禁反言)의 원칙으로 인정되어 옴
→ 자신의 선행행위와 모순되는 후행행위는 허용되지 않음

2) 근거

학설과 판례	법적 안정성에서 근거를 찾고 있음
설정법적 근거	「행정기본법」 제12조, 「행정절차법」 제4조 제2항과 「국세기본법」 제18조 제3항

「행정기본법」 제12조【신뢰보호의 원칙】 ① 행정청은 공익 또는 제3자의 이익을 현저히 해칠 우려가 있는 경우를 제외하고는 행정에 대한 국민의 정당하고 합리적인 신뢰를 보호하여야 한다.
② 행정청은 권한 행사의 기회가 있음에도 불구하고 장기간 권한을 행사하지 아니하여 국민이 그 권한이 행사되지 아니할 것으로 믿을 만한 정당한 사유가 있는 경우에는 그 권한을 행사해서는 아니 된다. 다만, 공익 또는 제3자의 이익을 현저히 해칠 우려가 있는 경우는 예외로 한다.

3) 신뢰보호의 요건 선신처인반비 (19 서울9하)

요건인 것	요건이 아닌 것
• 행정청의 선행조치 • 보호가치가 있는 신뢰 • 개인적 처분 • 인과관계 • 선행조치에 반하는 처분 • 신뢰보호가 공익이나 제3자의 이익을 현저히 해하지 않을 것(비교·교량)	• 선행조치가 적법할 것 • 행정청이 공적인 견해를 명시적으로 표명하였을 것 • 필요성의 원칙

4) 행정청의 의미 (16 지방9)

판례는 선행조치를 공적 견해표명이라고 함

관련 판례

1. 공적 견해표명인지 여부는 권한이 있는 행정청일 것을 원칙으로 하지만, **행정청의 공적 견해표명 유무에 대한 판단은 반드시 행정조직상의 형식적인 권한분장에 구애될 것이 아니라 담당자의 조직상의 지위와 임무 등 상대방의 신뢰가능성에 비추어 실질에 의하여 판단하여야 함**(대판 1997.9.12. 96누18380)
2. 도시계획국장과 과장의 도시계획사업의 준공과 동시에 사업부지에 편입한 토지에 대한 완충녹지지정해제, 토지소유자에게 환매하겠다는 의사표명은 공적 표명임(대판 2008.10.9. 2008두6127)
3. 보건사회부장관(현 보건복지부장관)에 의하여 이루어진 위 비과세의 견해표명은 당해 과세관청의 그것과 마찬가지로 볼 여지가 충분하다고 할 것이고, 또한 납세자로서는 위와 같은 정부의 일정한 절차를 거친 공고에 대하여서는 보다 고도의 신뢰를 갖는 것이 일반적임(대판 1996.1.23. 95누13746)

★★★

5) 공적 견해표명 (22 국가9) (22 군무원9) (22 소방7) (21 국가7) (21 국가9) (20 지방9) (19 국가7) (17 지방7) (17 서울7)

① 적극적 행위 + 소극적 행위(○)

② 작위 + 부작위(○)

③ 적법한 행위 + 위법한 행위(○)

④ 권력적 행위 + 비권력적 행위(○)

⑤ 법률행위인 행정행위 + 사실행위(○)

⑥ 명시적 행위 + 행정청의 선행조치는 명시적 · 묵시적 언동을 모두 포함함(대판 1984.12.26. 81누266)

⑦ 행정계획, 확약, 행정지도(○)

⑧ **공적 견해표명이 있었는지 여부, 비과세관행 존재의 입증책임:** 견해표명을 주장하는 자(납세자)

⑨ **공적 견해표명 인정 여부**

공적 견해표명인 것	공적 견해표명이 아닌 것
• 면허세를 부과할 수 있다는 사정을 알면서도 수출확대를 위해 면허세를 4년간 부과하지 않은 경우(대판 1980.6.10. 80누6(전합)) • 20년 이상 간호전문대학병원에 사업소세를 부과하지 아니한 경우, 묵시적 비과세 의사표시를 한 것으로 볼 수 있음(대판 1996.1.23. 95누13746) • 구청장의 지시에 따른 총무과직원이 대체부동산 취득에 대한 취득세 면제를 하겠다는 발언(대판 1995.6.16. 94누12159) • 국세청장이 훈련교육용역의 제공이 사업경영상담업에 해당하는 것으로 본다는 회신(대판 1994.3.22. 93누22517) • 세무서 직원들이 이 사건 골절치료기구의 수입판매업자에게 한 부가가치세 면제대상이라는 세무지도(대판 1990.10.10. 88누5280) • 기술진흥단체'인지 여부에 관한 질의에 대해 건설교통부장관과 내무부장관이 한 비과세 의견 회신(대판 2008.6.12. 2008두1115)	• 사업등록증을 교부하거나 면세사업자로서 한 부가가치세 예정신고 및 확정신고를 받은 행위(대판 2000.2.11. 98두2119) • 지방해운항만청장의 지역개발세 감면(대판 1997.11.28. 96누11495) • 서울지방병무청 총무과 민원팀장에 불과한 A가 원고 측의 상담에 응하여 민원봉사차원에서 6개월 보충역 편입이 가능하다고 안내(대판 2003.12.26. 2003두1875) • 폐기물사업계획에 대한 적정통보는 토지형질변경신청을 허가하는 취지의 공적 견해표명은 아님(대판 1998.9.25. 98두6494) • 권장용도를 판매 · 위락 · 숙박시설로 고시한 것(대판 2005.11.25. 2004두6822) • 재정경제부가 보도자료를 통해 '법인세 시행규칙을 개정하여 법제처의 심의를 거쳐 6월 말경 공포 · 시행할 예정'이라고 밝힌 것만으로 위 시행규칙을 시기적으로 반드시 6월 말경까지 공포 · 시행하겠다는 내용의 공적 견해를 표명한 것으로 보기 어려움(대판 2002.11.26. 2001두9103) • 헌법재판소의 위헌결정(대판 2003.6.27. 2002두6965)

단권화 메모 & OX

01 신뢰보호원칙이 적용되기 위한 행정청의 공적 견해표명이 있었는지 여부는 전적으로 행정조직상의 권한분장에 의해 결정된다. (16 지방9) [○ / ×]

02 신뢰보호의 원칙이 적용되기 위한 요건인 행정권의 행사에 관하여 신뢰를 주는 선행조치가 되기 위해서는 반드시 처분청 자신의 적극적인 언동이 있어야만 한다. (20 지방9) [○ / ×]

03 병무청 담당부서의 담당공무원에게 공적 견해의 표명을 구하지 아니한 채 민원봉사 담당공무원이 상담에 응하여 안내한 것을 신뢰한 경우에도 신뢰보호의 원칙이 적용된다. (22 국가9) [○ / ×]

04 일반적으로 행정청이 폐기물처리업 사업계획에 대한 적정통보를 한 경우 이는 토지에 대한 형질변경신청을 허가하는 취지의 공적 견해표명까지도 포함한다. (21 국가9) [○ / ×]

05 헌법재판소의 위헌결정이 있다면 행정청이 개인에 대하여 공적인 견해를 표명한 것으로 볼 수 있으므로 위헌 결정과 다른 행정청의 결정은 신뢰보호 원칙에 반한다. (22 군무원9) [○ / ×]

| 정답 | **01** ×(권한 유무보다는 실질) **02** ×(적극, 소극 모두 가능) **03** ×(공식적 질의절차가 있었음) **04** ×(선행행위와 후행처분은 관련성이 있어야 함) **05** ×(일반적 효력이 있는 위헌결정은 공적 견해표명이 아님)

- 토지거래계약의 허가를 통하여서나 그 과정에서 그 소속 공무원들을 통하여 토지형질변경이 가능하다는 견해표명은 건축을 위한 토지의 형질변경이 가능하다는 의사표시(대판 1997.9.12. 96누18380)
- 폐기물처리업에 대하여 관할관청으로부터 적정통보를 받고 막대한 비용을 들여 허가요건을 갖춘 후 허가신청을 했음에도 불허가처분을 한 경우의 적정통보(대판 1998.5.8. 98두4061)
- 행정청의 내부적인 사무처리지침인 행정규칙의 공표(대판 2009.12.24. 2009두7967)
- 정구장 시설을 설치한다는 도시계획결정은 도시계획사업자의 시행자지정을 해주겠다는 공적인 견해표명이 아님(대판 2000.11.10. 2000두727)
- 공무원임용결격사유가 있는 자가 임용된 경우 임용행위는 당연무효임. 임용 후 임용결격사유가 있음을 알고 임용행위를 취소한 것은 당연무효임을 확인시켜주는 행위에 불과함(대판 1987.4.14. 86누459)

6 보호가치가 있는 신뢰보호 (22 국가9) (18 국가7)

관련 판례

1. 귀책사유의 유·무는 상대방과 그로부터 신청행위를 위임받은 수임인 등 관계자 모두를 기준으로 판단하여야 함(대판 2002.11.8. 2001두1512)
2. 수익적 처분의 하자가 당사자의 사실은폐나 기타 사위의 방법에 의한 신청행위에 기인한 것이라면 당사자는 그 취소가능성도 예상하고 있었을 것이므로 신뢰이익을 원용할 수 없음(대판 1996.10.25. 95누14190)
3. 충전소설치예정지로부터 100m 내에 있는 건물주의 동의를 얻지 못하였음에도 불구하고 이를 갖춘 양 허가신청을 하여 그 허가를 받아낸 경우 허가처분에 대한 상대방의 신뢰는 보호될 수 없음(대판 1992.5.8. 91누13274)
4. 국가에 의하여 일정 방향으로 유인된 것이라면 특별히 보호가치가 있는 신뢰이익이 인정될 수 있고, 원칙적으로 개인의 신뢰보호가 국가의 법률개정이익에 우선된다고 볼 여지가 있음(헌재 2002.11.28. 2002헌바45)
5. 산업기능요원 A는 지정업체에 종사하지 않고 있음에도 복무한 것처럼 꾸며 복무만료처분을 받았다면 복무만료처분은 A의 은폐행위에 기인하므로 신뢰이익을 원용할 수 없음(대판 2008.8.21. 2008두5414)
6. 과거 개인택시운송면허를 취득했다가 양도한 후 10년이 경과되지 아니하여 「자동차운수사업법 시행규칙」에 따라 면허자격이 없음에도 이를 숨긴 채 면허신청을 하여 면허를 받은 경우, 위 처분에 대한 신뢰는 보호될 수 없음(대판 1990.2.27. 89누2189)
7. 허위의 고등학교 졸업증명서를 제출하는 사위의 방법에 의한 하사관 지원의 하자를 이유로 하사관임용일로부터 33년이 경과한 후 행정청이 행한 하사관 임용처분취소사건에서 임용행위에 대한 신뢰이익을 원용할 수 없다고 판시했음(대판 2002.2.5. 2001두5286)

7 사인의 처리행위

① 행정청의 선행조치를 신뢰하는 것만으로는 신뢰보호의 원칙은 성립하지 않고 반드시 일정한 사인의 행위(부작위를 포함)가 있어야 함
② **개인의 행위:** 적극적 행위 + 소극적 행위

8 인과관계 있는 손해

사인의 처리는 행정청의 선행조치에 대한 신뢰에 근거한 것이어야 함

9 선행행위에 반(충돌)하는 후행처분

단권화 메모 & OX

01 건축주와 그로부터 건축설계를 위임받은 건축사가 관계 법령에서 정하고 있는 건축한계선의 제한이 있다는 사실을 간과한 채 건축설계를 하고 이를 토대로 건축물의 신축 및 증축허가를 받은 경우, 그 신축 및 증축허가가 정당하다고 신뢰한 데에는 귀책사유가 있다. (22 국가9) [○ / ×]

| 정답 | 01 ○

10) 비교·교량(제3자) (20 지방7)

① 법률적합성 우위설이 다수설(×)
② 동의설 입장에서 제3자 모두 이익형량으로 결정함이 다수설(○)
③ 이익형량을 통해 신뢰보호의 여부 결정

11) 신뢰보호의 적용범위 (22 국가9) (22 지방9)

① 수익적 행정행위 취소·철회에 적용(○)
② 침익적 행정행위 취소·철회에 적용(×)
③ **확약에 적용:** 행정기관이 장차 일정한 작위 또는 부작위를 행할 것을 약속한 것을 개인이 신뢰했다면 이에 반하는 처분은 신뢰보호에 위반됨
④ **행정계획:** 행정계획존속청구권은 원칙적으로 인정되지 않으므로 행정계획변경은 신뢰보호 위반이 아님. 다만, 기존 행정계획에 대한 신뢰보호가 계획변경에 따른 공익보다 큰 경우 행정계획존속청구권은 인정됨
⑤ **사실상 공무원이론:** 임용결격사유가 있는 공무원의 행정행위는 무효이나, 상대방의 신뢰보호차원에서 공적 견해표명으로 인정되고 유효한 것으로 볼 수 있음

관련 판례

행정청이 확약 또는 공적인 의사표명을 하였다 하더라도 그 후에 사실적·법률적 상태가 변경되었다면, 확약 또는 공적인 의사표명은 행정청의 별다른 의사표시를 기다리지 않고 실효됨(대판 1996.8.20. 95누10877)

12) 신뢰보호의 위반인 것과 아닌 것

신뢰보호의 위반인 것	신뢰보호의 위반이 아닌 것
• 변리사시험이 2개월도 남지 않은 상태에서 절대평가를 상대평가로 변경한 것(대판 2006.11.16. 2003두12899(전합)) • 한약학과 졸업자에 한해 한약사시험을 응시할 수 있도록 개정된 「약사법 시행령」을 한약자원학과 재학 중인 자에게 적용한 것(대판 2007.10.29. 2005두4649) • 국적이탈신고가 없었음에도 공무원이 주민등록을 말소해 국적이탈신고를 하지 않고 있다가 공무원이 이를 알고 주민등록을 재등록하여 징병검사통지를 하자 국적이탈신고를 했으나, 기간이 경과되었다는 이유로 신고를 반려한 것(대판 2008.1.17. 2006두10931)	• 주유소신축허가는 석유판매업을 허용하겠다는 견해표명임. 그러나 주유소가 어린이집에서 25m 떨어져 있다는 이유로 석유판매업등록을 거부한 것(대판 2008.4.24. 2007두25060) • 토석채취허가신청을 해주겠다는 여천군의 약속을 믿고 토석채취사업을 추진했으나 한려해상국립공원의 환경미관을 해친다는 이유로 토석채취허가를 거부한 것(대판 1998.11.13. 98두7343)

단권화 메모 & OX

01 신뢰보호의 원칙과 행정의 법률적합성의 원칙이 충돌하는 경우 국민보호를 위해 원칙적으로 신뢰보호의 원칙이 우선한다. (20 지방7) [○ / ×]

02 행정청이 상대방에게 장차 어떤 처분을 하겠다고 공적 견해표명을 하였더라도 그 후에 그 전제로 된 사실적·법률적 상태가 변경되었다면, 그와 같은 공적 견해표명은 효력을 잃게 된다. (22 국가9) [○ / ×]

03 국가가 임용결격사유가 있는 자에 대하여 결격사유가 있는 것을 알지 못하고 공무원으로 임용하였다가 나중에 결격사유가 있음을 발견하고 그 임용행위를 취소하는 경우 신의칙이 적용된다. (22 지방9) [○ / ×]

| 정답 | 01 ×(동위적이므로 비교·교량) 02 ○ 03 ×(무효에는 신뢰가 형성되지 않음)

13) 신뢰보호의 원칙과 관련성이 없는 것

신뢰보호의 원칙이 적용되는 것	신뢰보호의 원칙이 적용되지 않는 것
• 행정상 확약 • 공법상 계약 • 행정계획의 변경 • 수익적 행정행위 취소 · 철회 • 실효의 법리, 실권의 법리	• 행정행위의 부관인 부담 예) 인근공원에 조경할 것을 조건으로 하는 호텔건축허가, 관련이 없는데 기부채납을 조건으로 하는 건축허가 • 무효인 행정행위 • 불가쟁력 • 부담적 행정행위의 취소 · 철회

14) 실권의 법리 (20 군무원9)

① 실권의 법리는 신의성실 · 신뢰보호원칙에서 도출됨

② **실권의 법리:** 권력관계 + 비권력적 관계에도 적용됨(대판 1988.4.27. 87누915)

③ **「행정기본법」 제정:** 「행정기본법」 제12조에서 신뢰보호의 원칙이라는 제목하에 실권의 법리를 규정함

관련 판례

1. 택시운전사가 운전면허 정지기간 중 운전을 하여 적발되어 형사처벌을 받았으나 아무런 행정조치가 없었고, 그 후 3년이 지나서 행정청이 운전면허를 취소했다면, 이는 별다른 행정조치를 하지 않을 것이라는 신뢰를 침해하는 행위임(대판 1987.9.8. 87누373)
2. 택시사업운송면허 철회사유가 있었음에도 1년 10개월간 철회권을 행사하지 아니한 경우, 개인택시사업자라면 면허취소를 충분히 예측할 수 있었으므로 별다른 행정조치가 없었다 하여 신뢰의 이익을 주장할 수 없음(대판 1989.6.27. 88누6283)

05 부당결부금지의 원칙

1) 의의 (22 지방9) (20 군무원7)

주된 급부 행정행위에 '**실질적 관련성**' 없는 상대방의 반대급부를 결부시켜서는 안 된다는 원칙

부당결부금지의 원칙의 효력	헌법적 효력을 가짐(판례)
부당결부금지의 원칙에 위반한 행정행위	위법, 취소사유(○) / 부당(×)
적용영역	공법상 계약(○), 부관(○), 급부행정영역(○)

관련 판례

1. 기숙사 건물과 무관한 도로 기부채납의무를 부과하고 이를 이행하지 않았다는 이유로 한 준공거부처분은 위법함(대판 1992.11.27. 92누10364)
2. 주택사업과는 아무런 관련이 없는 이 사건 토지를 기부채납하도록 하는 부관을 주택사업계획승인에 붙인 사실은 부당결부금지의 원칙에 위반되어 위법하다 하겠으나 그 부관의 하자가 중대하고 명백하여 당연무효는 아님(대판 1997.3.11. 96다49650)

단권화 메모 & OX

01 지방자치단체장이 사업자에게 주택사업계획승인을 하면서 그 주택사업과는 아무런 관련이 없는 토지를 기부채납하도록 하는 부관을 주택사업계획승인에 붙인 경우, 그 부관은 부당결부금지의 원칙에 위반되어 위법하다. (22 지방9) [○ / ×]

| 정답 | 01 ○

3. 주택사업계획을 승인하면서 입주민이 이용하는 진입도로의 개설 및 확장과 이의 기부채납의무를 부과하는 것은 부당결부금지의 원칙에 반하지 않음(대판 1997.3.14. 96누16698)

2) 복수운전면허가 취소되는 경우

관련 판례

1. 한 사람이 여러 종류의 자동차운전면허를 취득하는 경우뿐 아니라 이를 취소 또는 정지하는 경우에도 서로 별개의 것으로 취급하는 것이 원칙이고, 다만 취소사유가 특정 면허에 관한 것이 아니고 다른 면허와 공통된 것이거나 운전면허를 받은 사람에 관한 것일 경우에는 여러 면허를 전부 취소할 수도 있음(대판 2012.5.24. 2012두1891)
2. 택시를 음주운전한 경우 제1종 보통면허와 제1종 특수면허를 모두 취소할 수 있음. 택시는 제1종 보통면허와 특수면허로 모두 운전할 수 있기 때문임(대판 1996.6.28. 96누4992)

3) 복수운전면허가 취소되지 않는 경우

① 제1종 특수·대형·보통면허를 가진 자가 제1종 특수면허만으로 운전할 수 있는 차량을 운전하다 운전면허취소사유가 발생한 경우, 제1종 대형·보통면허에 대한 취소사유는 되지 아니함

② 이륜자동차를 음주운전한 사유만으로 제1종 대형면허나 보통면허의 취소나 정지를 할 수 없음

③ 제1종 특수·대형·보통면허를 가진 자가 제1종 보통·대형면허만으로 운전할 수 있는 12인승 승합자동차를 운전하다 운전면허 취소사유가 발생한 경우, 제1종 특수면허를 취소할 수는 없음

관련 판례

제1종 대형, 제1종 보통 자동차운전면허를 가지고 있는 甲이 배기량 400cc의 오토바이를 절취하였다는 이유로 제1종 대형면허나 보통면허를 취소할 수 없음(대판 2012.5.24. 2012두1891)

단권화 메모 & OX

행정법의 효력

출제 비중 0%

0 100

01 행정법의 효력

1) 행정법의 효력발생시기 (22 군무원9) (21 지방9) (21 군무원9) (20 국가9)

① 법률 공포방법

대통령 법률 공포방법	국회의장 법률 공포방법
종이 또는 전자관보 게재	서울 일간신문 2개 이상 게재

② 효력 발생

법령 효력발생일	공포한 날로부터 20일 경과 후 법령의 효력 발생
국민의 권리제한, 의무부과 법률	30일
공포한 날	관보 · 신문이 발행된 날(「법령 등 공포에 관한 법률」)
관보 · 신문이 발행된 날	최초 구독이 가능한 날(판례, 多)
관보일자보다 실제 인쇄일이 다른 경우	관보가 발행된 날은 실제 인쇄일

★★☆

2) 소급입법의 종류 (22 국가9) (22 군무원9) (21 국가9) (20 국가9) (20 군무원9)

구분	개념	허용 여부
진정 소급입법	과거에 이미 완성된 사실이나 법률관계를 규율대상으로 하는 입법형식	원칙적 금지
		예외적 허용 예불경심 (예측가능, 불확실, 손실 경미, 심히 중대한 공익상 사유)
부진정 소급입법	현재 진행 중인 사실관계 또는 법률관계를 사후적인 입법으로 규율하는 입법형식	원칙적 허용
		예외적 금지(비교 · 형량하여 공익보다 사인의 신뢰보호가치가 큰 경우)

① 형사법 규정은 국민의 권리 · 자유에 직접적 · 침익적 영향을 끼칠 여지가 크므로 소급입법금지원칙이 엄격하게 적용되어야 함. 다만, 여기에서 말하는 형사법 규정은 실체법상 죄와 형에 관한 규정을 말하며, 절차에 관한 규정은 해당하지 않음

② 국민에게 유리한 소급입법, 이른바 시혜적 소급입법은 허용될 수 있음. 다만 이는 입법자의 의무가 아닌 입법재량의 문제임

단권화 메모 & OX

01 행정법령의 시행일을 정하지 않은 경우에는 공포한 날부터 20일이 경과함으로써 효력을 발생하는데, 이 경우 공포한 날을 첫날에 산입하지 아니하고 기간의 말일이 토요일 또는 공휴일인 때에는 그 말일의 다음날로 기간이 만료한다. (22 군무원9) [○ / ×]

02 국민의 권리 제한 또는 의무 부과와 직접 관련되는 법률, 대통령령, 총리령 및 부령은 긴급히 시행하여야 할 특별한 사유가 있는 경우를 제외하고는 공포일부터 적어도 30일이 경과한 날부터 시행되도록 하여야 한다. (20 국가9) [○ / ×]

03 진정소급입법이라 하더라도 예외적으로 국민이 소급입법을 예상할 수 있었거나 신뢰보호의 요청에 우선하는 심히 중대한 공익상의 사유가 소급입법을 정당화하는 경우 등에는 허용될 수 있다. (20 국가9) [○ / ×]

04 수강신청 후에 징계요건을 완화하는 학칙개정이 이루어지고 이어 시험이 실시되어 그 개정 학칙에 따라 대학이 성적 불량을 이유로 학생에 대하여 징계처분을 한 경우라면 이는 이른바 부진정소급효에 관한 것으로서 특별한 사정이 없는 한 위법이라고 할 수 없다. (22 국가9) [○ / ×]

| 정답 | 01 ×(법령기간 계산 시 말일이 공휴일이면 그날 만료함) 02 ○ 03 ○ 04 ○

3) 법위반과 제재(위반 행위 당시의 구법 적용 원칙) (17 국가7상)

관련 판례

1. 법령이 변경된 경우 명문의 다른 규정이나 특별한 사정이 없는 한 변경 전에 발생한 사항에 대하여 변경 전의 구법령이 적용됨. 건설업면허 수첩대여행위가 행위 후 법령개정으로 취소사유에서 삭제되었더라도 구법을 적용하여 건설면허를 취소해야 함(대판 1982.12.28. 82누1)
2. 남녀를 차별하는 법령을 반성적인 고려에서 개정한 경우에는 개정법령을 적용해야 함: 개정 시행령은 남녀를 합리적 이유 없이 차별하는 구 시행령의 위헌적 요소를 없애려는 반성적 고려에서 도입된 것이므로 개정 시행령을 적용해야 함(대판 2007.2.22. 2004두12957)
3. 성적불량을 이유로 한 학생징계처분에 있어서 수강신청 이후 징계요건을 완화한 개정학칙을 적용하는 것은 부진정소급효에 관한 것으로 위법이라 할 수 없음(대판 1989.7.11. 87누1123)
4. 개정 전 「의료법」 하에서 임의적 면허취소사유였던 '파산선고 후 복권되지 않은 자'가 개정 「의료법」하에서 필요적 면허사유로 변경된 경우라면 복권되지 아니한 의사에 대하여 개정 「의료법」을 적용하여 의사면허를 반드시 취소하여야 함(대판 2001.10.12. 2001두274)
5. 과세요건이 완성된 후 조세법령이 폐지·개정된 경우에는 폐지·개정 전의 구 법령을 적용하는 것은 조세법률주의에 반하지 않음(대판 1993.5.11. 92누18399)

4) 경과규정(예외, 유예규정) (18 지방9)

유리한 개정에 경과규정이 있는 경우	신법을 소급 적용
불리한 개정에 경과규정이 있는 경우	구법 적용(유리한 개정에 경과규정이 있는 경우 소급 적용)

5) 법령의 효력 상실

한시법	유효기간이 지나면 별도의 폐지절차 없이 자동으로 효력 상실(○), 폐지에 의한 효력 상실(×)
비한시법	명시적 폐지, 묵시적 폐지

6) 법령의 개정과 종전 부칙상의 경과규정의 효력

일부개정		법률을 개정하면서 종전 법률 부칙의 경과규정을 개정하거나 삭제하는 명시적인 조치가 없다면 개정 법률에 다시 경과규정을 두지 않았다고 하여도 부칙의 경과규정이 당연히 실효되는 것은 아님
전부개정	원칙	기존 법률을 폐지하고 새로운 법률을 제정하는 것과 마찬가지이어서 종전 법률 부칙의 경과규정도 모두 실효됨
	예외	전부 개정된 법률에서 종전 법률 부칙의 경과규정을 계속 적용한다는 별도 규정을 두거나, 그러한 규정을 두지 않았다고 하더라도 종전 경과규정이 실효되지 않고 계속 적용된다고 보아야 할 만한 특별한 사정이 있는 경우에 한하여 효력이 존속함(대판 2012.3.29. 2011두27919)

7) 지역적 효력

① 법령도 전국적으로 효력을 가짐. 그러나 특정한 지역에만 효력을 가지는 법령도 있음
② 조례는 지방자치단체 안에서만 효력을 가짐. 그러나 지방자치단체구역을 넘어 효력을 가지는 경우도 있음

단 권 화 메 모 & O X

01 개정 법령이 기존의 사실 또는 법률관계를 적용대상으로 하면서 국민의 재산권과 관련하여 종전보다 불리한 법률효과를 규정하고 있는 경우, 그러한 사실 또는 법률관계가 개정 법률이 시행되기 이전에 이미 완성 또는 종결된 것이 아니라면 소급입법금지원칙에 위반된다. (21 국가9) [○ / ×]

02 법령을 소급적용하더라도 일반 국민의 이해에 직접 관계가 없는 경우, 오히려 그 이익을 증진하는 경우, 불이익이나 고통을 제거하는 경우 등의 특별한 사정이 있는 경우에 한하여 예외적으로 법령의 소급적용이 허용된다. (22 군무원9) [○ / ×]

| 정답 | 01 ×(유리한 소급입법은 가능함) 02 ○

8 대인적 효력

① 외국에 거주하는 국민도 적용
② 「국가배상법」은 상호주의에 따라 외국인에게 적용
③ 북한주민도 대한민국 국민 → 국내법 적용

관련 판례

한국국적을 상실하지 않은 한국인이 일본에서 영주권을 취득하더라도 한국국적을 상실하는 것이 아니므로 영주권을 가진 재일교포를 준외국인으로 취급하여 「외국인토지법」을 준용할 일이 아님(대판 1981.10.13. 80다2435)

단권화메모&OX

07 행정법 관계

출제 비중 13%

13 100

단권화메모&OX

01 행정법 관계의 유형

1) 행정상 법률관계

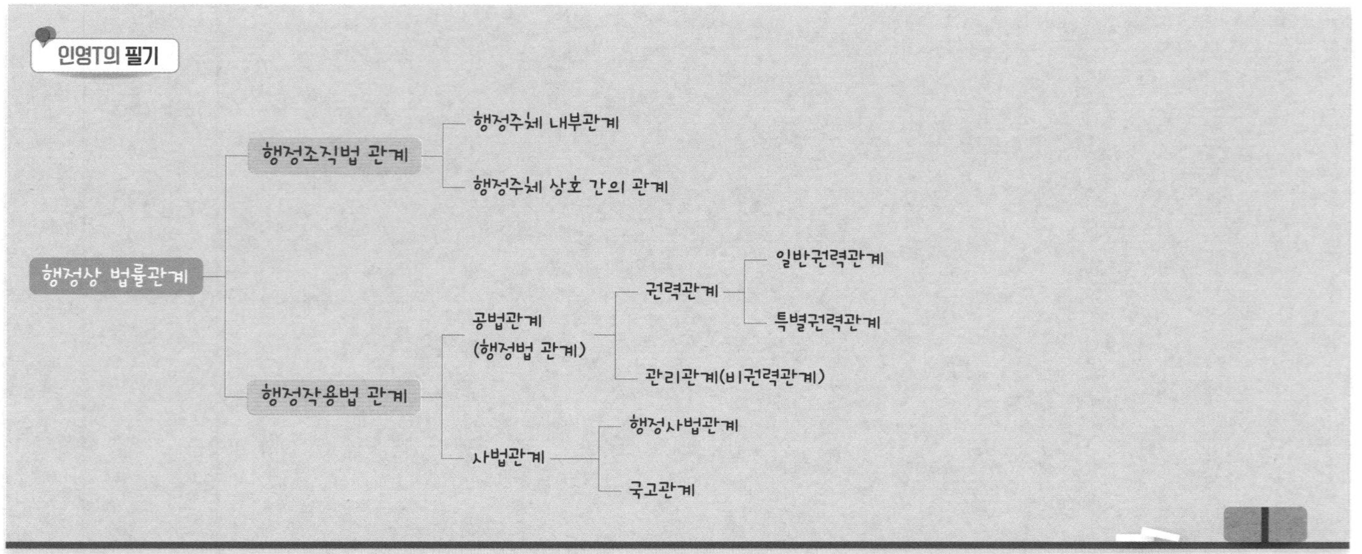

2) 공법관계

① **권력관계:** 공법 적용. 예외적 사법 적용

② **관리관계:** 원칙적으로 사법 적용. 예외적 공법 적용

③ 엄격한 의미의 행정법 관계는 공법관계임. 따라서 사법관계는 행정법 관계가 아님

3) 사법관계

① 조달행정, 정부청사, 도로건설, 공사도급계약, 일반재산매각 등

② 사법관계에는 전면적으로 사법이 적용

③ **국고관계, 행정사법관계:** 기본권의 효력이 미침. 다만, 국고관계행위는 항고소송이나 헌법소원의 대상이 되지 않음

4) 행정사법관계

① 법적 선택의 가능성이 인정되는 영역(○), 법적 선택의 가능성이 없는 영역(×), 경찰작용, 과세처분과 같은 권력적 행정행위에는 적용(×)
② 소위 사법(私法)으로의 도피현상이 발생할 수 있음
③ 이를 막기 위해서는 행정사법관계에서도 기본권의 구속력이 미치고, 비례의 원칙, 평등의 원칙과 같은 행정법 원칙에 구속을 받음
④ 관리관계이론을 행정사법이론으로 대체할 것이 주장되기도 함
⑤ 원칙적으로 사법이 적용됨. 그러나 공법적 제한을 받음

02 행정법 규정의 흠결과 보충

1) 행정법 규정의 흠결

① 명문의 규정이 있는 경우는 규정대로 적용함
② 해석을 통하여 해결함. 다만 해석이 안 될 경우 유사한 행정법 규정을 유추적용함
③ 유추할 행정법이 없으면 관습법을 적용함
④ 최후 보충적으로 성질에 반하지 않는 한 사법을 적용함

한번 더 정리하기

■ 권력관계, 관리관계, 국고관계 비교

구분	원칙적으로 적용되는 법	사법적용 가능성	법기술적 규정, 법원리규정	이해조절적 규정	사적 자치
권력관계	공법	○	○	×	×
관리관계	사법	○	○	○	○
국고관계	사법 전면적용	○	○	○	○

2) 사법규정의 적용

사적자치	권력관계 적용(×) / 관리 · 국고관계 적용(○)
공서양속원칙	공서양속에 반한 행정행위는 취소설이 다수설임
시효취득 조항	적용될 수 있음
의사무능력자 관념	적용, 의사무능력자의 신청, 무효
제한능력자(구 행위무능력자) 조항	• 행정법 관계에서도 성질상 반하지 않는 한 적용됨 • 행위무능력자에 의한 사인의 공법행위도 유효한 것이라고 보는 개별법이 있음(「도로교통법」상 운전면허, 「우편법」) 「우편법」 **제10조【제한능력자의 행위에 관한 의제】** 우편물의 발송 · 수취나 그 밖에 우편 이용에 관하여 제한능력자가 우편관서에 대하여 행한 행위는 능력자가 행한 것으로 본다.

단 권 화 메 모 & O X

3 공법관계와 사법관계의 구별기준 (20 국가7) (20 지방9) (19 서울9하) (17 국가7하)

단 권 화 메 모 & O X

어느 하나의 학설이 최종적이거나 종국적일 수 없으므로 구체적인 사안별로 모든 것을 종합 고려하여 판단함이 판례의 견해

구분	공법관계 특징	문제점
구주체설	• 공법관계: 행정주체가 일방당사자인 경우 • 사법관계: 양쪽 당사자가 사인인 경우	행정주체의 국고행위는 사법관계인데, 주체설에 따르면 공법관계가 됨
신주체설 (귀속설)	• 공법관계: 권리 · 의무가 공권력담당자에게만 귀속되는 경우 • 사법관계: 권리 · 의무가 모든 권리주체에게 귀속되는 경우	• 행정주체가 공권력담당자인지, 그렇지 않은지 구별하기 힘듦 • 공권력담당자의 지위는 공법을 전제로 하므로 순환논리에 빠짐
권력설 (종속설)	• 공법관계: 법률관계가 지배 · 복종관계 • 사법관계: 대등관계	공법상 계약은 대등관계이므로 권력설에 따르면 사법관계가 된다는 점에 문제가 있음 → 공법상 계약과 사법상 계약을 구별하는 데 실패
이익설	• 공법관계: 공익목적 추구 • 사법관계: 사익목적 추구	• 공익과 사익을 구별하기 어려움 • 공익적 목적을 추구하는 사기업활동도 있음
생활관계설	• 공법관계: 국민으로서 생활관계 • 사법관계: 사인의 생활관계	국민과 사인의 생활관계를 구별하기 힘듦

★★☆

→ 공·사법 이원체계 전제

4 공법관계와 사법관계의 구별 (22 국가9) (21 소방9) (21 군무원7) (20 지방7) (20 군무원7) (20 군무원9) (19 국가9) (19 소방9) (17 국가7상) (17 국가7하) (16 지방7)

구분	공법관계	사법관계
국유재산	• 행정재산의 관리, 처분, 사용·수익 허가 • 행정재산인 국립의료원부설 주차장 사용, 수익허가 • 공유수면매립면허 • 국유재산무단점유에 대한 변상금 부과 • 귀속재산의 불하	• 일반재산(구 잡종재산)의 관리, 처분 • 국유일반재산 대부행위
일반국민 재산관계	• 조세부과처분 • 회사의 조세원천징수관계 • 국방부장관의 징발재산 매수결정 • 「하천법」상 제외지수용으로 인한 손실보상금 청구	• 환매권 • 공특법상 협의에 의한 취득 • 조세과오납 시 환급청구권과 부당이득반환청구권(다수설: 공법관계, 판례: 사법관계) • 국가배상청구(다수설: 공법관계, 판례: 사법관계) • 손실보상청구
근무관계	• 계약직 공무원, 전문직 공무원 • 공중보건의사 • 광주광역시 시립합창단원 • 국립중앙극장합창단원 • 지방자치단체의 청원경찰 • 도시재개발조합과 조합원 • 농지개량조합의 직원 • 공무원연금관리공단직원의 공무원 급여, 퇴직금결정	• 창덕궁 안내원 • 지하철공사, 의료보험관리공단, 한국방송공사, 종합유선방송위원회 직원 • KBS 한국방송공사 직원
계약	조달청장·국방부장관의 입찰참가자격제한, 지방자치단체를 당사자로 하는 계약 법률상의 지방자치단체장의 입찰참가자자격제한은 처분으로 공법관계	• 국가와 지방자치단체의 물품매매계약 • 건물임대차계약 • 관공서, 청사, 항만공사도급계약 • 국채, 지방채 발행 • 한국토지주택공사의 상업용 토지공급 공고 • 입찰계약 보증금 국고귀속
공공서비스	• 감염병환자의 국공립병원 강제입원(다만, 일반환자의 국공립병원이용관계는 사법상 관계임) • 수도이용, 요금부과 징수 • TV수신료 징수 • 국공립대학과 학생관계 • 사립중학교 의무교육의 위탁관계	• 전화가입 계약, 해지 • 시영버스 이용 • 국유철도, 시영지하철 이용관계(대판 1999.6.22. 99다7008) • 사립대학교와 학생, 교직원 관계, 등록금 징수(다만, 사립대학교 학위수여는 공법관계임)

한번 더 정리하기

■ 공법관계, 사법관계 키워드 암기

판례가 인정하는 공법관계	• (상, 하)수도(요부과) • 공용수용 • 공법상 계약 • 행정재산(보존, 보유, 귀속재산) • 「하천법」상 하천부지편입 보상금 • 부가가치세환급금
판례가 인정하는 사법관계	• 합의 • 협의 • 공공계약 • 일반재산(환매권) • 손해배상(입찰보증금 국고귀속) • 손실보상 • 부당이득(환급금)

단권화 메모 & OX

01 공공하수도의 이용관계는 공법관계에 해당한다. (19 소방9 변형) [○ / ×]

02 「공익사업을 위한 토지 등의 취득 및 보상에 관한 법률」상 환매권의 존부에 관한 확인을 구하는 소송 및 환매금액의 증감을 구하는 소송은 민사소송이다. (22 국가9) [○ / ×]

03 구 「예산회계법」에 따라 체결되는 계약에 있어서 입찰보증금의 국고귀속조치에 관한 분쟁은 민사소송의 대상이 되지만, 입찰자격정지에 대해서는 항고소송으로 다투어야 한다. (16 지방7) [○ / ×]

| 정답 | 01 ○ 02 ○ 03 ○

03 행정법 관계의 당사자

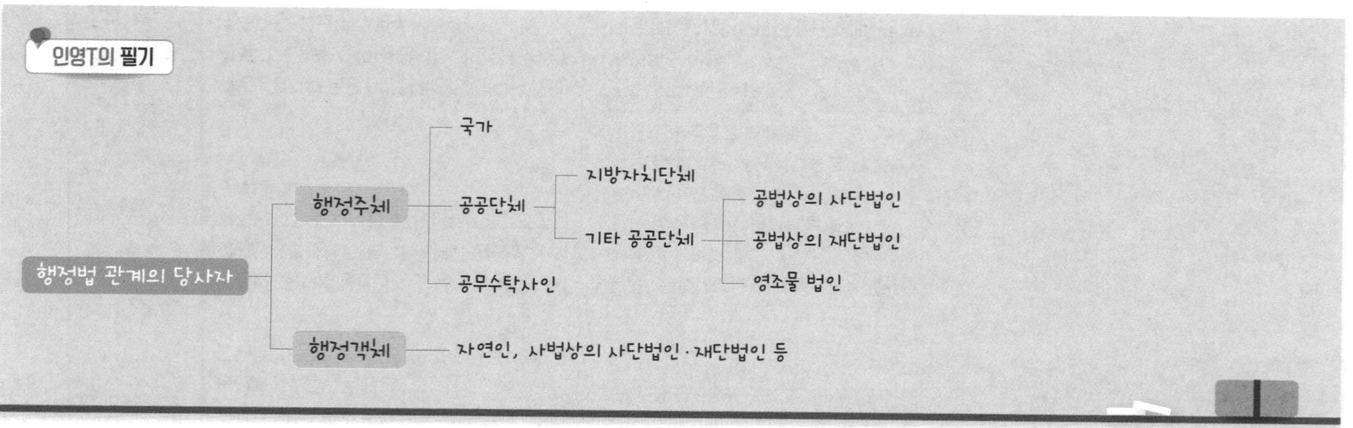

1) 행정주체

① 행정법상 법률관계 당사자는 행위에 대한 책임을 질 수 있는 주체이어야 함
② 권리 · 의무의 주체와 처분의 주체가 같은 것은 아님

2) 행정주체와 행정기관의 비교

구분	행정주체	행정청
개념	행정권을 행사하고 그 법적 효과가 궁극적으로 귀속되는 당사자	국가 또는 지방자치단체 등 행정주체의 행정에 관한 의견을 결정하고 이를 외부에 표시할 수 있는 주체
종류	• 국가 • 지방자치단체를 포함한 공공단체 • 공무수탁사인	대통령, 국무총리, 기획재정부장관, 서울시장, 종로구청장, 한국은행장
처분의 주체(행정청)	×	○
권리 · 의무의 주체(책임)	○	×
당사자소송, 민사소송의 당사자	○	×
부당이득반환청구소송, 손해배상의 피고	○	×
항고소송의 피고	×	○

3 공공단체

지방자치단체	• 시원적 행정주체(×) • 공법인(○) • 종류: 광역단체(광역시·특별시, 특별자치시, 도, 특별자치도), 기초단체(시·군·구)
공법상 사단	• 구성원(○) • 농지개량조합, 의료보험조합, 주택재개발조합, 국민건강보험공단, 대한변호사협회(공무수탁사인으로 보는 견해 있음)
공법상 재단	• 국가, 지방자치단체 출연재산으로 구성 • 한국학술진흥재단, 한국학중앙연구원
영조물법인	• 인적·물적 결합체 • 서울대학교: 영조물 법인 • 한국도로공사, 한국전력공사 등 공사, 한국은행, 서울대병원

4 공무수탁사인 (18 서울7상) (17 서울7) (17 서울9)

법률유보	법률에 근거가 있어야 하며, 자신의 이름으로 수행함
공무수탁사인	행정주체(○)이면서 행정청(○)
항고소송의 피고	• 공무수탁사인(○) / 위임한 기관(×) • 세무서장이 위탁한 공매처분을 한국자산관리공사가 한 경우 피고는 세무서장(×) / 한국자산관리공사(○)가 됨
공무수탁사인의 불법행위에 대한 손해배상책임	국가, 지방자치단체
공무수탁사인의 행위로 손실을 입은 경우 손실보상책임	공무수탁사인
권리	비용상환청구권, 수수료수급권

더 알아보기

공무수탁사인인 경우와 아닌 경우

공무수탁사인	사립대학총장	교육법에 따라 학위 부여
	선장, 항공기기장	일정한 경찰사무 수행
	별정우체국장	체신업무 수행
	변호사협회	변호사등록업무 수행, 변호사 징계
	사업시행자	토지의 강제취득
	민영교도소를 운영하는 종교재단	교정업무
	한국광고자율심의기구	민간의 주도하에 설립한 기구이나 행정법상 공무수탁사인에 해당함
공무수탁사인이 아닌 경우	공의무부담사인	• 석유비축의무를 부담하는 의무의 주체. 공무수탁사인이 아님. 공무수탁사인은 권리의 주체이기도 하기 때문 • 소득세원천징수 의무자(대판 1990. 3. 23. 89누4789)
	행정대행인(사법상 계약)	• 국가나 지자체와 사법상 계약을 맺은 사인 • 주차위반 차량을 견인하는 민간사업자, 쓰레기 수거인, 견인업체 등

단권화 메모 & OX

01 공무수탁사인은 행정주체이면서 동시에 행정청의 지위를 갖는다. (17 서울7) [○ / ×]

02 「민영교도소 등의 설치·중점 운영에 관한 법률」상의 민영교도소는 행정보조인(행정보조자)에 해당한다. (17 서울9) [○ / ×]

03 「도로교통법」상 견인업무를 대행하는 자동차 견인업자는 공무수탁사인이 아니다. (18 서울7상) [○ / ×]

| 정답 | 01 ○ 02 ×(공무수탁사인에 해당함) 03 ○

5) **행정객체**

① 행정주체의 상대방을 의미하는 것으로, 원칙적으로 사인이 이에 해당됨

② 공공단체, 지방자치단체(○)

③ 국가(×) → 서울국제우체국장은 국가의 기관이므로 납세의무자가 될 수 없음. 따라서 서울국제우체국장에 대한 관세부과처분은 당연무효임 (대판 1987.4.28, 86누93)

한번 더 정리하기

■ 행정주체와 행정객체

구분	행정주체	행정객체
국가	○	×
공공단체	○	○

04 행정법 관계의 내용

1) **국가적 공권력**

① 국가는 개인적 공권의 주체는 아니나 국가적 공권의 주체는 됨

② 국가는 국가적 공권뿐 아니라 사권의 주체가 되기도 함

2) **개인적 공권** (17 국가9상)(17 지방9상)

① 자유권, 수익권, 참정권

② **국세징수권, 특허처분권, 공물관리권, 행정대집행권:** 개인적 공권(×), 국가적 공권(○)

관련 판례

서울특별시의 '철거민에 대한 시영아파트 특별분양개선지침'에 의한 무허가건물 소유자의 시영아파트 특별분양신청권은 개인적 공권이 아님(대판 1993.5.11. 93누2247)

3) **공권의 성립요건** (21 소방7)(21 군무원9)

① 기속행위뿐 아니라 재량행위 영역에서도 개인적 공권은 성립할 수 있음

② 법규가 사익보호성을 가지고 있어야 개인적 공권은 성립하는데, 그때 법규는 직접적인 근거 조항뿐 아니라 관련 법 규정을 포함함

구분	법률이 공익만 추구	법률이 공익 추구 + 부수적 사익보호성
개인적 공권	×	○
반사적 이익	○	×

③ 사익보호성(개인적 공권 성립 근거)

근거	내용
근거 법률 + 관련 법률 (실체법, 절차법)	처분의 근거가 되는 법률의 규정뿐 아니라, 관련 법률까지 고려해서 사익보호성 여부를 판단해야 함
헌법상 구체적 기본권 규정	근거 법률이나 관련 법률의 근거가 없더라도 헌법의 기본권 규정을 통해 권리를 도출할 수도 있음(알 권리, 경쟁의 자유)
조리, 관습법	거부처분을 다투는 소송에서 신청권은 법규상 근거가 없더라도 조리에 근거가 있다면 인정될 수 있음. 또한 공권은 관습법에 의해서도 성립할 수 있음(관행어업권)
공법상 계약	공법상 계약을 통해 계약직 공무원의 급여청구권 등이 발생함
법규명령	법규명령에 의해 개인적 공권이 성립함
행정규칙	행정규칙으로는 개인적 공권이 성립하지 않음. 다만, 법규성을 가지는 규칙으로도 개인적 공권은 성립할 수 있음

단권화 메모 & OX

단권화 메모 & O X

4) 헌법상 기본권과 공권

① 헌법에 의해서도 개인적 공권은 성립할 수 있음. 그러나 헌법상 기본권이 행정상 당연히 개인적 공권이 되는 것은 아님

② 법률상 개인적 공권이 성립하면 헌법상 기본권을 주장할 필요가 없으나 법률에서 개인적 공권이 성립하지 않은 경우 헌법상 기본권을 주장할 필요가 있음

③ 피의자 또는 피고인의 만나고 싶은 사람을 만날 권리, 알 권리, 변호인과 상담·조언을 구할 권리는 헌법상 직접 인정되는 권리임

④ 환경권, 사회보장수급권, 국가유공자보상금수급권 등은 헌법상 직접 인정되는 권리가 아니고 법률규정이 있어야 비로소 인정되는 권리임

관련 판례

환경영향평가대상 지역 밖에 거주하는 주민들은 **환경권 또는 「환경정책기본법」에 근거하여 공유수면매립면허처분의 무효확인을 구할 원고적격은 인정되지 않음**(대판 2006.3.16. 2006두330(전합))

5) 개인적 공권과 반사적 이익

강행법규가 오로지 공익만을 목적으로 하여 사익보호성이 없다면, 이때 이익은 반사적 이익임

구분	공권	취소소송의 원고적격	손실보상, 손해배상청구
개인적 공권	○	○	○
반사적 이익	×	×	×

관련 판례

횡단보도의 설치 또는 폐지로 인하여 지하상가의 임대인 또는 임차인이 누리는 인근 지하상가의 영업권 활성화와 같은 이익은 「도로교통법」에 의하여 보호되는 직접적이고 구체적인 이익이라고 할 수 없으므로 지하상가의 임대인 또는 임차인은 **횡단보도설치행위**를 다툴 법률상의 이익이 없음(대판 2000.10.27. 98두8964)

6) 개인적 공권의 확대

구분	과거	현대
주관적 공권	3요소설	2요소설
반사적 이익	넓게 인정	• 좁게 인정 • 반사적 이익의 공권화 • 경업자·경원자·주민소송에서 원고적격 확대 • 제3자 보호규범론
재량영역에서 개인적 공권	부정	• 긍정 • 무하자재량행사청구권 • 행정개입청구권 • 재량의 영(0)으로 수축이론
사익보호성	• 근거법 조항 • 공익을 추구하고 있을 때 사익보호성 부정	• 관련 법 조항 + 헌법상 기본권 + 관습법 + 조리 • 공익을 추구하고 있는 경우에도 부수적으로 사익보호성 인정

경업자소송

① 법령이 특허업자의 경영상 이익을 법적으로 보호하므로 신규업자에 대한 면허처분에 대해 다툴 이익이 있음

② 법령이 허가업자의 경영상 이익을 보호하지 않으므로 신규업자에 대한 허가에 대해 다툴 이익이 없음 → 다만, 과당경쟁 방지를 위한 거리제한, 인원수 제한이 있는 경우는 법률상 보호대상이 됨

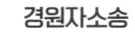

관련 판례

1. 「여객자동차운수사업법」에 의하여 면허를 받은 기존업자의 경영상의 이익은 법률상 이익임(대판 1974.4.9. 73누173)
2. 구 「해상운송사업법」에 근거한 신규선박운항사업 면허허가처분에 대한 당해 항로에 취항하고 있는 기존업자의 취소청구소송은 법률상 이익이 인정됨(대판 1969.12.30. 69누106)
3. 일반담배소매업 관계에서 기존 담배소매업자 이익은 법률상 이익이 있음(대판 2008.3.27. 2007두23811)
4. 동일 건축물 또는 시설물 안에 지정된 일반소매인(구내소매인)의 이익은 법률상 이익이 아님(대판 2008.4.10. 2008두402)
5. 분뇨 · 축산폐수수집 운반업자의 이익은 법률상 이익임(대판 2006.7.28. 2004두6716)
6. 약종상영업허가를 받은 자의 이익은 법률상 이익임(대판 1988.6.14. 87누873)
7. 기존 광산업자의 이익은 법률상 이익임(대판 1982.7.27. 81누271)
8. 한의사 면허는 경찰금지를 해제하는 명령적 행위에 해당하고 한약조제시험을 통하여 약사에게 한약조제권을 인정함으로써 한의사들의 영업상 이익이 감소되었다고 하더라도 이는 사실상 이익에 불과하기 때문에 한약조제권을 인정받은 약사들에 대한 합격처분의 무효확인을 구하는 한의사의 소는 부적합함(대판 1998.3.10. 97누4289)
9. 기존 목욕장영업장 부근에 신설 영업장 허가처분에 따른 수입감소를 이유로 한 기존업자의 취소청구소송은 법률상 이익이 인정되지 않음(대판 1963.8.31. 63누101)
10. 석탄가공업자의 이익은 법률상 이익이 아님(대판 1980.7.22. 80누33 · 34)
11. 기존 여관업자의 이익은 반사적 이익이므로 건물을 여관객실로 사용할 수 있도록 숙박업 구조변경허가에 대해 다툴 이익은 없음(대판 1990.8.14. 89누7900)

경원자소송 (22 소방7)

법적 자격의 흠결로 신청이 인용될 가능성이 없는 경우를 제외하고는 경원관계의 존재만으로 거부된 처분의 취소를 구할 법률상 이익이 있음

관련 판례

1. 국세청장이 특정업자를 병마개 제조업자로 지정한 경우 병마개 업자로 지정받는 못한 자는 법률상 이익을 침해받을 수 있음(헌재 1998.4.30. 97헌마141)
2. LPG 충전사업신규허가에 대해 허가를 받지 못한 자는 취소를 다툴 이익이 있음(대판 1992.5.8. 91누13274)
3. 법학전문대학원 인가를 받지 못한 대학교는 인가에 대해 취소를 구할 이익이 있음(대판 2009.12.10. 2009두8359)
4. 자신들이 검정 신청한 교과서의 과목과 전혀 관계가 없는 수학, 미술과목의 교과용 도서에 대한 합격결정처분에 대하여는 그 취소를 구할 법률상 이익이 없음(대판 1992.4.24. 91누6634)
5. 기존의 대학교 교수는 같은 학과 교수임용의 취소를 구할 법률상 이익은 없음(대판 1995.12.12. 95누11856)
6. 교수임용에 대해 그 학과 학생들이 취소를 구할 이익은 없음(대판 1993.7.27. 93누8139)

단권화메모&OX

01 대법원은 경업자(競業者)에게는 개인적 공권을 인정하면서도, 경원자(競願者)에게는 이를 부인하였다. (18 교행9) [○ / ×]

| 정답 | 01 ×(앞뒤가 바뀐 설명)

★★★

9 인인 관계(상린, 이웃관계)

(21 소방7) (20 지방9) (17 국가9상)

관련 판례

1. 연탄공장건축허가에 대한 구 「도시계획법」상 주거지역에 거주하는 인근 주민의 취소소송은 법률상 이익이 인정됨(대판 1975.5.13. 73누96)
2. 기존석탄가공업자의 이익: 개인적 공권(×), 반사적 이익(○)(대판 1980.7.22. 80누33)
3. LPG 충전소 설치허가처분에 대해 주민들이 취소를 구할 이익이 있음(대판 1983.7.12. 83누59)
4. 「수도법」은 사익보호성이 없으므로 부산시장의 상수원보호구역을 변경한 처분에 대해 주민들이 취소를 구할 법률상 이익은 없음(대판 1995.9.26. 94누14544)
5. 화장장 설치를 내용으로 하는 도시계획결정에 대해 주민들이 취소를 구할 법률상 이익이 있음(대판 1995.9.26. 94누14544)
6. 원자로시설부지 사전승인처분에 대해 주민들이 취소를 구할 법률상 이익이 있음(대판 1998.9.4. 97누19588)
7. 환경영향평가대상지역 내 주민들의 원고적격이 인정되나, 환경영향평가대상지역 밖 주민들의 원고적격은 환경권 또는 「환경정책기본법」에 근거만으로는 인정되지 않음(대판 1998.9.22. 97누19571)
8. 환경영향평가대상지역 밖의 주민이라 할지라도 공유수면매립면허처분으로 처분 전과 비교하여 수인한도를 넘는 환경피해를 받거나 받을 우려가 있는 경우에는 환경상 이익에 대한 침해 또는 침해우려가 있다는 것을 입증함으로써 그 처분의 무효확인을 구할 원고적격이 인정됨(대판 1998.9.22. 97누19571)
9. 구 「산업집적활성화 및 공장설립에 관한 법률」, 「국토의 계획 및 이용에 관한 법률」 등의 취지상 김해시 상수원 주변에 공장설립승인처분에 대해 환경영향평가대상지역 밖 주민인 부산시 주민들은 취소를 구할 법률상 이익이 있음(대판 2010.4.15. 2007두16127)
10. 건축공사가 완료된 후 건축허가나 준공검사의 취소를 구할 법률상 이익은 없음(대판 2007.4.26. 2006두18409)
11. 일조권을 침해받을 개연성이 있는 주민은 아파트건축허가처분의 취소를 구할 원고적격이 있음(대판 2000.7.6. 98두8292)
12. 문화재 지정에 대해 일반국민이 취소를 구할 법률상 이익이 없음(대판 2001.9. 28. 99두8565)
13. 문화재보호구역 내 토지소유자는 지정해제를 요구할 권리가 있고, 이를 거부한 행위는 항고소송의 대상이 됨(대판 2004.4.27. 2003두8821)

한번 더 정리하기

■ 무하자재량행사청구권과 행정개입청구권 비교

구분	무하자재량행사청구권	행정개입청구권
내용	적법한 재량행사를 구하는 권리	특정한 처분을 구할 권리
권리성질	형식적 공권	실체적 공권
국가의무	특정행위를 할 의무는 없음	특정행위를 할 의무가 있음
성립요건	• 재량의 한계를 준수할 의무가 있을 것 • 사익보호성	• 재량이 없을 때 • 행정권 발동의 의무가 있을 때 • 사익보호성
적용영역	• 기속행위(×) • 재량행위(○) • 결정재량, 선택재량 모두에서 인정	• 기속행위(○) • 재량권이 영(0)으로 수축(○)

더 알아보기

재량권의 영(0)으로의 수축

의의	개인의 신체, 생명 등 중요한 법익에 급박하고 현저한 침해의 우려가 있는 경우 재량권이 있는 행정청에게 선택의 여지가 없어지고 특정한 내용의 처분을 해야 할 의무가 생기는 것
효과	무하자재량행사청구권이 특정한 내용의 처분을 하여 줄 것을 요구하는 행정개입청구권으로 변환됨

단권화 메모 & OX

01 주거지역 내에서 법령상의 제한면적을 초과하는 연탄공장의 건축허가처분으로 불이익을 받고 있는 인근주민은 당해 처분의 취소를 소구할 법률상 자격이 없다. (18 교행9) [○ / ×]

02 상수원보호구역 설정의 근거가 되는 규정은 상수원의 확보와 수질보전일 뿐이고, 그 상수원에서 급수를 받고 있는 지역주민들이 가지는 이익은 상수원의 확보와 수질보호라는 공공의 이익이 달성됨에 따라 반사적으로 얻게 되는 이익에 불과하다. (17 국가9상) [○ / ×]

03 환경영향평가에 관한 자연공원법령 및 환경영향평가법령들의 취지는 환경공익을 보호하려는 데 있으므로 환경영향평가 대상지역 안의 주민들이 수인한도를 넘는 환경침해를 받지 아니하고 쾌적한 환경에서 생활할 수 있는 개별적 이익까지 보호하는 데 있다고 볼 수는 없다. (17 국가9상) [○ / ×]

04 개인적 공권이 성립하려면 공법상 강행법규가 국가 기타 행정주체에게 행위의무를 부과해야 한다. 과거에는 그 의무가 기속행위의 경우에만 인정되었으나, 오늘날에는 재량행위에도 인정된다고 보는 것이 일반적이다. (17 국가9상) [○ / ×]

| 정답 | 01 ×(연탄공장 인근주민은 법률상 이익이 있음) 02 ○ 03 ×(대상지역 내 주민은 입증 없이도 법률상 이익이 있음) 04 ○

10 개인적 공권의 이전가능성

양도·압류와 포기가 제한되는 권리	양도·압류와 포기가 제한되지 않는 권리
• 생명·신체의 침해로 인한 국가배상의 권리 •「국민연금법」상 수급권 •「공무원연금법」상 수급권 • 선거권 • 일체의 소송을 포기할 때 재판청구권 • 재해위로금	• 생명·신체 이외의 법익침해로 인한 배상을 받을 권리 • 손실보상청구권

11 공의무

① 사인뿐 아니라 행정주체도 공의무를 짐
② 법령, 행정행위, 공법상 계약으로 공의무는 발생함
③ 이전, 포기 불가 예 병역의무: 이전 불가(납세의무는 대리납부 가능)

법인 간의 합병한 경우, 존속하는 법인이 소멸하는 법인의 납세의무를 승계함 (대판 2004.7.8. 2002두1946)

12 공권·공의무의 승계

① 행정주체는 권리·의무를 승계할 수 있음
②「행정절차법」은 당사자 등의 지위의 이전·승계에 관하여 규정하고 있음

> 「**행정절차법**」 **제10조【지위의 승계】** ① 당사자 등이 사망하였을 때의 상속인과 다른 법령 등에 의하여 당사자 등의 권리 또는 이익을 승계한 자는 당사자 등의 지위를 승계한다.

③ 법률규정이 있으면 권리·의무는 승계됨. 법률규정이 없으면 대인적 권리는 승계되지 않으나, 대물적 권리는 승계됨

13 권리·의무의 승계 여부 판례 (21 국가7) (19 소방7)

판례상 이전된다고 본 사례	판례상 이전되지 않는다고 본 사례
• 공중위생업(이발소) • 개인택시사업면허 • 학원설립허가 • 석유판매사업권과 제재 • 원상회복명령에 따른 산림복구의무 • 과징금 부과 • 건축허가	• 이행강제금 • 공중목욕탕 영업허가

단권화 메모 & OX

01 공중위생관리법령에 따라 공중위생영업이 양도·양수된 후 양수인이 그 후 행정청에 새로운 영업소개설통보를 하였다면 양도인에 관한 사유로 양수인에 대하여 영업정지처분을 할 수 없다. (19 소방7) [○ / ×]

02 개인택시운송사업의 양도·양수가 있고 그에 대한 인가가 있은 후 그 양도 양수·이전에 있었던 양도인의 귀책사유로 양수인의 개인택시운송사업면허를 취소할 수 있다. (19 소방7) [○ / ×]

| 정답 | 01 ×(공중위생영업은 대물적 성질을 가짐) 02 ○

05 특별행정법 관계

단권화메모&OX

1) 전통적(고전적) 특별권력관계론

① 19세기 독일(프랑스 ×)에서 타협의 산물로서 성립한 이론
② 불침투설이 그 근거가 됨
③ 법률에 근거하지 않고도 군주의 특별명령에 따라 공무원의 권리를 제한할 수 있음
④ 권리제한은 사법심사의 대상이 되지 않음

2) 울레(Ule)의 주장

구분	기본관계	경영수행관계
의의	공무원의 임면과 징계·파면, 국공립대학생의 입·퇴학과 징계, 군인의 입대와 제대, 수형자의 입소와 퇴소, 형집행 등 특별권력관계의 성립, 존속, 유지와 관련되는 관계	공무원에 대한 직무명령, 국공립학교 과제물 부과, 시험평가 등 경영수행에 관련되는 관계(단, 폐쇄적 영조물 이용관계는 적용됨)
법치주의 적용	○	×
법률유보 적용	○	×
사법심사	○	×

3) 현대적 특별권력관계론

① 일반권력관계와 특별권력관계는 양적인 차이만 있을 뿐 본질적 차이는 없음
② 일반권력관계보다 특별권력관계는 상대적으로 자율성이 강조되는 부분사회
③ 지방자치단체와 소속공무원의 관계에서는 일반 행정법 관계보다 재량이 인정될 여지가 있음
④ **법치주의 적용**

구분	고전적 특별권력관계	현대적 특별권력관계
법치주의 적용	배제	적용
법률유보	배제	적용
기본권의 효력	없음	있음
기본권 제한 한계	없음	있음
기본권 제한하는 공권력 행사 사법심사	대상 안 됨	대상이 됨

4 특별권력관계의 성립과 소멸

구분		내용
성립	법률에 의한 직접적 성립	직접적인 법률의 규정에 의하여 성립하는 예로는 소집대상자의 입대, 감염병환자의 강제입원, 죄수의 수감 등을 들 수 있음
	동의에 의한 성립	동의에 의한 성립에는 임의적 동의(예 국공립학교의 입학이나 국공립도서관의 이용, 별정우체국장지정 등)와 의무적 동의(예 학령아동의 초등학교취학 등)가 존재함
소멸	목적달성	국공립학교의 졸업, 군인 제대, 죄수형기 만료
	자발적 탈퇴	공무원의 사임
	일방적 배제	학생의 퇴학, 공무원 파면

5 특별권력관계의 종류 (21 군무원7)

① 유형별 분류

유형	예
공법상 근무관계	공무원임명, 현역병징집
공법상 영조물 이용관계	• 국공립학교재학: 서울대와 서울대학생의 관계(헌법재판소 판례) • 감염병환자의 국립병원 입원관계 • 교도소 수용관계
공법상 사단관계	공공조합과 그 조합원과의 관계로서 공공조합은 그 조합원에 대하여 특별한 관계를 형성할 수 있음
공법상 특별감독관계	공공조합, 특허기업자 또는 국가로부터 행정사무 수행의 위임을 받은 자(공무수탁사인) 등 국가의 특별한 감독을 받는 관계가 이에 해당함

② 특별권력관계 여부

특별권력관계인 것	특별권력관계가 아닌 것
• 농지개량조합과 직원과의 관계는 사법상 근로계약관계가 아니라 특별권력관계임(대판 1995.6.9. 94누10870) • 구청장과 동장과의 관계는 특별권력관계임. 따라서 구청장에 의한 동장면직처분은 항고소송의 대상이 됨(대판 1982.7.27. 80누86) • 감염병환자와 국공립병원 • 국가와 특허사업자의 관계 • 국립교육대학 학생에 대한 퇴학처분은 행정처분으로서 행정소송의 대상(대판 1991.11.22. 91누2144)	• 서울특별시지하철공사의 임직원 근무관계는 사법상 계약관계임(대판 1989.9.12. 89누2103) • 국가 또는 지방자치단체와 납세의무자 • 자치구와 주민 • 세무서와 세무사 • 법원과 변호사 • 국가와 영업허가업자의 관계

단권화 메모 & OX

01 기본관계가 성립하기 위해서는 상대방의 동의를 필요로 한다. (15 국가7) [O / ×]

| 정답 | 01 ×(동의 없이 법률에 의하여 직접도 가능)

6 내용

① 특별명령할 수 있음
② 특별명령을 이행하지 않을 경우 징계할 수 있음

구분	일반권력관계	특별권력관계
성립	당연성립	법률규정과 당사자 동의
제재	행정벌	징계벌

③ 징계를 받더라도 형사처벌이 면제되지 않음. 그러나 형사처벌은 일반권력관계에서 부과되지, 특별권력관계에서 부과되는 것은 아님
④ 법률에 근거하지 않은 특별명령은 허용되지 않음

7 특별권력관계에서의 권리제한 사법심사 여부

관련 판례

1. 농지개량조합의 직원에 대한 징계는 행정소송 대상이 됨(대판 1995.6.9. 94누10870)
2. 구청장의 동장에 대한 직권면직은 행정처분이므로 행정소송의 대상이 됨(대판 1982.7.27. 80누86)

단 권 화 메 모 & O X

08 행정법상 관계의 형성

출제 비중 19%

단 권 화 메 모 & O X

01 행정법의 법률요건과 법률사실

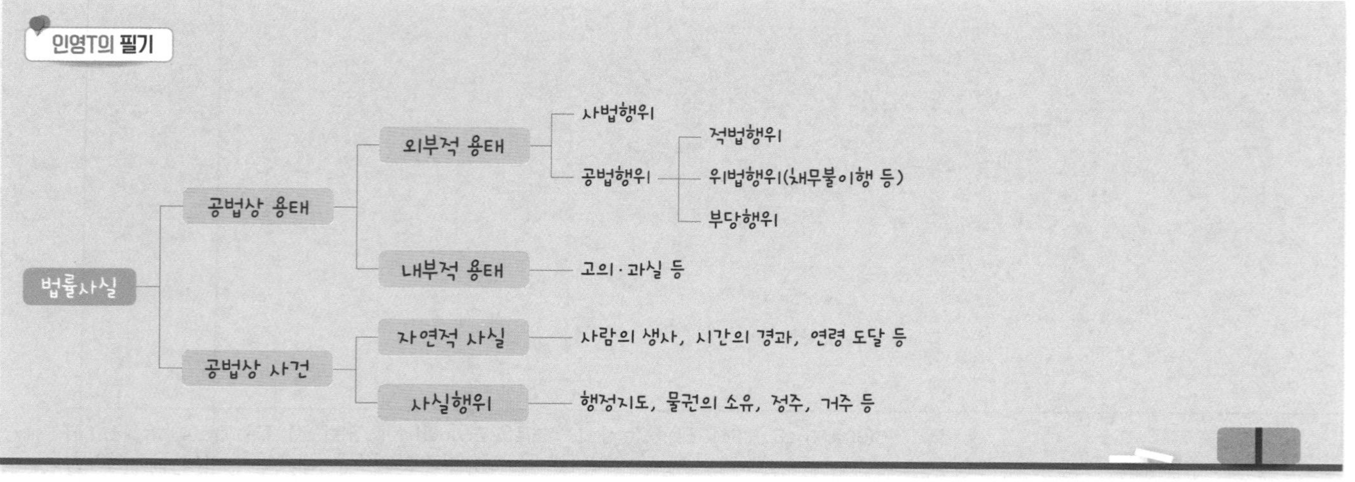

02 공법상 사건 (21 국가7)

1) 시간의 경과

> 「행정기본법」 제6조【행정에 관한 기간의 계산】 ① 행정에 관한 기간의 계산에 관하여는 이 법 또는 다른 법령 등에 특별한 규정이 있는 경우를 제외하고는 「민법」을 준용한다.
> ② 법령 등 또는 처분에서 국민의 권익을 제한하거나 의무를 부과하는 경우 권익이 제한되거나 의무가 지속되는 기간의 계산은 다음 각 호의 기준에 따른다. 다만, 다음 각 호의 기준에 따르는 것이 국민에게 불리한 경우에는 그러하지 아니하다.
> 1. 기간을 일, 주, 월 또는 연으로 정한 경우에는 기간의 첫날을 산입한다.
> 2. 기간의 말일이 토요일 또는 공휴일인 경우에도 기간은 그 날로 만료한다.

더 알아보기

초일불산입원칙의 적용과 예외

초일불산입원칙이 적용되는 경우	• 행정심판, 행정소송의 제기기간 • 납세처분을 위한 지정된 독촉기간 • 공법상 금전채권 소멸시효기간 • 이의신청기간 • 입법예고기간
예외적으로 초일이 산입되는 경우 (초일불산입원칙이 적용되지 않는 경우)	• 민원처리기간(6일 이상) • 출생신고, 사망신고 • 국회회기 • 구속기간계산 • 공소시효기간 • 오전 0시부터 시작하는 경우

2 소멸시효의 개념 (20 지방7) (20 소방9) (16 지방9)

① 국민의 행정주체에 대한 채권뿐 아니라 행정주체의 국민에 대한 채권 모두 소멸시효가 적용됨
② 「국가재정법」 제96조에 「민법」 규정도 포함되고, 「민법」 제766조 제1항도 다른 법률의 특별한 규정에 해당함. 따라서 「민법」의 특별법으로서 「국가배상법」상 국가배상청구권의 소멸시효는 손해를 안 날로부터 3년임
③ 소멸시효에는 「민법」 규정이 준용되지만, 「민법」 제766조 제2항 불법행위를 한 날로부터 10년을 배상청구권의 소멸시효로 규정한 국가배상청구권의 소멸시효에는 적용되지 않음

관련 판례

1. 「국가재정법」 제96조 제1항은 채권은 **다른 법률에 이보다 짧은 기간의 소멸시효가 있는 경우 외에는 모두 소멸시효기간을 5년**으로 함(대판 1995.2.28. 94다42020)
2. 소멸시효의 기산점은 손해가 예상되는 시점이 아니라 **손해가 현실적으로 발생한 때**임(대판 2008.11.27. 2008다60223)

3 소멸시효의 중단 (22 소방7) (17 국가9하) (16 지방9)

소멸시효 정지사유	중단사유 이외는 일반적으로 소멸시효가 정지된 경우 이후 권리의 시효는 기존의 기간은 제외하고 **남은 기간만** 시효를 진행함
소멸시효 중단사유	교부청구(재판상 청구 포함), 압류, 납세고지, 독촉 등 각종 최고장 등 중단사유 이후 권리의 시효는 다시 **처음부터 다시** 시작함

관련 판례

1. 압류할 목적물을 찾아내지 못하여 압류를 실행하지 못하고 수색조서를 작성하는 데 그친 경우에도 소멸시효 중단의 효력이 있음(대판 2001.8.21. 2000다12419)
2. 납입고지가 취소되더라도 시효중단효력은 상실되지 않음(대판 2000.9.8. 98두19933)
3. 교부청구한 이상 교부청구를 체납자에게 알리지 않아도 소멸시효는 중단됨(대판 2010.5.27. 2009다69951)
4. 과세처분의 취소소송을 제기하면 부당이득반환청구권의 소멸시효는 중단됨(대판 1992.3.31. 91다32053(전합))
5. 변상금부과처분에 대한 취소소송이 진행되는 경우에도 소멸시효는 중단되지 않음(대판 2006.2.10. 2003두5686)
6. 복수채권을 가진 자가 그중 하나의 채권을 행사했더라도 다른 채권의 소멸시효는 중단되지 않음(대판 2002.5.10. 2000다39735)
7. 피고의 시효중단에 관한 명시적 항변이 없어도 법원은 직권으로 심리 · 판단할 수 있음(대판 1987.1.20. 86누346)
8. 소멸시효가 완성되면 납세의무는 절대적으로 소멸함. 시효완성 후 조세부과처분은 무효임(대판 1985.5.14. 83누655)
9. 시효완성의 효과 주장책임: 공법상 시효완성 효과는 시효의 이익을 받은 자가 주장하지 않으면 발생하지 않음(대판 1991.7.26. 91다5631)
10. 변상금부과처분에 대한 취소소송이 진행 중이라도 그 처분에 대한 취소소송이 진행하는 동안에도 그 부과권의 소멸시효가 진행됨(대판 2006.2.10. 2003두5686)

4 취득시효의 대상 (22 소방7)

① 행정재산은 시효취득과 매각의 대상이 될 수 없음
② 일반재산(구 잡종재산)은 시효취득 대상에 포함됨
③ 일반재산(잡종재산)에서 행정재산으로 변경(전환)된 경우 취득대상이 될 수 없음
④ 행정재산이 공용폐지되면 시효취득과 매각의 대상이 됨
⑤ **행정재산 공용폐지에 대한 입증책임: 시효취득을 주장하는 자**
⑥ 예정공물은 시효취득의 대상이 아님

관련 판례

행정재산의 공용폐지에는 묵시적 공용폐지도 포함됨. 다만, 행정재산이 본래의 용도에 제공되지 않는 상태에 놓여 있다는 사실만으로 관리청의 이에 대한 공용폐지의 의사표시가 있었다고 볼 수 없음(대판 1996.5.28. 95다52383)

단권화 메모 & OX

01 소멸시효에 대해 「국가재정법」은 국가의 국민에 대한 금전채권은 물론이고 국민의 국가에 대한 금전채권에도 적용된다. (20 소방9) [○ / ×]

02 「국가재정법」상 5년의 소멸시효가 적용되는 '금전의 급부를 목적으로 하는 국가의 권리'에는 국가의 사법(私法)상 행위에서 발생한 국가에 대한 금전채무도 포함된다. (16 지방9) [○ / ×]

03 공법의 특수성으로 인해 소멸시효의 중단 · 정지에 관한 「민법」 규정은 적용되지 않는다. (20 소방9) [○ / ×]

04 납입고지에 의한 소멸시효의 중단은 그 납입고지에 의한 부과처분이 추후 취소되면 효력이 상실된다. (16 지방9) [○ / ×]

| 정답 | 01 ○ 02 ○ 03 ×(성질상 준용이 가능한 경우는 적용함) 04 ×(권리의 효력은 행위가 취소되어도 유지됨)

5) 제척기간

① 행정심판청구기간, 행정소송제소기간 중 90일은 제척기간(소멸시효 ×)임
② 소멸시효는 중단과 정지가 있으나, 제척기간은 중단과 정지가 없음

6) 주소와 거소

① 공법상 주소는 단수 원칙(복수 원칙 ×)
② 다른 법률에 특별한 규정이 없으면 이 법에 따른 주민등록지를 공법 관계에서의 주소로 함

7) 공법상 사무관리

① **사무관리와 공법상 부당이득의 비교**

사무관리	공법상 부당이득
• 타인을 위하여 법률상 의무 없이 • 재난 시 구호, 행려병자 보호 • 국가와 사인 모두	• 법률상 원인 없이 타인 재산·노무 이용 • 국가의 사인 토지 불법 이용, 조세와 오납, 무효인 과세처분에 따른 세금납부, 무자격자의 연금수령, 봉급과다수령 • 국가와 사인 모두

② **사무관리의 종류**: 국가에 의한 사무관리, 사인에 의한 사무관리
③ 공법상 사무관리에 관한 일반법 조항은 없고, 「민법」이 적용될 수 있음

8) 공법상 부당이득 (17 지방9상)

① 공법상 부당이득에 관한 일반법 조항은 없고, 「민법」이 적용될 수 있음
② **부당이득청구권의 성질**

구분		근거	구제절차
다수설	공권설	공법상 행위로 발생하므로	당사자소송
판례	사권설	경제적 견지의 이해조정제도이므로	민사소송

③ 행정주체의 부당이득, 행정객체의 부당이득 모두 인정함
④ 행정주체가 선의로 부당이득을 취한 경우라도 부당이득 전액을 반환해야 함 → 선의의 수익자는 그 받은 이익이 현존한 한도에서 전조의 책임이 있다는 「민법」 제748조 제1항은 공법상 부당이득에는 적용되지 않음
⑤ 부당이득반환청구권의 소멸시효는 특별한 규정이 없는 한 5년

관련 판례

1. 과세처분의 취소 또는 무효확인청구의 소는 조세환급을 구하는 부당이득반환청구권의 소멸시효중단사유인 재판상 청구에 해당함(대판 1992.3.31. 91다32053(전합))
2. 과오납금에 대한 납부자의 부당이득반환청구권은 납부 또는 징수시에 발생하여 확정되며, 그때부터 소멸시효가 진행함(대판 2005.1.27. 2004다50143)

• 과세처분의 당연무효를 전제로 한 세금반환청구소송은 민사상의 부당이득반환청구로서 민사소송(대판 1995.4.28. 94다55019)
• 부가가치세 환급청구의 법적 성질은 당사자소송(대판 2013.3.21. 2011다95564(전합))

단권화 메모 & OX

09 공법행위

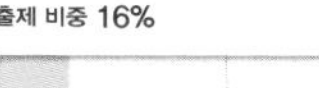

단 권 화 메 모 & O X

01 공법행위

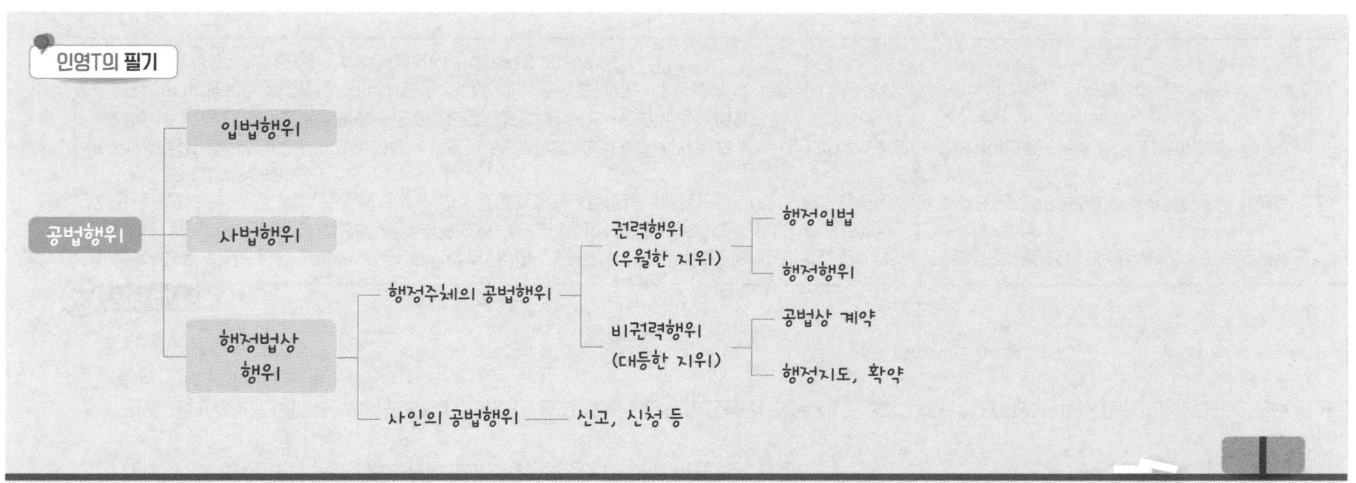

1) 공법행위의 종류

→ 행정주체가 하는 공법행위, 사인이 행하는 공법행위

2) 사인의 공법행위 (20 국가7)

① 사인의 공법행위는 공법적 효과를 위한 행위에 해당함

② 사인은 행정객체로서 공법행위를 하는 경우(인·허가신청, 신고)도 있으나, 행정주체로서 공법행위를 하는 경우(선거)도 있음

구분	행정주체의 공법행위	사인의 공법행위
공정력, 확정력 등	○	×
부관	○	×

3 사인의 공법행위에 대한 적용법규 (22 소방7) (16 서울9하)

① 사인의 공법행위에 적용되는 일반법 조항 또는 통칙적 규정은 없으나 개별법 조항으로 「행정절차법」, 「행정기본법」 등이 있음
② 사인의 공법행위에는 「민법」 규정이 적용됨
③ 제한능력자(구 행위무능력자)에 의한 사인의 공법행위도 유효한 것이라고 보는 개별법(「우편법」)이 있음(○)
④ **대리의 허용 여부**

법률에서 대리 행위를 금지한 경우	「병역법」과 같이 대리행위를 금지하는 경우 대리는 금지됨
일신전속적 행위에는 대리가 허용될 수 없음	투표행위, 귀화신청, 공무원의 사직원 제출, 공무원시험 응시행위는 성질상 대리가 금지됨
일신전속적 행위가 아니면 대리는 허용됨	영업허가신청, 부동산등기신청은 대리인도 할 수 있음 → 「민법」상 대리는 개인의 공법행위에 적용될 수 있으나 제한됨

4 의사표시 하자에 관한 「민법」 규정의 적용 여부

① 사기 · 강박 · 착오에 의한 의사표시는 취소할 수 있다는 「민법」 제109조, 제110조는 사인의 공법행위에도 적용될 수 있음
② 「민법」 제107조 제1항의 단서(표시는 무효)는 사인의 공법행위에 적용되지 않음

> **「민법」 제107조【진의 아닌 의사표시】** ① 의사표시는 표의자가 진의 아님을 알고 한 것이라도 그 효력이 있다. 그러나 상대방이 표의자의 진의 아님을 알았거나 이를 알 수 있었을 경우에는 무효로 한다.

관련 판례

1. 전역지원의 의사표시가 진의 아닌 의사표시라 하더라도 그 무효에 관한 법리를 선언한 「민법」 제107조 제1항 단서의 규정은 그 성질상 사인의 공법행위에는 적용되지 않는다 할 것이므로 그 표시된 대로 유효한 것으로 보아야 함(대판 1994.1.11. 93누10057)
2. 감사직원이 사직하지 아니하면 징계될 수밖에 없다고 하자 사직원을 제출하였고, 이는 사기 · 강박에 의한 의사표시가 아니므로 의원면직처분은 적법함(대판 1997.12.12. 97누13962)
3. 甲공무원은 중앙정보부직원이 사직하지 않으면 구타하겠다고 하자 사직원을 제출한 것은 강박에 의한 의사표시이므로 면직처분은 위법함(대판 1968.3.19. 67누164). 다만, 의사강박이 박탈 정도에 이르지 않았다면 취소사유의 위법에 해당함
4. 허가취소에 동의를 해 주면 다시 허가해 주겠다고 하여 동의를 하였으나 나중에 허가해 주지 않은 경우, 허가취소의 동의는 사기에 의한 동의이므로 동의에 터잡은 골재채취허가 처분의 취소는 위법함(대판 1990.2.23. 89누7061)

5 철회와 보정

투표행위와 같은 합성적 행정행위는 일반적으로 취소 · 철회할 수 없음

관련 판례

공무원이 한 사직 의사표시의 철회는 의원면직처분이 있을 때까지 할 수 있음. 의원면직처분이 있으면 철회할 수 없음(대판 2001.8.24. 99두9971)

단권화 메모 & OX

01 사인의 공법행위에는 행위능력에 관한 「민법」의 규정이 원칙적으로 적용된다. (16 서울9하) [○ / ×]

| 정답 | 01 ○

6 사인의 공법행위 형식

단 권 화 메 모 & O X

① 「행정절차법」상 신청은 원칙 - 문서, 예외 - 구두
② 요식행위 원칙(○), 반드시 요식행위(×)

7 사인의 공법행위 효력발생시기

① 행정청의 직무장소에 도달하여 행위내용을 알 수 있을 때가 도달한 때
② 개별법에 특별한 규정이 없는 한 도달주의가 원칙. 다만, 예외적으로 「국세기본법」 제5조의2는 과세표준신고 등을 우편으로 할 때 발신주의를 규정함

8 사인의 공법행위 효과 (20 지방9) (17 지방9상)

① 사인의 공법행위가 적법하다면 행정청은 수리, 심사하여 통지할 의무가 있음
② 사인의 공법행위에 하자가 있더라도 행정청은 원칙적으로 보정할 기회를 부여해야 함
③ 보정요구가 있음에도 보정하지 않은 경우 반려할 수 있음

9 사인의 공법행위 하자 (21 지방7)

① 하자 있는 사인의 행위가 행정행위의 단순한 동기에 불과한 경우 별도로 외부에 표시되지 않는 한 행정행위는 그대로 유효함
② 하자 있는 사인의 행위가 행정행위의 필수적 전제인 경우는 사인의 행위가 없는 경우 행정행위는 무효에 해당함
③ 사인의 공법행위가 위법한 경우에 그에 근거하여 행정처분이 내려지더라도 그 하자는 치유되지 않음

02 사인의 공법행위로서의 신청과 신고

1) 「행정절차법」 제17조의 사인의 공법행위로서 신청의 의사표시는 명시적이어야 함 (21 소방7) (20 지방7)

공무원에게 신청내용을 검토해 달라는 요청만으로는 신청이 있었다고 할 수 없음

> **「행정절차법」 제17조【처분의 신청】** ① 행정청에 처분을 구하는 신청은 문서로 하여야 한다. 다만, 다른 법령 등에 특별한 규정이 있는 경우와 행정청이 미리 다른 방법을 정하여 공시한 경우에는 그러하지 아니하다.
> ② 제1항에 따라 처분을 신청할 때 전자문서로 하는 경우에는 행정청의 컴퓨터 등에 입력된 때에 신청한 것으로 본다.
> ③ 행정청은 신청에 필요한 구비서류, 접수기관, 처리기간, 그 밖에 필요한 사항을 게시(인터넷 등을 통한 게시를 포함)하거나 이에 대한 편람을 갖추어 두고 누구나 열람할 수 있도록 하여야 한다.

2) 신청의 효과 (21 지방9)

① 적법한 신청이 있으면 행정청은 접수를 보류 · 거부할 수 없고, 접수할 의무가 있음
② 신청에 대해 행정청이 거부한 경우, 거부처분이 불가쟁력이 발생하였다 하더라도 다시 행정청에 신청할 수 있음
③ 그러나 행정청은 신청한 대로 처리해야 할 의무는 법규에 규정되어 있지 않은 한 없음(응답의무는 신청된 내용대로 처분할 의무와는 구별됨)

더 알아보기

신청권과 신청 거부의 처분성

법규상, 조리상 신청권 있는 자의 신청에 대한 거부	항고소송의 대상이 되는 '처분'
신청권 없는 자의 신청에 대한 거부	처분이 아니므로 항고소송의 대상이 될 수 없음

3) 신고의 의의

자기완결적 신고(「행정절차법」)와 행위요건적 신고(「행정기본법」)로 구분함이 일반적임

관련 판례

1. 종교단체가 납골탑 설치신고를 함에 있어 관리사무실, 유족편의시설 등과 같은 부대시설에 관한 사항을 신고한 데 대하여 행정청이 그 신고를 일괄 반려한 경우, 그 반려처분 중 부대시설에 관한 신고를 반려한 부분부분은 항고소송의 대상이 되는 행정처분이라고 할 수 없음(대판 2005.2.25. 2004두4031)
2. 테니스장을 배드민턴장으로 변경한 것은 구 「주택건설촉진법」(현 「주택법」)상 신고사항은 아님. 따라서 행정청의 신고수리, 처분성이 없음(대판 2000.12.22. 99두455)

★★☆

4 자기완결적 신고 (수리를 요하지 않는 신고) 20 국가9 19 지방9 18 국가9 17국가9하

① 접수기관에 도달한 때에 효력 발생함

② 부적법한 신고의 경우에는 신고의 법적 효과가 발생하지 않음. 부적법한 신고에 대해 행정청은 보완가능하면 우선 보완을 요구하고, 그럼에도 보완이 안 되는 경우 수리를 거부할 수 있음

③ 적법한 신고를 행정청은 수리할 의무가 있음. 따라서 적법한 신고 후 영업을 했는데 행정청이 수리를 거부했다고 하더라도 신고는 유효하므로 무신고 영업행위가 아님

④ 의사무능력자의 신고는 무효에 해당함

⑤ 행정기관은 수리를 거부할 수 없으므로 자기완결적 신고에서 신고필증(반드시 필요한 것은 아니지만 규정상)은 확인적 의미를 가짐

⑥ **수리거부의 처분성**

종전 판례	최근 판례
처분성 부정	처분성 부정 (다만, 건축신고의 수리거부 처분성 인정)

관련 판례

1. 신고가 인·허가가 의제되는 「국토의 계획 및 이용에 관한 법률」상의 개발행위허가를 충족하지 못하여 행정청이 수리를 거부한 행위는 적법함(대판 2011.1.20. 2010두14954(전합))
2. 당구장 영업신고는 수리를 요하지 않는 신고이므로, 수리 전 영업신고는 무신고 영업행위가 아님(대판 1998.4.24. 97도3121)
3. 「의료법」에 따른 의원개설신고를 받은 행정청은 심사 없이 신고를 수리하여야 함(대판 1985.4.23. 84도2953) 다만, 정신과의원 개설신고는 수리를 요하는 신고로 봄이 판례의 입장으로 볼 수 있음(대판 2018.10.25. 2018두44302)
4. 공장설립신고서가 「공업배치 및 공장설립에 관한 법률」(현 「산업집적활성화 및 공장설립에 관한 법률」)에서 정한 형식적 요건을 갖추었다면 신고서의 수리를 거부할 수 없음(대판 1996.7.12. 95누11665)
5. 전입신고는 수리를 요하는 신고임. 다만, 주민등록의 대상이 되는 실질적 의미에서 거주인지 여부는 「주민등록법」의 입법목적, 효과만 심사할 수 있지 「지방자치법」 및 지방자치의 이념까지 고려해야 하는 것은 아님(대판 2009.6.18. 2008두10997(전합))
6. 납골당설치장소에서 500m 내에 20호 이상의 인가가 밀집한 지역에 거주하는 주민들의 경우, 납골당이 누구에 의하여 설치되는지와 관계없이 납골당설치에 대하여 환경이익 침해 또는 침해 우려가 있는 것으로 사실상 추정되어 원고적격이 인정됨(대판 2011.9.8. 2009두6766)
7. 구 「장사 등에 관한 법률」에 의한 사설납골시설(현재의 사설봉안시설)의 설치신고가 법이 정한 요건을 모두 갖추고 있는 경우에 행정청은 수리의무가 있으나, 예외적으로 보건위생상의 위해방지나 국토의 효율적 이용 등과 같은 중대한 공익상 필요가 있는 경우에는 그 수리를 거부할 수 있음(대판 2010.9.9. 2008두22631)
8. 정보통신매체를 이용하여 원격평생교육을 불특정 다수인에게 학습비를 받고 실시하기 위해 인터넷 침·뜸 학습센터를 평생교육시설로 신고한 경우 형식적 요건을 모두 갖추었다면 실체적 사유를 들어 수리를 거부할 수 없음(대판 2011.7.28. 2005두11784)

단권화 메모 & OX

01 자기완결적 신고에 있어 적법한 신고가 있는 경우, 행정청은 법 규정에 정하지 아니한 사유를 심사하여 이를 이유로 신고수리를 거부할 수 있다. (18 지방7) [○ / ×]

02 전입신고자가 거주목적 이외에 다른 이해관계에 관한 의도를 가지고 있는지 여부도 주민등록 전입신고 수리 여부에 대한 심사시 고려되어야 한다. (19 소방7) [○ / ×]

| 정답 | **01** ×(형식적 요건만 충족하면 그 자체로서 신고의 효력이 발생하므로 법이 정하지 아니한 사유를 심사하여 수리를 거부할 수 없음) **02** ×(30일 거주요건만 검토)

5) 행위요건적 신고 → 수리를 요하는 신고 (22 소방9) (21 군무원9) (19 국가9) (19 서울7하) (19 소방7) (18 지방7)

① 행정청이 수리한 때 신고의 법적 효력이 발생함
② 수리를 요건으로 하는 신고에 있어서 행정청은 수리의사표시를 한 후에도 적법성의 하자를 이유로 수리취소처분을 할 수 있음
③ 수리를 요하는 신고는 형식적 심사를 한다는 점에서 등록으로 볼 수도 있음
④ 행정청이 수리를 안 한 영업행위는 무신고 영업행위임
⑤ 행정청이 수리를 거부한 경우 신고인은 행정소송을 제기할 수 있음
⑥ **부적법한 신고를 행정청이 수리한 경우**

수리에 무효사유가 있는 경우	신고의 법적 효력(×)
수리에 취소사유가 있는 경우	신고의 법적 효력(○), 취소하면 신고의 효력 상실

6) 규제완화

① 규제완화로 허가제도에서 신고제로의 완화가 증가되는 것이 현대 행정의 일반적인 추세임
② 법률행위적 행정행위뿐 아니라 준법률행위적 행정행위에도 규제완화가 적용됨

7) 수리를 요하지 않는 신고와 수리를 요하는 신고의 비교 (19 지방7) (18 서울7하) (17 지방7) (17 서울9) (17 서울7)

구분	자기완결적 신고 (수리를 요하지 않는 신고, 본래적 의미의 신고)	행위요건적 신고 (수리를 요하는 신고)
「행정절차법」상 신고	○	×
「행정기본법」상 신고	×	○
행정청의 수리를 법률효과의 요건으로 하는지 여부	×	○
법적 효과 발생시점	신고서가 접수기관에 도달한 때	행정기관이 수리한 때
형식적 요건을 갖춘 신고의 수리를 거부한 경우	신고한 때 법적 효과 발생 ○	×
적법한 신고에 대해 수리가 거부된 경우 영업행위	• 무신고 영업행위 아님 • 불법영업이 아님	영업행위할 수 없음 → 만약 한다면 불법영업임
부적법한 신고를 행정기관이 수리한 경우	영업행위는 무신고행위 → 불법영업	• 수리행위가 무효인 경우: 무신고행위, 불법영업 • 수리가 취소사유가 있는 경우: 취소될 때까지 유효
수리거부의 처분성	× 「건축법」상 건축신고의 수리거부 처분성: ○	○

★★★

8 영업자지위승계신고 (22 지방9) (19 서울9) (18 지방9) (17 국가7하) (17 지방7) (17 서울7) (17 지방9하) (17 서울9)

① 일반유흥음식점 영업자지위승계신고는 수리를 요하는 신고임. 관련 법령상 요건을 갖춘 적법한 신고를 하였더라도 행정청이 수리하지 않았다면 지위승계의 효력이 발생하지 않음

② 영업자지위승계신고를 하지 아니한 채 영업을 했다면 무신고 영업행위임

관련 판례

1. 유원시설업자 또는 체육시설업자 지위승계신고를 수리하는 처분은 종전 유원시설업자 또는 체육시설업자의 권익을 제한하는 처분이므로 이들에 대하여 「행정절차법」상 행정절차를 실시해야 함(대판 2012.12.13. 2011두29144)
2. 사업의 양도행위가 무효라고 주장하는 양도자가 사법상 양도·양수행위의 무효를 구함이 없이 사업양도·양수에 따른 허가관청의 지위승계 신고수리처분의 무효확인을 구할 법률상 이익이 있음(대판 2005.12.23. 2005두3554)
3. 채석허가를 받은 양도인에 대한 관할 행정청의 채석허가 취소처분에 대하여 수허가자의 지위를 양수한 양수인에게 그 취소처분의 취소를 구할 법률상 이익이 있음(대판 2003.7.11. 2001두6289)
4. 지위승계신고의 수리대상인 사업양도·양수가 존재하지 아니하거나 무효인 때에는 수리를 하였다 하더라도 그 수리는 당연히 무효임(대판 2005.12.23. 2005두3554)
5. 양도인이 자신의 의사에 따라 양수인에게 영업을 양도하면서 양수인으로 하여금 영업을 하도록 허락하였다면 영업승계신고 및 수리처분이 있기 전에 발생한 양수인의 위반행위에 대한 행정적 책임은 양도인에게 귀속됨(대판 1995.2.24. 94누9146)

단 권 화 메 모 & O X

01 「식품위생법」상 허가영업자의 지위승계신고 수리처분을 하는 경우 「행정절차법」 규정 소정의 당사자에 해당하는 종전의 영업자에게 행정절차를 실시하여야 한다. (22 지방9) [○ / ×]

02 영업양도행위가 무효임에도 행정청이 승계신고를 수리하였다면 양도자는 민사쟁송이 아닌 행정소송으로 신고수리처분의 무효확인을 구할 수 있다. (22 지방9) [○ / ×]

03 사실상 영업이 양도·양수되었지만 승계신고 및 수리처분이 있기 전에 양도인이 허락한 양수인의 영업 중 발생한 위반행위에 대한 행정적 책임은 양수인에게 귀속된다. (22 지방9) [○ / ×]

| 정답 | 01 ○ 02 ○ 03 ×(법률상 책임자인 양도인에게 귀속)

위대한 일들을 이루기 전에
스스로에게 위대한 일들을 기대해야 한다.

– 마이클 조던(Michael Jordan)

PART 2

일반행정작용법

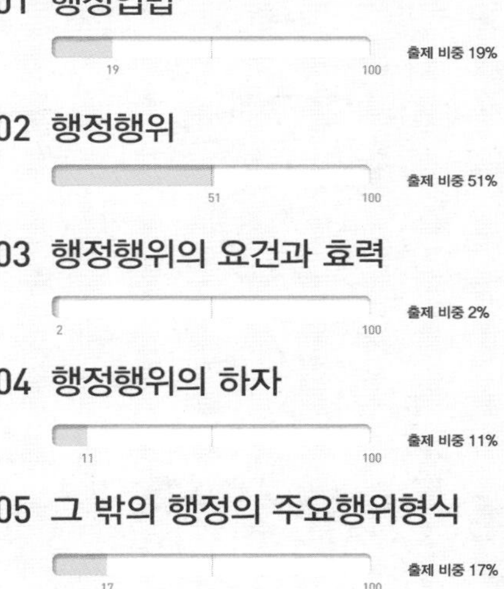

※ QR코드 스캔으로 무료강의 바로 접속

01 행정입법

출제 비중 19%

단권화 메모 & OX

01 행정입법

인영T의 필기

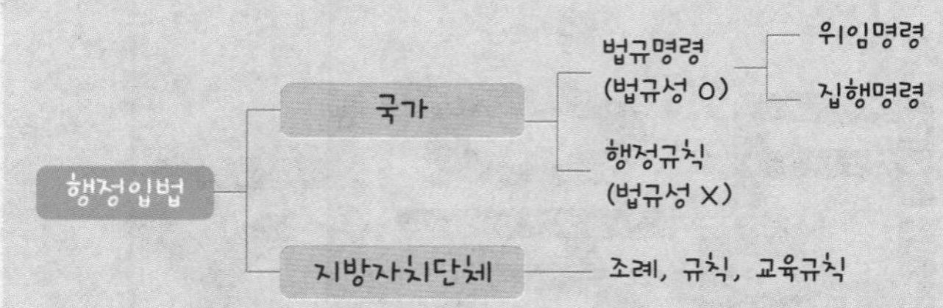

- 행정입법
  - 국가
    - 법규명령 (법규성 O)
      - 위임명령
      - 집행명령
    - 행정규칙 (법규성 X)
  - 지방자치단체
    - 조례, 규칙, 교육규칙

① 행정입법이란 일반적으로 국가 등의 행정주체가 일반·추상적인 규범을 정립하는 작용 또는 그에 따라 정립된 규범을 의미함. 법률의 기능이 축소되는 행정입법의 확대는 자의적 국가작용을 통제하기 어렵게 함 → 따라서 엄격한 요건과 통제가 필요함

② 법률유보에서 법률의 필요성 증가, 관습법 축소, 행정입법 확대, 국회입법 축소

③ **행정입법의 종류:** 법규명령과 행정명령(행정규칙)이 있음

02 법규명령

단권화메모&OX

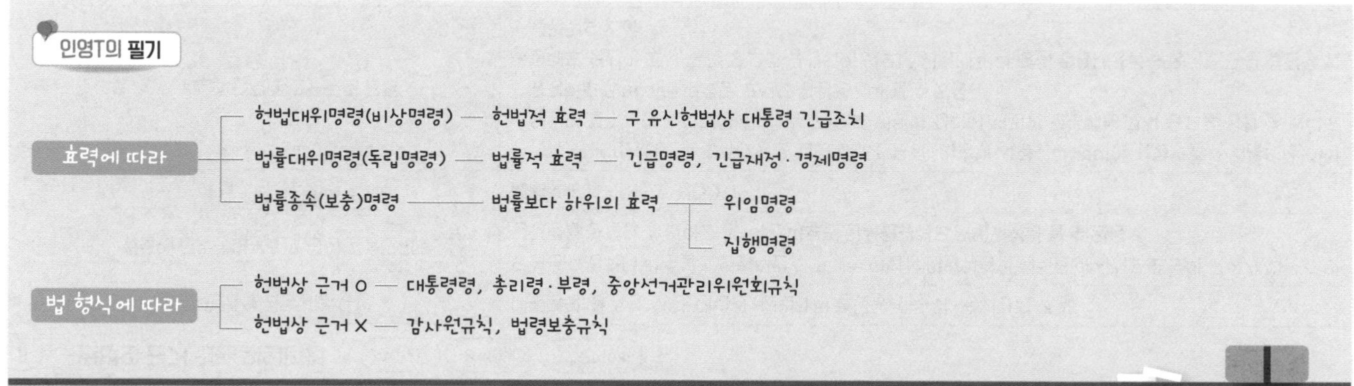

인영T의 필기
효력에 따라
헌법대위명령(비상명령) — 헌법적 효력 — 구 유신헌법상 대통령 긴급조치
법률대위명령(독립명령) — 법률적 효력 — 긴급명령, 긴급재정·경제명령
법률종속(보충)명령 — 법률보다 하위의 효력 — 위임명령
집행명령
법 형식에 따라
헌법상 근거 O — 대통령령, 총리령·부령, 중앙선거관리위원회규칙
헌법상 근거 X — 감사원규칙, 법령보충규칙

1) 법규명령의 종류

비상명령	헌법적 효력, 현행 헌법은 인정하지 않음
법률대위명령	긴급명령, 긴급재정·경제명령
법률종속명령	위임명령, 집행명령, 대통령령, 총리령, 부령
특별명령	• 고전적 특별권력관계에서의 명령은 법률유보를 준수하지 않아도 되는 경우만을 의미함 • 실질적 법치주의하에서는 법률에 따른 특별명령이 허용됨

2) 위임명령과 집행명령의 같은 점

① 법규명령
② 위반하면 위법이 됨
③ 국민의 권리·의무사항을 규율할 수 있음
④ 명령·규칙심사의 대상이 됨
⑤ 헌법소원의 대상이 됨
⑥ 법률을 전제로 함
⑦ **법률폐지와 법률개정**
  ㉠ 법률폐지: 법규명령 효력 상실(○)
  ㉡ 법률개정: 법규명령 효력 상실(×) → 집행명령이 개정된 법률의 집행에 필요하다면 새로운 집행명령이 제정될 때까지 효력을 유지함

3) 위임명령과 집행명령의 다른 점

구분	위임명령	집행명령
법률의 위임(수권)	○	×
새로운 권리·의무사항 규율	○	×
벌칙규정	○	×

4) 위임명령 (22 소방9)(21 국가7)(21 국가9)(21 지방9)

① 법령의 위임 없이 제정된 위임명령은 **무효**가 됨. 그러나 판례는 법령의 위임이 없음에도 법령에 규정된 처분요건에 해당하는 사항을 부령에서 변경하여 규정한 경우 행정명령(행정규칙)의 성격을 지닐 뿐 대외적 구속력은 없다(대판 2013.9.12. 2011두10584)고 함
② 위임명령이 법령의 위임 없이 제정된 후 사후 법령에서 위임이 이루어진 경우 학설은 치유되지 않는다고 보나 판례는 **그때부터** 치유된다고 함
③ 법령의 개정으로 위임의 근거가 없어지면 위임명령은 **그때부터** 무효

5) 법규명령의 실정법상 문제

① 대통령령은 총리령, 부령보다 우월한 효력을 가짐
② 총리령과 부령 간 효력에 대해 학설이 대립함. 다만, 판례는 효력상의 차등은 부정
③ 행정각부의 장이 아닌 법제처장·보훈처장은 법규명령을 발할 수 없음
④ 감사원규칙 제정권은 헌법에 명시되지 않았으나 「감사원법」에 근거함. 다만, 법규성은 인정

6) 헌법의 근거 없는 위임명령 (20 국가7)(18 서울9하)(17 국가9하)

헌법상 위임명령 유형	대통령령, 총리령, 부령, 대법원·헌법재판소·중앙선관위·국회규칙, 조례
법률에 근거하여 위임명령이 가능한지 여부	학설은 대립하나 다수설과 헌법재판소 판례는 헌법상 위임명령의 형식을 예시적으로 보아 국회가 법률로 위임명령을 창설할 수 있다고 봄. 이에 따르면 감사원규칙도 위임명령이 될 수 있음
헌법상 위임입법의 형식	**예시(○)**, 열기(×), 한정(×)
법령보충적 행정규칙의 근거	• 「행정규제기본법」 제4조 제2항은 법령에서 전문적·기술적 사항이나 경미한 사항으로서 업무의 성질상 위임이 불가피한 사항에 관하여 구체적으로 범위를 정하여 위임한 경우에는 고시 등으로 정할 수 있다고 규정하고 있어 이에 따르면 고시도 위임명령이 될 수 있음 • 판례도 형식이 고시, 훈령 등으로 규정되어 있으나 위임에 따라 상위 법률내용을 보충하는 경우 실질을 법규명령으로 봄

단권화 메모 & OX

01 법률의 시행령이나 시행규칙의 내용이 모법 조항의 취지에 근거하여 이를 구체화하기 위한 것인 때에는 모법의 규율 범위를 벗어난 것으로 볼 수 없다. 이러한 경우에는 모법에 이에 관하여 직접 위임하는 규정을 두지 않았다고 하여도 이를 무효라고 볼 수 없다. (21 국가9) [○ / ×]

02 일반적으로 법률의 위임에 의하여 효력을 갖는 법규명령의 경우, 구법에 위임의 근거가 없어 무효인 경우 사후에 법개정으로 위임의 근거가 부여되더라도 그때부터 유효한 법규명령이 되는 것은 아니다. (17 국가7하) [○ / ×]

03 법률의 위임에 의하여 효력을 갖는 법규명령이 법개정으로 위임의 근거가 없어지게 되더라도 효력을 상실하지 않는다. (22 국가9) [○ / ×]

| 정답 | **01** ○ **02** ×(그때부터 유효함) **03** ×(그때부터 무효가 됨)

7 입법부의 포괄적 위임금지 원칙(개별 · 구체적 위임)

관련 판례

1. 일반국민의 예측가능성의 유무는 **당해 특정조항 하나만을 가지고 판단할 것은 아니고** 관련 법조항 전체를 유기적 · 체계적으로 종합 · 판단하여야 하며 대상법률의 성질에 따라 구체적 · 개별적으로 검토하여야 함(헌재 1994.7.29. 93헌가12)
2. 외형상으로는 일반적 · 포괄적으로 위임한 것처럼 보이더라도, 그 법률의 전반적인 체계와 취지 · 목적, 당해 조항의 규정형식과 내용 및 관련 법규를 살펴 이에 대한 해석을 통하여 그 내재적인 위임의 범위나 한계를 객관적으로 분명히 확정할 수 있는 것이라면 이를 일반적 · 포괄적 위임에 해당하는 것으로 볼 수는 없음(대판 1996.3.21. 95누3640(전합))
3. 국민의 기본권을 직접적으로 침해할 위험이 있는 처벌법규의 위임은 법률에서 **범죄의 구성요건 · 형벌의 종류 · 그 상한과 폭**을 구체적으로 정한 뒤에야 가능함(헌재 1991.7.8. 91헌가4)
4. 급부행정의 영역에서는 기본권침해 영역보다는 구체성의 요구가 다소 약화되어도 무방하다고 해석되며, 다양한 사실관계를 규율하거나 사실관계가 수시로 변화될 것이 예상될 때에는 위임의 명확성 요건이 완화됨(헌재 1997.12.24. 95헌마390)

8 포괄적 위임금지 원칙의 적용배제 (22 지방9) (20 군무원7) (17 지방9상)

관련 판례

1. **조례(정관도 동일)**에 대한 법률의 위임은 법규명령에 대한 법률의 위임과 같이 반드시 구체적으로 범위를 정하여야 할 필요가 없으며 **포괄적인 것으로 족하다**고 할 것(헌재 1995.4.20. 92헌마264)
2. 법률에서 농지개량조합 임원의 예우에 관한 사항을 농지기반공사에 위임하는 경우(헌재 2001.4.26. 2000헌마1222), 법률에서 국가유공자단체의 대의원 정수를 유공자단체의 정관에 위임한 경우(헌재 2006.3.30. 2005헌바31) 포괄적 위임은 허용됨
3. 법률이 공법적 단체 등(예 「도시 및 주거환경정비법」상 주택재개발조합)의 정관에 자치법적 사항(도시계획인가 신청요건)을 위임한 경우에는 헌법 제75조가 정하는 포괄적인 위임입법의 금지는 원칙적으로 적용되지 않는다고 봄이 상당하고, 그렇다 하더라도 그 사항이 국민의 권리 · 의무에 관련되는 것일 경우에는 적어도 국민의 권리 · 의무에 관한 기본적이고 본질적인 사항은 국회가 정하여야 함(대판 2007.10.12. 2006두14476)

9 행정부의 입법의 명확성 원칙

명확성 원칙은 수익적 성격을 가지는 경우와 달리 처벌법규, 부담적 성격을 가지는 법률에서는 엄격하게 요구됨

관련 판례

처벌법규의 구성요건이 다소 광범위하여 어떤 범위에서는 **법관의 보충적인 해석을 필요**로 하는 개념을 사용하였다고 하더라도 그 점만으로 헌법이 요구하는 처벌법규의 명확성에 반드시 배치되는 것이라고는 볼 수 없음(헌재 2001.8.30. 99헌바92)

10 국회전속적 사항의 위임금지(의회유보원칙)

① 선거권 연령, 조세, 형벌 등의 사항은 헌법에서 법률로 정하도록 한 국회전속적 사항임
② 원칙적으로 법률에서 명령에 위임할 수 없음

단권화 메모 & O X

01 자치조례에 대한 법률의 위임은 반드시 구체적으로 범위를 정하여 할 필요가 없으며 포괄적인 것으로 족하다. (22 지방9) [○ / ×]

| 정답 | 01 ○

③ 법률에서 기본적인 사항을 정하고 세부적 사항을 명령에 위임할 수 있음
④ 국회전속적 사항은 원칙적으로 명령으로 규율할 수 없음. 그러나 법률의 위임을 받은 경우에는 규율할 수 있음

11) 재위임

① 법률에서 위임받은 사항의 대강을 정하고 하위명령에 재위임할 수 있음
② 위임받은 사항을 전혀 규정하지 않고 하위명령에 재위임하는 것은 허용되지 않음

12) 위헌·위법인 법규명령의 효력

법규명령은 공정력이 인정되지 않으므로 위법한 경우 무효가 될 뿐임

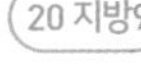 관련 판례

1. 법률 또는 대통령령으로 규정할 사항을 부령으로 규정하였다고 하면 그 부령은 무효임을 면치 못함(대판 1962.1.25. 61다9)
2. 위임의 범위를 벗어난 위임명령으로서 공정거래법에서 위임한 바 없는 표시·광고의 사실 여부에 관한 입증책임을 사업자가 지도록 규정한 표시·광고에 관한 공정거래지침은 무효임(대판 2000.9.29. 98두12772)

13) 법규명령의 제정절차

국무회의 심의	대통령령안(○), 총리령안(×), 부령안(×)
입법예고	대통령령·총리령·부령의 제정·개정·폐지(○)
입법예고기간	40일 이상(자치법규는 20일 이상)
입법예고 시 국회 소관상임위원회 제출	• 대통령령(○) / 총리령(×), 부령(×) • 입법예고가 없었다 하여 그 조항이 신의성실에 위배되는 무효규정이라고 할 수 없음(대판 1990.6.8. 90누2420)
법제처 심사	대통령령안(○), 총리령안(○), 부령안(○)
효력발생요건으로서 공포	대통령령(○), 총리령(○), 부령(○) / 행정규칙(×), 고시(×), 훈령(×), 예규(×), 법령보충적 행정규칙(×)

03 행정규칙

1) 내용을 기준으로 한 행정규칙 (20 지방9)

① 행정규칙으로서 재량준칙은 그 자체로 대외적 구속력을 가지는 것은 아니지만 평등원칙, 신뢰보호의 원칙에 따라 적법한 선례가 있는 경우 자기 구속의 법리를 매개로 간접적 대외적 효력을 가짐
② 행정규칙으로서 규범해석규칙은 대외적 효력(×), 법원 구속(×)

단 권 화 메 모 & O X

01 법령상 대통령령으로 규정하도록 되어 있는 사항을 부령으로 정하더라도 그 부령은 유효하다. (18 교행9) [○ / ×]

| 정답 | 01 ×(대통령령에 위임한 사항을 부령으로 정한 경우 그 부령은 무효)

2) 형식을 기준으로 한 행정규칙

① 훈령, ② 예규, ③ 고시, ④ 지시, ⑤ 일일명령. 다만, 지시 · 일일명령은 추상적 · 일반적 의미의 행정입법은 아님

단권화 메모 & OX

3) 법규명령과 행정규칙 (21 지방7) (20 지방7) (20 국가9) (20 군무원7) (18 서울7상) (17 지방7) (17 서울7) (17 지방9상)

구분	법규명령	행정규칙
공통점	• 일반적 · 추상적 규율 • 원칙적으로 처분성 부정(다만, 두밀분교폐지조례와 같은 처분적 법규는 처분성 인정)	
법 형식	• 대통령령 · 총리령 · 부령 • 대법원 규칙 · 국회 규칙 등	고시 · 예규 · 일일명령 · 지시 · 훈령 등
권력적 기초	일반권력관계	특별권력관계
법적 근거	• 법률유보 · 법률우위원칙 적용 • 위임명령은 상위법령상 수권을 요함(단, 집행명령은 요하지 않음)	• 법률유보원칙 적용 ×(법률우위원칙 적용 ○) • 상위법령의 수권을 요하지 않음(행정규칙의 제정권은 상급기관의 감독권한에 포함되어 있음)
수범자	국민에게도 적용됨	행정조직 및 특별권력관계 내부에 적용
규율의 내용	국민의 권리 · 의무에 관한 내용	• 기관의 조직, 재량행사의 지침 • 규범해석, 규범구체화 등
성질	법규성 인정	법규성 부정(행정내부적 규율에 그침)
종류	위임명령, 집행명령	조직규칙, 행정지도규칙(재량준칙 등), 영조물이용규칙, 근무규칙
구속력	양면적 구속력(내부적 구속력 + 외부적 구속력)	단면적 구속력(내부적 구속력)
위반의 효과	법규명령에 위반한 행정행위는 곧바로 위법(행정소송의 대상이 됨)	평등의 원칙 등을 매개해서 위법성 판단(원칙적으로 유효, 위반행위는 직무상의 의무위반으로 징계사항에는 해당)
존재형식	조문 형식	조문 형식 + 구두로도 가능
공포	공포가 있어야 효력 발생	반드시 필요한 것은 아님(공고 등으로 수명기관에 도달하면 효력 발생)
통제	의회의 통제(또는 정치적 통제), 사법적 통제, 행정적 통제	• 원칙: 행정적 통제 • 예외: 사법적 통제

관련 판례

1. 행정관청 내부의 사무처리규정인 전결규정에 위반하여 행정처분을 하였다고 하더라도 그 처분은 무효라고 볼 수 없음(대판 1998.2.27. 97누1105)
2. 학칙은 대학의 자치규범으로서 당연히 구속력을 가짐(대판 2015.6.24. 2013두26408)
3. 행정규칙에 위배되는 것이라 하더라도 위법의 문제는 생기지 아니하고, 또 위 규칙에서 정한 기준에 적합하다 하여 바로 그 처분이 적법한 것이라고도 할 수 없음(대판 1995.10.17. 94누14148(전합))

4. 비상장주식의 양도가 현저히 유리한 조건의 거래로서 부당지원행위에 해당하는지 여부에 관하여 판단함에 있어서 공정거래위원회의 부당한 지원행위의 심사지침은 공정거래위원회 내부의 사무처리준칙에 불과하므로 행정규칙임(대판 2005.6.9. 2004두7153)
5. 한국감정평가협회가 제정한 토지보상평가지침은 단지 한국감정평가업협회가 내부적으로 기준을 정한 것에 불과하여 일반국민이나 법원을 기속하는 것이 아니므로 행정규칙임(대판 2002.6.14. 2000두3450)
6. 행정규칙에 근거한 처분은 항고소송의 대상이 됨(대판 2002.7.26. 2001두3532)
7. 상위법령에 근거를 두고 있지 않은 훈령에만 근거하여 발령된 침익적 행정처분은 무효인 훈령에 기초한 것으로서 당연무효임(대판 1980.12.23. 79누382)
8. 제재적 선행처분에 따른 가중처벌이 행정규칙에 정해진 경우라도 소의 이익이 인정됨(대판 2006.6.22. 2003두1684)

★★★

04 명령의 형식과 효력의 불일치

1) 법규명령 형식의 행정규칙 (20 군무원9)

형식(법규명령)	내용	효력
대통령령(시행령)	• 제재기준, 재량준칙 • 내부사무처리기준 • 재량준칙	• 학설: 법규명령 • 판례: 법규명령
총리령(시행규칙)·부령(시행규칙)		• 학설(다수설): 법규명령 • 판례: 행정규칙

2) 대통령령인 시행령 별표의 경우 (22 지방9)

관련 판례

1. 하자보수를 정당한 사유 없이 사용검사권자가 지정한 날까지 이행하지 아니한 때 3개월의 영업정지를 한다고 규정한 「주택건설촉진법 시행령」(현 「주택법 시행령」)은 법규명령이고, 3개월의 영업정지는 확정된 기간이므로 행정청은 달리 정지기간에 관하여 재량의 여지가 없음(대판 1997.12.26. 97누15418)
2. 청소년 고용금지의무를 위반한 때 800만 원의 과징금을 부과하도록 한 「청소년보호법 시행령」 과징금 처분기준은 법규명령이고, 과징금 액수는 정액이 아니라 최고한도액임(대판 2001.3.9. 99두5207)
3. 심의사항이나 회의절차에 관한 「지가공시 및 토지 등의 평가에 관한 법률 시행령」(현 「부동산 가격공시 및 감정평가에 관한 법률 시행령」) 제20조도 행정청 내의 사무처리준칙을 규정하는 것에 불과하여 대외적으로 국민이나 법원을 기속하는 효력이 있는 것은 아님(대판 1996.9.20. 96누6882)

3) 부령인 시행규칙 별표의 경우 (22 국가9) (21 국가9) (21 군무원7)

관련 판례

1. 「도로교통법 시행규칙」 제53조 제1항이 정한 [별표 16]의 운전면허행정처분기준은 행정규칙임(대판 1997.5.30. 96누5773)
2. 「식품위생법 시행규칙」은 행정규칙이나, 행정규칙에 따른 관행이 있은 후 특별한 사정이 없는 한 행정청이 행정규칙에 따른 처분기준을 따르지 않은 경우 평등원칙, 신뢰보호에 위반되므로 재량권 일탈·남용임(대판 1993.6.29. 93누5635)
3. 시외버스운송사업의 사업계획변경기준 등에 관한 「여객자동차운수사업법 시행규칙」은 법규명령임(대판 2006.6.27. 2003두4355)

단권화 메모 & OX

01 판례에 의하면, 행정규칙에 의한 불문경고 조치는 차후 징계감경사유로 작용할 수 있는 표창대상자에서 제외되는 등의 인사상 불이익을 줄 수 있다 하여도 이는 간접적 효과에 불과하므로 항고소송의 대상인 행정처분에 해당하지 않는다. (18 서울7상) [○ / ×]

02 부령의 형식으로 정해진 제재적 행정처분의 기준은 그 규정의 성질과 내용이 행정청 내부의 사무처리준칙을 정한 것에 불과하므로 대외적으로 국민이나 법원을 구속하는 것은 아니다. (22 국가9) [○ / ×]

03 구 「여객자동차 운수사업법」 제11조 제4항의 위임에 따라 시외버스운송사업의 사업계획변경에 관한 절차, 인가기준 등을 구체적으로 규정한 구 「여객자동차 운수사업법 시행규칙」 제31조 제2항 제1호, 제2호, 제6호는 대외적인 구속력이 있는 법규명령이라고 할 것이고, 그것을 행정청 내부의 사무처리준칙을 규정한 행정규칙에 불과하다고 할 수는 없다. (18 국회8) [○ / ×]

| 정답 | 01 ×(처분에 해당함) 02 ○ 03 ○

4 행정규칙 형식의 법규명령(법령보충규칙) (22 지방9) (20 군무원9) (18 지방7) (17 서울9)

개념	형식은 행정규칙이나 상위법령의 위임에 의해 상위법령의 내용을 보충하여 법규사항을 규율하는 행정규칙
위임	법령의 위임이 있어야 함
포괄적 위임금지	법령의 위임은 구체적 위임이어야 하고 포괄적 위임은 금지됨
효력	고시가 법령의 위임에 따라 그 법령규정을 보충하는 기능을 가지는 경우 그 고시는 상위법령과 결합하여 대외적 구속력 있는 법규로서의 효력을 가짐
공포	공포는 효력발생요건이 아니라는 것이 판례의 태도임. 그러나 대외적으로 알려야 함

5 법규성이 인정되지 않는 행정규칙과 인정되는 행정규칙 (22 국가9) (21 군무원7) (18 서울9하) (17 국가7상)

법규성이 인정되지 않는 행정규칙(원칙)	법규성이 인정되는 행정규칙(예외)
• 일반적 행정규칙 • 시행규칙으로 정하도록 위임했음에도 고시 등 행정규칙으로 정한 경우 • 상위법령에 근거가 없는 주류유통거래에 관한 규정(대판 1980.12.23. 79누382) • 일반적인 훈령(대판 1983.6.14. 83누54) • 구 서울특별시 하천점용규칙(대판 1985.12.24. 84누343) • 서울특별시 상수도손괴원인자부담 처리지침(대판 1993.4.23. 92누7535) • 서울특별시 철거민 등에 대한 국민주택 특별공급규칙(대판 2007.11.29. 2006두8495) • 서울특별시 개인택시운송사업면허업무처리요령(대판 1997.9.26. 97누8878) • 행정관청 내부의 사무처리규정인 전결규정(대판 1998.2.27. 97누1105) • 공정거래위원회 예규인 부당한 지원행위의 심사지침(대판 2004.4.23. 2001두6517) • 한국감정평가업협회가 제정한 '토지보상평가지침'(대판 2002.6.14. 2000두3450) • 수산업에 관한 어업면허사무취급규정(대판 1990.2.27. 88재누55)	• 고시가 다른 집행행위의 매개 없이 직접 국민의 권리 · 의무를 규율하는 성격을 갖는 경우는 행정처분에 해당함 • 법령보충적 행정규칙 • 재산제세(조사)사무처리규정(대판 1987.9.29. 86누484) • 보건복지부 고시인 '94년 생계보호기준'(헌재 1997.5.29. 94헌마33) • 보건복지부 고시인 '의료보험진료수가기준' 중 '수탁검사실시기관인정등기준'(대판 1999.6.22. 98두17807) • 보건사회부장관이 정한 1994년도 노인복지사업지침(대판 1996.4.12. 95누7727) • 보건사회부장관이 발한 식품영업허가기준에 관한 고시(대판 1995.11.14. 92도496) • 구「지방공무원보수업무 등 처리지침」(대판 2016.1.28. 2015두53121) • 구「도시계획시설기준에 관한 규칙」(대판 2006.10.26. 2003두14840) • 구「택지개발촉진법」제3조 제4항에 따라 건설교통부장관이 정한 '택지개발업무처리지침' 제11조(대판 2008.3.27. 2006두3742, 3759) • 협의취득의 보상액 산정에 관한 구체적 기준을 정한「공업사업을 위한 토지 등의 취득 및 보상에 관한 법률 시행규칙」제22조(대판 2012.3.29. 2011다104253) • 구「석유사업법」과 그 시행령의 위임에 따른 구 산자부 고시와 구 관세청 고시의 각 규정(대판 2016.10.27. 2014두12017) • 수입선다변화품목의 지정 및 그 수입절차 등에 관한 1991.5.13.자 상공부 고시(대판 1993.11.23. 93도662) • 관세율표상 품목분류의 기준을 정한 관세청고시(대판 2004.4.9. 2003두1592) • 산업자원부 고시 공장입지기준 제5조(대판 2004.5.28. 2002두4716) • 구「독점규제 및 공정거래에 관한 법률」제23조 제3항의 '공정거래위원회가 불공정거래행위를 예방하기 위하여 필요한 경우 사업자가 준수하여야 할 지침'에 따른 제정 · 고시(대판 2000.9.29. 98두12772) • 문화관광부 고시인 '게임제공업소의 경품취급기준'(헌재 2008.11.27. 2005헌마161)

단권화 메모 & OX

01 고시가 법령의 수권에 의하여 법령을 보충하는 사항을 정하는 경우 위임의 한계를 벗어나지 않는 한 그 근거 법령과 결합하여 대외적으로 구속력이 있는 법규명령으로서의 효력을 가진다. (22 지방9) [○ / ×]

02 항정신병 치료제의 요양급여 인정기준에 관한 보건복지부 고시가 다른 집행행위의 매개 없이 그 자체로서 직접 국민의 구체적인 권리의무와 법률관계를 규율하는 성격을 가질 때에는 항고소송의 대상이 되는 행정처분에 해당한다. (22 국가9) [○ / ×]

| 정답 | 01 ○ 02 ○

05 행정입법에 대한 통제

단권화 메모&OX

1) 국민에 의한 통제 → 입법예고, 공청회

2) 국회에 의한 직접적 통제(「국회법」 제98조의2)

① 대통령령(입법예고 포함)·총리령·부령·훈령·예규·고시 등이 제정·개정 또는 폐지된 때에는 10일 이내에 이를 국회 소관상임위원회에 제출하여야 함

② 상임위원회는 대통령령·총리령 및 부령에 대하여 법률위반 여부 등을 검토하여 당해 대통령령·총리령은 본회의 의결절차를 거쳐 중앙행정기관장에게 통보하고 부령의 경우에는 소관 중앙행정기관의 장에게 그 내용을 통보할 수 있음

③ 중앙행정기관의 장은 처리계획과 결과를 소관상임위원회에 보고해야 함

④ 법규명령에 대한 국회의 직접적 통제수단은 있으나, 행정규칙에 대한 국회의 직접적 통제수단은 없음

3) 국회에 의한 행정입법 통제

직접적 통제	국회의 행정입법심사제, 법률 제정·개정·폐지
간접적 통제	국정조사, 국정감사, 해임, 탄핵

4) 행정부에 의한 통제

① 상급행정청은 하위행정청에 명령의 개정·폐지 지시 가능(○) / 일반 행정집행권한에 근거하여 행정입법에 대한 직접 폐지·개정(×)

> **「행정심판법」 제59조【불합리한 법령 등의 개선】** ① 중앙행정심판위원회는 심판청구를 심리·재결할 때에 처분 또는 부작위의 근거가 되는 명령 등이 법령에 근거가 없거나 상위 법령에 위배되거나 국민에게 과도한 부담을 주는 등 크게 불합리하면 관계 행정기관에 그 명령 등의 개정·폐지 등 적절한 시정조치를 요청할 수 있다.
>
> **「부패방지 및 국민권익위원회의 설치와 운영에 관한 법률」 제28조【법령 등에 대한 부패유발요인 검토】** ① 위원회는 다음 각 호에 따른 법령 등의 부패유발요인을 분석·검토하여 그 법령 등의 소관 기관의 장에게 그 개선을 위하여 필요한 사항을 권고할 수 있다.
>
> 1. 법률·대통령령·총리령 및 부령
> 2. 법령의 위임에 따른 훈령·예규·고시 및 공고 등 행정규칙
> 3. 지방자치단체의 조례·규칙
> 4. 「공공기관의 운영에 관한 법률」 제4조에 따라 지정된 공공기관 및 「지방공기업법」 제49조·제76조에 따라 설립된 지방공사·지방공단의 내부규정

② **공무원:** 명백히 위법한 명령의 경우 거부가 가능하나 그렇지 않은 경우 거부 불가

5 헌법 제107조 제2항 명령규칙심사 (21 소방7)

> **헌법 제107조** ② 명령 · 규칙 또는 처분이 헌법이나 법률에 위반되는 여부가 재판의 전제가 된 경우에는 대법원은 이를 최종적으로 심사할 권한을 가진다.

① 추상적 규범통제(×) / 구체적 규범통제(○)
② 구체적 규범통제는 명령 · 규칙이 헌법에 위반되는지 여부가 재판의 전제가 되는 경우(선결문제인 경우) 명령 · 규칙을 통제하는 간접적 통제
③ **구체적 규범통제의 대상:** 법규성 있는 행정규칙(○) / 행정규칙(×)
④ **대법원의 위헌 · 위법인 명령:** 개별적 효력 상실(○) / 일반적 효력 상실(×)

> 「**행정소송법**」 **제6조【명령 · 규칙의 위헌판결 등 공고】** ① 행정소송에 대한 대법원 판결에 의하여 명령 · 규칙이 헌법 또는 법률에 위반된다는 것이 확정된 경우에는 대법원은 지체 없이 그 사유를 행정안전부장관에게 통보하여야 한다.

⑤ **위헌 · 위법인 명령에 근거한 처분:** 취소사유에 해당, 위헌결정이후 후속절차는 무효에 해당함
⑥ 보존음료수를 제조한 자는 보존음료수를 전량수출하거나 국내에서는 주한외국인에 한해 판매할 수 있다고 규정한 보건복지부장관의 고시는 법규명령임. 동 고시는 직업의 자유, 행복추구권, 환경권 침해이며 동 고시에 근거한 과징금 부과처분도 위법함

6 명령에 대한 항고소송

① 명령은 일반적 · 추상적 성질을 가지므로 처분이 아님 → 명령은 항고소송의 대상이 되지 않음
② 다만, 명령 중 처분성을 가지는 명령은 처분에 해당하므로 항고소송의 대상이 될 수 있음 → 이는 직접적 통제
③ 조례는 원칙적으로 항고소송의 대상이 될 수 없으나, 처분적 조례는 항고소송의 대상이 됨
④ **조례에 대한 항고소송의 피고:** 지방의회(×), 지방자치단체장(○), 교육과 학예에 관한 경우는 교육감(○)

7 명령에 대한 헌법소원

관련 판례

1. 입법부에서 제정한 법률, 행정부에서 시행한 시행령이나 시행규칙 및 사법부에서 제정한 규칙 등은 그것들이 별도의 집행행위를 기다리지 않고 직접 기본권을 침해하는 것일 때에는 모두 헌법소원심판의 대상이 될 수 있는 것임. 헌법재판소는 법무사 시행규칙 관련 헌법소원에서 법규명령이 재판의 전제가 됨이 없이 직접 개인의 기본권을 침해하는 경우에는 헌법소원의 대상이 된다고 하였음(헌재 1990.10.15. 89헌마178)
2. 고시에 대하여 헌법재판소는 고시가 일반 · 추상적 성격을 가질 때는 법규명령 또는 행정규칙에 해당하지만, 고시가 구체적인 규율의 성격을 갖는다면 행정처분에 해당한다고 봄(헌재 1998.4.30. 97헌마141)

한번 더 정리하기

구분	헌법 제107조 ② 명령규칙심사	헌법소원
재판전제성(선결문제)	○	×
대법원	○	×
헌법재판소	×	○
심사기준	헌법 · 법률	헌법
위헌 · 위법인 명령	개별적 효력 상실	일반적 효력 상실

※ 명령에 대한 사법적 통제절차: 법원의 명령규칙심사(○), 헌법소원(○)

단권화 메모 & OX

8) 행정규칙에 대한 통제 (18 서울7)

① 행정규칙은 원칙적으로 명령 · 규칙 심사나 헌법소원의 대상이 되지 않음

② 법령의 위임을 받아 법령을 보충하여 대외적 효력을 가지는 법령보충적 행정규칙은 헌법소원의 대상이 될 수 있음

★★☆

9) 행정입법부작위에 대한 통제 (22 소방9) (21 군무원9) (18 국가9)

관련 판례

1. 국민의 구체적인 권리 · 의무에 직접적으로 변동을 초래하지 않는 추상적인 법령의 제정 여부 등은 부작위위법확인소송의 대상이 될 수 없음(대판 1992.5.8. 91누11261)
2. 법률이 행정입법을 규정하고 있음에도 불구하고 행정권이 그 취지에 따라 행정입법을 하지 않는다면 행정권에 의하여 입법권이 침해되는 결과가 되므로 행정권의 행정입법 작위의무는 헌법상 의무라고 보아야 함(헌재 2002.7.18. 2000헌마707)
3. 만일 하위 행정입법의 제정 없이 상위 법령의 규정만으로도 집행이 이루어질 수 있는 경우라면 하위 행정입법을 하여야 할 헌법적 작위의무는 인정되지 아니함(헌재 2005.12.22. 2005헌마66)
4. 구 「군법무관임용법」 및 「군법무관임용 등에 관한 법률」에서 군법무관의 보수의 구체적 내용을 시행령에 위임하고 있음에도 행정부가 정당한 이유 없이 시행령을 제정하지 않은 것은 보수청구권을 침해하는 불법행위에 해당하므로 손해배상책임을 물을 수 있음(대판 2007.11.29. 2006다3561)
5. 법률과 대통령령에서 위임한지 20년 이상이 경과되었음에도 시행규칙에서 치과전문의자격시험을 위한 구체적 내용을 정하지 않은 것은 합리적 기간의 지체를 넘어 위헌적인 입법부작위에 해당함(헌재 1998.7.16. 96헌마246)

단권화 메모 & OX

01 국민의 구체적인 권리의무에 직접적으로 변동을 초래하지 않는 추상적인 법령의 제정 여부 등은 부작위위법확인소송의 대상이 될 수 없다. (18 국가9) [○ / ×]

02 삼권분립의 원칙, 법치행정의 원칙을 당연한 전제로 하고 있는 우리 헌법하에서 행정권의 행정입법 등 법집행의무는 헌법적 의무라고 보아야 한다. (22 군무원9) [○ / ×]

| 정답 | 01 ○ 02 ○

02 행정행위

출제 비중 51%

단권화 메모 & OX

01 행정행위의 개념과 종류

1) 행정행위의 개념

구분	행정행위
행정청이 행한 행위	• 공무수탁사인의 행위(○) • 국회나 법원의 공무원임명행위(○)
구체적 법집행행위	행정입법(×)
외부적 효력을 가지는 행위	• 외부적 효력: 공법적 효력(○) + 사법적 효력(○) • 상급행정청의 직무명령(×) • 행정기관 간의 협의 · 승인 · 동의(×)
권력적 단독행위	• 사법상 행위(×) • 공법상 계약(×) • 행정지도(×) • 사인의 협력이 필요한 행위(○)

2) 처분과 행정행위 → 이원설(○): 행정행위와 처분(행정행위 + α)을 구분

구분	처분	행정행위
실정법적 개념	○	×(강학상 개념)
쟁송법 · 실체법	쟁송법상 개념	실체법적 개념
권력적 사실행위	○	×
행정지도	×	×

3) 형식적 행정행위론

① 비권력적 사실행위(예 행정지도)까지 행정행위에 포함

② 다수설과 판례는 형식적 행정행위에 대해 부정적임

4) 일반처분 (17 국가9상) (16 서울9하)

① **일반처분의 개념**: 일반적 · 구체적 처분

구분	일반성	추상성
법률 · 명령 · 조례	○ 모든 사람에게 적용됨	○ 모든 사건에 적용됨
과세처분 · 처분적 명령 · 처분적 조례	× 특정한 사람에게 과세처분으로 행해짐 (예 동작세무서의 정인영에 대한 과세처분)	× 특정한 시간, 사안에 대해 과세처분으로 행해짐 (예 정인영의 2021년 소득에 대한 과세처분)
일반처분	○ 모든 사람에게 적용됨	× 특정한 공간, 시간에 적용됨 (예 여기서 수영하지 말 것)

② 행정행위(○), 항고소송의 대상(○)

★★☆

02 복효적 행정행위(제3자효 행정행위) (19 서울9하) (17 서울7)

① **개인적 공권 확대, 원고적격 확대(경업자소송, 경원자소송, 주민소송)**: 사인의 공법행위에서 전설

② 복효적 행정행위는 증가하는 추세

③ 「행정절차법」상 제3자에 대한 통지의무규정(×), 제3자의 문서열람 · 청구권(×), 다만 절차에 참여하게 한 제3자는 통지의무와 문서열람 · 청구권이 있음

④ 법률상 이익이 있는 제3자는 소를 제기할 수 있음

⑤ 법률상 이익이 있는 제3자는 소를 제기하면서 처분의 집행정지를 통해 가구제를 받을 수 있음

⑥ 소송의 결과에 영향을 받을 제3자도 신청 또는 직권에 의하여 소송에서 처분의 상대방 측에 참가할 수 있음

⑦ 처분 등의 취소판결(인용판결)은 처분의 상대방인 제3자에게도 효력이 있음

> **「행정소송법」 제31조【제3자에 의한 재심청구】** ① 처분 등을 취소하는 판결에 의하여 권리 또는 이익의 침해를 받은 제3자는 자기에게 책임 없는 사유로 소송에 참가하지 못함으로써 판결의 결과에 영향을 미칠 공격 또는 방어방법을 제출하지 못한 때에는 이를 이유로 확정된 종국판결에 대하여 재심의 청구를 할 수 있다.

단 권 화 메 모 & O X

01 구체적 사실을 규율하는 경우라도 불특정 다수인을 상대방으로 하는 처분이라면 행정행위가 아니다. (16 서울9하) [○ / ×]

| 정답 | 01 ×(일반처분도 행정행위에 해당함)

03 기속행위, 재량행위, 불확정개념에 대한 판단여지

1) 재량 (22 지방9) (18 서울7하)

① **결정재량**: 행정청이 어떠한 행위를 할 것인지 말 것인지에 대해 자유재량이 있는 경우
② **선택재량**: 복수의 행정행위 중 어느 것을 할 것인가를 선택할 재량
③ "…에 관하여 적절한 조치를 취해야 한다."는 규정에는 결정재량은 없고 선택재량만이 존재함
④ **기속재량행위**: 기속재량행위는 원칙적으로 기속이지만, 형질변경, 입목벌채, 산림훼손, 농지전용 등 중대한 공익상 필요가 있는 경우 판례는 재량으로 봄
⑤ 대법원은 기속재량과 자유재량을 구별하며 기속재량이라는 중간영역도 인정함. 다만, 이 모두 사법심사의 대상이 된다고 함
⑥ 행정소송의 재판관할을 한계지우기 위하여 기속행위와 재량행위를 구별할 필요는 없음

한번 더 정리하기

■ 기속행위와 재량행위

구분	기속행위	재량행위
부관의 가부	법령의 근거가 없는 한 부관을 붙일 수 없음	법령의 규정이 없어도 부관을 붙일 수 있음
공권의 내용	인정	성립 가능, 무하자재량행사청구권
요건충족과 효과부여	요건이 충족되면 효과 부여(허가)	요건이 충족되었다 하더라도 이익형량을 통해 효과부여 여부 결정(특허)
입증책임	처분의 적법성에 대한 행정청 입증책임	재량권의 남용·일탈에 대한 원고 입증책임

2) 기속과 재량의 구별을 위한 학설

① **법문언기준설(통설, 판례)**
㉠ 1차적으로 법규정의 표현을 기준으로 함
㉡ 단, 규정방식이 명확하지 않은 경우 입법목적, 취지와 행위의 성질을 종합적으로 고려하여 판단함
㉢ 판례는 법문언기준설 원칙에 효과재량설을 보충적 기준으로 활용함

② **요건재량설과 효과재량설**

구분	요건재량설	효과재량설
재량이 있는 영역	요건파트(용어 해석)	효과파트(수익·침익)
재량행위	• 목적이 공백인 경우 • 최종목적(공익)	수익적 행정행위
기속행위	중간목적	침익적 행정행위
문제점	• 재량은 효과에 있음 • 공백규정이나 공익만이 요건으로 정해져 있어도 목적규정이나 관계규정을 통해 요건이 보충될 수 있음 • 이 학설을 지지하는 학자는 거의 없음	수익적 행정행위인 허가는 기속행위임

관련 판례

1. 법문언기준설(종합설)에 따른 판례: 행정행위가 그 재량성의 유무 및 범위와 관련하여 이른바 기속행위 내지 기속재량행위와 재량행위 내지 자유재량행위로 구분된다고 할 때, 그 구분은 당해 행위의 근거가 된 법규의 체재·형식과 그 문언, 당해 행위가 속하는 행정 분야의 주된 목적과 특성, 당해 행위 자체의 개별적 성질과 유형 등을 모두 고려하여 판단하여야 함(대판 2001.2.9. 98두17593)
2. 효과재량설을 보충적 기준으로 고려한 판례: 「야생동식물보호법」상 곰의 웅지를 추출하여 비누, 화장품 등의 재료를 사용할 목적으로 곰의 용도를 '사육곰'에서 '식·가공품 및 약용재료'로 변경하겠다는 내용의 국제적 멸종위기종의 용도변경승인행위는 야생동식물보호법 제16조 제3항 문언의 내용과 용도변경승인의 수익적 성격을 고려했을 때 재량행위임(대판2011.1.27. 2010두23033)

3 기속과 재량 판례

22 지방9 · 20 지방9 · 20 군무원7 · 19 국가7 · 19 서울7하 · 18 국가7 · 18 지방7 · 17 국가9하 · 17 지방9상

구분		사례
허가	기속	• 「건축법」상의 건축허가(개발제한구역 외에서의 건축허가)(대판 1995.12.12. 95누9051) • 구 「공중위생법」상 위생접객업(터기탕)허가(대판 1995.7.28. 94누13497) • 구 「식품위생법」상 대중음식점영업허가(대판 1993.5.27. 93누2216) • 구 「식품위생법」상의 광천음료수제조업허가(대판 1993.2.12. 92누5959) • 북한어린이 살리기 의약품 지원본부에 대한 기부금품모집허가(대판 1999.7.23. 99두3690)
	재량	• 「도시계획법」상 토지형질변경허가(대판 1999.2.23. 98두17845) • 「국토의 계획 및 이용에 관한 법률」에 의하여 지정된 도시지역 안에서 토지의 형질변경행위를 수반하는 건축허가(대판 2005.7.14. 2004두6181) • 「산림법」 부칙 제9조 제1항·제2항에 의한 형질변경허가(대판 1998.9.25. 97두19564) • 산림훼손허가(대판 2003.3.28. 2002다12113) • 입목굴채허가(대판 2001.11.30. 2001두5866) • 농지전용허가(대판 2000.5.12. 98두15382) • 구 「관광진흥법」상 관광지조성사업시행 허가처분(대판 2001.7.27. 99두8589) • 「자연공원법」상 공원사업시행 허가처분(대판 2001.7.27. 99두5092) • 주유소 설치허가(대판 1999.4.23. 97누14378) • 전자유기장업허가(대판 1985.2.8. 84누369) 비교판례 투전기업소장소변경허가는 기속행위(대판 1985.7.20. 84누228) • 프로판가스충전업허가(대판 1987.11.10. 87누462) • 분뇨 등 관련 영업허가(대판 2006.7.28. 2004두6716) • 「총포·도검·화약류단속법」 제12조 소정의 총포 등 소지허가(대판 1993.5.14. 92도2179) 비교판례 「총포·도검·화약류단속법」상의 총포·도검·화약류판매업 및 저장소 설치허가는 기속행위(대판 1996.6.28. 96누3036) • 사설납골당설치허가(대판 1994.9.13. 94누3544) • 「약사법」상 의약품제조업허가사항변경허가(대판 1985.12.10. 85누674) • 학교환경위생정화구역 내에서의 유흥주점영업행위금지처분

단권화 메모 & OX

특허	재량	• 구「공유수립매립법」상 공유수면매립면허와 일단 실효된 공유수면매립면허의 효력을 회복시키는 행위(대판 1989.9.12. 88누9206) • 구「토지수용법」상 사업인정(대판 1992.11.13. 92누596) • 도로점용허가(대판 2002.10.25. 2002두5795) • 개인택시운송사업면허(대판 2007.3.15. 2006두15783) •「수산업법」상 어업면허 • 공유수면 점용허가
인가	기속	•「사립학교법」에 의한 감독청의 이사회소집승인(대판 1988.4.27. 87누1106) • 학교법인이사취임승인처분(대판 1992.9.22. 92누5461) • 토지거래허가에서의 허가
	기속재량	채광계획인가(대판 2002.10.11. 2001두151)
	재량	• 중소기업 창업사업계획 승인(대판 1994.6.24. 94누1289) •「민법」상 비영리법인설립허가(대판 1996.9.10. 95누18437) • 주무관청의 비영리법인 임원취임 승인(대판 2000.1.28. 98두16996) • 자연공원사업의 시행에 있어 그 공원시설기본설계 및 변경설계승인(대판 2001.7.27. 99두2970) • 사회복지법인의 정관변경허가(대판 2002.9.24. 2000두5661) • 주택건설사업계획의 승인(대판 2007.5.10. 2005두13315) • 주택조합설립인가(대판 1995.12.12. 94누12302) • 주택재건축사업시행인가(대판 2007.7.12. 2007두6663)
기타	기속	• 자동차운송알선사업등록처분(대판 1993.7.27. 92누13998) • 국유재산의 무단점유 등에 대한 변상금의 징수(대판 2000.1.28. 97누4098) • 국유재산의 무단점유에 대한 변상금부과처분(대판 2000.1.14. 99두9735)
	재량	•「경찰관 직무집행법」상의 긴급구호권한과 같은 경찰관의 조치권한(대판 1996.10.25. 95다45927) • 폐기물처리업허가와 관련된 사업계획 적정·부적정 여부(대판 2004.5.28. 2004두961) • 과징금 부과(대판 2002.5.28. 2000두6121)

4 기속행위와 재량행위의 사법심사 차이 (20 국가7) (18 국가7) (17 지방9하)

구분	기속행위	재량행위
법원의 독자적 결론 도출	○	×
재량권 일탈·남용 심사	×	○

관련 판례

기속행위인 경우 법원이 사실인정과 관련법규의 해석·적용을 통하여 일정한 결론을 도출한 후 그 결론에 비추어 행정청이 한 판단의 적법 여부를 독자의 입장에서 판단하게 되고 재량행위의 경우 행정청의 재량에 기한 공익판단의 여지를 감안하여 법원은 독자의 결론을 도출함이 없이 당해 행위에 재량권의 일탈·남용이 있는지 여부만을 심사하게 됨. 이러한 재량권의 일탈·남용 여부에 대한 심사는 사실오인, 비례·평등의 원칙 위배, 당해 행위의 목적 위반이나 동기의 부정 유무 등을 그 판단대상으로 함(대판 2001.2.9. 98두17593)

단권화 메모 & OX

01 국유재산의 무단점유에 대한 변상금 징수의 요건은「국유재산법」에 명백히 규정되어 있으므로 변상금을 징수할 것인가는 처분청의 재량을 허용하지 않는 기속행위이다. (22 지방9) [○ / ×]

02 재량행위에 대한 사법심사는 행정청의 재량에 기한 공익판단의 여지를 감안하여 법원이 독자의 결론을 도출함이 없이 당해 행위에 재량권의 일탈·남용이 있는지 여부를 심사한다. (18 국가7) [○ / ×]

| 정답 | 01 ○ 02 ○

① **재량권 일탈 · 남용인 행정행위**

재량권 일탈	재량권의 외재적 한계 일탈
재량권 남용	재량권의 내재적 한계 일탈
재량권 행사 시 객관성 없는 이익형량	재량권 불행사 → 위법
재량권 일탈 · 남용한 행정행위	위법
재량권 일탈 · 남용 입증책임	원고(○) / 피고(×)

② **재량행위에 대한 통제**

구분	상급감독관청	행정심판위원회	행정법원
재량권 행사가 부당한 경우 통제	○	○	×(단, 일반원칙에 반할 경우 가능)
재량권 행사가 위법한 경우 통제	○	○	○

→ 「행정소송법」은 재량권 일탈 · 남용일 때 처분을 취소할 수 있다고 규정하여 재량하자의 사법심사에 대한 명문규정을 두고 있음(「행정소송법」 제27조)

구분	요건	효과
재량	×	○
불확정개념	○	×

5 불확정개념과 판단여지(점차 축소) (20 군무원7) (18 국가7) (17 국가9상)

① 판단여지론에 따르면 법정요건에 불확정개념이 사용된 경우 요건에는 재량이 없으나 법정요건에 포섭되는지 행정청의 판단여지가 있음

② 판단여지론은 효과(요건 ×)에 재량이 있다는 것을 전제로 함. 이런 점에서 판단여지론은 효과재량설을 보충하는 이론임

③ 학설은 행위재량은 효과에서 인정하면서 요건에 불확정개념이 있는 경우에는 예외적으로 판단여지론을 인정함. 다만, 대법원 판례는 판단여지를 재량과 구분하지 않고 재량으로 해결하고 있음

④ 판단여지는 행정행위 사법심사가 가능함(사법심사 배제 ×). 다만, 행정청의 전문적 판단여지가 있으므로 법원은 이를 존중해야 한다는 이론이므로, 판단여지가 인정되더라도 법원은 판단기관의 구성의 문제, 절차준수 여부를 심사하여 행정청의 행위가 위법이라는 판단을 할 수 있음

관련 판례

교과서 검정은 재량행위임. 교육과학기술부장관이 교과서 저술내용이 교육에 적합한지 심사할 수 있으며 법원이 검정처분의 위법 여부를 심사함에 있어 교육과학기술부장관과 동일한 입장에서 당부를 심사하는 것은 부당함(대판 1988.11.8. 86누618)

한번 더 정리하기

■ 판단여지와 재량 비교

구분	판단여지	재량
행정법규	요건규정(만약 ~한다면)	효과규정(~할 ~수 있다)
개념	불확정개념 예 공익 · 상당한 이유	재량(결정재량 + 선택재량)
본질	포섭(법의 인식작용)	법 효과의 선택(의지작용)
인정근거	행정의 전문성 및 기술성 존중	행정의 합목적적인 공익수행

단권화 메모 & OX

01 판단여지를 긍정하는 학설은 판단여지는 법률효과 선택의 문제이고 재량은 법률요건에 대한 인식의 문제라는 점, 양자는 그 인정근거와 내용 등을 달리하는 점에서 구별하는 것이 타당하다고 한다. (17 국가9상) [○ / ×]

02 법규정의 일체성에 의해 요건 판단과 효과 선택의 문제를 구별하기 어렵다고 보는 견해는 재량과 판단여지의 구분을 인정한다. (18 국가7) [○ / ×]

03 다수설에 따르면 불확정개념의 해석은 법적 문제이기 때문에 일반적으로 전면적인 사법심사의 대상이 되고, 특정한 사실관계와 관련하여서는 원칙적으로 일의적인 해석(하나의 정당한 결론)만이 가능하다고 본다. (17 국가9상) [○ / ×]

| 정답 | 01 ×(판단여지론은 요건의 불확정개념에 대한 이론임) 02 ×(문제의 견해는 재량과 판단여지를 구분하지 않음) 03 ○

더 알아보기

재량권의 일탈 · 남용 여부

재량권의 일탈 · 남용인 것	재량권의 일탈 · 남용이 아닌 것
• 조세포탈목적이 없는 부동산실명제 위반자에 대한 과징금 30% 부과 • 앞지르기 위반자를 적발하고 2만원을 받고 가볍게 처리한 경찰관 파면 • 교통사고처리를 적절하게 해 주었다는 사의로 30만원을 놓고 간 것을 알고 돈을 되돌려 준 경찰관 해임처분 • 급량비를 지급하지 않고 현금으로 지급한 시립무용단원 직위해제 • 개인택시운송사업면허 우선순위자를 제치고 후순위자에게 면허발급 • 병을 이유로 육지근무를 청원한 낙도근무교사 파면 • 박사학위논문심사통과자에 대한 학위수여 부결 • 대학교 총장이 해외근무자들의 자녀를 대상으로 한 특별전형에서 외교관, 공무원의 자녀에 대하여만 가산점을 부여해 합격사정을 함으로써, 실제 취득점수에 의하면 합격할 수 있었던 응시자들에 대한 불합격처분 • 교수회의의 심의의결 없이 국공립대학교 학생에 대한 학장의 징계처분 • 당직근무대기 중 화투를 친 공무원 파면 • 미성년자 출입금지 1회 위반한 유흥업소 영업취소 • 요정출입 1회 한 공무원 파면	• 법규위반자를 적발하고 돈을 요구하면서 전달방법까지 요구한 경찰관 해임 • 신규교원채용서류 등을 이용하여 학교비리를 교육부에 진정한 교수 해임 • 대학교 교비회계자금을 법인회계로 전출하고 시정요구를 이행하지 아니한 임원승인처분취소 • 의약품개봉판매금지를 위반한 약사에 대한 과징금처분 • 대학교수가 재임용 · 승진을 위한 평가자료로서 제출한 서적들이 다른 저자의 원서를 그대로 번역한 것이나, 자신의 창작물인 것처럼 가장한 경우 해임처분 • 산림훼손신청거부처분 • 유해한 수입녹용전량폐기처분 • 서해관광호텔 투전기사업 불허처분 • 택시운송사업자가 차고지, 운송부대시설을 증설하는 내용의 자동차운송사업계획인가신청을 했으나 행정청이 이 지역이 학생과 주민들의 통행로로 이용되고 있어 환경오염배출로 인한 주거환경, 교육환경을 우려해 거부한 처분 • 법무부장관의 귀화허가거부 • 도급제 택시운영의 경우 위반차량 2배에 해당하는 차량운행정지 • 학교위생정화구역 내 액화석유가스 설치금지해제신청 거부

단 권 화 메 모 & O X

01 부분허가(부분승인)는 본허가 권한과 분리되는 독자적인 행정행위이기 때문에 부분허가를 위해서는 본허가 이외에 별도의 법적 근거를 필요로 한다. (16 서울9하) [O / ×]

04 다단계 행정행위

1) 부분허가 (22 국가9) (19 서울7하) (16 서울9하)

① 행정행위

② 부분허가권은 본허가권에 포함되므로 별도의 법적 근거는 필요 없음

③ 항고소송의 대상이 됨

④ 확약은 그 자체가 종국적 행위가 아니므로 다단계 행정행위에 해당하지 않음

| 정답 | 01 ×(다단계 행정결정은 별도의 법적 근거를 요하지 않음)

⑤ 권리구제 방법

부분허가처분	부분허가처분에 대해 항고소송으로 다툴 수 있음
부분허가처분이 있고 그 후에 본 허가처분이 있는 경우	부분허가처분은 독립적으로 항고소송의 대상이 되지 않음. 다만, 본허가처분에 대해 항고소송을 제기할 수 있고, 본허가처분의 취소소송에서 부분허가처분을 다툴 수 있음
본허가처분을 하지 아니한 경우 구제수단	행정청이 본허가처분을 하지 아니한 경우 의무이행심판, 부작위위법확인소송으로 다툴 수 있음

관련 판례

「원자력법」 제11조 제3항에 따른 원자로 및 관계시설의 부지사전승인처분은 건설부지를 확정하고 사전공사를 허용하는 법률효과를 지닌 독립한 행정처분임. **부지사전승인처분이 있은 후 원자로건설허가처분이 있는 경우 부지사전승인처분의 취소를 구할 소의 이익은 없음**(대판 1998.9.4. 97누19588)

2 예비결정(사전결정)

21 국가9 | 21 소방7 | 20 국가9 | 18 국가7 | 17 서울9 | 16 서울9하

관련 판례

1. 폐기물처리업 부적정통보(예비결정)는 **행정처분에 해당**함(대판 1998.4.28. 97누21086)
2. 사업계획에 대한 적정통보가 있는 경우 폐기물사업허가 단계에서는 나머지 허가요건만을 심사함. 따라서 예비결정의 내용과 상충하는 결정을 할 수 없음
3. 폐기물처리업사업계획에 대하여 적정통보를 한 것만으로 그 사업부지토지에 대한 국토이용계획변경신청을 승인하여 주겠다는 취지의 공적인 견해표명을 한 것으로 볼 수 없음(대판 2005.4.28. 2004두8828)
4. 폐기물처리업 적정통보 후 청소업자 난립을 이유로 한 불허가처분은 신뢰보호 위반임(대판 1998.5.8. 98두4061)
5. 폐기물처리계획의 적정통보를 받은 자는 국토이용변경을 신청할 권리가 있음. 따라서 국토이용변경거부는 항고소송의 대상이 되는 처분임(대판 2003.9.23. 2001두10936)

3 가행정행위

22 국가9

① 사실관계·법률관계의 계속적인 심사를 유보한 상태에서 당해 행정법관계를 잠정적으로만 확정하는 행정행위(종행정행위에 대비되는 개념)

예) 「국가공무원법」 제73조의2 제1항 제3호에 의거하여 징계의결이 요구 중인 자에게 잠정적으로 직위를 해제하는 경우, 「국민기초생활보장법」상 수급신청자에 대한 자력조사 전 수급품지급 등

② 종국적인 결정이 있을 때까지 당해 행위에 대하여 **잠정적으로만** 규율하는 효과를 가짐

④ 가행정행위 이후 종국적 행정행위가 발령되면 가행정행위는 종국적 행정행위로 **대체**되어 효력이 상실됨

⑤ 불가변력이 발생하지 않기 때문에 상대방은 종국적 행정행위에 대해 신뢰보호원칙을 주장하지 못함

관련 판례

1. 과징금감면처분(후행처분)이 이루어진 경우, 과징금부과처분(선행처분)은 후행처분에 흡수되어 소멸하므로 선행처분의 취소를 구하는 소는 부적법함(대판 2015.2.12. 2013두987)
2. 직위해제를 한 후 동일한 사유를 이유로 공무원의 신분관계를 박탈하는 파면처분을 하였을 경우에는 뒤에 이루어진 파면처분에 의하여 그전에 있었던 직위해제처분의 효력은 상실하게 됨(헌재 2005.12.22. 2003헌바76)

단권화메모&OX

01 구 「원자력법」상 원자로 및 관계 시설의 부지사전승인처분 후 건설허가처분까지 내려진 경우, 선행처분은 후행처분에 흡수되어 건설허가처분만이 행정쟁송의 대상이 된다. (22 국가9) [○ / ×]

02 사전결정(예비결정)은 단계화된 행정절차에서 최종적인 행정결정을 내리기 전에 이루어지는 행위이지만, 그 자체가 하나의 행정행위이기도 하다. (16 서울9하) [○ / ×]

03 공정거래위원회가 부당한 공동행위를 한 사업자에게 과징금 부과처분을 한 뒤 다시 자진신고 등을 이유로 과징금 감면처분을 한 경우, 선행처분은 후행처분에 흡수되어 소멸하므로 선행처분의 취소를 구하는 소는 부적법하다. (22 국가9) [○ / ×]

| 정답 | 01 ○ 02 ○ 03 ○

05 행정행위의 유형 (17 국가7상)

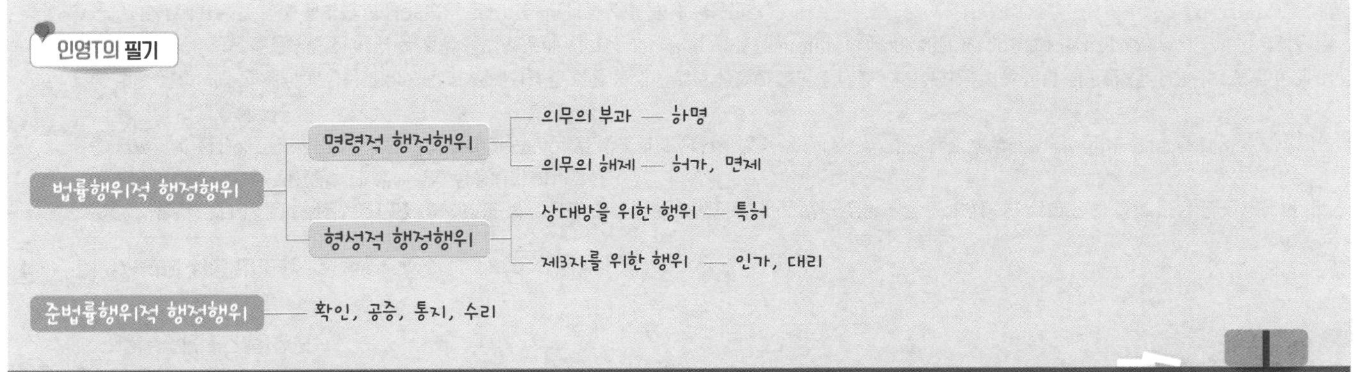

06 하명

1) 형식

① 처분하명
② 법규하명도 있으나 법규하명은 행정행위가 아님

2) 하명의 성질

① 부담적 행정행위
② 기속행위
③ 침익적 행위의 성질 → 법령에 근거 필요

3) 종류

작위, 부작위(금지), 급부, 수인하명

4) 하명의 대상 (17 국가7상)

사실행위 + 법률행위

5) 상대방

특정인 + 불특정인(북한산 등산로 이용금지)
① 하명처분은 특정인에 대하여 행하는 행정행위(×)
② 하명처분은 특정인에 대해서도 행해질 수 있음(○)
③ 하명은 개별·구체적으로도, 일반처분으로도 행해짐(○)
④ **G8 정상회담 시 회담기간 중 주변지역에서 옥외집회금지**: 일반처분

6) 효과

① 상대방에 공법상 의무를 부과함
② 대물적 하명은 승계되나, 대인적 하명은 승계되지 않음

7) 하명의 위반효과

① 강제집행, 행정벌이 가해짐
② 하명에 위반한 사법상 법률행위의 효력은 당연히 무효(×), 유효(○)

단권화 메모 & OX

01 하명의 대상은 불법광고물의 철거와 같은 사실행위에 한정된다. (17 국가7상) [○ / ×]

| 정답 | 01 ×(법률행위 또는 사실행위를 대상으로 함)

단권화메모&OX

8) 위법한 하명에 대한 구제

행정쟁송, 손해배상청구

9) 하명의 해제신청 (21 국가9)

일정한 경우 하명의 해제신청권이 인정되기도 함

관련 판례

공사중지명령에 대하여 그 명령의 상대방이 해제를 구하기 위해서는 명령의 내용 자체로 또는 성질상으로 명령 이후에 원인사유가 해소되었음이 인정되어야 함(대판 2014.11.27. 2014두37665)

07 허가

1) 허가의 의의

예방적 · 상대적 금지 해제, 자연적 자유 회복

2) 허가의 성질 (21 소방9)

① 명령적 행정행위(형성적 행정행위라는 견해도 있음)
② 허가는 기속행위
③ 예외적 허가는 재량행위

3) 허가처분의 적용 법조항 → 처분시법(○) (21 지방7)

「행정기본법」 제14조【법 적용의 기준】 ① 새로운 법령 등은 법령 등에 특별한 규정이 있는 경우를 제외하고는 그 법령 등의 효력 발생 전에 완성되거나 종결된 사실관계 또는 법률관계에 대해서는 적용되지 아니한다.
② 당사자의 신청에 따른 처분은 법령 등에 특별한 규정이 있거나 처분 당시의 법령 등을 적용하기 곤란한 특별한 사정이 있는 경우를 제외하고는 처분 당시의 법령 등에 따른다.
③ 법령 등을 위반한 행위의 성립과 이에 대한 제재처분은 법령 등에 특별한 규정이 있는 경우를 제외하고는 법령 등을 위반한 행위 당시의 법령 등에 따른다. 다만, 법령 등을 위반한 행위 후 법령 등의 변경에 의하여 그 행위가 법령 등을 위반한 행위에 해당하지 아니하거나 제재처분 기준이 가벼워진 경우로서 해당 법령 등에 특별한 규정이 없는 경우에는 변경된 법령 등을 적용한다.

관련 판례

부대시설사업계획을 포함한 관광숙박사업계획의 승인을 했더라도 개개 부대시설은 별도의 허가를 받아야 하므로 사업계획승인 후 투전기업소허가불허처분은 신뢰보호원칙에 반하지 않음(대판 1992.12.8. 92누13813)

4) 허가요건으로서의 신청 → 반드시 신청이 있어야 하는 것은 아님

관련 판례

개축허가신청에 대하여 행정청이 착오로 대수선 및 용도변경을 하였다 하더라도 취소 등의 적법한 처분 없이는 그 효력을 부인할 수 없음(대판 1985.11.26. 85누382)

★★☆

5) 허가요건

허가의 요건은 법령으로 규정되어야 하며, 법령의 근거 없이 행정권이 독자적으로 허가요건을 추가하는 것은 침익적이므로 법적 근거 없이는 허용되지 아니함

관련 판례

1. 용도변경허가권자는 기존 건축물의 용도변경허가신청에 대하여 구 「도시공원법」상 점용허가대상에 해당하지 않는다는 이유를 들어 용도변경허가를 거부할 수 없음(대판 2014.8.28. 2012두8274)
2. 주유소설치허가권자는 관계법령에 요건을 모두 갖춘 경우, 법령에서 정한 사유 이외의 사유인 주민의 동의가 없음을 이유로 주유소설치허가를 거부할 수 없음(대판 1996.7.12. 96누5292)
3. 인근 주민들이 반대한다는 사정만으로 공장설립허가신청을 반려할 수는 없음(대판 1999.7.23. 97누6261)
4. 국토 및 자연의 유지와 환경의 보전 등 중대한 공익상 필요가 있다고 인정될 때에는 허가를 거부할 수 있고, 그 경우 법규에 명문의 근거가 없더라도 산림훼손허가신청에 대해 거부처분을 할 수 있음(대판 2002.10.25. 2002두6651)
5. 주택건설사업계획승인은 행정청의 재량이므로 자연환경보전과 같은 공익상 이유로 법규에 명문근거가 없더라도 거부처분할 수 있음(대판 2007.5.10. 2005두13315)

6) 허가의 상대방

특정인 + 불특정 다수인

7) 허가의 대상

사실행위 + 법률행위

8) 허가의 효과 (17 국가9상)

① 금지해제로 인한 자유회복 지위는 법률상 이익에 해당함 → 허가취소의 취소를 구할 법률상 이익이 있음
② 허가로 인한 경영상 이익은 반사적 이익에 해당함 → 신규업자에 대한 허가에 대해 취소를 구할 법률상 이익은 없음
③ **무허가행위 효과:** 강제집행(○), 행정벌(○) / 사법상 행위 무효(×)

관련 판례

1. 「도로법」에 따른 접도구역에서 개축하려면 「도로법」에 따른 허가를 받았다 하더라도 「건축법」에 따른 허가를 받아야 함(대판 1991.4.12. 91도218)
2. 「내수면어업개발법」에 따른 어업면허를 받았다고 하더라도 토석채취를 하려면 「도시계획법」(현 「국토의 계획 및 이용에 관한 법률」)에 따른 허가를 받아야 함(대판 1989.9.12. 88누6856)
3. 자연공원 내 건축을 하려면 「건축법」상 허가사항이 아니라도 「자연공원법」에 따른 공원관리청의 허가를 받아야 함(대판 2005.3.10. 2004도8311)
4. 주류제조면허는 일반적 금지의 해제로서 허가에 해당하나 그로 인한 허가자의 이익은 반사적 이익에만 그치는 것이 아니라 「주세법」의 규정에 따라 보호되는 이익임(대판 1989.12.22. 89누46)
5. 구 「유기장법」상 유기장의 영업허가는 대물적 허가로서 영업장소의 소재지와 유기시설 등이 영업허가의 요소를 이루는 것이므로, 영업장소에 설치되어 있던 유기시설이 모두 철거되어 허가를 받은 영업상의 기능을 더 이상 수행할 수 없게 된 경우에는, 이미 당초의 영업허가는 허가의 대상이 멸실된 경우와 마찬가지로 그 효력이 당연히 소멸됨(대판 1990.7.13. 90누2284)

9 허가의 효과범위와 이전성 (22 군무원9) (19 지방9)

구분	대인적 허가	대물적 허가	혼합적 허가
예	운전면허, 의사면허 등	건축허가, 영업허가, 석유판매업허가 등	총포·도검·화약류의 제조허가
효과의 장소적 범위	전국적	원칙상 허가한 행정청의 관할구역 내	원칙상 허가한 행정청의 관할구역 내
이전성 (양도·상속)	×	○	이전에 다시 허가를 받아야 하는 등의 제한이 따르는 것이 보통

★★★

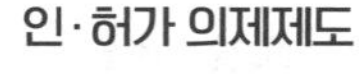

10 인·허가 의제제도 (22 소방9) (21 국가9) (20 국가9) (19 지방7) (18 국가7)

① 반드시 법률의 명시적 근거가 필요

② 주된 허가절차만 거치면 되고 의제되는 인·허가절차는 거치지 않아도 됨

③ 부분 인·허가 의제제도라 함은 명문의 근거규정이 반드시 있음을 전제로 하여 주된 인·허가 이외에 의제되는 것으로, 규정된 인·허가 중 일부에 대해서만 협의가 완료된 경우에도 민원인의 요청이 있으면 주된 인·허가를 할 수 있으며, 이 경우 협의가 완료된 일부 인·허가만 의제 효과를 갖는 것으로 하는 제도

④ **전부 인·허가 의제제도에서 인·허가가 거부된 경우 항고소송의 대상:** 주된 인·허가 거부처분(○) / 의제된 인·허가 부동의(×)

관련 판례

1. 구 「중소기업창업 지원법」에 따른 사업계획승인의 경우, 의제된 인·허가만 취소 내지 철회함으로써 사업계획에 대한 승인의 효력은 유지하면서 해당 의제된 인·허가의 효력만을 소멸시킬 수 있음(대판 2018.7.12. 2017두48734)
2. 의제되는 인·허가요건을 충족하지 못한 경우 허가를 거부할 수 있음 → 「택지개발촉진법」에 의한 토지형질변경허가를 받을 수 없다면 「농지법」의 전용허가요건을 갖추지 못한 것임(대판 2000.11.24. 2000두2341)
3. 인천지방해양수산청장이 공유수면점용허가를 할 수 없다고 회신을 한 경우, 충남도지사는 채광계획인가를 하지 않을 수 있음(대판 2002.10.11. 2001두151)
4. 아산시장이 형질변경불허가사유, 농지전용불허가사유를 들어 건축불허가처분을 한 경우 건축불허가처분을 항고소송의 대상으로 삼아야 함(대판 2001.1.16. 99두10988)
5. 인·허가 의제를 받으려면 주된 인·허가를 신청할 때 관련 인·허가에 필요한 서류를 주된 인·허가 행정청에만 제출하면 됨 → 원칙적으로 사업시행자가 반드시 관련 인·허가 의제처리를 신청할 의무가 있는 것은 아님(대판 2020.7.23. 2019두31839)

단권화 메모 & OX

01 석유판매업 등록은 대물적 허가의 성질을 가지고 있으므로, 종전 석유판매업자가 유사 석유제품을 판매한 행위에 대해 승계인에게 사업정지 등 제재처분을 할 수 있다. (22 군무원9) [○ / ×]

| 정답 | 01 ○

6. 주택건설사업계획 승인처분에 따라 의제된 인·허가가 위법함을 다투고자 하는 이해관계인은, 주택건설사업계획 승인처분의 취소를 구할 것이 아니라 의제된 인·허가의 취소를 구하여야 하며, 의제된 인·허가는 주택건설사업계획 승인처분과 별도로 항고소송의 대상이 되는 처분에 해당함(대판 2018.11.29. 2016두38792)
7. 소방서장의 부동의를 들어 구청장이 건축불허가처분을 한 경우, 건축불허가처분을 취소소송의 대상으로 해야 함. 다만, 소방서장의 부동의가 위법하므로 건축불허가처분을 취소해야 한다고 주장할 수 있음(대판 2004.10.15. 2003두6573)

★★★

11 허가의 갱신 (21 국가9) (21 소방7) (18 지방7) (18지방9) (17 국가7상)

① 허가기간이 사업의 성질상 부당하게 짧은 경우 그 기간을 허가 자체의 존속기간(×) / 허가 조건의 존속기간(○)으로 보아야 함

② 판례는 허가의 갱신기간(허가의 존속기간)이 지난 후에 허가의 갱신을 신청한 경우 이를 새로운 허가신청으로 보아 허가요건의 적합 여부를 판단하여 그 허가를 결정해야 한다고 봄(종전의 허가처분을 전제로 하여 단순히 그 유효기간을 연장하여 주는 행정처분을 구하는 것 ×)

관련 판례

1. 허가기간이 연장되려면 종기 도래 전에 허가기간의 연장신청이 있어야 함. 신청 없이 허가기간이 만료되면 허가의 효력은 상실됨(대판 2007.10.11. 2005두12404)
2. 건설업자가 타인에게 면허를 갱신 전에 대여하였고, 행정청이 면허갱신을 해주었다고 하더라도 갱신으로 위법사유가 치유되지 않으므로 갱신 후에 갱신 전의 위법사유를 이유로 면허를 취소할 수 있음(대판 1984.9.11. 83누658)
3. 허가기간이 경과되면 허가는 실효됨. 따라서 기간경과 후 기간연장 신청은 갱신신청이 아님. 이는 새로운 허가신청으로 보아야 함(대판 1995.11.10. 94누11866)

★★☆

12 예외적 허가(예외적 승인) (21 소방9) (19 서울7하) (18 서울9하)

① 사회적으로 유해한 자유를 제재적·억제적 금지 후 이를 해제해 주는 허가에 해당함

② 예외적 허가는 기속허가와 달리 재량에 해당함

관련 판례

1. 학교정화구역 내 액화석유가스(LPG) 충전소 금지를 해제하거나 해제를 거부하는 조치는 재량행위임(대판 2010.3.11. 2009두17643)
2. 「학교보건법」상 절대정화구역 내 터키탕영업은 「공중위생법」 요건을 갖추었다 하더라도 「학교보건법」이 절대적으로 금지하고 있으므로 허가할 수 없음(대판 1995.7.28. 94누13497)

한번 더 정리하기

■ 허가와 예외적 허가의 구별

구분	허가	예외적 허가
허가의 성질	• 원칙적 허가를 전제로 금지 • 잠정적 금지의 해제 • 상대적 금지의 해제 • 예방적 금지의 해제	• 원칙적 금지를 전제로 예외적 허가 • 억제적 금지의 해제
효과	자연적 자유의 회복	권리범위 확대
행정기관의 행위	원칙: 기속행위	원칙: 재량행위
예	• 일반 음식점 영업허가 • 건축허가 • 유흥주점허가 • 의사·한의사·약사면허 • 자동차운전면허 • 양곡가공업허가 • 수렵면허 • 화약제조허가 • 여행허가	• 치료 목적의 아편사용 허가 • 마약류 취급허가(이견 있음) • 개발제한구역 내 건축허가 • 학교환경위생정화구역 내 유흥음식점 허가 • 자연공원 내 단란주점 영업허가, 산림훼손토지형질변경허가 • 카지노업허가

단권화 메모 & OX

01 주택건설사업계획 승인처분에 따라 의제된 인·허가가 위법함을 다투고자 하는 이해관계인은, 주택건설사업계획 승인처분의 취소를 구해야지 의제된 인·허가의 취소를 구해서는 아니되며, 의제된 인·허가는 주택건설사업계획 승인처분과 별도로 항고소송의 대상이 되는 처분에 해당하지 않는다. (21 국가9) [○/×]

02 허가에 붙은 기한이 그 허가된 사업의 성질상 부당하게 짧은 경우에는 이를 그 허가 자체의 존속기간이 아니라 그 허가조건의 존속기간으로 본다. (18 지방7) [○/×]

03 개발제한구역 내의 건축물의 용도변경에 대한 예외적 허가는 그 상대방에게 제한적이므로 기속행위에 속하는 것이다. (21 소방9) [○/×]

| 정답 | 01 ×(일부 인·허가 의제는 별도로 처분을 인정) 02 ○ 03 ×(예외적 승인으로서 재량행위)

13) 행정법상 자유의 제한 정도에 따른 금지

구분	행위를 위한 요건	예
국가의 개입으로부터 자유로운 영역	신고 · 허가 없이 자유롭게 할 수 있음	국내에서 거주이전의 자유
신고유보부 금지	신고	출생신고
상대적 금지	허가	건축허가
억제적 금지	예외적 허가	개발제한구역 내 건축허가
절대적 금지	허가 불가	인신매매, 미성년자 매춘

08 특허

1) 특허의 종류 (22 지방9) (21 국가7) (19 국가7) (17 서울7)

① 설권행위

새로운 권리설정	자동차운수사업면허, 도로 · 하천 · 공유수면의 점용허가
새로운 능력설정	공법인 설립
포괄적 법률관계 설정행위	공무원 임명, 귀화허가

② 공무원 징계 등 권리변경, 박탈행위

2) 특허의 법적 성질

① 형성적 행위

② 재량행위

관련 판례

공유수면점용허가는 재량임. 따라서 공익상 필요에 따라 공유수면점용을 불허할 수 있음(대판 2017.4.28. 2017두30139)

3) 특허의 형식

① 행정행위에 따른 특허

② 법규특허(행정행위로서의 특허는 아님)

4) 특허의 상대방

특정인(○) / 불특정인(×)

단권화 메모 & OX

01 공유수면의 점용 · 사용허가는 특정인에게 공유수면 이용권이라는 독점적 권리를 설정하여 주는 처분이 아니라 일반적인 상대적 금지를 해제하는 처분이다. (22 지방9) [○ / ×]

| 정답 | 01 ×(특허의 일종임)

단 권 화 메 모 & O X

5 특허의 신청 (19 서울9하)

구분	특허	허가	인가
법규특허, 법규허가, 법규인가	○	×	×
일반특허, 일반허가, 일반인가	×	○	×
신청(출원)	반드시 신청	일반허가는 신청이 없어도 됨	반드시 신청
선원주의	×	○	×

6 특허의 효과

① 특허로 법률상 이익이 발생함

② 특허로 인한 경영상 이익은 법률상 이익이므로, 행정청의 신규면허처분에 대해 기존업자는 취소를 구할 법률상 이익이 있음

③ 공법적 효과 + 사법적 효과

7 허가와 특허의 비교 (22 지방9) (19 서울9상) (18 지방9)

구분	허가	특허
의의	자연적 권리회복	새로운 권리부여
규제목적	소극적 질서유지	적극적 공공복리
국가의 감독	• 질서유지를 위한 소극적 감독 • 특권부여(×)	• 공공복리 달성을 위한 적극적 감독 • 특권부여(○)
법적 성질	• 명령적 행위 • 원칙은 기속	• 형성적 행위 • 원칙은 재량
신청	• 원칙적으로 신청을 요함 • 일반처분은 신청 불요 • 선원주의 적용(○)	• 반드시 신청을 요함 • 다만, 법규특허는 신청 불요 • 선원주의 적용(×)
상대방	• 특정인 • 불특정 다수(일반처분)	반드시 특정인
형식	• 허가처분(○) • 법규허가(×)	• 특허처분(○) • 법규특허(○)
대상	• 법률행위(○) • 사실행위(○)	• 법률행위(○) • 사실행위(○)

효과	• 공법적 효과(○) • 사법적 효과(×)	• 공법적 효과(○) • 사법적 효과(○) → 사법상 권리발생(어업권)
기존업자의 이익	반사적 이익	법률상 이익
기존업자의 원고적격	원고적격(×)	원고적격(○)
종류	• 통행금지 해제 • 주류면허 • 운전면허 • 건축허가 • 의사·약사면허 • 수렵허가 • 총포화약제조허가 • 주유소허가	• 특허기업(자동차운수사업, 개인택시사업면허, 도시가스사업 등의 공익사업)의 특허 • 행정재산의 사용·수익허가 • 공물사용권(도로점용허가, 하천점용허가, 공유수면점용허가, 공유수면매립면허 등)의 특허 • 광업허가 • 어업면허 • 보세구역의 설영특허 • 개인택시운송사업면허 • 공기업특허 • 토지수용권의 설정 • 도선료징수권 설정

★★★

09 인가

1) 인가의 법적 성질 (20 지방9)

① 인가는 대상인 법률행위의 효력을 완성하는 **보충적 행정행위**이자, 형성적 행정행위임

② 인가는 원칙적으로 **재량행위**이나, 예외적으로 기속행위(**이사선임**, **이사회 소집승인**, **토지거래허가**, **관리처분계획의 승인**)

기속행위	재량행위
• 학교법인 이사승인 처분 • 토지거래허가	• 주택조합인가 • 「민법」상 비영리법인 설립인가

2) 허가와 인가의 비교 (20 군무원7) (19 국가9)

구분	허가	인가
의의	• 금지해제 • 권리회복	제3자의 법률행위를 보충하는 행위
성질	• 명령적 행위 • 원칙: 기속	• 형성적 행위 • 원칙: 재량

단권화 메모 & OX

01 「여객자동차운수사업법」상 개인택시운송사업면허는 재량행위에 해당한다. (22 지방9) [○ / ×]

| 정답 | 01 ○

대상	• 법률행위(○) • 사실행위(○): 입산허가, 수렵허가	• 법률행위(○) • 사실행위(×)
허가, 인가 없는 행위	• 적법요건 • 당해 행위 유효 • 행정벌, 강제집행(○)	• 유효요건 • 당해 행위 무효 • 행정벌, 강제집행(×)
상대방	• 특정인(○) • 불특정인(○)	• 특정인(○) • 불특정인(×)
신청	• 원칙: 신청(○) • 예외: 신청을 요하지 않는 허가 있음	반드시 신청을 요함
형식	• 처분(○) • 법률허가(×)	• 처분(○) • 법규인가(×)
수정허가·인가	수정허가 가능	수정인가 불가
효과	• 공법적 효과(○) • 사법적 효과(×)	• 공법적 효과(○) • 사법적 효과(○)
예	• 의사·운전면허 • 건축허가	• 토지거래·농지이전허가 • 총장, 학교법인이사 취임승인 • 대학설립인가, 공공조합설립인가 • 허가(특허)의 양도·양수인가 • 재단법인 정관변경허가

단 권 화 메 모 & O X

3 기본행위와 인가의 하자 (21 국가7) (20 군무원9) (17 국가9하)

기본행위가 무효인 경우	인가도 무효, 인가로 기본행위의 하자는 치유되지 않음
취소할 수 있는 기본행위	기본행위를 취소할 때까지 인가 유효
인가 무효	기본행위 무효
취소할 수 있는 인가	인가를 취소할 때까지 인가 유효, 기본행위 ○

4 쟁송대상 (22 지방9) (21 국가9) (20 국가9) (20 군무원7)

구분	기본행위	인가
기본행위의 하자	○	×
기본행위의 하자 없이 인가만의 하자	×	○

관련 판례

1. 학교임원선임행위가 무효인 경우에는 인가로 하자가 치유되지 않으므로 학교임원선임행위는 무효임(대판 1987.8.18. 86누152)
2. 기술도입계약에 대한 인가는 기본행위인 기술도입계약을 보충하여 그 법률상 효력을 완성시키는 보충적 행정행위에 지나지 아니하므로 기술도입계약이 취소되면, 인가처분은 실효됨(대판 1983.12.27. 82누491)
3. 기본행위의 하자를 이유로 인가처분의 취소를 구할 수 없음(대판 1996.5.16. 95누4810)
4. 조합이 결의한 내용과 달리 사업시행계획을 작성하여 인가를 받은 경우 인가처분에 하자가 있는 것은 아님(대판 2008.1.10. 2007두16691)
5. 기본행위가 취소되었음에도 인가처분이 시정되지 않은 경우 인가처분의 무효확인을 구할 이익이 있음. 즉, 자동차운송사업 양수도계약이 취소되었음에도 행정청이 인가처분의 시정에 응하지 않은 경우 인가처분의 무효확인을 구할 이익이 있음(대판 1979.2.13. 78누428)
6. 재건축조합설립결의의 하자를 이유로 민사쟁송으로써 따로 그 기본행위의 취소 또는 무효확인 등을 구하는 것은 별론으로 하고 기본행위의 불성립 또는 무효를 내세워 바로 그에 대한 감독청의 인가처분의 취소 또는 무효확인을 소구할 법률상 이익이 있다고 할 수 없음(대판 2000.9.5. 99두1854)
7. 「주택법」상 재건축조합설립인가는 재건축조합설립행위를 보충하여 그 법률상 효력을 완성시키는 보충행위임
8. 주택재개발사업조합설립인가처분은 단순히 사인들의 조합설립행위에 대한 보충행위로서의 성질을 갖는 것이 아니라 법령상 일정한 요건을 갖출 경우 행정주체(공법인)의 지위를 부여하는 일종의 설권적 처분의 성격을 갖는 것이라고 봄이 상당함(대판 2009.9.24. 2009마168; 대판 2012.4.12. 2010다10986)
9. 조합설립결의에 대해 행정청의 인가가 있는 경우: 재개발조합설립결의에 하자가 있는 경우 인가처분에 대해 항고소송으로 다투어야 하지, 조합설립결의의 무효확인을 구해서는 안 됨(대판 2009.9.24. 2009마168)
10. 주택재건축정비조합의 관리처분계획안에 대한 조합총회결의의 효력을 다투는 소송은 당사자소송(대판 2000.9.17. 2007다2428)
11. 조합관리처분계획결의 → 인가가 있는 경우: 인가처분에 대해 항고소송 제기(○), 당사자소송(×)(대판 2009.11.2. 2009마596)
   ㉠ 총회의 관리처분계획결의의 효력 유무를 다투는 확인의 소를 제기할 수 없음
   ㉡ 관리처분계획의 취소를 항고소송으로 제기해야 함
   ㉢ 항고소송의 대상이 되는 행정처분의 효력집행정지는 「민사소송법」상 가처분의 방법으로 할 수 없음

10 공법상 대리

1) 의의

제3자가 해야 할 일을 행정기관이 대신하여 행하는 것

2) 종류

사학재단의 임시이사 임명, 토지수용위원회의 재결, 행려병자의 유류품처분, 체납처분절차에서 행하는 압류재산의 공매처분 등

11 준법률행위적 행정행위

1) 확인

① 확인은 준사법적 행위
② 확인행위는 기속행위
③ **확인의 형식**: 처분확인(○) / 법규확인은 인정하지 않음

단권화 메모 & OX

01 인가의 대상이 되는 행위에 취소원인이 있더라도 일단 인가가 있는 때에는 그 흠은 치유된다. (18 국회8) [○ / ×]

02 「도시 및 주거환경정비법」상 주택재건축조합에 대해 조합설립 인가처분이 행하여진 후에는, 조합설립결의의 하자를 이유로 조합설립의 무효를 주장하려면 조합설립 인가처분의 취소 또는 무효확인을 구하는 소송으로 다투어야 하며, 따로 조합설립결의의 하자를 다투는 확인의 소를 제기할 수 없다. (21 국가9) [○ / ×]

| 정답 | 01 ×(인가는 치유의 효력이 없음) 02 ○

④ 확인의 종류

종류	예
조직법상 확인	당선자 결정, 국가시험 합격자 결정
급부행정상 확인	발명특허, 교과서 인 · 검정, 도로구역 · 하천구역의 결정
재정법상 확인	소득세납부금액결정
쟁송법상 확인	행정심판재결, 이의신청재결

⑤ 확인은 **불가변력**이 발생함

관련 판례

1. 교과서 검인정제도에 관하여 학설은 확인으로 보지만, **판례는 재량으로서 특허**에 해당한다고 봄(헌재 1992.11.12. 89헌마88)
2. 위원회의 **친일반민족행위자 재산의 국고귀속결정**은 당해 재산이 친일재산에 해당한다는 사실을 확인하는 이른바 준법률행위적 행정행위의 성격을 가짐(대판 2008.11.13. 2008두13491)
3. **준공검사처분**은 건축허가를 받아 건축한 건물이 건축허가사항대로 건축행정목적에 적합한가의 여부를 확인하는 준법률행위적 행정행위로서 확인임(대판 1992.4.10. 91누5358)

★★☆

2 공증 (17 국가7상) (17 국가9하) (17 지방9하)

① 공증과 확인의 비교

구분	공증	확인
차이점	• 의문이나 다툼이 없을 때 • 인식의 표시행위	• 특정한 사실, 법률관계에 의문이 있을 때 • 판단의 표시행위
공통점	• 기속행위 • 요식행위 • 처분으로(○) • 법규공증(×)	• 기속행위 • 요식행위 • 처분으로(○) • 법규확인(×)

② 공증의 종류

종류	예
등기 · 등록	부동산 등기, 토지대장 · 건축물관리대장 · 지적공부 등록, 선거인명부 등록, 차량 등록, 광업원부 등록
증명서 발급	합격증서 발급, 당선증서 발급, 주민등록증 발급, 인감증명서 발급, 운전면허증 발급, 각종 인가 · 허가 · 면허증 발급, 학원사업등록증 · 의료사업등록증 발급
기타	여권 발급, 영수증 교부

단 권 화 메 모 & O X

③ 반증이 있으면 누구든지 행정청이나 법원의 공증취소를 기다리지 않고 공증의 효력을 번복할 수 있음. 따라서 공증은 공정력이 인정되지 않기 때문에 공증을 행정행위로 보느냐에 대해 학설은 대립함 → 다수설은 긍정설

④ **처분성을 긍정한 경우와 부정한 경우**

처분성을 긍정한 경우	처분성을 부정한 경우
• 지적공부 소관청의 지목변경신청 반려행위는 국민의 권리관계에 영향을 미치는 것으로서 항고소송의 대상이 되는 행정처분에 해당함(대판 2004.4.22. 2003두9015(전합)) 동지판례 지적공부 소관청의 지목변경신청 반려행위는 공권력의 행사인 거부처분이라 할 것임(헌재 1999.6.24. 97헌마315) 동지판례 지적 소관청의 토지분할신청 거부행위는 항고소송의 대상인 행정처분임(대판 1993.3.23. 91누8968) • 구 「건축법」 규정들을 종합해보면 건축물대장의 작성은 건축물의 소유권을 제대로 행사하기 위한 전제요건으로서 건축물 소유자의 실체적 권리관계에 밀접하게 관련되어 있으므로 건축물대장 소관청의 작성신청 거부행위는 항고소송의 대상이 되는 행정처분에 해당함(대판 2009.2.12. 2007두17359) 동지판례 행정청이 건축물대장의 용도변경신청을 거부한 행위는 행정처분에 해당함(대판 2009.1.30. 2007두7277) • 건축물대장 직권말소행위는 항고소송의 대상이 되는 행정처분에 해당함(대판 2010.5.27. 2008두22655) 동지판례 토지대장을 직권으로 말소한 행위는 국민의 권리관계에 영향을 미치는 것으로서 항고소송의 대상이 되는 행정처분에 해당함(대판 2013.10.24. 2011두13286) • 특허청장의 상표사용권 설정등록행위는 준법률행위적 행정행위에 해당함(대판 1991.8.13. 90누9414)	• 자동차운전면허대장상 등재행위는 운전면허행정사무집행의 편의와 사실증명의 자료로 삼기 위한 것일 뿐이어서 행정소송의 대상이 되는 독립한 행정처분으로 볼 수 없음(대판 1991.9.24. 91누1400) • 인감증명발급행위는 처분이 아님(대판 2001.7.10. 2000두2136) • 토지대장상 일정사항 등재행위는 처분이 아니며 그 거부 또한 항고소송의 대상인 행정처분이 아님(대판 1984.4.24. 82누308) 동지판례 지적공부의 기재사항인 지적도의 경계를 정정해 달라는 지적정리 요청을 거부하는 내용의 회신은 항고소송의 대상이 되는 행정처분이 아님(대판 2002.4.26. 2000두7612) • 관할관청이 무허가건물의 무허가건물관리대장 등재 요건에 관한 오류를 바로잡으면서 당해 무허가건물을 무허가건물관리대장에서 삭제하는 행위는 항고소송의 대상이 되는 행정처분이 아님(대판 2009.3.12. 2008두11525) 동지판례 과세관청이 사업자등록을 관리하는 과정에서 위장사업자의 사업자명의를 직권으로 실사업자의 명의로 정정하는 행위는 항고소송의 대상이 되는 행정처분이 아님(대판 2011.1.27. 2008두2200)

3) 통지    (21 지방7)

① **통지의 종류**

종류	의의	예
관념의 통지	특정한 사실에 대한 관념을 알리는 행위	특허출원 공고, 귀화의 고시, 토지수용에 있어서 사업인정의 고시, 의회 소집공고 등
의사의 통지	행정청이 앞으로 어떤 행위를 하겠다는 의사를 알리는 행위	납세독촉, 대집행 계고 등

② 통지란 행정청이 특정인 또는 불특정 다수인에게 특정사실을 알림으로써 일정한 법적 효과를 발생시키는 행위를 의미함. 준법률행위적 행정행위로서 통지는 이미 성립한 행정행위의 효력발생요건으로서의 교부나 송달과는 다른, 그 자체가 독립한 행정행위임

단권화 메모 & OX

01 지적공부 소관청의 지목변경신청 반려행위는 국민의 권리관계에 영향을 미치는 것으로서 항고소송의 대상이 되는 행정처분에 해당한다. (17 국가9하) [○ / ×]

| 정답 | 01 ○

단 권 화 메 모 & O X

관련 판례

1. 대학교원의 임용권자가 임용기간이 만료된 조교수에 대하여 재임용을 거부하는 취지로 한 임용기간만료의 통지는 행정소송의 대상이 되는 처분에 해당함(대판 2004.4.22. 2000두7735(전합))
2. 「국가공무원법」상 당연퇴직의 인사발령은 법률상 당연히 발생하는 퇴직사유를 알려주는 관념의 통지에 불과하므로 행정처분이라고 할 수 없음(대판 1995.11.14. 95누2036)
3. 공무원연금관리공단이 공무원연금법령의 개정사실 및 퇴직연금 중 일부 금액의 지급정지가 되었다는 사실을 통보한 것은 관념의 통지에 불과하여 항고소송의 대상이 되는 행정처분이 아님(대판 2004.7.8. 2004두244)

4) 수리

① 행정행위로서의 수리와 단순 접수 비교

구분	수리	접수
효과	법적 효과(○)	법적 효과(×), 단순한 사실행위(○)
특징	수리를 요하는 신고에서의 수리	자기완결적 신고에서의 수리
준법률행위적 행정행위	○	×

② 수리는 기속행위임

한번 더 정리하기

■ 확인 · 공증 · 통지 · 수리의 비교

구분	확인	공증	통지	수리
의의	의문 · 다툼이 있는 사실에 대하여 공적 권위로써 존부 · 정부를 확인하는 행위	의문 · 다툼이 없는 사실을 증명하는 행위	특정사실 또는 의사를 알리는 행위	개인의 행정청에 대한 행위를 유효한 행위로 받아들이는 행위
성질	판단표시행위	인식표시행위	통지행위	인식표시행위
효과	불가변력	공적 증거력	각 법령에 따름	각 법령에 따름
예	• 당선인결정, 국가시험합격자 결정 • 도로구역결정, 발명특허, 교과서의 검 · 인정 • 소득금액 결정 • 이의신청 · 행정심판재결	• 외국인등록, 광업권등록 • 토지대장에 등재 • 의사록, 회의록의 기재 • 발명서 발급, 합격증서 발급 • 영수증 교부 • 여권 등의 발급 • 검인, 증인 등의 날인	• 관념의 통지 예 토지세목의 공고, 특허출원의 공고, 귀화의 고시 • 의사의 통지 예 납세독촉, 대집행계고 등	원서 · 신고서 · 행정심판청구서 · 소장 등의 수리

단권화 메모 & OX

한번 더 정리하기

■ 행정행위의 유형

법률행위적 행정행위	명령 · 형성적 행정행위
명령적 행정행위	하명, 허가, 면제
형성적 행정행위	특허, 인가, 대리
준법률행위적 행정행위	확인, 공증, 통지, 수리

더 알아보기

행정행위의 예

① 하명
- 조세부과

② 허가
- 주류제조면허
- 운전면허
- 입산금지해제
- 광천음료수제조업허가
- 자동차검사(또는 확인)
- 통행금지해제
- 의사면허
- 화약제조허가
- 한의사면허

③ 면제
- 병역의무면제
- 방역면제
- 조세의무면제

④ 특허
- 공무원 임명
- 토지수용권 설정
- 광산업허가
- 귀화허가
- 어업면허
- 공유수면매립면허
- 공유수면점용허가
- 도로점용허가
- 특허보세구역 설치
- 공무원 임용
- 광업허가

⑤ 인가
- 정관승인
- 특허기업양도허가
- 법인설립허가
- 토지거래허가
- 이사선임승인
- 사업양도허가
- 사립대학총장취임승인

⑥ 대리
- 공매처분
- 당사자 간 협의가 이루어지지 않은 경우 토지수용위원회의 수용재결
- 행려병자 또는 사자의 유류품 관리

⑦ 확인
- 조세부과를 위한 소득금액결정
- 행정심판재결
- 송도국제도시 관할권을 인천시 연수구로 결정한 인천경제자유구청의 결정
- 교과서검정(헌법재판소 판례: 특허)

- 국가시험합격자
- 당선인 결정
- 발명특허
- 건축물에 대한 준공검사처분

⑧ 공증
- 공무원증 발급
- 영수증 교부
- 합격증서 발급
- 특허등록
- 의료유사업자 자격증 갱신발급 행위

⑨ 통지
- 납세독촉

⑩ 수리
- 사직서의 수리

12 부관

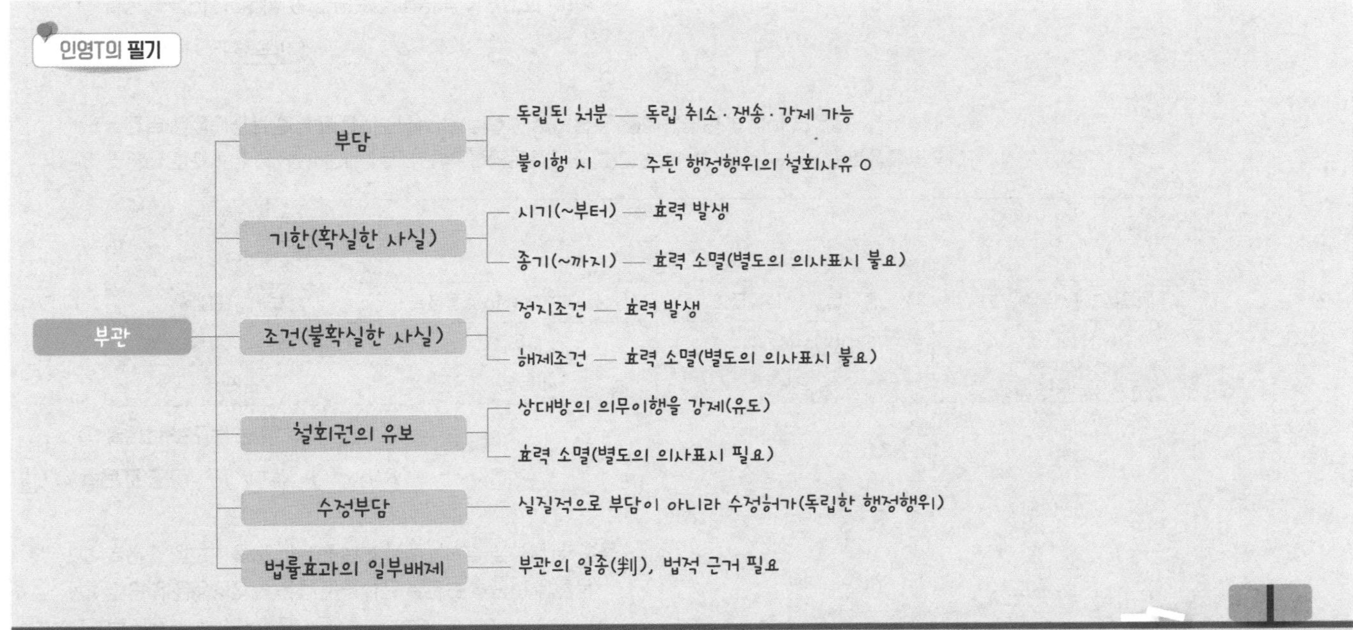

1) 의의

① 행정행위의 효과를 제한 또는 보충하기 위해 행정기관이 행정행위에 부가하는 종된 규율
② 부관은 행정행위의 내용을 이루는 것이므로 외부에 표시되어야 함
③ 행정행위의 내용상 제한은 부관이 아님
④ 부관은 행정행위로부터 독립한 별개의 행정행위는 아님. 다만, 부담은 하명이므로 독립한 행정행위

2) 법정부관

법정부관은 행정행위에 부가되는 부관이 아님

 관련 판례

법정부관에 대하여는 행정행위에 부관을 붙일 수 있는 한계에 관한 일반적인 원칙이 적용되지는 않음(대판 1994.3.8. 92누1728)

3) 조건

조건이 성취되지 않으면 허가의 대상이 되는 행위라 할 수 없음. 강제집행의 대상은 아님

구분	내용	예
정지조건부 행정행위	효력정지 → 조건성취: 효력발생	진입도로 완성을 조건으로 한 영업허가
해제조건부 행정행위	효력발생 → 조건성취: 효력상실	3월 이내 착수하지 않으면 공유수면매립면허 취소

조건이 성취되면 행정행위는 실효됨

4) 조건과 기한

조건	기한
장래 불확실한 사실	장래 확실히 발생할 사실

5) 부담 (17 국가9하)

① 의무를 부과하는 부관
② 주된 행정행위가 효력을 상실하면 부담도 효력이 상실됨
③ 부담은 항고소송의 대상이 되고 독립적으로 취소할 수 있음

6) 부담과 조건 (20 소방9) (17 지방9상)

① 부담과 조건의 구별

구분	부담	해제조건	정지조건
행정행위의 효력발생시점	행정행위 시	행정행위 시	조건성취 시
행정행위의 효력	부담을 불이행해도 효력유지	조건성취 시 효력상실	조건성취 시 효력발생
강제집행	○	×	×
항고소송의 대상	○	×	×

② 부담이 조건보다 당사자에게 유리하므로, 불분명할 때는 조건으로(×) / 부담으로(○) 추정함
③ 부담부 행정행위의 경우 부담의 이행 여부와 상관없이 주된 행정행위의 효력이 발생함

7) 부담 불이행 (21 국가9)

① 부담을 불이행하더라도 주된 행정행위는 실효되지 않음
② 부담을 불이행하면 행정청은 행정행위를 사후에 철회할 수 있음
③ 부담을 불이행하면 행정청은 후속처분을 거부할 수 있음
④ 부담을 불이행하면 행정청은 강제집행을 할 수 있음

단권화 메모 & OX

01 부담부 행정행위의 경우 부담에서 부과하고 있는 의무의 이행이 있어야 비로소 주된 행정행위의 효력이 발생한다. (17 지방9상) [○ / ×]

02 부담과 조건의 구별이 명확하지 않은 경우에는 부담으로 보는 것이 행정행위의 상대방에게 유리하다고 본다. (20 소방9) [○ / ×]

| 정답 | 01 ×(부담은 독립성이 있음) 02 ○

8 철회권 유보

① 철회권이 유보된 경우, 행정청이 행정행위를 철회하면 상대방은 신뢰보호를 주장할 수 없고, 손실보상을 청구할 수 없음
② 법령에 명시적 근거가 없어도 철회권을 행사할 수 있음(판례)
③ 철회권이 유보되어 있다는 이유만으로 철회할 수는 없고, 철회에 관한 일반요건이 충족되어야만 철회권 행사가 허용됨

9 법률효과의 일부배제

① 법률효과의 일부배제를 행정행위의 내용상 제한으로 보아 부관이 아니라는 소수설이 있으나 다수설은 부관으로 봄
② 법률효과의 일부배제는 법률효과의 일부를 행정기관이 배제하는 것이므로 반드시 법률에 근거해야 함

예 • 택시의 영업허가에 격일제 운행을 부관으로 붙이는 경우, 이는 법률효과의 일부배제에 해당함
• 야간에만 영업할 것을 조건으로 하는 시장개설허가, 야간에만 허용하는 도로점용허가, 버스노선의 지정행위 등이 있음

관련 판례

행정행위의 부관은 부담의 경우를 제외하고는 독립하여 행정소송의 대상이 될 수 없는 것인바, 지방 국토관리청장이 일부 공유수면매립지에 대하여 한 국가 또는 직할시 귀속처분은 매립준공인가를 함에 있어서 매립의 면허를 받은 자의 매립지에 대한 소유권취득을 규정한 공유수면매립법 제14조의 효과 일부를 배제하는 부관을 붙인 것이고, 이러한 행정행위의 부관은 위 법리와 같이 독립하여 행정소송 대상이 될 수 없음(대판 1993.10.8. 93누2032)

10 수정부담 (17 지방9상)

부관이 아니라 별도의 행정행위로서 수정허가에 해당함

11 부담유보

사후적으로 부담을 설정, 변경, 보완할 수 있는 권리를 미리 유보해 두는 경우의 부관

단권화 메모 & OX

01 학설의 다수견해는 수정부담의 성격을 부관으로 이해한다. (17 지방9상) [○ / ×]

| 정답 | 01 ×(수정부담은 새로운 행정행위에 해당함)

12 부관의 가능성 (19 지방7)(18 국가7)(17 지방9상)

법률행위적 행정행위와 부관	• 법률행위적 행정행위는 부관을 붙일 수 있음 • 보충적 행위로서 인가에도 부관을 붙일 수 있고 공유수면매립인가도 재량에 해당하므로 부관을 붙일 수 있음(대판 1989.9.12. 88누9206) • 귀화허가, 공무원 임명행위와 같은 신분설정행위에는 법률행위적 행정행위라도 부관을 붙일 수 없음
준법률행위적 행정행위와 부관	• 전통적 견해에 따르면 준법률행위적 행정행위는 법령이 정하는 대로 일정한 효과가 발생하는 행위이므로 부관을 붙일 수 없음 • 기존에는 부관을 종된 의사표시로 보았으나 최근에는 종된 규율로 확대 적용하므로 부관을 붙일 수 있음. 따라서 여권발급과 같은 공증에 있어서 여권유효기간과 같은 부관을 붙일 수 있으므로 준법률행위적 행정행위에도 부관을 붙일 수 있는 경우가 있음
기속행위와 부관	• 기속행위에는 원칙적으로 부관을 붙일 수 없음 • 건축허가를 하면서 일정 토지를 기부채납하도록 하는 내용의 허가조건은 부관을 붙일 수 없는 기속행위 내지 기속적 재량행위인 건축허가에 붙인 부담 또는 법령상 아무런 근거가 없는 부관이어서 무효임 • 독일 행정절차법: 법률에 규정이 있거나 요건충족적 부관은 기속행위에 있어서도 부관이 가능함
재량행위와 부관	• 재량행위는 행정행위를 할 것인지 여부 등에 행정청의 재량이 있으므로 법령에 규정이 없어도 부관을 붙일 수 있음 • 주택재건축사업시행의 인가는 상대방에게 권리나 이익을 부여하는 효과를 가진 이른바 수익적 행정처분으로서 법령에 행정처분의 요건에 관하여 일의적으로 규정되어 있지 아니한 이상 행정청의 재량행위에 속하므로, 처분청으로서는 법령상의 제한에 근거한 것이 아니라 하더라도 공익상 필요 등에 의하여 필요함 범위 내에서 여러 조건(부담)을 부과할 수 있음(대판 2007.7.12. 2007두6663)

13 부관의 한계 (22 지방9)(21 지방9)(18 서울7상)(18 서울9하)(17 국가9하)

부관은 주된 행정행위 시 같이 부가하는 것이 원칙이며, 행정행위 당시의 상태를 고려하여 부가할 수 있음. 또한 부당결부금지원칙, 비례원칙에 반해서는 안 됨

1. 지방자치단체장이 사업자에게 주택사업계획승인을 하면서 그 주택사업과는 아무런 관련이 없는 토지를 기부채납하도록 하는 부관을 주택사업계획승인에 붙인 경우, 그 부관은 부당결부금지의 원칙에 위반되어 위법함(대판 1997.3.11. 96다49650). 다만, 무효가 아닌 취소사유에 해당
2. 행정청의 부관에 의하여 납세의무 없는 자에게 납세의무를 부담시킬 수 없으므로 직할시장이 자동차운송사업 양도양수 인가 시에 양수인이 양도인의 체납국세 등을 청산할 것을 인가조건으로 하였다고 하더라도 그로써 양수인에게 세금을 납부해야 할 의무가 생기는 것은 아님(대판 1989.2.14. 88누1653)
3. 행정청이 인·허가를 하면서 부관이 실체적 관련성이 없는 경우, 공법상 제한을 회피할 목적으로 행정처분의 상대방과 사이에 사법상 계약을 체결하는 형식을 취하였다면 이는 법치행정의 원리에 반하는 것으로서 위법함(대판 2010.1.28. 2007도9331; 대판 2009.12.10. 2007다63966)
4. 부관은 주된 행정행위의 목적에 반하지 않아야 함. 즉, 행정행위의 목적을 달성할 수 없게 하는 부관은 허용될 수 없음 → 어업허가를 하면서 운반선 등 부속선을 사용할 수 없도록 하는 부관은 어업허가의 목적달성을 어렵게 하므로 위법함(대판 1990.4.27. 89누6808)
5. 도매시장법인으로 지정하면서 지정기간 중 지정취소 또는 폐쇄지시에도 일체의 소송을 청구할 수 없다는 부관을 붙이는 것은 허용되지 아니함(대판 1998.8.21. 98두8919)

단권화 메모 & OX

01 법령에 특별한 근거규정이 없는 한 기속행위에는 부관을 붙일 수 없고 기속행위에 붙은 부관은 무효이다. (18 국가7) [○ / ×]

02 행정행위의 부관은 법령에 명시적 근거가 있는 경우에만 부가할 수 있다. (17 지방9상) [○ / ×]

03 사업자에게 주택사업계획 승인을 하면서 그 주택사업과 아무런 관련이 없는 토지를 기부채납하도록 하는 부관을 주택사업계획 승인에 붙인 경우 부당결부금지원칙 위배로 위법하다. (18 서울7상) [○ / ×]

04 행정처분과 실제적 관련성이 없어 부관을 붙일 수 없는 경우에도 사법상 계약의 형식으로 공법상 제한을 회피할 수 있다. (22 지방9) [○ / ×]

| 정답 | 01 ○ 02 ×(재량행위의 경우에는 법령에 명시적 근거가 없어도 가능) 03 ○ 04 ×(부관의 한계는 사법행위로도 불가능한 한계)

★★☆

14 사후부관 → 원칙적으로 허용되지 않음 (22 지방9) (22 소방9) (21 군무원9) (18 국가7) (17 국가7상)

「행정기본법」 제17조【부관】 ① 행정청은 처분에 재량이 있는 경우에는 부관(조건, 기한, 부담, 철회권의 유보 등을 말한다. 이하 이 조에서 같다)을 붙일 수 있다.
② 행정청은 처분에 재량이 없는 경우에는 법률에 근거가 있는 경우에 부관을 붙일 수 있다.
③ 행정청은 부관을 붙일 수 있는 처분이 다음 각 호의 어느 하나에 해당하는 경우에는 그 처분을 한 후에도 부관을 새로 붙이거나 종전의 부관을 변경할 수 있다.
1. 법률에 근거가 있는 경우
2. 당사자의 동의가 있는 경우
3. 사정이 변경되어 부관을 새로 붙이거나 종전의 부관을 변경하지 아니하면 해당 처분의 목적을 달성할 수 없다고 인정되는 경우
④ 부관은 다음 각 호의 요건에 적합하여야 한다.
1. 해당 처분의 목적에 위배되지 아니할 것
2. 해당 처분과 실질적인 관련이 있을 것
3. 해당 처분의 목적을 달성하기 위하여 필요한 최소한의 범위일 것

관련 판례

사후부관의 허용 (명유동사)
부관의 사후변경은 ㉠ 법률에 명문의 규정이 있거나, ㉡ 그 변경이 미리 유보되어 있는 경우 또는 ㉢ 상대방의 동의가 있는 경우에 한하여 허용되는 것이 원칙이지만, ㉣ 사정변경으로 인하여 당초에 부담을 부가한 목적을 달성할 수 없게 된 경우에도 그 목적달성에 필요한 범위 내에서 예외적으로 허용된다고 볼 것임(대판 1997.5.30. 97누2627)

15 부관의 독립쟁송가능성 (20 지방9) (19 지방9) (18 서울7하) (18 서울9) (17 서울9)

부담	항고소송의 대상이 됨 예 점용료납부명령 등은 항고소송의 대상이 됨
부담이 아닌 부관	항고소송의 대상이 되지 않음 예 도로점용기간, 어업면허기간, 행정재산의 사용·수익기간, 공유수면매립 시 매립지의 일부국고귀속 등은 부담이 아니므로 항고소송의 대상이 되지 않음

16 부관의 쟁송형태

구분	소의 대상	취소를 구하는 대상	다수설	판례
진정일부취소소송	부관	부관	부담의 경우에 한해 인정	다수설과 동일
부진정일부취소소송	부관부 행정행위	부관	인정	부정

단권화 메모 & OX

01 부관의 사후변경은 종전의 부관을 변경하지 아니하면 해당 처분의 목적을 달성할 수 없는 경우가 아니라면 인정되지 않는다. (22 지방9) [○ / ×]

02 부관의 일종인 사후부담은, 법률에 명문의 규정이 있거나 그것이 미리 유보되어 있는 경우 또는 상대방의 동의가 있는 경우에 허용되는 것이 원칙이다. (18 국가7) [○ / ×]

03 행정행위의 부관은 부담인 경우를 제외하고는 독립하여 행정소송의 대상이 될 수 없다. (18 서울9하) [○ / ×]

04 도로점용허가의 점용기간은 행정행위의 본질적인 요소에 해당한다고 볼 것이어서 부관인 점용기간을 정함에 있어서 위법사유가 있다면 이로써 도로점용허가 처분 전부가 위법하게 된다. (18 서울7하) [○ / ×]

| 정답 | 01 ×(명유동사의 경우 사후변경 가능) 02 ○ 03 ○ 04 ○

17 부진정일부취소소송의 인정 여부

구분	다수설	판례
부관이 행정행위에 중요요소인 경우	전체 취소	전체 취소
부관이 행정행위에 중요요소가 아닌 경우	부관만 취소 (부진정일부취소소송)	기각

★★★

18 부담의 이행행위로서의 기부채납

22 지방9 | 22 소방7 | 22 군무원9 | 21 국가7 | 21 국가9 | 19 지방7 | 19 국가9

① 기부채납은 증여계약으로 사법상 행위임

② 행정처분에 붙인 부관인 부담이 무효가 되더라도 이는 사법상 법률행위의 취소사유가 될 수 있음은 별론으로 하고 사법상 법률행위가 당연히 무효가 되는 것은 아님

관련 판례

1. 기부채납의 부담이 당연무효이거나 취소되지 아니한 이상 토지소유자는 위 부담으로 인하여 증여계약의 중요부분에 착오가 있음을 이유로 증여계약을 취소할 수 없음(대판 1999.5.25. 98다53134)
2. 행정처분에 붙은 부담인 부관이 제소기간의 도과로 불가쟁력이 생긴 경우에도 그 부담의 이행으로 한 사법상 법률행위의 효력을 다툴 수 있음(대판 2009.6.25. 2006다18174)

단권화 메모 & OX

01 행정처분에 부가한 부담이 무효인 경우에는 그 부담의 이행으로 이루어진 사법상 법률행위도 무효가 된다. (22 지방9) [○ / ×]

02 토지소유자가 토지형질변경행위허가에 붙은 기부채납의 부관에 따라 토지를 국가나 지방자치단체에 기부채납(증여)한 경우, 토지소유자는 원칙적으로 기부채납(증여)의 중요 부분에 착오가 있음을 이유로 증여계약을 취소할 수 있다. (22 군무원9) [○ / ×]

03 부담의 이행으로서 하게 된 사법상 매매 등의 법률행위는 부담을 붙인 행정처분과는 별개의 법률행위이므로, 그 부담의 불가쟁력의 문제와는 별도로 법률행위가 사회질서 위반이나 강행규정에 위반되는지 여부 등을 따져 보아 그 법률행위의 유효 여부를 판단하여야 한다. (21 국가9) [○ / ×]

| 정답 | 01 ×(부담이 위법하더라도 부담의 이행으로 행해진 사법상 법률행위가 당연하게 위법하게 되는 것은 아님) 02 ×(민사소송의 착오취소는 원인관계가 취소나 무효가 되어야 가능함) 03 ○

행정행위의 요건과 효력

출제 비중 2%

01 행정행위의 요건 (21 국가9)

1) 성립요건

주체요건	행정행위는 권한이 있는 기관이 권한의 범위 내에서 행한 것이어야 함
내용요건	행정행위는 헌법이나 법률에 적합해야 함
형식요건	행정행위는 서면으로 하는 것이 원칙이고 전자문서, 구술방법은 예외적으로 허용됨
절차요건	법이 정한 절차에 따라 행정행위를 해야 함
외부표시	행정행위는 외부에 표시되어야 함

한번 더 정리하기

■ 행정행위의 요건

구분	내용	결여 시 법적 효과
성립요건	• 내부적 성립요건: 주체·내용·형식·절차 • 외부적 성립요건: 외부에 표시될 것	• 중요요건의 결여: 행정행위의 불성립(부존재) • 그 외의 요건의 결여: 취소 또는 무효
효력요건	통지 + 도달	통지와 도달이 없으면 무효

2) 행정행위의 효력발생요건 (21 소방9)

① 행정행위의 효력발생요건으로서 통지는 통상 불특정인에게 공고·고시, 특정인에게는 주소지 송달로 함

② 상대방에 대한 통지가 없으면 행정행위는 효력을 가지지 못함

관련 판례

1. 운전면허취소는 통지되지 않으면 효력을 가지지 못함(대판 1998.9.8. 98두9653)
2. 납세자가 과세처분의 내용을 이미 알고 있는 경우에도 납세고지서의 송달이 불필요하다고 할 수는 없음(대판 2004.4.9. 2003두13908)

단권화 메모 & OX

01 행정의사가 외부에 표시되어 행정청이 자유롭게 취소·철회할 수 없는 구속을 받게 되는 시점에 처분이 성립하고, 그 성립 여부는 행정청이 행정의사를 공식적인 방법으로 외부에 표시하였는지를 기준으로 판단해야 한다. (21 국가9) [○ / ×]

02 행정청의 의사가 외부에 표시되어 행정청이 자유롭게 취소·철회할 수 없는 구속을 받게 되는 시점에 행정행위가 성립하는 것은 아니며, 행정행위의 성립 여부는 행정청의 의사를 공식적인 방법으로 외부에 표시하였는지 여부를 기준으로 판단해야 한다. (21 소방9) [○ / ×]

| 정답 | 01 ○ 02 ×(행정청이 자유롭게 취소·철회할 수 없는 구속을 받게 되는 시점에 처분이 성립함)

3 「행정절차법」상 송달 (18 국가9) (17 국가7하) (17 서울9)

① 송달방법에 따른 효력발생시기

구분	송달방법	효력발생시기
우편	우편으로	도달 시
교부	• 수령확인서를 받고 교부 • 사무원, 피용자, 동거자로서 사리분별할 지능이 있는 자에게 교부 가능	교부 시
전자통신망	송달받을 자가 동의한 경우 전자우편 등으로 송달	송달받을 자가 지정한 컴퓨터 등에 입력된 때
공고	• 송달받을 자의 주소확인 불가, 송달 불가할 때 • 관보·공보·게시판·일간신문 중 하나 이상에 공고하고 인터넷에 추가로 공고	공고일로부터 14일이 경과한 때

② 구체적 검토

우편에 의한 송달	• 도달 시 효력을 가짐 • 보통우편에 의한 경우는 도달이 추정되지 않는다는 것이 최근 판례의 입장 • 등기로 발송된 경우 반송되는 등의 특별한 사정이 없는 한 수취인에게 배달되었다고 보아야 함 • 수취인이나 가족이 주민등록지에 실제 거주하고 있지 아니하면서 전입신고만 한 경우 우편물이 수취인에게 도달되었다고 추정할 수 없음 • 행정처분의 효력발생요건으로서 도달은 상대방이 현실적으로 인지할 필요까지는 없고 인지할 수 있는 상태에 놓임으로써 충분함 → 처나 아르바이트 직원이 수령한 경우 당사자에게 송달되었다고 할 수 있음
교부에 의한 송달	수령확인서를 받아야 하고, 행정행위의 상대방·사무원·동거자·피용자에게 교부해도 됨
납세고시서의 교부송달·우편송달	반드시 납세의무자 또는 일정한 자의 수령을 전제로 함(대판 2002.11.13. 2001두1543)
전자통신망에 의한 송달	• 송달받을 자가 동의한 경우에만 허용됨 • 송달받을 자가 지정한 컴퓨터에 입력된 때(○) / 확인한 때(×) 행정행위는 효력을 가짐

4 불특정 다수인을 위한 통지로서 고시·공고 (21 국가7)

도시관리계획결정	지형도면을 고시한 날부터 그 효력이 발생함
청소년유해매체물	• 청소년위원회가 결정·고시하고 그 효력발생은 청소년보호위원회가 명시한 시점에 발생함 • 청소년유해매체물결정이 웹사이트 운영자에게 개별적으로 통지되지 않았다 하더라도 청소년보호위원회가 명시한 날에 효력은 발생한 것임(대판 2007.6.14. 2004두619)
「행정 효율과 협업 촉진에 관한 규정」상 공고	고시 또는 공고 등이 있은 날부터 5일이 경과한 때에 효력이 발생함

단권화 메모 & OX

01 정보통신망을 이용한 송달은 송달받을 자가 동의하는 경우에만 한다. (18 교행9) [○ / ×]

02 보통우편으로 발송되었다는 사실만으로는 우편물이 상당기간 내에 도달하였다고 추정할 수 없다. (18 교행9) [○ / ×]

03 판례는 내용증명우편이나 등기우편과는 달리 보통우편의 방법으로 발송되었다는 사실만으로는 그 우편물이 상당한 기간 내에 도달하였다고 추정할 수 없고, 송달의 효력을 주장하는 측에서 증거에 의하여 이를 입증하여야 한다고 본다. (17 서울9) [○ / ×]

04 등기에 의한 우편송달의 경우라도 수취인이 주민등록지에 실제로 거주하지 않는 경우에는 우편물의 도달사실을 처분청이 입증해야 한다. (18 국가9) [○ / ×]

05 교부에 의한 송달은 수령확인서를 받고 문서를 교부함으로써 하며, 송달하는 장소에서 송달받을 자를 만나지 못한 경우에는 그 사무원·피용자 또는 동거인으로서 사리를 분별할 지능이 있는 사람에게 문서를 교부할 수 있다. (17 서울9) [○ / ×]

| 정답 | 01 ○ 02 ○ 03 ○ 04 ○ 05 ○

5) 통지하자 (20 국가7)

통지·공고가 없는 경우	행정행위는 무효가 됨 예) 면허취소 후 통지 또는 공고를 하지 아니한 경우 운전면허취소는 무효가 됨(대판 1998.9.8. 98두9653)
통지·공고는 있었으나 절차상 하자가 있는 경우	체납자에 대해 독촉절차 없이 압류처분을 했다 하더라도 압류처분의 하자는 중대·명백한 하자는 아님

단권화 메모 & OX

02 행정행위의 효력

행정행위는 구속력(○), 공정력(○), 불가쟁력(형식적 확정력), 불가변력(실질적 확정력), 강제력(자력집행력, 제재력)이 있음. 기판력은 판결의 효력이지 행정행위의 효력이 아님

★★★

1) 공정력 (22 국가9) (22 지방9) (20 소방7) (19 지방9) (18 국가7) (18 서울7하) (17 국가9상)

① 공정력의 의의

㉠ 행정행위가 무효가 아닌 한 행정행위를 취소할 권한이 있는 처분청, 행정심판위원회, 행정소송 수소법원이 취소하기 전까지는 어떤 국가기관도 행정행위의 효력을 부정할 수 없는 효력

㉡ 공정력의 근거에 대한 학설 중 **법적 안정성설**(행정정책설)이 다수설임

② 공정력의 법적 근거

㉠ 「행정기본법」 제15조에 명시적 법적 근거를 마련하였음

㉡ 취소소송, 취소재결, 직권취소, 취소소송의 제소기간 제한은 공정력의 간접적 근거가 되며 집행부정지 원칙은 공정력의 근거라는 일부견해가 있으나 판례는 무관하다 봄

→ 철회권 제한의 법리는 근거가 될 수 없음

③ 공정력의 적용

• 행정행위 적용 • 취소사유가 있는 행정행위	○
사기·강박에 의한 행정행위	○ (이유: 사기·강박에 의한 행정행위는 의사박탈이 아니므로 취소사유임)
공법상 계약	×
무효인 행정행위	×
행정입법	×
• 무허가건물의 강제철거 • 범위가 불명확한 토지수용처분 • 하자 있는 영조물이용관계 • 납세의무 없는 자에 대한 체납처분	×

④ **공정력과 입증책임**

㉠ 공정력이 행정행위의 적법성을 추정해주는 것은 아님

㉡ 공정력은 입증책임과는 무관하므로, 공정력 때문에 원고의 입증책임이 좌우되지 않음

⑤ **공정력과 구성요건적 효력**

㉠ 구별하는 견해

구분	공정력	구성요건적 효력
법적 성질	절차적 구속력	실체적 구속력
구속의 주관적 범위	• 상대방 또는 이해관계인(○) • 행정청(×) • 행정법원(×) • 민사법원(○) • 형사법원(○)	• 다른 국가기관, 지방자치단체(○) • 행정청(×) • 행정법원(×) • 민사법원(○) • 형사법원(○)
근거	행정의 안정성 또는 실효성 확보	권력분립원칙에 따른 국가기관 간 권한존중

㉡ 판례는 구성요건적 효력이라는 용어 대신 구분 없이 공정력이라는 용어를 쓰고 있음

⑥ **공정력과 선결문제**

㉠ 형사법원

행정행위가 무효인 경우	행정행위의 효력을 부정하여 형사처벌 여부 결정 가능
취소사유가 있는 행정행위	행정행위의 효력을 부정할 수 없으므로 행정행위가 유효함을 전제로 형사처벌 여부 결정
위법한 행정행위	위법성을 확인하여 형사처벌 여부 결정 가능

㉡ 민사법원

과세처분이 무효인 경우	민사법원, 부당이득반환 인정
과세처분에 취소사유가 있는 경우	민사법원, 처분의 효력 부정(×), 취소(×), 부당이득반환 부정
위법한 행정행위	민사법원, 위법성 확인하고 손해배상(○)

관련 판례

1. 행정행위가 취소되어야 그 행정처분의 위법임을 이유로 한 손해배상청구를 할 수 있는 것은 아님(대판 1972.4.28. 72다337)
2. 허위의 방법으로 연령을 속여 발급받은 운전면허는 비록 위법하다고 하더라도, 취소되지 않는 한 그 효력이 있음(대판 1982.6.8. 80도2646)
3. 부정한 방법으로 받은 수입승인서를 함께 제출하여 수입면허를 받았다고 하더라도, 그 수입면허가 당연무효인 것으로 인정되지 않는 한 「관세법」 소정의 무면허수입죄가 성립될 수 없는 것임(대판 1989.3.28. 89도149)
4. 위법한 구청장의 비닐하우스 철거명령을 이행하지 않아 기소된 경우 형사법원은 위법성을 확인하여 무죄판결을 할 수 있음(대판 2004.5.14. 2001도2841)

단 권 화 메 모 & O X

01 행정행위의 효력으로서 구성요건적 효력과 공정력은 이론적 근거를 법적 안정성에서 찾고 있다는 공통점이 있다. (17 국가9상) [○ / ×]

02 조세부과처분이 무효임을 이유로 이미 납부한 세금의 반환을 청구하는 민사소송에서 법원은 그 조세부과처분이 무효라는 판단과 함께 세금을 반환하라는 판결을 할 수 있다. (22 지방9) [○ / ×]

03 영업허가취소처분으로 손해를 입은 자가 제기한 국가배상청구소송에서 법원은 영업허가취소처분에 취소사유에 해당하는 하자가 있는 경우에는 영업허가취소처분의 위법을 이유로 배상청구를 인용할 수 없다. (22 지방9) [○ / ×]

04 연령미달 결격자가 다른 사람 이름으로 교부받은 운전면허는 당연무효가 아니고 취소되지 않는 한 유효하므로 그 연령미달 결격자의 운전행위는 무면허운전에 해당하지 아니한다. (22 국가9) [○ / ×]

05 물품을 수입하고자 하는 자가 세관장에게 수입신고를 하여 그 면허를 받고 물품을 통관한 경우에는, 세관장의 수입면허가 중대하고도 명백한 하자가 있는 행정행위이어서 당연무효가 아닌 한 「관세법」 소정의 무면허수입죄가 성립될 수 없다. (22 지방9) [○ / ×]

| 정답 | 01 ×(구성요건적 효력은 권한존중이 근거임) 02 ○ 03 ×(위법은 민사소송에서 해결할 수 있음) 04 ○ 05 ○

★★☆

2 불가쟁력(형식적 존속력) (22 군무원9) (21 지방9) (21 소방9) (18 서울9하)

① 불가쟁력이 발생한 행정행위

㉠ 취소소송 제기(×)

㉡ 무효등확인소송 제기(○)

㉢ 처분청, 직권취소(○)

㉣ 손해배상청구소송(○)

② 불가쟁력의 효력

㉠ 취소소송을 제기할 수 없음

㉡ 불가쟁력이 발생했다고 행정행위의 하자가 치유되는 것은 아님 → 따라서 손해배상청구(○)

※ 불가쟁력이 발생한 행정행위는 하자치유가 되어 적법하게 됨(×)

㉢ 행정행위에 부가된 부관인 부담에 불가쟁력이 발생했다고 하더라도 부담의 이행으로 인한 사법상 법률행위의 위법을 다툴 수 있음

㉣ 복효적 행정행위인 경우 불가쟁력이 발생하기 전에 행정청은 비교적 자유롭게 철회할 수 있으나 불가쟁력이 발생한 후에는 자유롭게 철회할 수 없음

③ 불가쟁력과 불가변력

구분	불가쟁력	불가변력
주된 취지	행정의 안정성과 능률성을 위해	행정행위 상대방의 신뢰보호를 위해
법률상 근거	「행정쟁송법」	×
성질	「행정소송법」의 규정(제소기간)에 따라 발생하는 절차법상 효력	행정행위의 성질에서 유래되는 실체법상 효력
구속의 상대방	행정행위의 상대방, 이해관계자	행정청
효력발생시점	쟁송기간 도과 시	행정행위 효력발생 시
적용범위	모든 행정행위	준사법적 행정행위(확인) 등
행정청의 직권취소	○	×
취소소송의 제기	×	○
법원취소 가능성	×	○

단 권 화 메 모 & O X

01 일반적으로 행정처분이나 행정심판 재결이 불복 기간의 경과로 확정될 경우에는 그 처분의 기초가 된 사실관계나 법률적 판단이 확정되고 당사자들이나 법원이 이에 기속되어 모순되는 주장이나 판단을 할 수 없게 된다. (22 군무원9) [○ / ×]

02 불가쟁력은 행정행위의 상대방이나 이해관계인에 대하여 발생하는 효력이다. (18 교행9) [○ / ×]

| 정답 | 01 ×(불가쟁력은 기판력이 아님) 02 ○

④ **불가쟁력이 발생한 행정행위의 재심사**

「**행정기본법」 제37조【처분의 재심사】** ① 당사자는 처분(제재처분 및 행정상 강제는 제외한다. 이하 이 조에서 같다)이 행정심판, 행정소송 및 그 밖의 쟁송을 통하여 다툴 수 없게 된 경우(법원의 확정판결이 있는 경우는 제외한다)라도 다음 각 호의 어느 하나에 해당하는 경우에는 해당 처분을 한 행정청에 처분을 취소·철회하거나 변경하여 줄 것을 신청할 수 있다.

1. 처분의 근거가 된 사실관계 또는 법률관계가 추후에 당사자에게 유리하게 바뀐 경우
2. 당사자에게 유리한 결정을 가져다주었을 새로운 증거가 있는 경우
3. 「민사소송법」 제451조에 따른 재심사유에 준하는 사유가 발생한 경우 등 대통령령으로 정하는 경우

② 제1항에 따른 신청은 해당 처분의 절차, 행정심판, 행정소송 및 그 밖의 쟁송에서 당사자가 중대한 과실 없이 제1항 각 호의 사유를 주장하지 못한 경우에만 할 수 있다.

③ 제1항에 따른 신청은 당사자가 제1항 각 호의 사유를 안 날부터 60일 이내에 하여야 한다. 다만, 처분이 있은 날부터 5년이 지나면 신청할 수 없다.

④ 제1항에 따른 신청을 받은 행정청은 특별한 사정이 없으면 신청을 받은 날부터 90일(합의제행정기관은 180일) 이내에 처분의 재심사 결과(재심사 여부와 처분의 유지·취소·철회·변경 등에 대한 결정을 포함한다)를 신청인에게 통지하여야 한다. 다만, 부득이한 사유로 90일(합의제행정기관은 180일) 이내에 통지할 수 없는 경우에는 그 기간을 만료일 다음 날부터 기산하여 90일(합의제행정기관은 180일)의 범위에서 한 차례 연장할 수 있으며, 연장 사유를 신청인에게 통지하여야 한다.

⑤ 제4항에 따른 처분의 재심사 결과 중 처분을 유지하는 결과에 대해서는 행정심판, 행정소송 및 그 밖의 쟁송수단을 통하여 불복할 수 없다.

⑥ 행정청의 제18조에 따른 취소와 제19조에 따른 철회는 처분의 재심사에 의하여 영향을 받지 아니한다.

3 불가변력(실질적 존속력) 22 군무원9 18 지방7

① **불가변력의 의의 및 성질**

㉠ 상대방의 신뢰보호를 위해 인정됨

㉡ 확인행위, 준사법적 행위, 행정심판은 불가변력이 인정되므로 행정청은 이를 취소·철회할 수 없음

㉢ 수익적 행정행위의 취소·철회 제한 법리: 신뢰보호(○) / 불가변력(×)

㉣ 고도의 공신력을 갖는 행위: 불가변력(○)

㉤ 무효인 행정행위: 불가변력(×)

관련 판례

행정행위의 불가변력은 당해 행정행위에 대하여서만 인정되는 것이고, 동종의 행정행위라 하더라도 그 대상을 달리할 때에는 이를 인정할 수 없음(대판 1974.12.10. 73누129)

단권화 메모 & OX

01 불가변력이라 함은 행정행위를 한 행정청이 당해 행정행위를 직권으로 취소 또는 변경할 수 없게 하는 힘으로 실질적 확정력 또는 실체적 존속력이라고도 한다. (22 군무원9) [○ / ×]

| 정답 | 01 ○

더 알아보기

불가변력이 인정되지 않는 행정행위

수익적 행정행위	수익적 행정행위의 취소는 상대방의 신뢰보호를 크게 해하므로 제한됨. 이는 불가변력이라기보다는 신뢰보호원칙 때문에 취소권이 제한된다고 봄이 타당함. 신뢰보호가치보다 취소를 통해 실현되는 공익이 크다면 수익적 행위도 취소할 수 있음
부담적 행정행위	행정청이 과세처분을 취소한다 하더라도 처분의 상대방이 신뢰이익을 침해당할 우려는 없기 때문. 즉, 취소했을 때 처분의 상대방에게 유리한 경우(예 위험간판의 철거명령, 병역부과)에는 불가변력이 인정되지 않음. → 따라서 행정청의 직권취소가 가능함
무효인 행정행위	불가변력이 인정되지 않음

② 불가변력의 효력

㉠ 행정청은 직권취소할 수 없음

㉡ 처분의 상대방은 취소소송을 제기할 수 있음

㉢ 불가변력이 있다고 하더라도 불가쟁력이 있는 것은 아님 → 양자는 별개

4) 강제력

① 자력집행을 위해서는 법률의 근거가 필요함

② 의무불이행이 위법하더라도 행정벌을 부과할 수 있는 법률의 근거가 없으면 행정벌을 부과할 수 없음

③ **자력집행력이 인정되는 행정행위:** 모든 행정행위(×), 하명(○), 형성적 행정행위(×)

단권화 메모 & OX

01 행정행위의 불가변력은 해당 행정행위에 대해서뿐만 아니라 그 대상을 달리하는 동종의 행정행위에 대해서도 인정된다. (18 지방7) [○ / ×]

| 정답 | 01 ×(불가변력은 당해 행정행위에만 미침)

04 행정행위의 하자

출제 비중 11%

단권화 메모&OX

01 행정행위의 하자 (22 국가9) (22 소방9) (19 서울9하) (18 지방9)

1) 하자의 유형

부존재, 무효, 취소

2) 넓은 의미의 하자의 유형

부존재, 무효, 취소, 부당

3) 무효와 부존재 구별

구분	무효	부존재
무효등확인소송	○	○
취소소송	○	×
하자의 전환	○	×

4) 무효와 취소의 구별실익 (18 서울9하)

구분	무효	취소
효력	처음부터 효력이 발생하지 않음	권한 있는 기관에 의하여 취소될 때까지는 유효
공정력 (구성요건적 효력)	공정력과 구성요건적 효력 인정(×)	공정력과 구성요건적 효력 인정(○)
불가쟁력, 불가변력	존속력(불가쟁력, 불가변력) 없음	존속력 긍정
하자의 치유	하자의 치유 부정(다수설)	하자의 치유 인정(다수설)
하자의 전환	하자의 전환 인정(다수설)	하자의 전환 부정(다수설)
하자의 승계	선행행위의 하자가 후행행정행위에 승계되는가의 문제 발생하지 않음	선행행위의 하자가 후행행정행위에 승계되는가의 문제 발생
제소기간의 적용	언제나 주장 가능(제소기간 제한 없음)	일정한 기간 안에 쟁송 제기(제소기간 도과 시 불가쟁력 발생)

필요적 행정심판전치	적용(×). 다만, 무효를 구하는 의미의 취소소송에는 적용됨	규정이 있으면 적용(○)
선결문제	선결문제 논의할 필요 없이 당연무효	선결문제 논의 가능
소송의 형태	무효확인소송(「행정소송법」 제4조 제2호), 무효를 구하는 의미의 취소소송 가능	취소심판(「행정심판법」 제4조) 또는 취소소송(동법 제4조 제2호)
집행부정지	적용	적용
간접강제	부정	인정(거부처분취소판결)
사정판결 · 재결	부정	인정
부당이득반환청구	인정	부정
국가배상청구	인정	별도 입증
신뢰보호의 적용	부정	인정

단권화 메모 & OX

5 무효와 취소의 구별실익과 관계없는 것

① 제3자의 쟁송참가
② 국가배상청구권과의 관계
③ 손실보상청구권과의 관계
④ 행정쟁송 제기가능성
⑤ 행정법 관계 여부
⑥ 행정재판 관할
⑦ **소 제기 시 집행부정지와 집행정지제도**: 취소소송(○), 무효확인소송(○)

6 무효와 취소의 구별기준 (19 지방9) (17 지방9하)

다수설과 판례는 중대 · 명백성설을 취하고 있다는 것이 일반적인 견해임

02 무효

1) 주체상 무효원인

① 정년퇴직, 당연퇴직, 면직으로 공무원 신분을 상실한 공무원, 임용결격 공무원의 행위는 무효가 됨
② 다만, 선의의 상대방을 보호할 필요성이 큰 경우, 임용결격사유가 있는 공무원의 행위 등은 유효한 행위로 볼 수 있음

관련 판례

1. 주민대표추천의 전문가가 참여하지 아니한 폐기물처리시설입지선정위원회의 폐기물처리시설입지결정처분: 무효(대판 2007.4.12. 2006두20150)
2. 개인택시를 면허함에 있어서 개인택시면허심사회의를 구성하여 그 심사회의로 하여금 면허신청자의 자격 등을 심사하도록 하고 그 심사위원 중에 공무원이 아닌 사람이 포함되어 있다고 하여 심사절차나 그 심사위원에 관하여 특별규정이 없는 이상, 이를 무효라고 할 이유가 없음(대판 1985.11.26. 85누394)
3. 시장이 가지는 유기장허가를 동장이 허가한 경우: 무효(대판 1991.10.11. 91누7835)
4. 보건복지부장관이 가지는 의료업정지권한을 도지사가 군수에게 위임한 것과 군수의 의료영업정지처분: 무효(대판 1975.4.8. 75누41)
5. 경찰청장으로부터 경찰서장에게 위임된 운전면허정지처분을 경찰관이 자신의 명의로 한 경우: 무효(대판 1997.5.16. 97누2313)
6. 유치원설립인가사무는 교육위원회의 관장사무이므로 교육감의 유치원설립인가처분은 당연무효(대판 1969.6.24. 68누209)
7. 압류권한은 도지사로부터 시장에게 위임된 권한임. 구청장이 자신의 명의로 한 압류처분은 권한 없는 자에 의하여 행하여진 위법무효의 처분임(대판 1993.5.27. 93누6621)
8. 지방공무원의 인사교류는 시 · 도지사의 권한임. 시 · 도지사의 인사교류안의 작성과 그에 따른 인사교류의 권고 없이 이루어진 시장의 인사교류처분은 무효임(대판 2005.6.24. 2004두10968)
9. 대통령이 가지는 5급 이상 국정원 직원에 대한 의원면직처분을 국정원장이 한 경우: 사직원 수리는 확인적 행정행위이고, 재량이 거의 없으므로 무효는 아님(대판 2007.7.26. 2005두15748)
10. 세관출장소장에게 관세부과처분을 할 권한이 있다고 객관적으로 오인할 여지가 큼. 하자가 중대하나 명백하지는 않으므로 무효가 아님(대판 2004.11.26. 2003두2403)
11. 서울시장이 가지는 택시운전자격정지처분을 구청장이 한 경우: 그 하자가 중대하다고 할지라도 객관적으로 명백하다고 할 수 없으므로 당연무효가 아님(대판 2002.12.10. 2001두4566)
12. 중앙도시계획위원회의 개발제한구역해제결정 시 표결권이 없는 교통실장이 표결한 경우, 건설교통부장관(현 국토해양부장관)의 개발제한구역해제결정: 중앙도시계획위원회의 심의결과에 기속력이 없음. 따라서 건설교통부장관의 결정은 위법하다고 할 수 없음(대판 2007.4.12. 2005두2544)
13. 관리처분계획은 시 · 도지사에게 위임된 사무임. 서울시의회 조례는 이를 구청장에게 위임했고 구청장이 행한 관리처분계획인가는 위법하나, 당연무효는 아님(대판 1995.8.22. 94누5694(전합))

2) 의사무능력자, 행위무능력자의 행위

① **의사무능력자의 행위:** 당연무효
② **행위무능력자의 행위:** 미성년자, 피한정후견인, 피성년후견인의 행위에 대해 무효설도 있으나 유효라고 보는 것이 통설

3) 의사에 하자가 있는 행위

① 행정재산매각: 무효
② 부동산을 양도한 사실이 없음에도 세무당국이 부동산을 양도한 것으로 오인한 양도소득세부과처분: 무효
③ 납세자가 아닌 제3자의 재산압류: 무효
④ 착오에 의한 국유림불하처분: 취소

4) 타기관의 협력을 결한 행위 (16 지방7)

① 환경영향평가를 실시해야 할 사업에 대하여 환경영향평가를 거치지 않고 승인처분을 한 경우: 하자가 중대하고, 명백한 것이어서 당연무효임(대판 2006.6.30. 2005두14363)
② 부실한 환경영향평가를 거친 사업승인: 위법(×)
③ 학교환경위생정화위원회의 심의를 거치지 않은 학교환경위생정화구역의 금지행위 및 시설의 해제결정: 무효(×) / 취소(○)
④ 건설교통부장관(현 국토해양부장관)이 관계중앙행정기관의 협의절차 없이 한 택지개발예정지구결정: 무효(×) / 취소(○)
⑤ 관계 도지사의 협의 없이 행한 자동차운송사업계획변경처분: 무효(×) / 취소(○)
⑥ 징계위원회 의결을 거치지 아니한 공무원 징계: 위법(○)

5) 사인의 협력, 협의를 결한 행위

① 귀화신청이 없는 귀화허가: 무효
② 임용신청 없이 이루어진 공무원 임명: 무효
③ 분배신청을 한 적 없는 농지배분: 무효(대판 1970.10.23. 70다1750)

6) 동의가 필요함에도 동의 없이 행한 행정행위

① 동의를 결한 행정행위: 무효
② 기존 어업권자의 동의를 받지 않은 신규업자에 대한 어업면허처분: 무효

관련 판례

재개발조합설립에 대한 토지 등 소유자의 동의서에 「도시 및 주거환경정비법」 소정의 법정사항이 기재되어 있지 않았음에도 이를 유효한 동의로 처리한 재개발조합설립인가는 무효임(대판 2010.1.28. 2009두4845)

단권화 메모 & OX

01 환경영향평가법령의 규정상 환경영향평가를 거쳐야 할 사업인 경우에, 환경영향평가를 거치지 아니하고 행한 사업승인처분을 당연무효라 볼 수는 없다. (16 지방7) [○ / ×]

| 정답 | 01 ×(환경영향평가절차를 누락한 하자는 무효)

7) 공고·통지·청문절차

① 토지소유자의 공람절차를 밟지 아니한 채 수정된 내용에 따른 환지예정지처분: 무효
② 재개발정비구역의 지정·고시 없이 행한 재개발조합설립추진위원회 설립승인: 무효(대판 2009.10.29. 2009두12297)
③ 토지소유자에 대한 조사와 통지를 결여한 특별개간예정지결정: 무효(대판 1970.10.23. 70누96)
④ 국세청이 세금납부기간 종료 후 독촉절차 없이 압류처분을 한 경우: 무효(×)
⑤ 납세고지서 기재사항 중 일부를 누락시키고 과세처분을 한 경우: 무효(×)
⑥ 청문절차를 거치지 아니한 영업소폐쇄명령: 무효(×) / 취소(○)
⑦ 공고절차를 거치지 아니한 주민등록말소: 무효(×)
⑧ 청문절차를 거치지 아니한 약종상허가취소, 사업시행자지정취소: 무효(×)
⑨ 토지소유자에게 통지를 하지 아니한 건교부장관(현 국토교통부장관)의 택지개발계획승인: 취소(대판 1993.6.29. 91누2342)
⑩ 당사자에게 유리한 진술의 기회를 부여하지 아니한 공무원 징계: 무효

8) 위법한 문서 또는 문서에 의하지 아니한 행위

① 이유가 기재되지 않은 행정심판: 무효
② 구두에 의한 행정심판 재결: 무효
③ 서명·날인이 없는 행정행위: 무효

★★★

9) 위헌결정과 소급효 (22 국가9) (21 군무원7) (19 국가7) (19 지방9) (18 국가9) (17 서울7) (16 지방7)

관련 판례

1. 사후적으로 위헌결정된 법률에 근거한 행정처분이 이미 **취소소송의 제기기간이 경과하여 확정력이 발생한 경우**에는 위헌결정의 소급효가 미치지 않음(대판 2002.11.8. 2001두3181; 대판 1994.10.28. 92누9463)
2. 헌법재판소의 위헌결정 전에 행정처분의 근거되는 당해 법률이 헌법에 위반된다는 사유는 특별한 사정이 없는 한 **그 행정처분의 취소소송의 전제가 될 수 있을 뿐** 당연무효사유는 아님(대판 1994.10.28. 92누9463)
3. 조세부과의 근거가 되었던 법률규정이 위헌으로 선언된 경우, 비록 그에 기한 과세처분이 위헌결정 전에 이루어졌고, 과세처분에 대한 제소기간이 이미 경과하여 조세채권이 확정되었으며, 조세채권의 집행을 위한 체납처분의 근거규정 자체에 대하여는 따로 위헌결정이 내려진 바 없다고 하더라도, 위헌결정 이후에 조세채권의 집행을 위한 새로운 체납처분에 착수하거나 이를 속행하는 것은 더 이상 허용되지 않고, 나아가 이러한 **위헌결정의 효력에 위배하여 이루어진 체납처분은 그 사유만으로 하자가 중대하고 객관적으로 명백하여 당연무효임**(대판 2012.2.16. 2010두10907(전합))
4. 위헌결정 이후에는 별도의 행정처분인 매각처분, 분배처분 등 후속 체납처분절차를 진행할 수 없는 것은 물론이고, 기존의 압류등기나 교부청구만으로는 다른 사람에 의하여 개시된 **경매절차에서 배당을 받을 수도 없음**. 따라서 압류를 해제해야 함(대판 2002.7.12. 2002두3317)
5. 처분이 있은 후에 근거법률이 위헌으로 결정된 경우, 그 법률을 적용한 공무원의 **고의·과실을 인정할 수 없음**(헌재 2008.4.24. 2006헌바72; 헌재 2009.11.24. 2009헌바318)
6. 금고 이상의 형의 선고유예를 받은 경우에 공무원직에서 당연히 퇴직하는 것으로 규정한 구 「지방공무원법」에 대한 위헌결정 이후 제소된 일반사건에 대하여, 법적 안정성과 신뢰보호의 요청을 이유로, 위 위헌결정의 소급효가 제한된다고 봄(대판 2005.11.10. 2005두5628)

단권화 메모 & OX

01 취소소송의 제기기간을 경과하여 불가쟁력이 발생한 행정처분에도 위헌결정의 소급효가 미친다. (17 서울7) [○ / ×]

02 법률이 위헌으로 선언된 경우, 위헌결정 전에 이미 형성된 법률관계에 기한 후속처분은 비록 그것이 새로운 위헌적 법률관계를 생성·확대하는 경우라도 당연무효라 볼 수는 없다. (16 지방7) [○ / ×]

| 정답 | 01 ×(불가쟁력과 기판력은 소급효를 막음)
02 ×(위헌결정 이후 후속 행정행위는 무효)

03 행정행위의 취소

1) 취소의 유형과 근거

① **취소의 유형**: 직권취소와 쟁송취소
② **취소의 근거**: 「행정기본법」 제18조

★★☆

2) 직권취소와 쟁송취소의 구별 (22 국가9) (19 국가7)

구분	직권취소	행정심판 취소	행정소송 취소
취소권자	처분청	행정심판위원회	법원
취소기간	• 불가쟁력이 발생한 처분: 직권취소 가능 • 원칙: 기간제한 없음 • 실효의 법리에 따른 제한 • 「행정기본법」에는 직권취소기간의 제한규정이 없음	90일, 180일	90일, 1년
취소사유	위법·부당	위법·부당	위법
취소절차	「행정기본법」, 개별법	「행정심판법」	「행정소송법」
취소형식	특별한 형식이 없음	재결	판결
대상	• 부담적 행정행위 • 수익적 행정행위	• 부담적 행정행위 • 복효적 행정행위	• 부담적 행정행위 • 복효적 행정행위
취소의 효력	• 부담적 행정행위의 취소: 소급효 • 수익적 행정행위의 취소: 장래효(원칙), 상대방의 귀책사유가 있는 경우 소급효	소급효	소급효
취소의 내용	• 적극적 변경 ○ • 소극적 변경 ○	• 적극적 변경(○) • 소극적 변경(○)	• 적극적 변경(×) • 소극적 변경(○)
행사의 제한	취소로 인한 공익과 사익의 비교형량	• 위법하면 취소 • 사정재결	• 위법하면 취소 • 사정판결, 기각
절차의 개시	행정청의 직권으로	심판청구로	소송제기로

단권화 메모 & OX

01 조세부과처분을 취소하는 행정판결이 확정된 경우 부과처분의 효력은 처분 시에 소급하여 효력을 잃게 되므로 확정된 행정판결은 조세 포탈에 대한 무죄를 인정할 명백한 증거에 해당한다. (22 국가9) [○ / ×]

| 정답 | 01 ○

3 취소와 소급효 (19 서울7하) (19 국가9)

① 운전면허 정지 → 법원, 운전면허 정지처분취소 → 소급효 인정, 운전면허정지는 소급적으로 효력상실, 운전면허 정지기간 중 운전은 무면허운전이 아님

② 영업허가 취소처분의 취소가 있는 경우 영업허가 취소처분은 처분 시부터 효력을 상실함 → 무허가영업 아님

4 직권취소권자 (22 지방9)

① 처분청은 별도의 법적 근거가 없더라도 처분을 취소할 수 있음

② **권한 없는 행정기관이 한 행정처분 취소권자:** 적법한 권한을 가진 행정청(×) / 처분청(○)

③ **감독청의 직권취소**

㉠ 감독청의 법적 근거가 있는 경우: 취소

㉡ 법적 근거가 없는 경우: 학설 대립

④ 「행정권한의 위임 및 위탁에 관한 규정」 제6조는 위임한 기관(감독청)의 취소권을 규정하고 있음

⑤ **처분의 상대방:** 상대방과 이해관계인은 처분의 취소를 요구할 신청권은 없음

5 직권취소사유 → 위법 · 부당

관련 판례

1. 사건 공장을 공장의 용도뿐만 아니라 공장 외의 용도로도 활용할 내심의 의사가 있었다고 하더라도 취소사유가 되지 않음(대판 2006.5.25. 2003두4669)
2. 하자나 취소해야 할 필요성에 관한 증명책임은 기존 이익과 권리를 침해하는 처분을 한 행정청에 있음(대판 2012.3.29. 2011두23375)

6 취소권의 제한 (18 서울7하)

침익적 행정행위	수익적 행정행위	혼합적 행정행위(제3자효 행정행위)
자유롭게 취소(○)	자유롭게 취소(×)	비교적 자유롭게

① **직권취소가 제한되지 않는 경우**

㉠ 행정행위가 사기, 협박, 뇌물에 기인한 경우

㉡ 상대방의 귀책사유가 있는 경우

㉢ 행정행위가 무효인 경우

② **당사자의 귀책사유가 없는 경우 수익적 행정행위의 취소:** 보상을 청구할 수 있음

단권화 메모 & OX

01 권한 없는 행정청이 한 위법한 행정처분을 취소할 수 있는 권한은 그 행정처분을 한 처분청에게 속하는 것이고, 그 행정처분을 할 수 있는 적법한 권한을 가지는 행정청에게 그 취소권이 귀속되는 것은 아니다. (22 지방9) [○ / ×]

02 행정행위를 한 처분청이 그 행위에 하자가 있어 수익적 행정처분을 취소할 때에는 이를 취소하여야 할 공익상의 필요와 그 취소로 인하여 당사자가 입게 될 기득권과 신뢰보호 및 법률생활 안정의 침해 등 불이익을 비교·교량한 후 공익상의 필요가 당사자가 입을 불이익을 정당화할 만큼 강한 경우에 한하여 취소할 수 있다. (18 서울7하) [○ / ×]

| 정답 | 01 ○ 02 ○

★★★

7 취소의 취소 (22 국가9) (21 지방9) (21 소방7)

부담적 행정행위의 취소의 취소	• 부담적 행정행위는 부담적 행정행위의 취소의 취소로 다시 살아나지 않음 • 과세관청은 부과의 취소를 다시 취소함으로써 원부과처분을 소생시킬 수 없음 • 보충역편입처분을 취소하더라도 종전의 현역병입영처분의 효력이 되살아난다고 할 수 없음
수익적 행정행위의 취소의 취소	• 수익적 행정행위는 수익적 행정행위의 취소의 취소로 다시 살아남 • 영업허가의 철회를 취소한 경우 영업허가취소는 취소처분 시에 소급하여 효력을 잃게 됨 • 행정청의 이사취임승인취소 후 다시 취소처분을 직권취소한 경우 행정청의 별도 승인 없이 이사로서의 지위를 회복하게 됨(대판 1997.1.21. 96누3401)

한번 더 정리하기

■ 취소의 취소

구분	소급효	원처분	원처분 소생을 위한 별도의 처분 필요
부담적 행정행위 취소의 취소	×	소생 ×	○
수익적 행정행위 취소의 취소	○	소생 ○	×

단권화 메모 & OX

01 영업허가취소처분이 나중에 행정쟁송절차에 의하여 취소되었더라도, 그 영업허가취소처분 이후의 영업행위는 무허가영업이다. (22 국가9) [○ / ×]

| 정답 | 01 ×(수익적 행정행위는 취소의 취소로 소생함)

04 행정행위의 철회

★★☆

1) 철회의 법적 근거

철회에 법적 근거는 필요 없으나, 「행정기본법」 제19조에 근거를 마련하였음

2) 철회와 취소의 구별 (22 소방9) (20 지방7) (18 서울7하) (18 지방9) (17 국가9상)

구분		취소	철회
행사사유		행정행위 당시의 하자를 이유로 취소, 하자의 시정	후발적 사유로 철회, 변화된 사정에의 적합화
행정행위 하자		○	×
주체	처분청	○	○
	감독청	학설 대립	×, 법에 규정이 있어야 가능
	행정심판위원회	○	×
	법원	○	×
	당사자의 신청권	×	×
법적 근거		필요 없음, 쟁송취소는 「행정소송법」 등에 규정 있음	필요 없음
효력		① 쟁송취소: 소급효 ② 직권취소 • 수익적 행정행위의 취소: 장래효 • 부담적 행정행위의 취소: 소급효	• 원칙: 장래효 • 예외: 소급효

3) 철회사유

법령에 규정된 철회사유에 해당하는 경우	법에 규정이 있는 경우 행정청은 행정행위를 철회할 수 있음
철회권이 부관으로 유보된 경우	• 행정처분을 함에 있어 일정한 경우 철회할 수 있다는 부관을 붙인 경우 그 유보된 사실이 발생하면 철회할 수 있음 • 피고가 원고에 대해 주류판매업면허를 함에 있어서 조건부면허를 한 것은 행정행위의 부관 중 취소권(철회권)의 유보로서, 그 취소사유는 법령에 규정이 있는 경우가 아니라고 하더라도, 의무위반 또는 중대한 공익상의 필요가 발생한 경우 등에는 당해 행정행위를 한 행정청은 그 행정처분을 취소할 수 있음(대판 1984.11.13. 84누269)
상대방의 의무위반이 있는 경우	법령이나 행정행위에 의해 상대방에게 부과된 의무에 위반된 경우 행정행위를 철회할 수 있음 예) 행정청은 운전자의 음주운전 등 의무위반이 있는 경우 운전면허를 철회할 수 있음
부담 불이행	부담부 행정행위에 있어서 상대방이 부담을 이행하지 않은 경우 행정청은 행정행위를 철회할 수 있음

단권화 메모 & OX

01 행정행위를 한 처분청은 그 처분 당시에 그 행정처분에 별다른 하자가 없었고 또 그 처분 후에 이를 철회 또는 변경할 별도의 법적 근거가 없다 하더라도 원래의 처분을 그대로 존속시킬 필요가 없게 된 사정변경이 생겼거나 또는 중대한 공익상의 필요가 발생한 경우에는 별개의 행정행위로 이를 철회하거나 변경할 수 있다. (18 서울7하) [○ / ×]

| 정답 | 01 ○

사실관계의 변화	행정청이 A운수회사에게 B지점을 주차장으로 허가했는데, 그 후 B지점에 인구가 급증함. 만약 B지점을 주차장으로 사용했을 때 심각한 교통정체가 야기된다면 허가를 철회할 수 있는 바, 이는 사실관계의 변화에 따른 철회임. 사정변경이 생겼다는 점에 관하여는 그와 같은 사정변경을 주장하는 자에게 그 입증책임이 있음(대판 2006.3.16. 2006두330)
공익상 중대한 필요	하천점용허가를 받아 양식업을 하고 있는 A의 지역에 댐을 건설하게 된 경우 국가는 A의 하천점용허가를 철회할 수 있음. 다만, 보상을 해주어야 함

4 철회권의 제한 (22 국가9) (18 서울9하) (17 국가9상)

부담적 행정행위의 철회	• **자유롭게** 철회할 수 있음 • 철회하더라도 **신뢰보호**를 침해할 가능성이 없기 때문임. 다만, 부담적 행정행위의 철회도 공익상의 요구로 제한받을 수 있음
수익적 행정행위의 철회	• 자유롭게 철회할 수 없음 • 불가변력, 포괄적 신분관계 설정행위, 신뢰보호원칙, 실권의 법리, 비례원칙, 평등원칙, 자기구속의 법리에 따라 수익적 행정행위의 철회는 제한을 받음 • 대법원은 운전면허 철회사유가 발생한 후 3년이 지나 운전면허를 철회하는 것은 철회권이 실효되었다고 보아 신뢰보호 위반이라고 한 바 있음
혼합적 행정행위의 철회	비교적 자유롭게 철회할 수 있음

5 실효의 법리

수익적 행정행위의 철회권은 일정한 기간의 경과로 실효됨. 운전면허철회사유가 있더라도 일정한 기간이 지난 후 철회하는 것은 신뢰보호에 위반되기 때문임

6 철회절차

수익적 행정행위 철회: 사전통지 → 의견청취(「행정절차법」)

7 일부철회

행정행위의 가분성이 있는 경우	일부철회
행정행위의 가분성이 없는 경우	전부철회

관련 판례

국고보조조림결정에서 정한 조건의 일부만 위반했음에도 그 조림결정 전부를 취소한 것은 위법함(대판 1986.12.9. 86누276)

★★☆

8 철회의 효과 (19 국가9)

소급효(×)	철회는 장래적으로 행정행위의 효력을 상실시키므로 장래효를 원칙으로 함
손실보상(○)	수익적 행정행위의 철회로 발생하는 손해는 보상함이 원칙임

단권화 메모 & OX

01 행정행위를 한 처분청은 사정변경이 생겼거나 또는 중대한 공익상의 필요가 발생한 경우에는 그 효력을 상실케 하는 별개의 행정행위로 이를 철회할 수 있다고 할 것이나, 기득권을 침해하는 경우에는 기득권의 침해를 정당화할 만한 중대한 공익상의 필요 또는 제3자의 이익보호의 필요가 있는 때에 한하여 상대방이 받는 불이익과 비교·교량하여 철회하여야 한다. (17 국가9상) [○ / ×]

| 정답 | 01 ○

05 행정행위의 실효

단권화 메모 & OX

1) 실효의 특징

① 행정행위 하자의 문제가 아님
② 행정청의 별도 의사표시 없이 행정행위의 효력이 상실됨
③ 실효는 항고소송의 대상이 되지 않음

2) 실효와 무효

구분	실효	무효
행정행위의 하자	×	○
행정행위의 효력상실	사후에 발생한 사유로 인해	처음부터
행정행위가 그 성립상의 중대·명백한 하자가 존재한다면 이는 실효사유로서 그 효력이 소멸함(×)		

3) 실효와 직권취소

구분	실효	직권취소
행정행위의 하자	×	○
행정행위의 효력 상실	의사표시와 무관, 일정한 사유가 발생하면	행정청의 의사표시로
항고소송의 대상 (처분성)	×	○

4) 실효와 철회

구분	실효	철회
행정행위의 하자	×	원시적 하자가 아닌 후발적 하자
행정행위의 효력상실 의사표시 필요 여부	×	○
항고소송의 대상 (처분성)	×	○
청량음료제조허가를 받아 영업하던 자가 폐업신고를 하여 수리된 경우에도 그 허가처분의 취소(철회)로 비로소 효력이 상실됨(×)		

한번 더 정리하기

■ 사유의 비교

취소	철회	실효	무효
• 나이를 속이고 운전면허를 취득한 자의 면허취소 • 영업허가요건을 허위로 조작한 자에 대한 영업허가취소 • 부정한 수단으로 운전면허를 취득한 자에 대한 면허취소 • 임용신청서상의 허위사실기재로 인한 공무원임용행위의 효력상실	• 음주운전을 한 자에 대한 면허취소 • 점용료를 납부하지 않는 자에 대한 영업허가 취소 • 부패한 식품을 판매한 자에 대한 영업허가 취소 • 부담의무 불이행 • 음주운전으로 인한 운전면허 효력상실 • 공익상의 필요로 인한 도로점용허가의 효력상실 • 부담으로 명하여진 의무의 불이행으로 인한 사립학교 인가의 효력상실 • 용도 이외의 사용으로 인한 자금지원행위(행정행위)의 효력상실 • 부패한 식품을 판매한 자에 대한 영업허가의 취소 • 점용료를 납부하지 않은 자에 대한 영업허가의 취소	• 운전면허를 받은 자의 사망으로 인한 운전면허의 실효 • 수리불능의 파괴로 인한 자동차의 운행허가 실효 • 허가영업을 자진폐업한 경우 허가의 실효 • 기한부 행정행위의 기한만료 • 해제조건의 성취	• 의사능력이 없는 공무원이 행한 행위 • 죽은 사람에게 면허를 주는 행위 • 존재하지 않는 토지에 대한 수용재결 • 인신매매업을 허가하는 처분 • 사자(死者)에 대한 조세부과처분의 취소

관련 판례

1. 종전의 결혼예식장업을 자진폐업한 이상 예식장영업허가는 자동적으로 소멸하고 다시 예식장영업허가신고를 하였다 하더라도 이는 전혀 새로운 영업허가의 신청임이 명백하므로 소멸한 종전의 영업허가권이 당연히 되살아난다고 할 수 없음(대판 1985.7.9. 83누412)
2. 유기장 철거에 따른 행정청의 허가취소처분으로 유기장 허가가 실효되는 것이 아님. 따라서 유기장 허가취소의 취소를 구할 이익은 없음(대판 1990.7.13. 90누2284)

06 하자 있는 행정행위의 치유와 전환

1) 하자 있는 행정행위의 치유 (18 서울7하)

① 취소사유 있는 행정행위 → 하자 있는 행정행위의 하자요건 **사후 보완**, 상대방의 **적극적 참여 시 치유**
② 치유의 효과는 소급적이며, **처음부터** 적법한 행위로서의 효력을 가짐(○)
③ **하자치유의 법적 근거:** 「행정기본법」에 하자치유에 관한 규정(×), 「행정절차법」에 규정(×) / 「민법」 규정(○)
④ 하자치유의 시기에 관한 우리나라 판례는 **쟁송제기 전**까지 하자치유를 인정함

관련 판례

하자있는 행정행위의 치유는 원칙적으로 허용될 수 없는 것일 뿐만 아니라, 이를 허용하는 경우에는 늦어도 과세처분에 대한 **불복 여부의 결정 및 불복신청에 편의를 줄 수 있는 상당한 기간 내**에 보정행위를 하여야 그 하자가 치유됨(대판 1984.4.10. 83누393)

⑤ **하자치유의 인정과 부정 판례**

하자치유 인정	하자치유 부정
• 청문서 도달기간을 어겼으나 영업자가 청문일에 출석하여 의견진술과 변명의 기회를 가진 경우 청문서 송달의 하자는 치유됨(대판 1992.10.23. 92누2844) • 조세체납자에게 독촉장을 송달하지 않았으나 공매통지서가 송달된 경우 독촉장 송달의 하자는 치유됨(대판 2006.5.12. 2004두14717) • 개발부담금 납부고지서에 산출근거가 나오지 않았지만, 산정내역서를 포함한 개발부담금 변경통지를 했다면 하자는 치유됨(대판 1998.11.13. 97누2153) • 단체협약에 조합원을 징계할 경우 징계위원회 개최일로부터 소정일 이전에 피징계자에게 징계회부 통보를 하도록 규정되어 있는데도 사용자가 단체협약에 규정된 여유기간을 두지 아니하고 피징계자에게 징계회부되었음을 통보하는 것은 잘못이나, 피징계자가 징계위원회에 출석하여 통지절차에 대한 이의를 제기하지 아니하고 충분한 소명을 한 경우에는 그와 같은 절차상의 하자는 치유됨. 징계처분에 대한 재심절차는 원래의 징계절차와 함께 전부가 하나의 징계처분 절차를 이루는 것으로서 그 절차의 정당성도 징계과정 전부에 관하여 판단되어야 할 것이므로, 원래의 징계과정에 절차 위반의 하자가 있더라도 재심과정에서 보완되었다면 그 절차 위반의 하자는 치유됨(대판 1999.3.26. 98두4672)	• 임용결격사유가 있는 자의 공무원 임용행위는 무효이므로 치유되지 않음(대판 1987.4.14. 86누459) • 토지등급결정내용의 통지가 없었고 사후에 토지등급결정내용을 알았다 하더라도 토지등급결정은 무효이므로 치유되지 않음(대판 1997.5.28. 96누5308) • 기재사항이 누락되었거나 계산명세서가 첨부되지 않은 납세고지서는 납세의무자가 그 산출근거를 알았더라도 하자는 치유되지 않음(대판 2002.11.13. 2001두1543) • 공정거래위원회가 의견을 제출하라면서 보낸 심사보고서에 운송비합의는 적시되어 있었으나 판매가격 합의는 기재되지 않아 의견을 제출하지 않은 경우 공정거래위원회의 판매가격 합의부분에 대한 시정조치 및 과징금납부명령은 통지한 바도 없고, 의견진술의 기회를 준 바도 없으므로 취소를 면할 수 없음. 원고가 피고에게 이의신청하면서 판매가격 합의부분에 대한 의견을 제출하였다고 하더라도 절차상 하자가 치유되지 않음(대판 2001.5.8. 2000두10212) • 충전소 설치허가 시 건물주 동의를 위조하여 허가를 받은 후 사후에 건물주의 동의를 받았다고 하더라도 이는 내용상 하자이므로 치유될 수 없음(대판 1992.5.8. 91누13274) • 징계처분이 중대하고 명백한 하자가 있었다면 징계를 받은 자가 용인했다고 하더라도 하자가 치유되지 않음(대판 1989.12.12. 88누8869) • 주택재개발정비사업조합설립추진위원회가 주택재개발정비사업조합설립인가처분의 취소소송에 대한 1심 판결 이후 정비구역 내 토지 등 소유자의 4분의 3을 초과하는 조합설립동의서를 새로 받았다고 하더라도, 위 설립인가처분의 하자가 치유된다고 볼 수 없음(대판 2010.8.26. 2010두2579)

단권화 메모 & OX

01 하자 있는 행정행위의 치유는 행정행위의 성질이나 법치주의의 관점에서 볼 때 원칙적으로 허용될 수 없는 것이고, 예외적으로 행정행위의 무용한 반복을 피하고 당사자의 법적 안정성을 위해 이를 허용하는 때에도 국민의 권리나 이익을 침해하지 않는 범위에서 구체적 사정에 따라 합목적적으로 인정하여야 한다. (18 서울7하) [○ / ×]

| 정답 | 01 ○

단 권 화 메 모 & O X

2 하자치유시기

① **우리나라 판례**: 쟁송제기 전

② **독일 행정절차법**: 행정소송절차 종결 시(명문의 규정 마련)

3 하자 있는 행정행위의 전환

① 무효사유의 하자 있는 행정행위 → 전환 → 소급하여 새로운 행정행위

② **적용영역**: 무효(○), 취소(학설 대립)

③ 전환된 행정행위가 항고소송의 대상이 됨

④ **전환의 요건**

㉠ 전환 전·후 행정행위는 동일성이 있을 것

㉡ 행정청 의사에 반하지 않아야 함

㉢ 제3자에게 불이익하지 않아야 함

⑤ 전환에 대하여 치유와 같은 시기상의 제한은 없으며, 따라서 기속행위의 재량행위로의 전환은 허용되지 않음

⑥ **전환의 효과**

효력발생시기	종전의 행정행위 발령 당시로 소급하여 효력을 발생함
하자승계	하자 있는 행정행위를 새로운 행정행위로 전환할 경우 하자는 승계되지 않음
소송 중 행정행위의 전환으로 소의 변경	행정청이 새로운 행정행위로 전환한 경우 소의 변경이 가능함

⑦ **전환의 사례**

㉠ 조세과오납금의 다른 조세채무에의 충당

㉡ 사망자에 대한 조세부과처분을 상속인에 대한 처분으로 전환

㉢ 영업허가신청 후 사망한 자에 대한 허가를 유족에 대한 허가로의 변경

㉣ 임용결격사유가 있는 공무원의 행정행위는 무효이나, 상대방의 신뢰보호의 차원에서 유효한 것으로 보는 사실상 공무원이론: 하자의 치유로 보는 견해, 하자의 전환으로 보는 견해, 치유·전환과 무관하다는 견해(다수설)의 대립

★★☆

07 하자의 승계

1 하자승계의 의의 (20 국가9)

① 선행행위에 **불가쟁력**이 생긴 하자 → 후행행위는 적법함에도 선행행위의 하자를 주장할 수 있음
② 하자의 승계는 후행행위의 하자를 이유로 선행행위의 하자가 생긴다는 의미는 아님

관련 판례

계고처분의 후속절차인 대집행에 위법이 있다고 하더라도, 그와 같은 후속절차에 위법성이 있다는 점을 들어 선행절차인 계고처분이 부적법하다는 사유로 삼을 수는 없음(대판 1997.2.14. 96누15428)

2 하자승계의 요건

① **선행행위**: 무효(×) / **취소사유(○)**
② 선행행위에 **불가쟁력**이 발생하였을 것
③ 선행행위 하자 있을 것, **후행행위 하자 없을 것**
④ 선행행위와 후행행위 **모두 처분성(○)**

3 하자승계 인정 여부의 기준(하자승계론을 기준으로 한) (17 지방9상)

선행행위와 후행행위가 결합하여 하나의 법적 효과를 목적으로 하는 경우	선행행위의 하자를 이유로 후행행위의 취소를 구할 수 있음	
선행행위와 후행행위가 별개의 법적 효과를 목적으로 하는 경우	원칙	선행행위가 **무효**가 아니라면 하자승계가 인정되지 않음
	예외	선행행위와 후행행위가 별개의 목적을 추구하나 불이익이 수인한도를 넘는 가혹한 불이익이고, 예측할 수 없었다면 하자는 승계됨

단권화 메모 & OX

01 선행행위에 대하여 불가쟁력이 발생하지 않았거나 선행행위와 후행행위가 서로 독립하여 각각 별개의 법률효과를 목적으로 하는 때에는 원칙적으로 선행행위의 하자를 이유로 후행행위의 효력을 다툴 수 없다. (17 지방9상) [○ / ×]

02 선행행위와 후행행위가 서로 독립하여 별개의 법률효과를 목적으로 하는 경우라도 선행행위의 불가쟁력이나 구속력이 그로 인하여 불이익을 입는 자에게 수인한도를 넘는 가혹함을 가져오고 그 결과가 예측가능한 것이 아닌 때에는 하자의 승계를 인정할 수 있다. (17 지방9상) [○ / ×]

| 정답 | 01 ○ 02 ○

4 소수견해로서 구속력론(행정행위의 내용적 규준력, 기결력)

① 의의

㉠ 후행 행정행위의 전제가 되는 선행 행정행위에 배치되는 주장을 하지 못하는 효력을 말함

㉡ 선행 행정행위의 구속력론은 하자의 승계론을 비판하면서 대체이론으로 등장한 이론임

② 구속력의 한계(구속력이 발생하기 위한 요건)

사물적 한계	연속되는 여러 행위들이 동일한 목적을 추구하고 그 법적 효과가 궁극적으로 일치할 것
대인적 한계	양 행정행위의 수범자가 동일할 것
시간적 한계	선행행위의 사실 및 법상태가 동일하게 유지될 것(사정변경 내지 이익형량에 반하지 않을 것)
주관적 한계	헌법이 보장하는 법치주의 원칙과 재판청구권의 취지상 예측가능성과 수인가능성이 있을 것 등

5 판례 (21 국가9) (21 지방9) (20 지방7) (19 국가7) (18 국가9) (18 서울9하) (17 서울9)

판례는 하자승계론과 유사하게 판단하면서 목적이 상이한 경우일지라도 예외적으로 예측가능성과 수인한도를 도과하는 경우에는 하자승계를 인정하고 있음

과세처분과 체납처분	• 과세처분 무효 → 압류 등 체납처분 무효 • 과세처분이 무효가 아니라면, 과세처분의 하자로 체납처분이 위법하다고 할 수 없음(대판 1987.9.22. 87누383) • 독촉 - 압류 - 경매 등 사이에는 하자승계가 인정됨
철거명령과 대집행절차	• 철거명령과 대집행절차(계고 - 통지 - 대집행 실행 - 비용청구) 간에는 하자승계가 인정되지 않음 • 대집행절차 간에는 하자승계가 인정됨 • 계고처분에 하자가 있는 경우 대집행영장통보도 위법하게 됨(대판 1996.2.9. 95누12507) • 선행처분인 철거명령이 당연무효인 경우에는 후행처분인 철거대집행 계고처분도 당연무효임
공시지가와 과세처분	• 개별공시지가결정은 이를 기초로 한 과세처분과는 별개의 독립된 처분으로서 별개의 법률효과를 목적으로 하는 것임 • 개별공시지가는 행정소송대상이 되며, 개별공시지가결정과 과세처분 간에는 서로 독립하여 별개의 효과를 목적으로 하지만 양자 간에는 하자승계가 인정됨. 따라서 개별공시지가 하자를 이유로 과세처분의 위법을 주장할 수 있음(대판 1994.1.25. 93누8542) • 양도소득세 산정의 기초가 되는 개별공시지가결정에 대하여 한 재조사청구에 따른 조정결정을 통지받고도 더 이상 다투지 않은 경우 하자는 승계되지 않으므로 개별공시지가결정의 하자를 양도소득세 부과처분의 위법사유로 주장할 수 없음(대판 1998.3.13. 96누6059) • 표준지공시지가결정이 위법한 경우 수용대상토지 가격산정의 기초가 된 비교표준지공시지가결정의 위법을 독립된 사유로 주장할 수 있음(대판 2008.8.21. 2007두13845)

단권화 메모 & O X

01 대집행의 계고, 대집행영장에 의한 통지, 대집행의 실행, 대집행비용의 납부명령은 동일한 행정목적을 달성하기 위하여 일련의 절차로 연속하여 행하여지는 것으로서, 서로 결합하여 하나의 법률효과를 발생시키는 것이다. (18 서울9하) [○ / ×]

02 위법한 개별공시지가결정에 대하여 그 정해진 시정절차를 통하여 시정하도록 요구하지 아니하였다는 이유로 위법한 개별공시지가를 기초로 한 과세처분 등 후행 행정처분에서 개별공시지가결정의 위법을 주장할 수 없도록 하는 것은 수인한도를 넘는 불이익을 강요하는 것이다. (18 서울9하) [○ / ×]

| 정답 | 01 ○ 02 ○

6 하자승계의 구체적 사례 (22 국가9)

하자승계 인정(강제집행절차 상호 간)	하자승계 부정(의무부과와 강제집행 사이)
• 강제징수 각 절차(독촉 · 압류 · 매각 · 청산) 사이 • 대집행의 각 절차 사이(대판 1996.2.9. 95누12507) • 국립보건원장의 안경사 시험합격 무효처분과 보건사회부장관의 안경사면허 취소처분(대판 1993.2.9. 92누4567) • 조세체납처분에서의 독촉 · 재산압류 · 매각 · 청산의 각 행위 사이 • 무효인 조례와 그에 근거한 지방세부과처분 사이 • 귀속재산의 임대처분과 후행매각처분 사이 • 한지의사시험자격 인정과 한지의사면허처분 사이 • 암매장분묘개장명령과 후행계고처분 사이 • 토지구획정립사업에 있어서 환지예정지정처분과 공작물이전명령 사이 • 개별공시지가결정과 과세처분 사이 • 표준공시지가결정과 수용재결 등 후행처분 사이 • 친일반민족행위자로 결정한 친일반민족행위진상규명위원회의 최종발표와 「독립유공자 예우에 관한 법률」 적용 배제자 결정 사이	• 하명처분(철거명령)과 대집행계고 사이 • 조세부과처분과 체납처분 사이의 하자 • 도시계획시설변경 및 지적승인고시처분과 사업계획 승인처분 사이(대판 2000.9.5. 99두9889) • 「병역법」상 보충역편입처분과 공익근무요원소집처분 사이의 하자(대판 2002.12.10. 2001두5422) • 사업인정처분과 수용재결처분 사이 • 액화석유가스판매사업과 사업개시신고반려처분 사이 • 수강거부처분과 수료처분 사이 • 지방의회에서의 의안의 의결과 지방세부과 사이 • 감사원의 시정요구결정과 그에 따른 행정처분취소 사이 • 변상처분과 변상명령 사이 • 재개발 사업시행인가처분과 토지수용재결처분 사이 • 택지개발계획의 승인과 수용재결처분 사이 • 택지개발예정지구지정과 택지개발계획승인처분 사이 • 공무원의 직위해제처분과 면직처분 사이 • 표준지공시지가결정과 개별공시지가결정 사이 • 토지등급설정 또는 수정처분과 과세처분 시

단 권 화 메 모 & O X

01 건물철거명령이 당연무효가 아니고 불가쟁력이 발생하였다면 건물철거명령의 하자를 이유로 후행 대집행계고처분의 효력을 다툴 수 없다. (22 국가9) [○ / ×]

02 이미 불가쟁력이 발생한 보충역편입처분에 하자가 있다고 하더라도 그것이 당연무효의 사유가 아닌 한 공익근무요원소집처분에 승계되는 것은 아니다. (22 국가9) [○ / ×]

03 선행처분인 공무원직위해제처분과 후행 직권면직처분 사이에는 하자의 승계가 인정된다. (22 국가9) [○ / ×]

| 정답 | 01 ○ 02 ○ 03 ×(별개의 목적을 이유로 하므로 승계 안 됨)

05 그 밖의 행정의 주요행위형식

01 행정상 확약

1) 확약의 근거 및 요건

① 근거: 「행정절차법」 제40조의2

② 요건

주체	확약은 그 대상인 본행정행위를 할 수 있는 권한을 가지고 있는 행정청이 그 권한의 범위 내에서 행하여야 함
내용	법령에 적합하여야 하고, 또한 이행가능한 것이어야 함
형식	「행정절차법」에서 문서로 할 것을 명문으로 규정하였음
절차	확약의 내용인 본행정행위에 관하여 일정한 절차가 규정되어 있는 경우에는 확약에 있어서도 당해 절차는 이행되어야 함. 여기서의 절차는 청문절차 · 협의절차 등을 말하는 것으로 이러한 절차는 관계인의 이익보호와 행정의 적법성을 보장하기 위한 것으로서, 본행정행위의 예비적 행사로서의 성질을 가지는 확약에 있어서도 준수되어야 함

2) 확약의 법적 성질 (22 국가9) (20 군무원7)

① 확약을 행정행위로 인정하는 견해가 있으나, 판례는 확약을 행정행위로 보지 않음

② 확약에 대한 법적 성질은 재량행위로 봄이 일반적임

관련 판례

1. 어업권면허에 선행하는 우선순위결정은 행정청이 우선권자로 결정된 자의 신청이 있으면 어업권면허처분을 하겠다는 것을 약속하는 행위로서 강학상 확약에 불과하고 행정처분은 아님(대판 1995.1.20. 94누6529)
2. 자동차운송사업 양도 · 양수계약에 기한 양도 · 양수인가신청에 대하여 행하여진 내인가의 취소행위는 원고가 신청한 본인가신청을 거부하는 처분으로 보아야 함(대판 1991.6.28. 90누4402)

단권화 메모 & OX

01 자동차운송사업 양도 · 양수인가신청에 대하여 행정청이 내인가를 한 후 그 본인가신청이 있음에도 내인가를 취소한 경우, 다시 본인가에 대하여 별도로 인가 여부의 처분을 한다는 사정이 보이지 않는다면 내인가취소는 행정처분에 해당한다. (22 국가9) [○ / ×]

| 정답 | 01 ○

단권화 메모 & O X

3) 확약의 효과 (18 국가9)

확약은 공적 견해표명임. 따라서 확약을 공적인 견해표명으로 인정하여야 확약 위반 시에 신뢰보호원칙 위반을 원용할 수 있음

관련 판례

1. **어업면허우선순위결정**은 어업권면허처분을 하겠다는 것을 약속하는 행위로서 강학상 확약에 불과하고 행정처분은 아니므로, 우선순위결정에 공정력이나 불가쟁력과 같은 효력은 인정되지 아니함(대판 1995.1.20. 94누6529)
2. 확약 또는 공적인 의사표명이 있은 후에 사실적·법률적 상태가 변경되었다면, 그와 같은 확약 또는 공적인 의사표명은 행정청의 별다른 의사표시를 기다리지 않고 실효됨(대판 1996.8.20. 95누10877)
3. 본인가 신청에 대한 **내인가의 취소에 대해 처분성을 인정함**(대판 1991.6.28. 90누4402)

4) 확약과 권리구제절차

구분	본 행정행위를 거부한 경우 권리구제절차	행정청이 부작위한 경우 권리구제절차
의무이행행정심판	○	○
거부처분취소심판	○	×
거부처분취소소송	○	×
부작위위법확인소송	×	○
손해배상	○	○
손실보상	○	○

★★★

02 공법상 계약

단권화메모&OX

1) 공법상 계약의 특징 (21 지방7)

① 행정주체의 우월성(×), 대등성(○)
② 비권력적 행위, 부합계약성(계약내용은 강제)
③ 법적 효과 있는 행위(○), 사실행위(×)

2) 실정법적 근거

공법상 계약	「행정기본법」 제27조
「민법」상 계약규정	적용(○)
「민법」상 계약해제규정	적용(×)

3) 행정행위와 공법상 계약 (21 소방7) (17 국가9상)

구분	행정행위	공법상 계약
공정력	○	×
분쟁해결절차	항고소송	당사자소송
위법한 경우	• 무효(○) • 취소(○)	무효(○)
법률유보	○	×
법률우위	○	○
행정청의 강제집행	○	×
행정주체의 우월성	○	×

4) 공법상 합동행위와 공법상 계약

구분	공법상 합동행위	공법상 계약
의사합치	동일한 방향의 의사합치	반대 방향의 의사합치
사례	주민들의 도시재개발조합설립행위	전문직 공무원 채용계약

5) 공법상 계약의 성립요건

내용	내용에 관하여 공익성이 높은 계약의 성질상 내용이 미리 정해진 경우가 많아 당사자 간의 합의 대상이 사법상 계약에 비하여 제한적임
형식	「행정기본법」상 계약서를 작성하여야 하므로 문서로 하는 것이 일반적임
절차요건	공법상 계약에는 「행정절차법」이 적용되지 않으므로 「행정절차법」상의 근거와 이유를 제시할 필요가 없음(대판 2002.11.26. 2002두5948)

6) 공법상 계약의 종류 (21 군무원7)

① 행정주체 간 공법상 계약

② **행정주체와 사인 간 공법상 계약**

계약직 공무원 채용계약	시립무용단원 등 채용계약
행정사무위탁계약	별정우체국지정
보조금지급계약	국비장학금지급계약, 수출보조금계약, 농어민자금지원계약
특별행정법관계 설정합의	자원입대, 초등학교 입학

7) 공법상 계약의 특수성 (22 국가9)

부합계약성	공법상 계약은 일방이 미리 정해놓은 약관에 따라 체결되는 계약으로서 부합계약성을 띠는 경우가 많음
계약강제성	공법상 계약의 경우 계약체결이 강제되는 경우도 있음 예 수도사업자와 국민
공법상 계약해제의 특성	• 행정주체는 공익상의 사유로 일방적으로 공법상 계약을 해제·변경할 수 있음. 따라서 공법상 계약에는 「민법」의 계약해제규정이 그대로 적용되지 않으나 다만, 상대방이 손실을 입은 경우 보상을 해야 함 • 계약의 상대방: 계약을 원칙적으로 해지할 수 없음
계약해제의 제한	공법상 계약은 공공서비스 영역에서의 계속적 공급계약의 성질상 「민법」상 계약의 해제에 관한 규정은 준용되지 않음 예 일반수도사업자는 수돗물의 공급을 원하는 자에게 정당한 이유 없이 그 공급을 거절하여서는 아니 됨
하자 있는 공법상 계약	무효(○) / 취소(×)
강제집행	행정청은 계약을 강제집행할 수 없음

단권화 메모 & OX

01 공법상 계약이 법령 위반 등의 내용상 하자가 있는 경우에도 그 하자가 중대·명백한 것이 아니면 취소할 수 있는 하자에 불과하고 이에 대한 다툼은 당사자소송에 의하여야 한다. (22 국가9) [○ / ×]

| 정답 | 01 ×(공법상 계약의 하자는 무효)

8 공법상 계약과 분쟁해결절차 (21 국가9) (19 국가7) (18 국가9) (17 지방7) (17 서울7) (17 국가9상) (17 지방9상)

① **공법상 계약해지, 재위촉 여부:** 항고소송(×) / 당사자소송(○)

② **계약직 공무원징계:** 항고소송

관련 판례

1. 지방전문직 공무원 채용계약해지의 의사표시에 대하여는 대등한 당사자 간의 소송형식인 공법상 당사자소송으로 그 의사표시의 무효확인을 청구할 수 있음(대판 1993.9.14. 92누4611)
2. 지방계약직 공무원에 대하여 「지방공무원법」, 「지방공무원 징계 및 소청 규정」에 정한 징계절차에 의하지 않고서는 보수를 삭감할 수 없다고 봄이 상당함(대판 2007.3.16. 2006두16328)
3. 민간투자시설사업시행자 지정처분: 국토해양부장관의 고속도로 민간투자사업시행자 지정처분은 항고소송의 대상이 됨(대판 2009.4.23. 2007두13159)
4. 계약기간이 만료된 계약직 공무원이 채용계약해지에 대해 무효확인의 소를 제기할 소의 이익은 없음(대판 2008.6.12. 2006두16328)

9 공법상 계약과 그 한계 (17 국가9상)

① 법률유보의 원칙 적용(×)

② 법률우위의 원칙 적용(○)

③ **권력적 행정작용**

㉠ 공법상 계약이 가능하다는 주장이 있음

㉡ 경찰행정 · 조세행정 영역에서는 공법상 계약(×)

10 공법상 계약에 관한 판례 (22 지방9) (21 국가9) (21 지방9) (20 지방7)

공법상 계약 ○	공법상 계약 ×
• 별정우체국지정 • 계약직 공무원 채용계약(대판 1993.9.14. 92누4611) • 공중보건의 채용계약 • 도로관리의 협의 • 수출보조금 교부 • 행정청과 민간투자사업자와의 협약(대판 2009.4.23. 2007두13159) • 공공단체 상호 간 사무위탁 • 지방자치단체 간 도로 · 하천의 경비부담에 관한 협의 • 환경보전협정 • 중소기업 정보화지원사업에 따른 지원금출연을 위하여 중소기업청장이 체결하는 협약	• 도청청사건축계약 도급계약: 사법상 행위 • 재개발조합설립: 공법상 합동행위 • 재개발조합인가: 행정행위 • 지방의회의 지방의원징계: 행정행위 • 토지수용재결: 행정행위 • 행려병자 보호: 사무관리 • 행정청의 입찰참가자격제한: 행정행위 • 사업시행자와 사인의 협의취득: 사법상 행위 • 창덕궁 안내원 채용계약: 사법상 계약 • 계약직 공무원 보수삭감: 행정처분 • 사회간접자본시행자 지정행위: 행정처분 • 국 · 공유재산 매각계약: 사법상 계약

단권화 메모 & OX

01 채용계약상 특별한 약정이 없는 한, 지방계약직 공무원에 대하여 「지방공무원법」, 「지방공무원 징계 및 소청 규정」에 정한 징계절차에 의하지 않고서는 보수를 삭감할 수 없다. (21 국가9) [○ / ×]

02 중소기업 정보화지원사업에 대한 지원금출연 협약의 해지 및 환수통보는 공법상 계약에 따른 의사표시가 아니라 행정청이 우월한 지위에서 행하는 공권력의 행사로서 행정처분이다. (21 국가9) [○ / ×]

| 정답 | 01 ○ 02 ×(공법상 계약에 따른 환수통보이므로 처분성 부정)

11) 「국가를 당사자로 하는 계약에 관한 법률」 (22 국가9)

① 판례는 「국가를 당사자로 하는 계약에 관한 법률」은 사법상 계약에만 적용된다고 봄. 다만, 학설은 공법상 계약에도 적용해야 한다고 보았음
② 경쟁입찰의 원칙, 계약의 목적, 성질, 규모 등을 고려하여 대통령령이 정하는 바에 의해 참가자자격을 제한하거나 참가자를 지명하여 경쟁에 부치거나(공공입찰 계약), 수의계약으로 할 수 있음
③ **중앙관서의 장의 부정당업자 입찰참가자격 제한:** 처분(○), 취소소송의 대상(○)
④ **계약대상자가 계약상 의무를 이행하지 않은 경우 계약보증금 국고귀속:** 처분(×), 손해배상예정금으로 보므로 사법상 행위(○)

03 행정상 사실행위

1) 의의

① 공익목적은 달성이 되지만 상대방의 권리와 의무에는 영향이 없음
② **권력적 사실행위와 비권력적 사실행위**

권력적 사실행위	행정기관에 의하여 수인의무가 부과되는 사실행위 예) 경찰관의 무기사용, 행정대집행의 실행, 압류행위, 강제해산, 강제예방접종, 강제격리 등
비권력적 사실행위	명령성 · 강제성을 띠지 않는 행정기관의 사실행위 예) 행정지도, 축사, 표창, 공공시설의 설치관리(도로건설), 폐기물수거, 행정조사 등

③ **집행적 사실행위와 독립적 사실행위**

집행적 사실행위	법령 또는 행정행위를 집행하기 위해 행해지는 사실행위 예) 경찰관의 무기사용, 재산압류를 위한 집행행위, 감염병환자 격리, 무허가 건물철거 등
독립적 사실행위	행정행위와 무관한 사실행위 예) 행정지도, 축사, 행정조사, 관용차 운전, 도로공사 등

2) 행정상 사실행위와 법률유보 · 법률우위의 원칙

구분	법률유보의 원칙	법률우위의 원칙
권력적 사실행위	○	○
비권력적 사실행위	• 조직법상 법률근거 필요 • 작용법상 법률근거 불필요	○

단 권 화 메 모 & O X

01 「국가를 당사자로 하는 계약에 관한 법률」에 따라 국가가 당사자가 되는 이른바 공공계약에 관한 법적 분쟁은 원칙적으로 행정법원의 관할 사항이다. (22 국가9) [○ / ×]

| 정답 | 01 ×(공공계약은 사법상의 계약임)

3) 행정상 사실행위와 권리구제 (21 군무원9) (18 국가7) (17 지방9하)

단 권 화 메 모 & O X

구분	권력적 사실행위	비권력적 사실행위
행정소송의 대상 여부(처분성)	○	×
헌법소원 대상 여부	○	×
손해배상 · 손실보상	○	×
사례	• 주민등록말소처분 • 피고인에 대한 교도소이송처분 • 서울대학교 일본어 제외 입시요강 • 국제그룹해체 관련 재무부장관의 제일은행장에 대한 지시 • 경찰관의 신체수색행위 • 교도소장의 서신검열행위 • 금융기관의 임원에 대한 금융감독원장의 문책경고 • 유치장 내 화장실 사용강제 • 감사원의 감사청구기각결정 • 교도소장이 수형자 갑을 접견내용 녹음, 녹화 및 접견 시 교도관 참여 대상자로 지정한 행위 • 구속된 피의자가 수갑 및 포승을 사용한 상태로 피의자 신문을 받도록 한 수갑 및 포승사용행위	• 행정청의 알선, 권유, 사실상 통지 • 수도사업자의 급수공사신청자에 대한 급수공사비납부통지 • 추첨방식에 의하여 운수사업면허대상자를 선정하는 경우 추첨 그 자체 • 금융감독원장의 종합금융주식회사의 전 대표이사에 대한 문책경고

4) 공적 경고

법률우위	○
법률유보	원칙(×), 다만 특정 회사 제품에 대한 경고와 같이 직업의 자유 등을 직접 제한하는 경우 법률의 근거가 필요함

★★☆

04 행정지도

단권화 메모 & OX

1) 행정지도의 의의

「행정절차법」상 비권력적 사실행위로서 상대방의 동의나 협력을 유도하기 위한 지도 · 조언 · 권고를 의미

2) 행정지도의 순기능과 역기능

순기능	역기능
• 법령불비 보완 • 자발적 해결유도 → 분쟁감소 • 국민에게 지식 · 정보전달 기능	• 법치주의 공동화 • 행정의 예측가능성 훼손 • 행정청의 책임회피 • 권리구제의 불완전성

3) 행정지도의 법적 근거 (19 국가9)

조직법적 근거는 필요하나, 행정지도는 비권력적 사실행위이므로 작용법적 근거는 필요 없음. 따라서 법률유보의 원칙은 적용되지 않음

구분	행정지도
조직법상 근거필요 여부	○
작용법상 근거필요 여부	• 원칙: × • 예외: ○(국민의 권리 · 의무에 영향을 주는 권력적 성격을 가지는 경우)

4) 행정지도의 한계

법률우위의 원칙(○), 비례의 원칙, 평등의 원칙 등에 위반해서는 안 됨

관련 판례

1. 기준시가를 기준으로 매매가격을 신고하도록 행정지도를 하여 그에 따라 허위신고를 한 것이라 하더라도 이와 같은 행정지도는 법에 어긋나는 것으로서 그와 같은 행정지도나 관행에 따라 허위신고행위에 이르렀다고 하여도 이것만 가지고서는 그 범법행위가 정당화될 수 없음(대판 1992.4.24. 91도1609)
2. 무효인 조례에 근거한 행정지도에 따라 취득세를 신고 · 납부한 경우 당연무효는 아님. 따라서 취득세부과처분이 취소되지 아니한 상황에서 부당이득반환청구는 허용되지 않음(대판 1995.11.28. 95다18185)

5 행정지도의 원칙과 방식

임의성의 원칙	행정지도는 그 목적달성에 필요한 최소한도에 그쳐야 하며, 행정지도의 상대방의 의사에 반하여 부당하게 강요하여서는 아니 됨
불이익금지 원칙	행정기관은 행정지도의 상대방이 행정지도에 따르지 아니하였다는 것을 이유로 불이익한 조치를 하여서는 아니 됨
행정지도실명제	행정지도를 행하는 자는 그 상대방에게 당해 행정지도의 취지·내용 및 신분을 밝혀야 함
행정지도 형식	• 행정지도는 **구술 형식**으로 이루어질 수 있음 • 상대방이 서면교부를 요구하면 직무수행에 특별한 지장이 없는 한 서면을 교부해야 함
사인의 의견제출	행정지도의 상대방은 당해 행정지도의 방식·내용 등에 관하여 행정기관에 의견제출을 할 수 있음
단체에 대한 행정지도	행정기관이 같은 행정목적을 실현하기 위하여 많은 상대방에게 행정지도를 하고자 하는 때에는 특별한 사정이 없는 한 행정지도에 공통적인 내용이 되는 사항을 **공표하여야 함**

한번 더 정리하기

■ 「행정절차법」상 행정지도의 원칙과 방식

「행정절차법」상 행정지도의 원칙과 방식인 것	「행정절차법」상 행정지도의 원칙과 방식이 아닌 것
• 비례의 원칙 • 부당강요금지의 원칙(임의성 원칙) • 불이익금지의 원칙 • 명확성의 원칙 • 실명제 • 구술주의 • 문서교부요구권 • 행정지도 상대방의 의견제출권 • 다수인을 대상으로 하는 행정지도공표제	• 부당결부금지의 원칙 • 손실보상청구권 • 신뢰보호의 원칙 • 법률유보의 원칙 • 문서주의 원칙

6 행정지도와 권리구제 (22 국가9) (21 소방9) (20 군무원9)

행정지도는 처분성이 없음. 따라서 행정소송의 대상이 되지 않음

관련 판례

1. 세무당국이 조선맥주주식회사에게 A와의 주류거래를 일정 기간 중지해 줄 것을 요청한 행위는 권고적 행위이므로 항고소송의 대상이 되는 처분이 아님(대판 1980.10.27. 80누395)
2. 구청장의 건물자진철거촉구는 처분이 아님(대판 1989.9.12. 88누8883)
3. 대법원 판례는 수도사업자가 급수공사신청자에게 한 급수공사비납부통지를 비권력적 사실행위로 보아 처분성을 부인하고 있음(대판 1993.10.26. 93누6331)
4. 교육인적자원부장관(현 교육부장관)의 대학총장들에 대한 학칙시정요구는 헌법소원의 대상이 되는 공권력의 행사라고 볼 수 있음(헌재 2003.6.26. 2002헌마337)

7 행정지도와 손해배상

① 행정지도는 손해배상을 위한 직무상 행위에 포함됨
② 행정지도가 강제성을 띠지 않은 비권력적 작용으로서 행정지도의 한계를 일탈하지 아니하였다면, 그로 인하여 상대방에게 어떠한 손해가 발생하였다 하더라도 행정기관은 그에 대한 손해배상책임이 없음
③ 다만, 예외적으로 행정지도라는 명목하에 특정행위를 강요한 경우 행정지도와 손해 간의 인과관계가 인정됨

단권화 메모 & OX

01 지도, 권고, 조언 등의 행정지도는 법령의 근거를 요하고 항고소송의 대상이 된다. (22 국가9) [○ / ×]

| 정답 | 01 ×(행정지도는 사실행위에 해당함)

관련 판례

행정청이 양식장 시설공사재개를 할 수 있으나 어업권 및 시설에 대한 보상은 할 수 없다고 통보한 것은 행정지도로서 **강제성을 띠지 않은 것이므로 이로 인한 손해에 대해 배상할 책임은 없음**(대판 2008.9.25. 2006다18228)

8) 행정지도와 손실보상 (17 국가9하)

원칙	행정지도는 강제성이 없으므로 국민의 선택에 따른 피해발생 시 국가의 손실보상의무가 없음
예외	사실상 강제성을 띤 행정지도로 특별한 희생이 발생한 경우 보상해야 함

05 행정계획

1) 행정계획의 의의 및 근거

① **의의:** 행정계획이란 장래의 일정한 시점에 있어서 특정한 행정목표(전문적 · 기술적 판단을 기초로 하는 도시의 건설 · 정비 · 개량사업 목적)를 달성하기 위하여 서로 관련되는 행정수단 · 절차를 종합 · 조정함으로써 일정한 질서를 실현하기 위한 활동의 기준으로 설정된 것을 말함

② **근거:** 「행정절차법」 제40조의4

③ 행정예고와 처분성을 갖는 계획의 경우에는 처분에 관한 절차규정이 적용됨

★★☆

2) 구속적 계획과 비구속적 계획 (22 국가9) (21 국가9) (19 서울7하) (17 지방9상)

구분	구속적 계획	비구속적 계획
내용	행정기관 또는 국민을 **구속하는 계획**	행정기관의 구성 또는 단순한 지침으로서 **구속력을 가지지 않는 계획**
법적 근거	**필요함**	필요치 않음
법적 성격	행정행위	행정지도
행정소송, 손해배상청구	○	×
예	• 도시**관리계획**(국가기관, 국민 모두 구속) • 예산운용계획(국가기관만 구속)	도시**기본계획**

단권화 메모 & OX

01 구체적인 계획을 입안함에 있어 지침이 되거나 특정 사업의 기본방향을 제시하는 내용의 행정계획은 항고소송의 대상인 행정처분에 해당하지 않는다. (22 국가9) [○ / ×]

02 구 「도시계획법」상 도시기본계획은 도시의 기본적인 공간구조와 장기발전방향을 제시하는 종합계획으로서 도시계획입안의 지침이 되므로 일반 국민에 대한 직접적인 구속력은 없다. (21 국가9) [○ / ×]

| 정답 | 01 ○ 02 ○

더 알아보기

구속적 계획과 비구속적 계획(구속력의 정도 차이)

비구속적 계획	교육진흥계획, 홍보계획, 행정지도 계획 등	
구속적 계획	행정청에 대한 구속적 계획	예산운용계획은 중앙행정기관의 예산요구서 작성의 지침이 됨 (비구속적 계획으로 분류하는 견해도 있음)
	국민에 대한 구속적 계획	• 예컨대 「도시계획법」에 따라 도시계획지구로 지정되면, 국민들은 지구지역 내에서 건축물의 신축·증개축에 제한을 받게 됨 • 다만 도시계획시설로 지정된 후 10년간 사업시행을 하지 않으면 그 계획은 실효됨
	다른(하위) 계획에 대한 지침적 계획	국토종합계획, 광역도시계획, 도시기본계획

3 계획재량과 행정재량

구분	계획재량	행정재량
규범구조	목적 – 수단의 형식을 취하는 목적적 규범구조	요건규정과 효과규정(가언명령적 형식), 조건적 규범구조
재량의 대상	장래에 이루고자 하는 행정목적사항	현재의 구체적 생활관계
재량의 범위	재량권의 범위가 **상대적으로 넓음**	재량권의 범위가 **상대적으로 좁음** (구체적 사실과 결부시켜 판단하고 결정)
통제	절차적 통제	절차적 통제
위법성 판단기준	**형량명령**이라는 법리로 판단	재량권의 **내적·외적 한계**를 기준으로 판단

4 행정계획의 법적 근거 필요 여부 (21 국가9)

구분	비구속적 행정계획	구속적 행정계획
조직법적 근거가 있어야 하는가	○	○
작용법적 근거가 있어야 하는가	• 원칙: × • 예외: 공동체와 국민의 이익에 중대한 영향을 끼치는 경우 ○	○

단권화 메모 & OX

01 행정계획의 수립에 있어서 행정청에게 인정되는 광범위한 형성의 자유, 즉 '계획재량'은 '형량명령의 원칙'에 따라 통제한다. (18 국회8) [○ / ×]

02 구속력 없는 행정계획안이나 행정지침이라도 국민의 기본권에 직접적으로 영향을 끼치고 법령의 뒷받침에 의하여 그대로 실시될 것이 틀림없을 것으로 예상되는 때에는 예외적으로 헌법소원의 대상이 된다. (21 국가9) [○ / ×]

| 정답 | 01 ○ 02 ○

5 행정계획 확정절차 (17 국가9하) (17 지방9상)

① 「행정절차법」에는 행정계획 수립절차에 관한 규정이 없음
② 행정계획을 확정할 때 「행정절차법」의 예고는 적용될 수 있음
③ 행정계획의 확정절차에 관한 일반법으로서 「행정절차법」이 있음(×)
④ 행정계획에 대해서는 「행정절차법」이 적용될 여지가 없음(×)
⑤ 공람절차를 거치지 아니한 수정된 환지계획에 따른 환지예정지 지정처분은 당연무효임(대판 1999.8.20. 97누6889)
⑥ **공청회를 거치지 아니한 도시계획결정**: 취소(○) / 무효(×)
⑦ **입지선정위원회의 재조사결정을 공람 · 공고하지 아니한 쓰레기매립장 입지선정**: 위법(×)

6 행정계획의 효력발생요건

법령 형식의 행정계획	법령을 공포한 날로부터 20일이 경과하면 효력을 가짐
그 밖의 형식의 행정계획	• 고시해야 함. 이때, 고시는 행정행위의 효력발생요건인 통지에 해당함 • 효력발생요건인 고시를 하지 아니한 경우 행정계획은 효력이 없음 • 도시관리계획결정은 고시가 된 날로부터 5일 후에 효력을 발생함

7 행정계획과 집중효

① 행정계획이 확정되면 다른 법령에 의해 받게 되는 승인 · 허가를 받은 것으로 간주하는 효력
② 집중효는 반드시 법령의 근거가 있어야 함
③ 인 · 허가가 의제되는 법령의 요건을 갖추지 못한 경우 본허가를 거부할 수 있음
④ 항고소송의 대상은 주된 인 · 허가 거부처분임

8 후행 행정계획의 효력 (21 지방7) (21 국가9)

권한을 가진 행정청의 경우	선행 행정계획은 폐지됨
권한을 가지지 않은 행정청의 경우	선행 행정계획결정과 양립할 수 없는 행정청의 후행 행정계획은 무효가 됨

단권화 메모 & OX

01 도시계획의 결정 · 변경 등에 대한 권한행정청은 이미 도시계획이 결정 · 고시된 지역에 대하여도 다른 내용의 도시계획을 결정 · 고시할 수 있고, 이때에 후행 도시계획에 선행 도시계획과 양립할 수 없는 내용이 포함되어 있다면 특별한 사정이 없는 한 선행 도시계획은 후행 도시계획과 같은 내용으로 변경된다.
(21 국가9) [○ / ×]

| 정답 | 01 ○

단 권 화 메 모 & O X

9 행정계획에 대한 통제

① **행정계획통제:** 사전적 통제 중요(○)

② **행정계획에 대한 사법부에 의한 통제**

행정소송	손해배상	손실보상	헌법소원
행정계획이 처분성이 있는 경우 ○	○	특별한 희생인 경우 ○	예외적으로 ○

③ **일본어 제외 서울대학교 입시요강:** 헌법소원의 대상(○)

★★★

10 형량명령과 형량하자 (22 소방7) (21 군무원9)

형량명령	행정계획을 확정하는 과정에서 행정청이 공익 상호 간, 공익과 사익 간, 사익 상호 간 이익을 정당하게 형량해야 함
형량하자	• 형량해태, 형량흠결, 형량은 했으나 객관성 등이 상실된 오형량과 같이 형량명령에 반하는 경우 형량하자가 있다고 함 • 형량하자가 있는 행정계획은 위법하게 됨
판례	대법원은 형량해태, 형량흠결, 오형량을 한 경우 재량권을 일탈·남용한 것이므로 위법하다고 판시한 적이 있고, 형량하자가 있으므로 위법하다고 판시한 적도 있음

형량의 해태	관계이익을 형량함에 있어서 형량을 전혀 하지 않은 경우
형량의 흠결	형량을 함에 있어서 반드시 고려하여야 할 이익을 누락시킨 경우
오형량	형량에 있어 특정 사실이나 특정 이익에 대한 평가가 정당성과 객관성을 결한 경우
형량조사의 하자	조사의무를 이행하지 않은 하자
평가의 과오	관련된 공익 또는 사익의 가치를 잘못 평가하는 경우

11 행정계획의 처분성 여부 (22 국가9) (22 소방9) (21 국가9) (18 지방7) (18 서울7하)

도시기본계획	항고소송의 대상인 처분이 아님
도시관리계획	• 항고소송의 대상인 처분임 • 시·도지사와 50만 이상의 시장이 결정함 • 도시관리계획결정은 고시된 날로부터 5일 후에 효력이 발생함
도시계획결정	처분(○)
도시설계결정	처분(○)
택지개발계획승인	처분(○)
관리처분계획	처분(○)
환지계획	처분(×)
환지예정지처분, 환지처분	처분(○)
택지공급방법결정	처분(×)
하수도 정비기본계획	처분(×)
농어촌 도로기본계획	처분(×)

관련 판례

1. 도시계획과 같이 장기성, 종합성이 요구되는 행정계획에 있어서 그 계획이 일단 확정된 후 어떤 사정이 변동이 있다 하여 지역주민에게 일일이 **그 계획의 변경을 청구할 권리를 인정해 줄 수는 없음**(대판 1994.1.28. 93누22029)
2. 도시계획시설사업의 시행에 착수한 뒤에는 시행의 지연에 따른 손해나 손실의 배상 또는 보상을 함은 별론으로 하고, 그 결정 자체의 취소나 해제를 요구할 권리를 일부의 이해관계인에게 줄 수는 없음(헌재 2002.5.30. 2000헌바58)
3. 일정한 행정처분을 구하는 신청을 할 수 있는 법률상 지위에 있는 자의 국토이용계획변경신청을 거부하는 것이 실질적으로 당해 행정처분 자체를 거부하는 결과가 되는 경우에는 예외적으로 그 신청인에게 **국토이용계획변경을 신청할 권리가 인정됨**(대판 2003.9.23. 2001두10936)
4. **도시계획시설결정 이후 도시계획구역 내 토지 등을 소유하고 있는 주민**으로서는 입안권자에게 도시계획입안을 요구할 수 있는 법규상 또는 조리상의 신청권이 있음(대판 2004.4.28. 2003두1806)
5. **문화재보호구역 내에 있는 토지소유자 등**으로서는 문화재보호구역의 지정 이후에 위 보호구역의 지정해제를 요구할 수 있는 법규상 또는 조리상의 신청권이 있음(대판 2004.4.27. 2003두8821)

단권화 메모 & OX

01 장래 일정한 기간 내에 관계 법령이 규정하는 시설 등을 갖추어 일정한 행정처분을 구하는 신청을 할 수 있는 법률상 지위에 있는 자의 국토이용계획변경신청을 거부하는 것이 실질적으로 당해 행정처분 자체를 거부하는 결과가 되는 경우라도, 구 「국토이용관리법」상 주민이 국토이용계획의 변경에 대하여 신청을 할 수 있다는 규정이 없으므로 그 신청인에게 국토이용계획변경을 신청할 권리가 인정된다고 볼 수 없다. (21 국가9) [○ / ×]

| 정답 | 01 ×(신청권은 법규상, 조리상 근거가 있어야 인정됨)

06 기타 행정작용

단 권 화 메 모 & O X

1) 비공식적 행정작용

① 경고, 고시, 권고, 정보제공 등의 방식으로 행해짐
② 비권력적
③ **법률우위의 원칙**: 적용(○)
④ **법률유보의 원칙**: 원칙 - 적용(×) / 예외 - 적용(○)

2) 행정의 자동화작용

의의	전자처리정보를 투입해 자동화하여 수행하는 것	
종류	• 교통신호등 • 초중등학교 배정 • 시험배점	
성질	• 행정자동결정은 행정행위임 • 행정자동결정의 기준이 되는 프로그램은 행정규칙임	
법적 규율상 특징	① 독일 행정절차법의 행정자동결정 특수성 • 서명·날인 생략 가능 • 이유제시 생략 가능 • 관계인의 의견청취 생략 가능 ② 우리 「행정절차법」은 이에 대한 규정이 없음	
행정자동결정 대상	「행정기본법」 제20조상 기속행위는 인정되나 행정청의 재량행위는 행정자동결정 대상으로는 부적절함	
행정자동결정의 하자와 권리구제	행정쟁송	행정자동결정은 행정행위로서 처분성이 인정되므로 항고소송을 통해 다툴 수 있음
	손해배상	행정자동결정의 하자나 관리 공무원의 고의·과실로 인해 손해를 받은 자는 손해배상을 청구할 수 있음

꿈을 품어라.
꿈이 없는 사람은
아무런 생명력도 없는 인형과 같다.

– 발타사르 그라시안(Baltasar Gracian)

PART 3

행정절차 · 행정정보공개

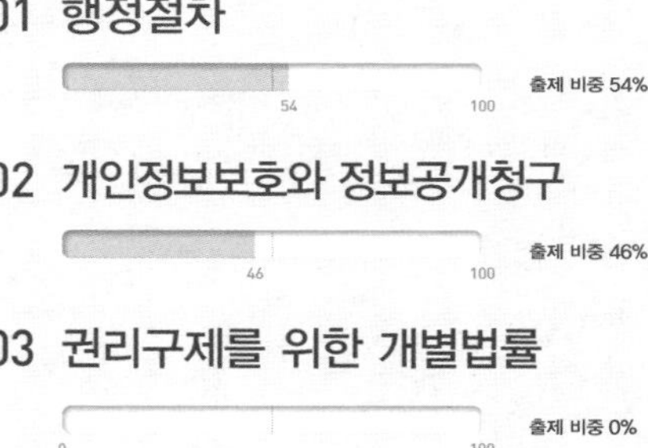

※ QR코드 스캔으로 무료강의 바로 접속

행정절차

출제 비중 54%

단권화 메모 & OX

인영T의 필기

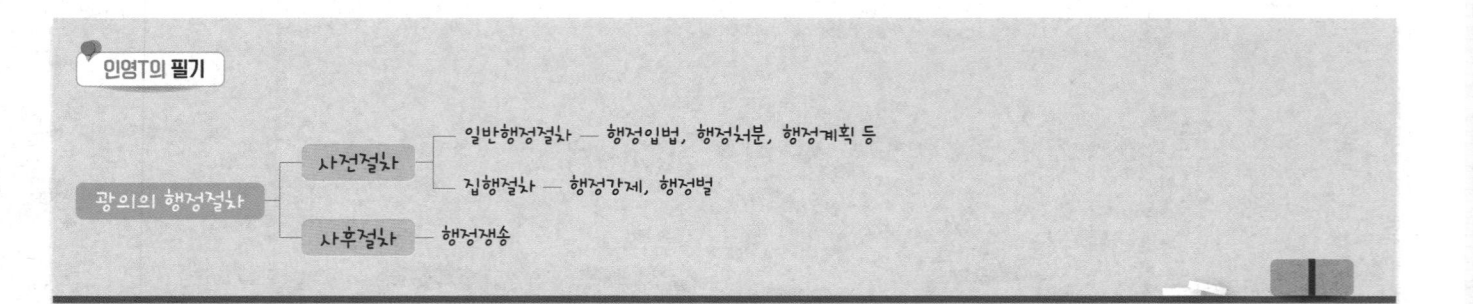

- 광의의 행정절차
  - 사전절차
    - 일반행정절차 — 행정입법, 행정처분, 행정계획 등
    - 집행절차 — 행정강제, 행정벌
  - 사후절차 — 행정쟁송

01 행정절차의 개념

1) 행정절차의 이념

① 인간의 존엄과 가치, 민주주의 실현, 법치주의 보장, 행정의 능률화에 기여, 사법기능 보완

② 단, 신속성과는 거리가 있음

2) 각국의 행정절차

영국	보통법상 자연적 정의원칙에 따라 행정절차가 발전해 옴
독일	「행정절차법」에 절차적 내용 + 실체적 내용까지 규정

02 행정절차의 법적 근거

★★★

1) 적법 절차

① 절차적 적법성 + 실체적 적법성

② **적용대상:** 신체의 자유상 불이익 한정(×) / 모든 기본권적 불이익(○)

③ **적용범위:** 행정 · 입법 · 사법절차 적용(○), 국가와 국민과 관계되는 모든 절차(○)

2) 행정절차의 법적 근거

① 헌법 제12조
② **일반법**: 「행정절차법」
③ **특별법**: 「민원 처리에 관한 법률」, 「국가공무원법」 등

3) 「행정절차법」의 특성

① 행정절차의 일반법(○), 다른 법률보다 우선 적용(×)
② 행정의 사전절차(○), 사후절차(×)
③ 절차 중심
④ 실체적 규정도 있음(신뢰보호, 신의성실)
⑤ **「행정절차법」 규정사항**

「행정절차법」이 규정하고 있는 사항	「행정절차법」이 규정하고 있지 않은 사항
• 처분 • 신고 • 확약 • 법위반사실의 공표 • 행정계획 • 행정상 입법예고 • 행정예고 • 행정지도 • 신뢰보호원칙 • 신의성실원칙	• 공법상 계약 • 부당결부금지원칙 • 행정조사 • 강제집행절차 • 행정행위의 효력(공정력 등) • 제3자효 행정행위에 있어서 제3자에 대한 통지제도 • 행정처분의 취소와 철회의 기간제한 • 불가쟁력이 발생한 행정처분 재심사 • 행정행위 하자의 치유와 전환 • 행정행위 하자의 승계 • 절차상 하자가 있는 행정행위의 효력 • 행정자동화결정

03 「행정절차법」의 내용

1) 「행정절차법」의 적용 영역(제3조 제1항) (22 지방9) (20 지방7)

① 처분, 신고, 확약, 법위반사실의 공표, 행정계획, 행정상 입법예고, 행정예고, 행정지도 절차
② 다른 법률에 규정이 있으면 다른 법률이 우선 적용, 그다음 「행정절차법」 규정
③ **계약직 공무원 채용계약 해지**: 「행정절차법」 적용(×), 징계처분(×), 항고소송 대상(×), 「행정절차법」상 근거와 이유 제시(×)(대판 2002.11.26. 2002두5948)

단 권 화 메 모 & O X

01 계약직 공무원 채용계약 해지의 의사표시는 「행정절차법」에 의하여 근거와 이유를 제시하여야 하는 것은 아니다. (22 지방9)
[○ / ×]

| 정답 | 01 ○

★★☆

2 「행정절차법」의 적용 배제(제3조 제2항) 17 서울9

① 국회 · 지방의회 · 법원 · 헌법재판소 · 선거관리위원회 · 감사원의 의결을 거쳐 행하는 사항
② 형사 · 행형 · 보안처분
③ 국가안전보장 · 국방 · 외교 또는 통일에 관한 사항 중 행정절차를 거칠 경우 국가의 중대한 이익을 현저히 해할 우려가 있는 사항
④ 심사청구 · 해양안전심판 · 조세심판 · 특허심판 · 행정심판 기타 불복절차에 의한 사항
⑤ 「병역법」에 의한 징집 · 소집 곤불준 → 해당 행정작용의 성질상 행정절차를 거치기 곤란하거나
⑥ 외국인 출입국 · 난민인정 · 귀화 곤불준 거칠 필요가 없다고 인정되는 사항과 행정절차에 준하는
⑦ 공무원 인사관계 곤불준 절차를 거친 사항
⑧ 조세관계법령에 의한 조세의 부과 · 징수에 관한 사항
⑨ 「독점규제 및 공정거래에 관한 법률」, 「하도급거래 공정화에 관한 법률」, 「약관의 규제에 관한 법률」에 따라 공정거래위원회의 의결 · 결정을 거쳐 행하는 사항
⑩ 「국가배상법」, 「공익사업을 위한 토지 등의 취득 및 보상에 관한 법률」에 따른 재결 · 결정에 관한 사항
⑪ 학교 · 연수원 등에서 교육 · 훈련의 목적을 달성하기 위하여 학생 · 연수생 등을 대상으로 행하는 사항
⑫ 사람의 학식 · 기능에 관한 시험 · 검정의 결과에 따라 행하는 사항

3 「행정절차법」의 일반원칙

① 신의성실, 신뢰보호(제4조)
② 행정절차에 소요되는 비용은 행정청이 부담함. 다만, 당사자 등이 자기를 위하여 스스로 지출한 비용은 그러하지 아니함

→ 행정절차에 참여하게 한 이해관계인

4 행정절차의 당사자(제2조 제4호) 22 군무원9

자연인(○), 법인 · 법인 아닌 사단 · 재단(○), 외국인(○)

5 행정절차의 당사자 지위승계(제10조)

당사자 사망	승계함
법인합병	승계함
권리 · 이익을 사실상 양수한 자	행정청의 승인을 얻어 승계할 수 있음

6 행정절차의 대표자 선정(임의, 제11조) 20 군무원9

① 다수의 당사자 등이 공동으로 행정절차에 관한 행위를 하는 때에는 대표자를 선정할 수 있음
② 행정청은 3인 이내의 대표자 선정을 요청할 수 있음
③ 당사자의 대리인을 선임할 수 있음

단권화 메모 & OX

01 「행정절차법」은 처분의 직접 상대방 외에 신청에 따라 행정절차에 참여한 이해관계인도 사전통지의 대상인 당사자에 포함시키고 있다. (22 군무원9) [○ / ×]

| 정답 | 01 ○

단권화 메모 & OX

7 행정청의 관할

① 행정청 관할에 속하지 아니한 사안 접수 또는 관할이 변경된 경우는 관할 행정청에 이송 → 통지

② **관할이 분명하지 않은 경우**

당해 행정청을 공통으로 감독하는 행정청이 있는 경우	**상급행정청**
공통으로 감독하는 행정청이 없는 경우	각 상급행정청과의 협의

8 행정응원(제8조) (21 소방9) (18 국가7)

① 행정응원을 요청받은 행정청은 아래의 경우 이를 거부할 수 있음

㉠ 다른 행정청이 보다 능률적이거나 경제적으로 응원할 수 있는 명백한 이유가 있는 경우

㉡ 행정응원으로 인하여 고유의 직무수행이 현저히 지장받을 것으로 인정되는 명백한 이유가 있는 경우

② **행정응원을 위해 파견된 직원의 지휘 · 감독기관:** 응원을 요청한 행정청

③ **행정응원에 소요되는 비용 부담:** 응원을 요청한 행정청. 다만 지급 방법이나 금액은 청 간의 협의사항임

9 송달(제14조) (20 국가9) (18 지방7)

송달 방법	우편 · 교부 · 전자통신망을 이용한 송달, 공고
교부에 의한 송달	• 수령확인서를 받고 교부 • 당사자뿐 아니라 사무원 · 피용자 · 동거자로서 사리를 분별할 지능이 있는 자에게 교부 가능
정보통신망을 이용한 송달	송달받을 자가 동의한 경우에 한해 효력 발생, 송달받을 자가 지정한 컴퓨터에 입력한 때 효력 발생
공고 방식으로 송달하는 경우	• 송달받을 자의 주소 등을 통상의 방법으로 확인할 수 없는 경우 • 송달이 불가능한 경우
공고	관보 · 공보 · 게시판 · 일간신문 중 하나 이상 그리고 인터넷에 공고 → 공고일로부터 14일 경과한 때 효력 발생
「민사소송법」 적용 여부	「행정절차법」에 규정되지 않은 사항은 「민사소송법」의 송달규정을 적용하지 않음

관련 판례

1. 납세자가 과세처분의 내용을 **이미 알고 있는 경우에도** 납세고지서의 송달이 불필요하다고 할 수는 없음(대판 2002.11.13. 2001두1543)
2. 납세의무자가 고의로 납세고지서의 수령을 회피하여 세무공무원이 **부득이 사업장에 납세고지서를 두고 온 경우** 납세고지서가 송달되었다고 볼 수 없음(대판 2004.4.9. 2003두13908)
3. 공동상속인들에 대한 상속세부과처분을 하면서 납세고지서에 납세의무자를 '甲 외 7인'으로 기재하고 그들의 성명과 각 상속지분 등이 기재된 상속지분명세서를 첨부하여 호주상속인인 甲에게만 송달한 경우, 납세고지서의 효력이 **다른 공동상속인들에게도 미친다**고 할 수 있음(대판 2010.6.24. 2007두16493)

10 「행정절차법」상 규정의 적용범위 (21 지방9)

수익적·침익적 처분에 공통적으로 적용되는 절차	수익적 처분(신청에 의한 처분)에 적용되는 절차	침익적 처분(의무를 부과하거나 권익을 제한하는 처분)
• 처분기준의 설정·공표(제20조) • 처분의 이유 제시(제23조) • 처분의 방식(제24조) • 처분의 정정(제25조) • 처분의 고지(제26조)	• 처분의 신청(제17조) • 다수의 행정청이 관여하는 처분(제18조) • 처리기간의 설정·공표(제19조): 견해 대립	• 처분의 사전통지(제21조) • 의견청취로서 청문, 공청회, 의견제출기회(제22조)

11 신청에 의한 처분과 침익적 처분에 공통적으로 적용되는 절차 규정 (22 지방9) (20 군무원9) (19 서울9하) (18 지방9)

처분기준의 설정·공표의무	처분기준을 공표하는 것이 해당 처분의 성질상 현저히 곤란하거나 공공의 안전 또는 복리를 현저히 해치는 것으로 인정될 만한 상당한 이유가 있는 경우에는 처분기준을 공표하지 아니할 수 있음
처분의 근거와 이유 제시 의무	
처분의 방식	• 문서를 원칙으로 하고 전자문서 또는 말, 전화 등으로도 할 수 있음 • 전자문서로 하는 경우 당사자 동의가 있어야 함
처분의 정정	행정청은 처분에 오기, 오산 또는 그 밖에 이에 준하는 명백한 잘못이 있을 때에는 직권으로 또는 신청에 따라 지체 없이 정정하고 그 사실을 당사자에게 통지하여야 함
처분의 고지	• 행정청이 처분을 할 때에는 당사자에게 그 처분에 관하여 행정심판 및 행정소송을 제기할 수 있는지 여부, 그 밖에 불복을 할 수 있는지 여부, 청구절차 및 청구기간, 그 밖에 필요한 사항을 알려야 함 • 위 규정에 따른 고지의무를 이행하지 아니하였다고 하더라도 경우에 따라 행정심판의 제기기간이 연장될 수 있음에 그칠 뿐, 그 때문에 심판의 대상이 되는 행정처분이 위법하다고 할 수는 없음(대판 2018.2.8. 2017두66633)

★★★
12 처분의 근거와 이유 제시(제23조) (20 국가7) (17 국가7상) (17 국가9상)

① 사실상 근거와 법적 근거 제시

② 이유 제시 의무가 면제되는 경우

㉠ 신청 내용을 모두 그대로 인정하는 처분인 경우(당사자의 요청이 있어도 근거와 이유 제시 생략 가능)

㉡ 단순·반복적인 처분 또는 경미한 처분으로서 당사자가 그 이유를 명백히 알 수 있는 경우(당사자의 요청이 있으면 근거와 이유를 제시해야 함)

㉢ 긴급히 처분을 할 필요가 있는 경우(당사자의 요청이 있으면 근거·이유를 제시해야 함)

관련 판례

1. 「행정절차법」이 제정되기 전에도 판례는 처분 시 근거과 이유를 제시해야 한다고 하였음(대판 1984.7.10. 82누551)
2. 납세고지서에 과세처분의 근거와 이유가 누락되면 과세처분은 위법한 처분이 됨(대판 1985.5.28. 84누289)
3. 근거와 이유 제시 여부: 피처분자가 처분 당시 그 취지를 알고 있었다거나 그 후 알게 되었다 하여도 근거와 이유가 제시되지 않으면 하자가 치유될 수 없다고 할 것인바, 세무서장이 주류도매업면허취소 통지를 하면서 어떤 법 위반행위로 당해 처분이 있었는지 알 수 없게 했다면, 면허취소처분은 위법함(대판 1990.9.11. 90누1786)

단권화 메모 & OX

01 행정청이 행정처분을 하면서 상대방에게 불복절차에 관한 고지의무를 이행하지 않았다면 이는 절차적 하자로서 그 행정처분은 위법하게 된다. (22 지방9) [○ / ×]

| 정답 | 01 ×(고지의무의 하자는 처분의 위법성과 무관함)

4. 당사자가 그 근거를 알 수 있을 정도로 상당한 이유 제시를 한 경우에는 당해 처분의 근거 및 이유를 구체적 조항 및 내용까지 명시하지 않더라도 그로 말미암아 위법하지 않음(대판 2002.5.17. 2000두8912)
5. 납세고지서에 과세대상과 그에 대한 과세표준액, 세액, 세액산출방법 등은 상세히 기재하면서 구체적 근거법령인 「지방세법 시행령」과 조례의 규정을 누락한 경우 부과처분이 위법하지 않음(대판 2008.11.13. 2007두160)
6. 계약직 공무원의 해촉은 「행정절차법」이 적용되지 않으므로 근거와 이유를 제시하지 않아도 됨(대판 2002.11.26. 2002두5948)
7. 납세고지서의 '성명(법인명)란'에 납세의무자의 대표자 성명을 함께 기재한 경우 과세처분은 위법하지 않음(대판 2010.1.28. 2007두6632)
8. 「출입국관리법」은 난민인정처분에 있어 「행정절차법」 적용을 배제하는 규정을 두고 있으므로 난민인정거부처분을 함에 있어 「행정절차법」의 근거와 이유를 제시하지 않아도 됨(헌재 2009.1.13. 2008헌바161)

단권화메모&OX

13 처분의 방식(제24조)

문서	원칙
전자문서	당사자의 동의가 있는 경우, 전자문서로 처분을 신청한 경우
말 등	• 공공의 안전 또는 복리를 위하여 긴급히 처분을 할 필요가 있거나 사안이 경미한 경우 • 다만, 당사자의 요청이 있는 때에는 지체 없이 처분에 관한 문서를 주어야 함

→ 말, 전화, 휴대전화를 이용한 문자 전송, 팩스 또는 전자우편 등

관련 판례

1. 행정처분을 하는 문서의 내용이 명백한 경우 그 문언과 다른 행정처분까지 포함된 것으로 볼 수 없음: 지방소방사시보 임용만 취소한다는 통지가 있는 경우, 시보임용행위만 취소되지 정규소방사임용행위 자체는 취소되지 않으므로 정규공무원 임용에 따른 지방공무원의 지위는 유지됨(대판 2005.7.28. 2003두469)
2. 행정청의 처분의 방식을 규정한 「행정절차법」 제24조를 위반하여 행하여진 행정청의 처분(예컨대 구두에 의한 처분)은 하자가 중대하고 명백하여 원칙적으로 무효임(대판 2011.11.10. 2011도11109)

14 신청에 의한 처분 또는 수익적 처분에 인정되는 행정절차

신청내용 변경	신청 후 처분이 있기 전까지 가능
수익적 처분의 신청형식	• 문서로 함 • 예외적으로 법령규정이 있는 경우 전자문서로 신청할 수 있는데 행정청의 컴퓨터에 입력된 때 신청한 것으로 봄
신청의 의사표시	명시적으로, 담당공무원에 대한 내용검토는 신청이 아님
접수의무	• 수익적 처분을 구하는 신청에 대해 행정청은 접수해야 함 • 법령에 규정이 없는 한 접수를 보류·거부해서는 안 됨
신청에 흠이 있는 경우	행정청 직권으로 보완 요구 → 보완하지 아니한 경우 → 반려
신청의 처리기간	• 행정청은 신청에 대한 처리기간을 공표해야 함 • 처리기간을 1회에 한하여 연장할 수 있음
결과통지	행정청은 처리결과를 통지해야 함
처리결과 통지방법	문서 원칙, 대통령령으로 정하는 경우 구술 또는 정보통신망으로 통지 가능

관련 판례

건축허가신청의 하자가 있어 소방서장이 부동의하자, 행정청이 보완요구 없이 바로 건축허가신청을 거부한 것은 재량권의 범위를 벗어난 것이어서 위법하다고 할 것임(대판 2004.10.15. 2003두6573)

15) 당사자에게 의무를 과하거나 권익을 제한하는 처분 또는 침익적 처분에 적용되는 절차 (18 서울9하)

① 사전통지 → 의견청취절차 → 침익적 처분(○)

※ 사전통지, 의견청취절차, 수익적 처분 적용(×)

② 사전통지, 의견청취 없이 행한 침익적 처분은 위법함

관련 판례

산업기능요원 편입취소처분도 「행정절차법」상의 사전통지와 의견제출기회 등의 절차를 거쳐야 함(대판 2002.9.6. 2002두554)

★★★

16) 사전통지 (22 국가9) (22 군무원9) (21 소방9) (20 국가9) (19 국가7) (19 국가9) (18 국가7) (18 서울7하) (18 서울9하) (17 국가7하)

사전통지의 내용	행정청은 당사자에게 의무를 과하거나 권익을 제한하는 처분을 하는 경우 처분제목, 처분내용 등을 사전에 당사자에게 통지해야 함
사전통지의 적용처분	침익적 처분(○), 수익적 처분 또는 신청에 의한 처분(×)
사전통지 의무가 제외되는 경우	• 공공의 안전 또는 복리를 위하여 긴급히 처분을 할 필요가 있는 경우 • 법령 등에서 요구된 자격이 없거나 없어지게 되면 반드시 일정한 처분을 하여야 하는 경우에 그 자격이 없거나 없어지게 된 사실이 법원의 재판 등에 의하여 객관적으로 증명된 경우 • 해당 처분의 성질상 의견청취가 현저히 곤란하거나 명백히 불필요하다고 인정될 만한 상당한 이유가 있는 경우

관련 판례

1. 대령진급예정자로 선발·공표된 자에 대해 군납업자로부터의 금품수수로 기소유예처분 및 감봉 3월의 징계처분을 받았다는 이유로 진급선발을 취소함에 있어 사전통지와 의견제출의 기회를 주지 않은 경우 진급선발취소처분은 위법하여 취소를 면할 수 없음(대판 2007.9.21. 2006두20631)
2. 기소유예처분을 받은 자의 진정이 검찰지청에서 공람종결되었다 하여 사전통지와 청문절차가 배제되는 예외적 사유에 해당하지 않음(대판 2004.3.12. 2002두7517)
3. 사전통지와 의견제출의 기회를 부여하지 아니한 정규공무원 임용취소처분은 위법한 처분임(대판 2009.1.30. 2008두16155)
4. 영업자지위변경신고 수리는 종전 영업자의 권익을 제한하는 처분이므로 종전의 영업자에 대해 사전통지와 의견제출의 기회를 부여한 후, 영업자지위승계신고를 수리해야 함(대판 2003.2.14. 2001두7015)
5. 지하수 개발·이용신고를 수리하였다가 신고수리처분을 취소하는 경우 권익을 제한하는 처분이므로 사전통지해야 함(대판 2000.11.14. 99두5870)
6. 공사중지명령을 사전에 통지하고 의견제출의 기회를 준다면 많은 액수의 손실보상금을 기대하여 공사를 강행할 우려가 있다는 사정만으로 이 사건 처분이 "당해 처분의 성질상 의견청취가 현저히 곤란하거나 명백히 불필요하다고 인정될 만한 상당한 이유가 있는 경우"에 해당한다고 볼 수 없으므로, 공사중지명령을 하려면 사전통지해야 함(대판 2004.5.28. 2004두1254)
7. 산업기능요원편입처분취소도 「행정절차법」의 사전통지대상임(대판 2002.9.6. 2002두554)
8. 도로구역변경처분은 침익적 처분이 아니므로 사전통지·의견청취의 대상이 되는 처분이 아님(대판 2008.6.12. 2007두1767)
9. 대학교수임용신청을 거부한 처분은 권익을 제한하는 처분이 아니므로 사전통지의 대상이 되지 않음(대판 2003.11.28. 2003두674)
10. 법령에 따른 퇴직연금의 환수결정은 사전통지·의견제출의 기회를 주지 않아도 됨(대판 2000.11.28. 99두5443)

단권화 메모 & OX

01 수익적 처분의 신청에 대한 거부처분은 실질적으로 침익적 처분에 해당하므로 사전통지 대상이 된다. (22 군무원9) [○ / ×]

02 법령 등에서 요구된 자격이 없거나 없어지게 되면 반드시 일정한 처분을 하여야 하는 경우에 그 자격이 없거나 없어지게 된 사실이 법원의 재판에 의하여 객관적으로 증명된 경우에는 사전통지를 생략할 수 있다. (22 국가9) [○ / ×]

03 공무원의 정규임용처분을 취소하는 처분은 사전통지를 하지 않아도 되는 예외적인 경우에 해당하지 않는다. (22 군무원9) [○ / ×]

04 행정청이 구 「식품위생법」 규정에 의하여 영업자지위승계신고를 수리하는 처분은 종전의 영업자의 권익을 제한하는 처분에 해당하므로, 행정청은 이를 처리함에 있어 종전의 영업자에 대하여 처분의 사전통지, 의견청취 등 「행정절차법」상의 처분절차를 거쳐야 한다. (21 소방9) [○ / ×]

| 정답 | 01 ×(신청에 대한 거부는 침익적 처분이 아님) 02 ○ 03 ○ 04 ○

17 의견청취절차 (22 국가9) (19 지방7)

의견청취 종류	청문회, 공청회, 의견제출
의견청취절차 적용	침익적 처분(○) / 수익적 처분(×)

18 의견청취절차가 배제되는 경우 (22 국가9) (22 소방7) (21 국가7)

① 사전통지의무가 면제되는 경우 의견청취의무도 면제되므로 의견청취 없이 침익적 처분을 할 수 있음
② 당사자가 의견진술의 기회를 포기한다는 뜻을 밝힐 수 있고, 이 경우 의견청취의무는 면제됨

★★☆
19 청문 (22 국가9) (21 군무원9) (20 지방9) (19 서울7하)

청문절차가 적용되는 경우	• 다른 법령 등에서 청문을 실시하도록 규정하고 있는 경우 • 행정청이 필요하다고 인정하는 경우 • 자격박탈, 법인이나 조합의 인·허가 취소, 영업의 취소의 경우(신청불문)
사전통지	청문이 시작되는 날부터 7일 전까지 통지
청문주재자	• 2명의 청문주재자, 행정청 소속직원인 공무원도 주재자가 될 수 있음(○), 자신이 당해 처분업무를 직접 처리한 경우(×), 처분과 관련한 대리인(×), 증인·감정(×) • 직권에 의한 청문주재자에 대한 제척·기피·회피제(○)
증거조사	청문주재자는 신청, 직권으로 증거조사, 당사자가 주장하지 아니한 사항도 조사가능
청문결과	상당한 이유가 있는 때 반영 → 청문의견 기속(×)

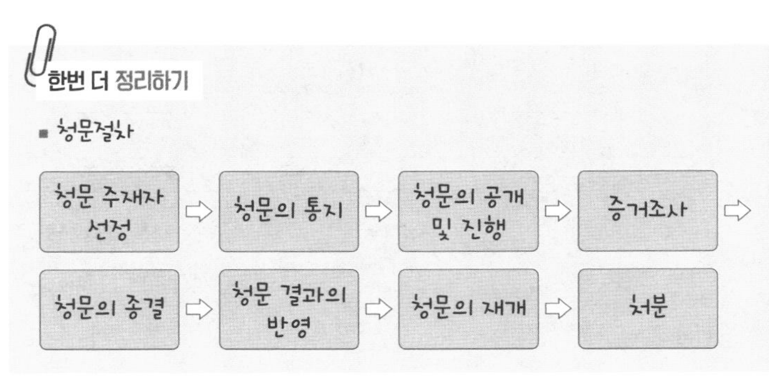

관련 판례

1. 건축사사무소의 등록취소 및 폐쇄처분에 관한 규정상의 청문절차를 거치지 아니한 건축사사무소 등록취소는 위법함(대판 1984.9.11. 82누166)
2. 국민의 권익보호를 위한 행정절차에 관한 훈령상의 청문절차를 거치지 아니한 문화재지정처분은 위법하지 않음(대판 1994.8.9. 94누3414)
3. 청문회를 실시하지 아니한 유기장업허가취소는 위법함(대판 2001.4.13. 2000두3337)
4. 법에서 정한 청문절차를 당사자와 행정청 간의 협약에 있다는 이유로 배제할 수 없음(대판 2004.7.8. 2002두8350)
5. 행정청이 청문서를 법이 정한 도달기간을 다소 어겨 통지하였다 하더라도, 당사자가 이에 대하여 이의를 제기하지 않은 채 스스로 청문일에 출석하여 그 의견을 진술하고 변명하는 등 방어의 기회를 충분히 가졌다면, 청문서 도달기간을 준수하지 아니한 하자는 치유된 것으로 봄(대판 1992.10.23. 92누2844)

단 권 화 메 모 & O X

01 행정청의 처분으로 의무가 부과되거나 권익이 제한되는 경우라도 당사자가 의견진술의 기회를 포기한다는 뜻을 명백히 표시한 경우에는 의견청취를 생략할 수 있다. (22 국가9) [○ / ×]

| 정답 | 01 ○

한번 더 정리하기

■ 「행정절차법」의 사전통지대상 또는 의견청취대상 유무

「행정절차법」의 사전통지대상 또는 의견청취대상	「행정절차법」의 사전통지대상이 아닌 것 또는 의견청취대상이 아닌 것
• 대령진급예정자 진급취소 • 기소유예처분을 받은 자의 진정을 공람종결한 사건 • 공무원시보임용 처분과 정규임용처분 취소 • 청문통지서가 반려된 경우 유기장업허가취소 • 산업기능요원 편입처분취소 • 유흥주점의 영업자지위승계신고수리를 함에 있어서 종전의 영업자 • 건축사무소의 등록취소 및 폐쇄처분에 관한 건설부훈령에 따른 청문절차 • 공정거래위원회의 시정조치와 과징금납부명령 • 감사원의 해임요구에 따른 한국방송공사 사장 해임	• 교수임용신청 거부처분 • 법령상 확정된 의무부과 • 도로구역변경 결정 • 문화재 지정에 있어 훈령에 규정된 청문절차 • 추모공원건립추진협의회의 명의로 공청회개최(사법관계)

20 공청회 법행당 (19 지방9) (18 국가9) (17 지방9하)

공청회 개최	• 다른 법령 등에서 공청회를 개최하도록 규정하고 있는 경우 • 해당 처분의 영향이 광범위하여 널리 의견을 수렴할 필요가 있다고 행정청이 인정하는 경우 • 대통령령이 정하는 일정 수 이상의 당사자 요청이 있는 경우
공청회 개최 알림	14일 전까지 당사자 등에게 통지 + 관보·공보 등에 공고
온라인 공청회	• 공청회와 병행하여서만 정보통신망을 이용한 공청회를 실시할 수 있음 • 다만, 긴급한 사정이 있는 경우 단독으로도 가능함
공청회 발표자	• 신청한 자 • 신청자가 없거나 공정성 확보를 위해 필요하다고 인정하는 경우, 전문적 지식 관련 분야 종사경험자 중에서 선정함
결과 반영	행정청은 처분을 함에 있어서 공청회·온라인공청회 및 정보통신망 등을 통하여 제시된 사실 및 의견이 상당한 이유가 있다고 인정하는 경우에는 이를 반영하여야 함

한번 더 정리하기

■ 공청회 절차

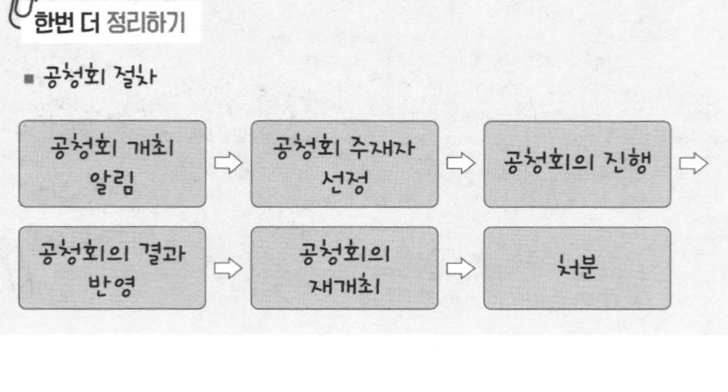

단권화 메모 & OX

01 대통령이 한국방송공사 사장을 해임하면서 사전통지절차를 거치지 않은 경우에는 그 해임처분은 위법하다. (22 국가9) [○ / ×]

| 정답 | 01 ○

한번 더 정리하기

■ 청문과 공청회 비교

구분	청문	공청회
의의	행정청이 어떠한 처분을 하기에 앞서 당사자 등의 의견을 직접 듣고 증거를 조사하는 절차	행정청이 공개적인 토론을 통해 어떠한 행정작용에 대하여 당사자 등, 전문지식과 경험을 가진 기타 일반인으로부터 의견을 수렴하는 절차
통지	청문이 시작하는 날부터 7일 전까지 당사자 등에게 통지	공청회 개최 14일 전까지 당사자 등에게 통지 + 공고
공개	당사자의 신청 또는 청문주재자가 필요하다고 인정하는 경우 공개(○), 공개원칙(×)	공개
증거조사	○	×
조서의견서	○	×
문서열람과 비밀유지	○	○
온라인 공청회	×	○(병행, 예외적 단독 가능)

단권화 메모 & OX

21 의견제출 (17 국가9상)

의견제출의 기회보장	행정청이 당사자에게 의무를 부과하거나 권익을 제한하는 처분을 함에 있어서 공청회 또는 청문회 절차를 거치지 아니하는 경우 10일 이상의 의견제출의 기회를 주어야 함
의견제출의 방식	서면 · 말 · 정보통신망
의견제출의 반영	행정청은 처분을 할 때에 당사자 등이 제출한 의견이 상당한 이유가 있다고 인정하는 경우에는 이를 반영하여야 함 → 구속력은 없음
과징금 부과	공정거래위원회가 시정조치, 과징금납부명령을 함에 있어서도 「독점규제법」이 규정하고 있는 의견진술절차를 통한 의견청취를 거쳐야 함(대판 2001.5.8. 2000두10212)

22 신고 (21 지방9)

① 「행정절차법」상 신고는 수리를 요하지 않는 신고

② **신고서가 요건을 갖추지 못한 경우**: 보완 요구 → 보완하지 아니한 때, 반려

단권화 메모 & OX

23) 확약

확약의 의의	법령 등에서 당사자가 신청할 수 있는 처분을 규정하고 있는 경우 행정청은 당사자의 신청에 따라 장래에 어떤 처분을 하거나 하지 아니할 것을 내용으로 하는 의사표시(이하 "확약"이라 함)를 할 수 있음
확약의 형식	서면
확약의 절차	행정청은 다른 행정청과의 협의 등의 절차를 거쳐야 하는 처분에 대하여 확약을 하려는 경우에는 확약을 하기 전에 그 절차를 거쳐야 함
확약의 효과	행정청은 다음의 어느 하나에 해당하는 경우에는 확약에 기속되지 아니함 • 확약을 한 후에 확약의 내용을 이행할 수 없을 정도로 법령 등이나 사정이 변경된 경우 • 확약이 위법한 경우

24) 위반사실의 공표

위반사실의 공표 근거	행정청은 법령에 따른 의무를 위반한 자의 성명·법인명, 위반사실, 의무 위반을 이유로 한 처분사실 등(이하 "위반사실 등"이라 함)을 법률로 정하는 바에 따라 일반에게 공표할 수 있음
위반사실의 공표 절차	① 행정청은 위반사실 등의 공표를 할 때에는 미리 당사자에게 그 사실을 통지하고 의견제출의 기회를 주어야 함 ② 다만, 다음의 어느 하나에 해당하는 경우에는 그러하지 아니함 • 공공의 안전 또는 복리를 위하여 긴급히 공표를 할 필요가 있는 경우 • 해당 공표의 성질상 의견청취가 현저히 곤란하거나 명백히 불필요하다고 인정될 만한 타당한 이유가 있는 경우 • 당사자가 의견진술의 기회를 포기한다는 뜻을 명백히 밝힌 경우
위반사실의 공표 방법	위반사실 등의 공표는 관보, 공보 또는 인터넷 홈페이지 등을 통하여 함
위반사실의 공표 예외	행정청은 위반사실 등의 공표를 하기 전에 당사자가 공표와 관련된 의무의 이행, 원상회복, 손해배상 등의 조치를 마친 경우에는 위반사실 등의 공표를 하지 아니할 수 있음

25) 행정계획

행정청은 행정청이 수립하는 계획 중 국민의 권리·의무에 직접 영향을 미치는 계획을 수립하거나 변경·폐지할 때에는 관련된 여러 이익을 정당하게 형량하여야 함

단 권 화 메 모 & O X

26 행정상 입법예고 (20 군무원7) (19 국가9)

입법예고 경우	법령을 제정할 때뿐 아니라 개정 · 폐지할 때도 예고해야 함
행정상 입법예고 제외사유	• 입법내용이 국민의 권리 · 의무 또는 일상생활과 관련이 없는 경우 • 신속한 국민의 권리 보호 또는 예측 곤란한 특별한 사정의 발생 등으로 입법이 긴급을 요하는 경우 • 상위 법령 등의 단순한 집행을 위한 경우 • 예고함이 공공의 안전 또는 복리를 현저히 해칠 우려가 있는 경우 • 단순한 표현 · 자구를 변경하는 등 입법내용의 성질상 예고의 필요가 없거나 곤란하다고 판단되는 경우
법제처장	입법예고 권고(○), 직접 예고(○)
행정상 입법예고시	대통령령만 국회 소관 상임위원회에 제출
입법예고기간	특별한 사정이 없는 한 40일 이상(자치법규는 20일 이상)
의견 제출	누구든지 예고된 입법안에 대하여 그 의견을 제출할 수 있음
입법안에 대한 공청회 개최 가능	행정청은 예고된 입법안에 대하여 온라인공청회 등을 통하여 널리 의견을 수렴할 수 있고, 이 경우 공청회 관련 규정을 준용함

27 행정예고 (22 소방7) (21 지방7)

행정예고사항	정책, 제도 및 계획을 수립 · 시행하거나 변경하려는 경우
행정예고 제외사항	• 신속하게 국민의 권리를 보호하여야 하거나 예측이 어려운 특별한 사정이 발생하는 등 긴급한 사유로 예고가 현저히 곤란한 경우 • 법령 등의 단순한 집행을 위한 경우 • 정책 등의 내용이 국민의 권리 · 의무 또는 일상생활과 관련이 없는 경우 • 정책 등의 예고가 공공의 안전 또는 복리를 현저히 해칠 우려가 상당한 경우
입법예고로의 갈음	법령 등의 입법을 포함하는 행정예고의 경우에는 입법예고로 이를 갈음할 수 있음
행정예고기간	예고 내용의 성격 등을 고려하여 정하되, 20일 이상으로 함

04 행정절차의 하자

1 절차상 하자와 행정행위 하자에 관한 법 규정

① 「행정절차법」상 절차상 하자가 있는 행정행위의 효력에 관한 규정은 없음 → 절차상 하자가 있는 행정행위의 효력에 관한 일반법 조항은 없음

② 「국가공무원법」상 소청사건을 심사할 때 소청인 등에게 진술의 기회를 부여하지 아니하고 한 결정은 무효로 함

2) 절차상 하자와 행정행위의 하자

소극설(少)	• 절차상 하자로 행정행위가 위법이 되지 않음 • 절차상 하자를 독자적 위법사유로 인정하면 소송경제상 바람직하지 않음
적극설(多)	절차상 하자로 행정행위가 위법이 됨
판례	행정행위가 기속행위인지 재량행위인지를 불문하고 행정절차의 하자가 있는 경우 위법하게 됨
결론	절차상 하자는 행정행위의 독립적 위법사유임

3) 절차상 하자치유 인정

① 절차상 하자치유는 행정행위의 경제성, 효율성 때문에 인정될 수 있음

② 원칙적으로 치유는 인정되지 않음. 다만, 행정행위의 효율성을 위해 예외적으로 인정될 수 있음

관련 판례

행정청이 청문서 도달기간을 다소 어겼다 하더라도 영업자가 이에 대하여 이의하지 아니한 채 스스로 청문일에 출석하여 그 의견을 진술하고 변명하는 등 방어의 기회를 충분히 가졌다면 청문서 도달기간을 준수하지 아니한 하자는 치유되었다고 봄이 상당함(대판 1992.10.23. 92누2844)

4) 절차상 하자치유 시기

독일의 「행정절차법」	쟁송 제기 후에도 가능
우리나라 판례	쟁송 제기 이전에만 치유 가능

관련 판례

1. 취소소송이 제기된 때에 보정된 납세고지서를 송달하였다는 사실이나 오랜 기간(4년)의 경과로써 과세처분의 하자가 치유되었다고 볼 수는 없음(대판 1983.7.26. 82누420)
2. 과세처분에 대한 전심절차가 모두 끝나고 상고심의 계류 중에 세액산출근거의 통지가 있었다고 하여 이로써 위 과세처분의 하자가 치유되었다고는 볼 수 없음(대판 1984.4.10. 83누393)

★★☆

5) 절차상 하자를 이유로 한 행정행위 취소판결의 기속력 (22 지방9)

① 법원이 절차상 하자를 이유로 처분을 취소한 경우 행정청이 위법사유를 보완하여 다시 처분을 할 경우 그 새로운 처분은 취소된 종전의 처분과는 별개의 처분이므로 취소판결의 기속력에 반하지 않음

② 절차위반을 이유로 취소된 경우와 실체적인 위법사유로 취소된 경우에 판결의 기속력에서 차이를 보임

단권화 메모 & OX

01 절차상의 하자를 이유로 행정처분을 취소하는 판결이 선고되어 확정된 경우, 그 확정판결의 기속력은 취소사유로 된 절차의 위법에 한하여 미치는 것이므로 행정청은 적법한 절차를 갖추어 동일한 내용의 처분을 다시 할 수 있다. (22 지방9) [○ / ×]

| 정답 | 01 ○

개인정보보호와 정보공개청구

출제 비중 46%

01 개인정보보호

1) 법적 근거 (21 군무원7)

① **자기정보자기결정권**: 헌법에 명시되지 않은 독자적 기본권
② **일반법**: 「개인정보보호법」

2) 개인정보 (21 국가9) (21 소방7) (18 지방7) (18 서울7하)

① 살아 있는 개인에 관한 정보
② 반드시 개인의 내밀한 영역이나 사사(私事)의 영역에 속하는 정보에 국한되지 않고 공적 생활에서 형성되었거나 이미 공개된 개인정보까지 포함함
③ 사자(死者)의 정보와 법인정보는 포함되지 않음

3) 개인정보처리자 → 공공기관에 한정되지 않음 (16 지방7)

업무를 목적으로 개인정보파일을 운용하기 위하여 스스로 또는 다른 사람을 통하여 개인정보를 처리하는 공공기관, 법인, 단체 및 개인 등

★★☆

4) 개인정보 보호원칙(제3조)

최소개인정보수집원칙	개인정보처리자는 개인정보의 처리 목적을 명확하게 하여야 하고 그 목적에 필요한 범위에서 최소한의 개인정보만을 적법하고 정당하게 수집하여야 함
목적 외 용도사용금지원칙	개인정보처리자는 개인정보의 처리 목적에 필요한 범위에서 적합하게 개인정보를 처리하여야 하며, 그 목적 외의 용도로 활용하여서는 아니 됨
개인정보처리방침 등 공개원칙	개인정보처리자는 개인정보 처리방침 등 개인정보의 처리에 관한 사항을 공개하여야 하며, 열람청구권 등 정보주체의 권리를 보장하여야 함

단권화 메모 & OX

01 개인정보는 살아 있는 개인에 관한 정보로서 성명, 주민등록번호 및 영상 등을 통하여 개인을 알아볼 수 있는 정보이며, 해당 정보만으로는 특정 개인을 알아볼 수 없다면, 다른 정보와 쉽게 결합하여 그 개인을 알아볼 수 있는 경우라도 개인정보라 할 수 없다. (18 서울7하) [○ / ×]

02 개인정보자기결정권의 보호대상이 되는 개인정보는 반드시 개인의 내밀한 영역에 속하는 정보에 국한되지 않고 공적 생활에서 형성되었거나 이미 공개된 개인정보까지 포함한다. (21 국가9) [○ / ×]

03 개인정보처리자란 개인정보파일을 운용하기 위하여 스스로 개인정보를 처리하는 공공기관, 법인, 단체 및 개인 등을 말한다. (16 지방7) [○ / ×]

| 정답 | 01 ×(다른 정보와 결합해도 개인정보 가능) 02 ○ 03 ×(스스로 또는 제3자를 이용하여)

5 「개인정보보호법」 배제

① 공공기관이 처리하는 개인정보 중 「통계법」에 따라 수집되는 개인정보
② 국가안전보장과 관련된 정보분석을 목적으로 수집 또는 제공 요청되는 개인정보
③ 공중위생 등 공공의 안전과 안녕을 위하여 긴급히 필요한 경우로서 일시적으로 처리되는 개인정보
④ 언론, 종교단체, 정당이 각각 취재·보도, 선교, 선거 입후보자 추천 등 고유 목적을 달성하기 위하여 수집·이용하는 개인정보

6 정보주체의 권리

① 개인정보의 처리에 관한 정보를 제공받을 권리
② 개인정보의 처리에 관한 동의 여부, 동의 범위 등을 선택하고 결정할 권리
③ 개인정보의 처리 여부를 확인하고 개인정보에 대하여 열람(사본의 발급 포함)을 요구할 권리
④ 개인정보의 처리 정지, 정정·삭제 및 파기를 요구할 권리
⑤ 개인정보의 처리로 인하여 발생한 피해를 신속하고 공정한 절차에 따라 구제받을 권리

7 열람청구권 (22 소방9)

① 정보주체는 개인정보처리자가 처리하는 자신의 개인정보에 대한 열람을 해당 개인정보처리자에게 요구할 수 있음
② **개인정보열람이 제한되는 경우**
㉠ 법률에 따라 열람이 금지되거나 제한되는 경우
㉡ 다른 사람의 생명·신체를 해할 우려가 있거나 다른 사람의 재산과 그 밖의 이익을 부당하게 침해할 우려가 있는 경우
㉢ 공공기관이 다음의 어느 하나에 해당하는 업무를 수행할 때 중대한 지장을 초래하는 경우
- 조세의 부과·징수 또는 환급에 관한 업무
- 「초·중등교육법」 및 「고등교육법」에 따른 각급 학교, 「평생교육법」에 따른 평생교육시설, 그 밖의 다른 법률에 따라 설치된 고등교육기관에서의 성적평가 또는 입학자 선발에 관한 업무

8 정정·삭제청구

① 정보주체는 개인정보처리자에게 그 개인정보의 정정 또는 삭제를 요구할 수 있음
② 다만, 다른 법령에서 그 개인정보가 수집대상으로 명시되어 있는 경우에는 그 삭제를 요구할 수 없음

9 권리행사의 방법 및 절차

대리인	정보주체는 대리인에게 개인정보 열람청구·정정·삭제·처리정지·동의 철회 등을 하게 할 수 있음
법정대리인	만 14세 미만 아동의 법정대리인은 개인정보처리자에게 그 아동의 개인정보 열람 등을 요구할 수 있음
비용	개인정보처리자는 열람 등 요구를 하는 자에게 대통령령으로 정하는 바에 따라 수수료와 우송료(사본의 우송을 청구하는 경우에 한함)를 청구할 수 있음

단권화 메모 & O X

10 손해배상 (18 지방7) (18 서울7하)

손해배상청구	정보주체는 개인정보처리자가 이 법을 위반한 행위로 손해를 입으면 개인정보처리자에게 손해배상을 청구할 수 있음
개인정보처리자	고의 또는 과실이 없음을 입증하지 아니하면 책임을 면할 수 없음
배상액	피해가 있는 경우 **3배 범위 내에서** 청구 가능. 단 피해가 없는 경우에도 **300만 원 범위 내에서** 청구가 가능함

11 조정절차

조정절차	조정신청 → 분쟁조정위원회 60일 이내 심사, 조정안 작성 → 분쟁조정 내용은 재판상 화해와 같음
조정위원회 위원	위촉의원은 보호위원회 위원장이 위촉하고, 대통령령으로 정하는 국가기관 소속 공무원은 당연직위원이 됨
조정위원회 위원장	위원 중에서 공무원이 아닌 사람으로 보호위원회 위원장이 위촉

12 집단분쟁 (21 소방9) (18 국가9) (16 지방9)

집단분쟁	분쟁조정위원회에 조정신청 → 조정 → 소비자단체, 비영리민간단체가 단체소송 제기(지방법원 본원합의부)
단체소송 제기가 가능한 단체	소비자단체(3년 이상 운영 경력, 1천 명 이상 회원), 비영리민간단체(3년 이상 운영 경력, 5천 명 이상 회원, 피해자 100명 포함), 불법행위 취소 정지, 단, 손해배상청구는 불가함
단체소송	단체소송의 원고는 변호사를 소송대리인으로 선임하여야 함
법원의 허가	단체소송은 **법원의 허가**를 받아야 함
관할법원	**「민사소송법」**상 지방법원 본원합의부

13 개인정보처리자의 개인정보 처리제한 (20 군무원9)

① 최소한의 개인정보만 수집

② **최소한 개인정보라는 것 입증책임: 개인정보처리자(○)** / 정보주체(×)

14 민감정보 처리제한

민감정보	사상 · 신념, 노동조합 · 정당의 가입 · 탈퇴, 정치적 견해, 건강, 성생활 등에 관한 정보
민감정보 처리	원칙적 금지
민감정보 처리의 예외적 허용	별도의 동의를 받은 경우, 법령에서 민감정보 처리를 요구하거나 허용하는 경우

단권화 메모 & OX

01 「개인정보보호법」을 위반한 개인정보처리자의 행위로 손해를 입은 정보주체가 개인정보처리자에게 손해배상을 청구한 경우, 그 개인정보처리자는 고의 또는 과실이 없음을 입증하지 아니하면 책임을 면할 수 없다. (18 지방7) [○ / ×]

02 개인정보처리자의 고의 또는 중대한 과실로 인하여 개인정보가 유출된 경우로서 정보주체에게 손해가 발생한 때에는 법원은 그 손해액의 3배를 넘지 아니하는 범위에서 손해배상액을 정할 수 있다. (18 서울7하) [○ / ×]

03 단체소송의 원고는 변호사를 소송대리인으로 선임하여야 한다. (21 소방9) [○ / ×]

04 개인정보 단체소송에 관하여 「개인정보보호법」에 특별한 규정이 없는 경우에는 「행정소송법」을 적용한다. (16 지방9) [○ / ×]

| 정답 | 01 ○ 02 ○ 03 ○ 04 ×(개인정보는 민사쟁송절차의 대상임)

15 영상정보처리기기(CCTV)의 설치·운영 제한

영상정보처리기기 설치·운영	원칙 - 금지
예외적 허용	• 법령에서 구체적으로 허용하고 있는 경우 • 범죄의 예방 및 수사를 위하여 필요한 경우 • 시설안전 및 화재예방을 위하여 필요한 경우 • 교통단속을 위하여 필요한 경우 • 교통정보의 수집·분석 및 제공을 위하여 필요한 경우
목욕실 등 금지	누구든지 불특정 다수가 이용하는 목욕실, 화장실, 발한실(發汗室), 탈의실 등 개인의 사생활을 현저히 침해할 우려가 있는 장소의 내부를 볼 수 있도록 영상정보처리기기를 설치·운영하여서는 아니 됨
교도소 등 설치·운영 가능	교도소, 정신보건시설 등 법령에 근거하여 사람을 구금하거나 보호하는 시설로서 대통령령으로 정하는 시설에 대하여는 그러하지 아니함
영상정보처리기기 운영	영상정보처리기기의 설치 목적과 다른 목적으로 영상정보처리기기를 임의로 조작하거나 다른 곳을 비춰서는 아니 되며, 녹음기능은 사용할 수 없음

16 개인정보처리자의 개인정보 제공(제3자) (21 국가9)

① **원칙**: 금지

② **예외 허용**: 정보주체의 동의를 받은 경우, 법률에 근거가 있는 경우

③ **개인정보를 수집한 목적 외의 용도로 이용하거나 이를 제3자에게 제공하는 것**: 원칙 금지

④ **다음의 경우 예외적 허용**

㉠ 정보주체로부터 별도의 동의를 받은 경우

㉡ 다른 법률에 특별한 규정이 있는 경우

㉢ 정보주체 또는 그 법정대리인이 의사표시를 할 수 없는 상태에 있거나 주소불명 등으로 사전동의를 받을 수 없는 경우로서 명백히 정보주체 또는 제3자의 급박한 생명, 신체, 재산의 이익을 위하여 필요하다고 인정되는 경우

㉣ 개인정보를 목적 외의 용도로 이용하거나 이를 제3자에게 제공하지 아니하면 다른 법률에서 정하는 소관업무를 수행할 수 없는 경우로서 보호위원회의 심의·의결을 거친 경우

㉤ 조약, 그 밖의 국제협정의 이행을 위하여 외국정부 또는 국제기구에 제공하기 위하여 필요한 경우

㉥ 범죄의 수사와 공소의 제기 및 유지를 위하여 필요한 경우

㉦ 법원의 재판업무수행을 위하여 필요한 경우

㉧ 형(刑) 및 감호, 보호처분의 집행을 위하여 필요한 경우

단 권 화 메 모 & O X

17) 개인정보를 제공받은 자의 이용·제공 제한

개인정보처리자로부터 개인정보를 제공받은 자 목적 외의 용도사용	금지
예외적으로 이용 가능한 경우	• 정보주체로부터 별도의 동의를 받은 경우 • 다른 법률에 특별한 규정이 있는 경우

18) 개인정보보호위원회

소속	국무총리
위원 임기	3년, 1회 연임 가능
구성	상임위원 2명(위원장 1명, 부위원장 1명) 포함 9명의 위원

관련 판례

1. 지문사건: 열손가락 회전지문과 평면지문을 날인하도록 한 「주민등록법 시행령」은 자기정보관리통제권 침해가 아님(헌재 2005.5.26. 99헌마513)
2. 종교적 신조, 육체적·정신적 결함: 엄밀한 보호(○), 성명·직업·졸업일자: 엄밀한 보호(×)(헌재 2005.7.21. 2003헌마282)
3. 교육정보시스템사건: 성명·생년월일·졸업일자와 같은 개인정보를 교육정보시스템에 보유하는 것은 자기정보관리통제권 침해가 아님(헌재 2005.7.21. 2003헌마282)

02 「공공기관 정보공개에 관한 법률」 19 서울9하 18 국가7

1) 개인정보보호와 정보공개청구 비교

구분	개인정보보호	정보공개청구
보장 이유	개인정보 보호를 위해	국민의 정치적 의사형성에 필요한 정보제공
헌법 근거	국민주권, 사생활의 비밀과 자유	표현의 자유, 인간의 존엄과 가치, 인간다운 생활을 할 권리, 국민주권
일반법	「개인정보보호법」	「공공기관의 정보공개에 관한 법률」
적용객체	공공기관, 법인, 단체, 개인	공공기관
정보공개청구 주체	사인인 정보주체	• 모든 국민 • 법인 • 법인 아닌 사단·재단 • 외국인

제3자의 정보공개청구	×	○
위원회 소속	국무총리	국무총리

2) 정보공개청구권의 근거 (21 국가9) (17 국가7상)

알 권리의 헌법상 근거	표현의 자유, 국민주권, 인간다운 생활을 할 권리, 인간의 존엄과 가치
법률	「공공기관의 정보공개에 관한 법률」
조례	• 자치사무에 관한 행정정보공개를 제정할 수 있음 • 법령이 제정되어 있지 않다고 하더라도 자치사무의 행정정보공개를 조례로 정할 수 있음

3) 정보공개청구권의 법적 성격 (17 서울9)

① 정보공개를 청구한 경우 법령이 없어도 행정청은 정보공개를 할 의무를 짊

② 정보공개청구가 없는 경우 공공기관의 정보공개의무

소극적 측면	일반적으로 접근할 수 있는 정보를 받아들이고, 받아들인 정보를 취사·선택할 수 있는 권리
적극적 측면	의사형성·여론형성에 필요한 정보를 적극적으로 수집하고, 나아가 이에 필요한 정보의 공개를 청구할 수 있는 권리

관련 판례

한국과 중국은 마늘 수입제한조치를 연장하지 않기로 합의하였음. 알 권리에서 파생되는 정부의 공개의무는 특별한 사정이 없는 한 국민의 적극적인 정보수집행위, 특히 특정의 정보에 대한 공개청구가 있는 경우에야 비로소 존재함. 마늘농가 국민들이 마늘합의서에 대한 공개청구를 하지 않은 경우 행정부는 정보공개를 할 의무는 없음. 청구가 없는 경우에 행정청의 공개의무는 법률에 규정이 있어야 인정됨(헌재 2004.12.16. 2002헌마579)

★★☆

4) 「공공기관의 정보공개에 관한 법률」에서 공공기관의 의의 (22 소방7) (20 지방7) (17 국가9상) (17 지방9상) (17 서울9) (16 국가9)

법률	"공공기관"이라 함은 국가기관, 지방자치단체, 「공공기관의 운영에 관한 법률」 제2조에 따른 공공기관, 「지방공기업법」에 따른 지방공사 및 지방공단 그 밖에 대통령령이 정하는 기관
시행령	• 「육아교육법」, 「초·중등교육법」 및 「고등교육법」에 따른 각급 학교 또는 그 밖에 다른 법률에 의하여 설치된 각급학교 • 「지방자치단체 출자·출연 기관의 운영에 관한 법률」 제2조 제1항에 따른 출자기관 및 출연기관 • 특별법에 의하여 설립된 특수법인(한국방송공사 포함, 단 한국증권업협회, 언론사는 제외) • 「사회복지사업법」 제42조 제1항의 규정에 의하여 국가나 지방자치단체로부터 보조금을 받는 사회복지법인과 사회복지사업을 하는 비영리법인 • 그 밖에 「보조금 관리에 관한 법률」 제9조 또는 「지방재정법」 제17조 제1항 각 호 외의 부분 단서에 따라 국가나 지방자치단체로부터 연간 5천만원 이상의 보조금을 받는 기관 또는 단체(정보공개대상정보는 해당 연도에 보조를 받은 사업으로 한정)
사립대학	시행령 제2조 제1호가 정보공개의무를 지는 공공기관의 하나로 사립대학교를 들고 있는 것이 모법인 구 「공공기관의 정보공개에 관한 법률」의 위임범위를 벗어났다거나 사립대학교가 국비의 지원을 받는 범위 내에서만 공공기관의 성격을 가진다고 볼 수 없음(대판 2006.8.24. 2004두2783)

단권화 메모 & OX

01 국민의 알 권리의 내용에는 일반 국민 누구나 국가에 대하여 보유·관리하고 있는 정보의 공개를 청구할 수 있는 이른바 일반적인 정보공개청구권이 포함된다. (21 국가9) [○ / ×]

02 정보에의 접근·수집·처리의 자유는 자유권적 성질과 청구권적 성질을 공유하는 것으로서 헌법 제21조에 의하여 직접 보장되는 권리이다. (17 국가7상) [○ / ×]

03 국·공립의 초등학교는 공공기관의 정보공개에 관한 법령상 공공기관에 해당하지만, 사립초등학교는 이에 해당하지 않는다. (16 국가9) [○ / ×]

04 한국방송공사는 「공공기관의 정보공개에 관한 법률 시행령」 제2조 제4호에 규정 된 '특별법 에 따라 설립된 특수법인'에 해당한다. (17 국가9상) [○ / ×]

05 한국증권업협회는 증권회사 상호 간의 업무질서를 유지하고 유가증권의 공정한 매매거래 및 투자자보호를 위하여 구성된 회원조직으로, 증권거래법 또는 그 법에 의한 명령에 대하여 특별한 규정이 있는 것을 제외하고는 「민법」 중 사단법인에 관한 규정을 적용받으므로 구 「공공기관의 정보공개에 관한 법률 시행령」상의 '특별법에 의하여 설립된 특수법인'에 해당하지 않는다. (17 국가9상) [○ / ×]

| 정답 | 01 ○ 02 ○ 03 ×(사립 유치원부터 대학교까지 공공기관에 해당함) 04 ○ 05 ○

5 정보의 의의 (21 국가9)

공공기관이 직무상 작성 또는 취득하여 관리하고 있는 문서(전자문서 포함) 및 전자매체를 비롯한 모든 형태의 매체 등에 기록된 사항

관련 판례

1. 「공공기관의 정보공개에 관한 법률」상 공개청구의 대상이 되는 정보란 공공기관이 직무상 작성 또는 취득하여 현재 보유·관리하고 있는 문서에 한정되는 것이기는 하나 그 문서가 반드시 원본일 필요는 없음(대판 2006.5.25. 2006두3049)
2. 대한주택공사의 아파트분양원가 산출내역에 관한 정보는 정보공개법의 적용대상인 정보에 해당함(대판 2007.6.1. 2006두20587)

6 입증책임 (22 지방9)

정보를 보유·관리하고 있는지 입증책임	공개청구권자(○)
정보를 보유·관리하고 있지 않다는 입증책임	공공기관(○)

★★☆

7 정보공개청구권자 (18 서울9하) (17 지방7)

모든 국민	이해당사자만(×), 이해관계 없는 사항도 정보공개청구 가능
법인, 법인 아닌 사단·재단	○
외국인	• 국내에 일정한 주소를 두고 거주하거나 학술·연구를 위하여 일시적으로 체류하는 사람 • 국내에 사무소를 두고 있는 외국 법인 또는 단체
국가·지방자치단체	×

8 정보공개청구 (20 국가9)

정보공개청구서 또는 말로써 청구 가능(○), 익명(×), 무기명(×)

관련 판례

정보공개청구의 목적에 특별한 제한이 있다고 할 수 없으므로, 오로지 피고를 괴롭힐 목적으로 정보공개를 구하고 있다는 등의 특별한 사정이 없는 한, 정보공개의 청구가 권리남용에 해당한다고 볼 수 없음(대판 2008.10.23. 2007두1798)

단권화 메모 & OX

01 「공공기관의 정보공개에 관한 법률」상 공개청구의 대상이 되는 정보란 공공기관이 직무상 작성 또는 취득하여 현재 보유·관리하고 있는 원본인 문서만을 의미한다. (21 국가9) [○ / ×]

02 공개를 구하는 정보를 공공기관이 한때 보유·관리하였으나 후에 그 정보가 담긴 문서 등이 폐기되어 존재하지 않게 된 것이라면 그 정보를 더 이상 보유·관리하고 있지 아니하다는 점에 대한 증명책임은 공공기관에게 있다. (22 지방9) [○ / ×]

03 정보공개청구권을 가지는 국민에는 자연인은 물론 법인, 권리능력 없는 사단·재단도 포함되고, 법인, 권리능력 없는 사단·재단 등의 경우에는 설립목적을 불문한다. (17 지방7) [○ / ×]

04 지방자치단체 또한 법인격을 가지므로 「공공기관의 정보 공개에 관한 법률」 제5조에서 정한 정보공개청구권자인 '국민'에 해당한다. (18 서울9하) [○ / ×]

| 정답 | 01 ×(원본, 부본 관계없음) 02 ○ 03 ○
04 ×(지방자치단체는 공공기관 등에 해당함)

9) 정보의 의무적 공개(제8조의2)

중앙행정각부 또는 대통령령으로 정하는 기관에 한하여 공개대상인 정보가 전자정보 형태인 경우 당사자 신청이 없어도 수시로 공개해야 함

10) 정보공개 여부 결정 (17 국가9상)

10일 이내 공개 여부 결정 → 1회에 한하여 10일 연장 가능

11) 정보공개심의회와 정보공개위원회 (20 군무원7)

정보공개심의회	공공기관에 설치 → 정보공개심의회의 위원 위촉은 국가기관의 장의 재량(위원장 1명을 포함하여 5명 이상 7명 이하의 위원으로 구성)
정보공개위원회	국무총리 소속(위원장과 부위원장 각 1명을 포함한 11명의 위원으로 구성)

12) 정보공개 방법 (19 국가7) (18 지방9) (17 국가9하)

분리공개	공개 정보와 비공개정보가 혼합되어 있는 경우 두 부분을 분리할 수 있는 때에는 제9조 제1항 각 호의 어느 하나에 해당하는 부분을 제외하고 공개하여야 함
분리 가능한 정보의 공개청구를 모두 거부한 경우	위 정보 중 공개가 가능한 부분을 특정하고 판결의 주문에 행정청의 위 거부처분 중 공개가 가능한 정보에 관한 부분만을 취소한다고 표시하여야 함(○), 모두 취소(×)
전자적 형태로 정보공개를 청구한 경우	• 현저히 곤란한 경우를 제외하고 전자적 형태로 공개해야 함 • 전자적 형태로 보유하고 있지 않은 정보도 전자적 형태로 변환해서 공개할 수 있음

13) 비용부담

청구인 부담(○), 행정청 부담(×). 단, 공공의 이익을 위한 경우만 감액 가능

14) 정보공개원칙(제3조)과 예외적 비공개 (19 국가9)

공공기관이 보유·관리하는 정보는 국민의 알 권리 보장 등을 위하여 이 법에서 정하는 바에 따라 적극적으로 공개하여야 함

→ 정보는 공개가 원칙이고, 예외적으로 비공개 사유가 법정되어 있음

단권화 메모 & OX

01 공공기관은 정보공개의 청구를 받으면 그 청구를 받은 날부터 10일 이내에 공개 여부를 결정하여야 하나 부득이한 사유로 이 기간 이내에 공개 여부를 결정할 수 없는 때에는 그 기간이 끝나는 날의 다음 날부터 기산하여 10일의 범위에서 공개 여부 결정기간을 연장할 수 있다. (17 국가9상) [○ / ×]

02 정보공개거부처분취소소송에서 공개를 거부한 정보에 비공개대상 부분과 공개가 가능한 부분이 혼합되어 있는 경우, 공개청구의 취지에 어긋나지 아니하는 범위 안에서 두 부분을 분리할 수 있다면 법원은 청구취지의 변경이 없더라도 공개가 가능한 정보에 관한 부분만의 일부취소를 명할 수 있다. (18 지방9) [○ / ×]

| 정답 | 01 ○ 02 ○

★★☆

절대 금지는 아님, 상대적 비공개(공개하지 아니할 수 있음)

15 예외적 비공개대상 정보(제9항 제1항)

(21 지방9) (21 군무원9) (20 지방9) (19 지방7) (19 서울7하) (19 지방9) (18 지방9) (17 국가7상) (17 국가7하) (17지방9하)

① 다른 법률 또는 법률이 위임한 명령(국회규칙 · 대법원규칙 · 헌법재판소규칙 · 중앙선거관리위원회규칙 · 대통령령 및 조례에 한한다)에 의하여 비밀 또는 비공개사항으로 규정된 정보

관련 판례

「공공기관의 정보공개에 관한 법률」 제7조(현 제9조) 제1항 제1호 소정의 '법률에 의한 명령'은 법률의 위임규정에 의하여 제정된 대통령령, 총리령, 부령 전부를 의미한다기보다는 정보의 공개에 관하여 법률의 구체적인 위임 아래 제정된 법규명령(위임명령)을 의미함(대판 2003.12.11. 2003두8395)

② 국가안전보장 · 국방 · 통일 · 외교관계 등에 관한 사항으로서 공개될 경우 국가의 중대한 이익을 현저히 해할 우려가 있다고 인정되는 정보

③ 공개될 경우 국민의 생명 · 신체 및 재산의 보호에 현저한 지장을 초래할 우려가 있다고 인정되는 정보

④ 진행 중인 재판에 관련된 정보와 범죄의 예방, 수사, 공소의 제기 및 유지, 형의 집행, 교정, 보안처분에 관한 사항으로서 공개될 경우 그 직무수행을 현저히 곤란하게 하거나 형사피고인의 공정한 재판을 받을 권리를 침해한다고 인정할 만한 상당한 이유가 있는 정보

⑤ 감사 · 감독 · 검사 · 시험 · 규제 · 입찰계약 · 기술개발 · 인사관리 · 의사결정과정 또는 내부검토과정에 있는 사항 등으로서 공개될 경우 업무의 공정한 수행이나 연구 · 개발에 현저한 지장을 초래한다고 인정할 만한 상당한 이유가 있는 정보. 다만, 의사결정 과정 또는 내부검토 과정을 이유로 비공개할 경우에는 제13조 제5항에 따라 통지를 할 때 의사결정 과정 또는 내부검토 과정의 단계 및 종료 예정일을 함께 안내하여야 하며, 의사결정 과정 및 내부검토 과정이 종료되면 제10조에 따른 청구인에게 이를 통지하여야 한다.

⑥ 해당 정보에 포함되어 있는 성명 · 주민등록번호 등 「개인정보보호법」 제2조 제1호에 따른 개인정보로서 공개될 경우 개인의 사생활의 비밀 또는 자유를 침해할 우려가 있다고 인정되는 정보. 다만, 다음에 열거한 개인에 관한 정보는 제외함

㉠ 법령이 정하는 바에 따라 열람할 수 있는 정보

㉡ 공공기관이 공표를 목적으로 작성하거나 취득한 정보로서 개인의 사생활의 비밀과 자유를 부당하게 침해하지 아니하는 정보

㉢ 공공기관이 작성하거나 취득한 정보로서 공개하는 것이 공익이나 개인의 권리구제를 위하여 필요하다고 인정되는 정보

㉣ 직무를 수행한 공무원의 성명 · 직위

㉤ 공개하는 것이 공익을 위하여 필요한 경우로서 법령에 따라 국가 또는 지방자치단체가 업무의 일부를 위탁 또는 위촉한 개인의 성명 · 직업

⑦ 법인 · 단체 또는 개인의 경영 · 영업상 비밀에 관한 사항으로서 공개될 경우 법인 등의 정당한 이익을 현저히 해할 우려가 있다고 인정되는 정보. 다만, 다음에 열거한 정보를 제외함

㉠ 사업활동에 의하여 발생하는 위해로부터 사람의 생명 · 신체 또는 건강을 보호하기 위하여 공개할 필요가 있는 정보

㉡ 위법 · 부당한 사업활동으로부터 국민의 재산 또는 생활을 보호하기 위하여 공개할 필요가 있는 정보

⑧ 공개될 경우 부동산 투기 · 매점매석 등으로 특정인에게 이익 또는 불이익을 줄 우려가 있다고 인정되는 정보

단권화 메모 & OX

01 정보공개법 제9조 제1항 제1호에서 '다른 법률 또는 법률에서 위임한 명령에 따라 비밀이나 비공개 사항으로 규정된 정보'를 비공개대상정보로 규정하고 있는데 여기서, '법령에서 위임한 명령'이란 법규명령은 물론 행정규칙을 포함한다. (19 소방7) [○ / ×]

02 「공공기관의 정보공개에 관한 법률」 제9조 제1항 제4호의 '진행 중인 재판에 관련된 정보'에 해당한다는 사유로 정보공개를 거부하기 위해서는 그 정보가 진행 중인 재판의 소송기록 그 자체에 포함된 내용이어야 한다. (17 국가7상) [○ / ×]

03 직무를 수행한 공무원의 성명과 직위는 「공공기관의 정보공개에 관한 법률」에 의하여 공개대상정보에 해당한다. (16 국가7) [○ / ×]

04 공개될 경우 부동산 투기로 특정인에게 이익 또는 불이익을 줄 우려가 있다고 인정되는 정보는 비공개대상에 해당한다. (18 지방9) [○ / ×]

| 정답 | **01** ×(행정규칙 제외) **02** ×(자체에 포함될 필요는 없음) **03** ○ **04** ○

★★★

16 비공개대상 정보와 공개대상 정보 (22 지방9) (21 국가7) (20 국가7) (20 군무원9) (19 소방7) (18 서울7하)

비공개대상 정보	공개대상 정보
• 국가정보원이 직원에게 지급하는 현금급여 및 월초수당에 관한 정보(대판 2010.12.23. 2010두14800) • 대학수학능력시험 수험생의 원점수정보 중 수험생의 수험번호, 성명, 주민등록번호 등 인적사항(대판 2010.2.11. 2009두6001) • 2002년도 및 2003년도 국가 수준 학업성취도평가자료(대판 2010.2.25. 2007두9877) • 보안관찰 관련 통계자료(대판 2004.3.18. 2001두8254) • 징벌위원회 회의록 중 비공개심사·의결부분(대판 2009.12.10. 2009두12785) • 학교폭력대책자치위원회의 회의록(대판 2010.6.10. 2010두2913) • 「공직자윤리법」상의 등록의무자가 정부공직자윤리위원회에 제출한 문서에 포함되어 있는 고지거부자의 성명, 서명·날인 등 인적사항(대판 2007.12.13. 2005두13117) • 고속철도 (오송)역의 유치위원회에 지방자치단체로부터 지급받은 보조금의 사용내용에 관한 서류 일체 등의 공개를 청구한 경우, 개인의 성명(대판 2009.10.29. 2009두14224) • 국방부의 한국형 다목적 헬기(KMH) 도입사업에 대한 감사원장의 감사결과보고서(대판 2006.11.10. 2006두9351) • 학교환경위생구역 내 금지행위(숙박시설) 해제결정에 관한 학교환경위생정화위원회의 회의록에 기재된 발언내용에 대한 해당 발언자의 인적사항 부분(대판 2003.8.22. 2002두12946) • 문제은행 출제방식을 채택하고 있는 치과의사 국가시험의 문제지와 그 정답지(대판 2007.6.15. 2006두15936) • 지방자치단체의 업무추진비 세부항목별 집행내역 및 그에 관한 증빙서류에 포함된 개인에 관한 정보(대판 2003.3.11. 2001두6425) • 사법시험 제2차 시험의 시험문항에 대한 채점위원별 채점결과의 열람(대판 2003.3.14. 2000두6114) • 방송사의 취재활동을 통하여 확보한 결과물이나 그 과정에 관한 정보 또는 방송프로그램의 기획·편성·제작 등에 관한 정보(대판 2010.12.23. 2008두13101) • KBS가 황우석 교수의 논문조작사건에 관한 사실관계의 진실 여부를 밝히기 위하여 제작한 '추적 60분' 가제 "새튼은 특허를 노렸나"인 방송용 60분 분량의 편집원본 테이프(대판 2010.12.23. 2008두13101) • 공개될 경우에 타인의 사생활의 비밀과 자유를 침해할 우려가 있으며, 분량이 방대한 재개발사업에 관한 자료(대판 1997.5.23. 96누2439)	• 교육공무원의 근무성적평정 결과(대판 2006.10.26. 2006두11910) • 2002학년도부터 2005학년도까지의 대학수학능력시험 원데이터(대판 2010.2.25. 2007두9877) • 교도소의 근무보고서(대판 2009.12.10. 2009두12785) • 징벌위원회 회의록 중 재소자의 진술, 위원장 및 위원들과 재소자 사이의 문답 등 징벌절차 진행부분(대판 2009.12.10. 2009두12785) • 교도소장이 재단법인 교정협회로 송금한 수익금 총액과 교도소장에게 배당된 수익금액 및 사용내역, 교도소직원회 수지에 관한 결산결과와 사업계획 및 예산서, 수용자 외부병원 이송진료와 관련한 이송진료자 수, 이송진료자의 진료내역별(치료, 검사, 수술) 현황, 이송진료자의 진료비 지급(예산지급, 자비부담) 현황, 이송진료자의 진료비총액 대비 예산지급액, 이송진료자의 병명별 현황, 수용자신문구독현황과 관련한 각 신문별 구독신청자 수 등에 관한 정보(대판 2004.12.9. 2003두12707) • 「공직자윤리법」상의 등록의무자가 제출한 자신의 재산등록사항의 고지를 거부한 직계존비속의 본인과의 관계, 성명, 고지거부사유, 서명(날인)이 기재되어 있는 문서(대판 2007.12.13. 2005두13117) • 사면대상자들의 사면실시건의서와 그와 관련된 국무회의 안건자료에 관한 정보(대판 2006.12.7. 2005두241) • 임야조사서와 토지조사부의 열람·복사신청에 대한 이천군수의 부작위(헌재 1989.9.4. 88헌마22) • 자신이 무고죄의 피고인으로 재판을 받은 형사확정소송기록(헌재 1991.5.13. 90헌마133) • 아파트재건축주택조합의 조합원들에게 제공될 무상보상평수의 사업수익성 등을 검토한 자료(대판 2006.1.13. 2003두9459) • 정보공개청구의 대상이 이미 널리 알려진 사항이거나 청구량이 과다하여 정상적인 업무수행에 현저한 지장을 초래할 우려가 있더라도 청구된 정보의 사본 또는 복제물의 교부를 제한할 수는 없음(대판 2009.4.23. 2009두2702)

단권화 메모 & OX

01 국가정보원이 직원에게 지급하는 현금급여 및 월초수당에 대한 정보는 비공개대상에 해당하지 아니한다. (18 서울7하) [○ / ×]

02 학교환경위생구역 내 금지행위 해제결정에 관한 학교환경위생정화위원회의 회의록에 기재된 발언내용에 대한 해당 발언자의 인적사항 부분에 관한 정보는 비공개대상에 해당하지 아니한다. (22 지방9) [○ / ×]

03 정보공개청구대상정보가 이미 다른 사람에게 공개되어 널리 알려져 있다거나 인터넷검색이나 도서관열람 등을 통해 쉽게 알 수 있다는 사정이 있다면 비공개결정은 정당화될 수 있다. (19 소방7) [○ / ×]

| 정답 | 01 ×(비공개대상 정보에 해당함) 02 ×(비공개대상 정보에 해당함) 03 ×(비공개결정이 정당화될 수 없음)

17 정보공개청구를 한 경우 권리구제절차 (19 소방9)

① 정보공개청구 → 비공개결정 또는 부분결정 → 30일 이내 이의신청 → 이의신청결정(7일 이내 결정, 7일 연장) → 행정심판청구 90일, 180일 이내 → 항고소송

② **이의신청절차와 행정심판절차는 임의적 절차:** 이의신청을 거치지 않고 행정심판을 제기할 수 있고, 행정심판을 거치지 않고 바로 항고소송을 제기할 수 있음

③ **정보공개거부에 대한 행정심판과 행정소송의 성질:** 특별행정심판(×), 특별정보공개소송(×)

18 일반 행정쟁송 (22 국가9) (21 국가9)

① 재판장은 필요하다고 인정하면 당사자를 참여시키지 아니하고 제출된 공개 청구 정보를 비공개로 열람 · 심사할 수 있음

② 재판장은 행정소송의 대상이 제9조 제1항 제2호에 따른 정보 중 국가안전보장 · 국방 또는 외교관계에 관한 정보의 비공개 또는 부분 공개 결정처분인 경우에 공공기관이 그 정보에 대한 비밀 지정의 절차, 비밀의 등급 · 종류 및 성질과 이를 비밀로 취급하게 된 실질적인 이유 및 공개를 하지 아니하는 사유 등을 입증하면 해당 정보를 제출하지 아니하게 할 수 있음

관련 판례

1. 사립대학교에 정보공개를 청구하였다가 거부되면 사립대학교 총장을 피고로 하여 취소소송을 제기할 수 있음(대판 2006.8.24. 2004두2783)
2. 정보공개청구권은 법률상 보호되는 구체적인 권리이므로 청구인이 공공기관에 대하여 정보공개를 청구하였다가 거부처분을 받은 것 자체가 법률상 이익의 침해에 해당하므로 거부처분을 받은 것 이외에 추가로 어떤 법률상 이익을 가질 것을 요구하는 것은 아님(대판 2003.12.12. 2003두8050)
3. 공공기관이 그 정보를 보유 · 관리하고 있지 아니한 경우에는 특별한 사정이 없는 한 정보공개거부처분의 취소를 구할 법률상의 이익이 없음(대판 2006.1.13. 2003두9459)
4. 경찰서장의 수사기록사본교부거부처분은 행정소송의 대상이 된다 할 것이므로 직접 헌법소원심판의 대상으로 삼을 수 없음(헌재 2001.2.22. 2000헌마620)

★★☆

19 제3자와 관련된 정보공개청구 (3즉37) (22 소방9) (20 군무원9)

① **제3자에 대한 정보공개청구:** 「개인정보보호법」(×) / 「공공기관의 정보공개에 관한 법률」 적용(○)

② **제3자에 대한 정보공개청구가 있는 경우:** 행정청의 제3자에 대한 즉시 통지 → 필요한 경우 제3자의 의견을 청취할 수 있음

③ **제3자의 비공개요청**

㉠ 제3자는 3일 이내에 비공개요청을 할 수 있음

㉡ 제3자의 비공개요청이 있어도 정보공개할 수 있음

㉢ 정보공개 통지 → 제3자 7일 이내 이의신청 제기 또는 행정심판 또는 행정소송 제기

단권화 메모 & OX

01 정보공개청구에 대하여 공공기관이 비공개결정을 한 경우, 청구인이 이에 불복한다면 이의신청절차를 거치지 않고 행정심판을 청구할 수 있다. (19 소방9) [○ / ×]

02 정보공개청구권은 법률상 보호되는 구체적인 권리이므로 청구인이 공공기관에 대하여 정보공개를 청구하였다가 거부처분을 받은 것 자체가 법률상 이익의 침해에 해당한다. (21 국가9) [○ / ×]

03 정보공개가 신청된 정보를 공공기관이 보유 · 관리하고 있지 아니한 경우에는 특별한 사정이 없는 한 정보공개거부처분의 취소를 구할 법률상의 이익이 없다. (21 국가9) [○ / ×]

| 정답 | 01 ○ 02 ○ 03 ○

03 권리구제를 위한 개별법률

출제 비중 0%

단권화 메모 & OX

01 「민원 처리에 관한 법률」

민원우선처리업무	행정기관은 민원을 관계법령 등이 정하는 바에 따라 다른 업무에 우선하여 처리하여야 함
민원신청	• 문서로 함 • 기타민원은 구술 또는 전화로 할 수 있음
민원접수	그 접수를 보류하거나 거부할 수 없으며, 접수된 민원서류를 부당하게 되돌려 보내서는 아니 됨
민원서류이송	행정기관의 장은 접수한 민원이 다른 행정기관의 소관인 경우에는 접수된 민원문서를 지체 없이 소관기관에 이송하여야 함
처리결과 통지	• 행정기관의 장은 접수된 민원에 대한 처리를 완료한 때에는 그 결과를 민원인에게 문서로 통지하여야 함 • 다만, 기타민원의 경우와 통지에 신속을 요하거나 민원인이 요청하는 등 대통령령으로 정하는 경우에는 구술, 전화, 문자메시지, 팩시밀리 또는 전자우편 등으로 통지할 수 있음
민원신청에 대한 불복	• 60일 이내 이의신청 → 10일 이내에 결정 • 10일 연장 가능
민원처리기준표 공개	민원의 처리기관 · 처리기간 · 구비서류 · 처리절차 · 신청방법 등에 관한 사항을 종합한 민원처리기준표를 작성하여 관보에 고시하고 통합전자민원창구에 게시하여야 함
민원실의 설치	행정기관의 장은 민원을 신속히 처리하고 민원인에 대한 안내와 상담의 편의를 제공하기 위하여 민원실을 설치할 수 있음

02 「행정규제기본법」 (21 소방7)

행정규제 법정주의	규제는 법률에 근거하여야 하며, 그 내용은 알기 쉬운 용어로 구체적이고 명확하게 규정되어야 함
행정규제	법률에서 대통령령 · 총리령 · 부령 · 조례 · 규칙에 구체적 위임 가능
행정규제 등록	행정규제는 규제개혁위원회에 등록하여야 함
행정규제목록 공표	위원회는 등록된 규제사무 목록을 작성하여 공표하고, 매년 6월 말일까지 국회에 제출하여야 함
규제 존속기간	원칙 5년, 초과 금지
규제 존속기간 연장	존속기한 6개월 전까지 위원회 심사 요청
법률에 규정된 존속기간 연장	3개월 전까지 개정 법률안 국회 제출
규제개혁위원회	대통령 소속

PART 4
행정의 실효성 확보수단

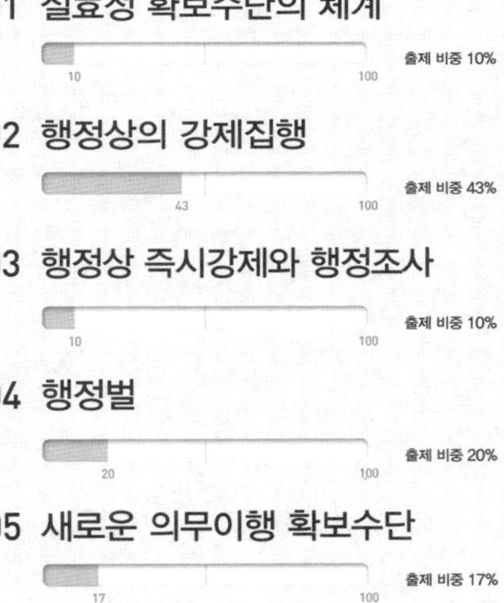

※ QR코드 스캔으로 무료강의 바로 접속

01 실효성 확보수단의 체계

출제 비중 10%

단권화 메모 & OX

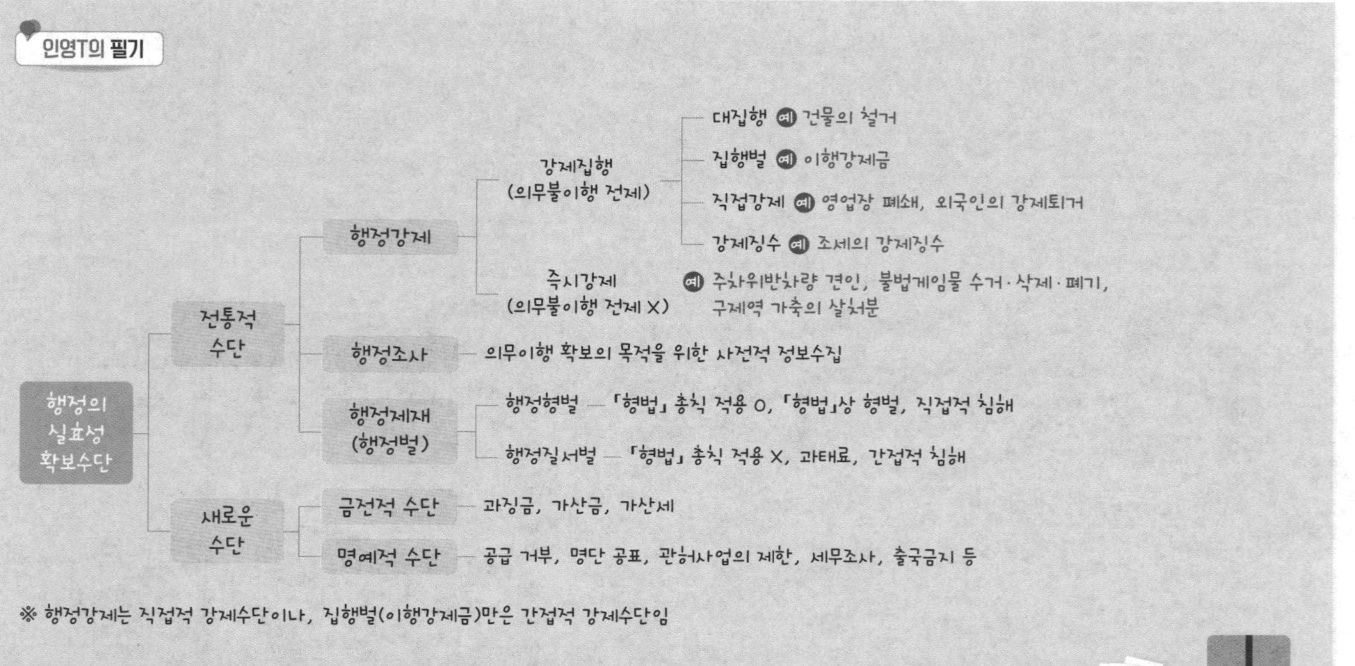

인영T의 필기
행정의 실효성 확보수단
전통적 수단
행정강제
강제집행 (의무불이행 전제)
대집행 예 건물의 철거
집행벌 예 이행강제금
직접강제 예 영업장 폐쇄, 외국인의 강제퇴거
강제징수 예 조세의 강제징수
즉시강제 (의무불이행 전제 X)
예 주차위반차량 견인, 불법게임물 수거·삭제·폐기, 구제역 가축의 살처분
행정조사
의무이행 확보의 목적을 위한 사전적 정보수집
행정제재 (행정벌)
행정형벌 — 「형법」 총칙 적용 O, 「형법」상 형벌, 직접적 침해
행정질서벌 — 「형법」 총칙 적용 X, 과태료, 간접적 침해
새로운 수단
금전적 수단 — 과징금, 가산금, 가산세
명예적 수단 — 공급 거부, 명단 공표, 관허사업의 제한, 세무조사, 출국금지 등
※ 행정강제는 직접적 강제수단이나, 집행벌(이행강제금)만은 간접적 강제수단임

행정상 강제집행

출제 비중 43%

43 100

01 일반론 (22 국가9)(21 국가7)(21 소방9)(18 국가7)(18 서울9하)(17 지방9상)

① **강제집행**: (법규, 행위)하명을 전제로 함
② 공법상 계약 불이행의 경우는 행정상 강제집행이 허용되지 않음
③ 행정상 강제집행은 법원의 판결에 의한 타력집행이 아니라 자력집행임
④ 행정법상 의무부과의 근거조항 외에 강제집행을 하려면 별도의 법적 근거가 필요함. 따라서 행정법상의 의무를 명할 수 있는 명령권의 근거가 되는 법은 동시에 행정강제의 근거가 될 수 없음
⑤ **강제집행의 실정법상 근거** (대이직강)

강제집행	일반법
㉹집행	「행정대집행법」(일반법)
㉹행강제금(집행벌)	「행정기본법」으로서 일반법이 있음
㉹접강제	
㉹제징수	「국세징수법」(일반법)

더 알아보기

민사상 강제집행과의 구별

민사상 강제집행	행정상 강제집행
• 사법상 의무를 대상으로 사인 간의 문제 • 법원의 재판을 통한 집행권원이 필요함	• 공법상 의무를 대상으로 개인과 국가 등의 관계 • 법원의 개입 없이 행정청이 스스로 강제력을 행사함(자력강제)

02 대집행

★★☆

1 대집행의 요건 (22 지방9)(21 국가9)(21 소방9)(19 소방7)(18 국가9)(18 서울9하)(17 국가9상)(17 국가9하)(17 지방9하)

① **공법상 의무불이행이 있을 것**: 대집행은 공법상 의무불이행을 요건으로 함. 따라서 사법상 의무의 불이행은 대집행의 대상이 되지 아니함
② **대체적 작위의무의 불이행**
㉠ 대집행의 대상이 되는 의무는 타인이 대신하여 이행할 수 있는 행위인 대체적 작위의무여야 함
㉡ 법령이 부작위의무, 금지의무를 규정하고 있는 경우 부작위의무로부터 그 의무를 위반함으로써 생긴 결과를 시정하기 위한 작위의무를 당연히 끌어낼 수는 없음. 즉, 법령이 작위의무를 규정한 경우에 한해 행정청은 작위명령을 할 수 있고, 작위의무를 불이행한 경우 대집행할 수 있음
㉢ 부작위에 대해서는 바로 대집행이 안 되고, 작위명령을 하고 의무를 불이행한 경우에 대집행을 할 수 있음

단권화 메모 & OX

01 대집행은 비금전적인 대체적 작위의무를 의무자가 이행하지 않는 경우 행정청이 스스로 의무자가 행하여야 할 행위를 하거나 제3자로 하여금 행하게 하는 것으로, 그 대집행의 대상은 공법상 의무에만 한정하지 않는다. (21 소방9) [○ / ×]

02 법령에서 정한 부작위의무 자체에서 의무위반으로 인해 형성된 현상을 제거할 작위의무가 바로 도출되는 것은 아니다. (18 서울9하) [○ / ×]

| 정답 | 01 ×(공법상 의무에 한정) 02 ○

㉣ 대집행 대상의 의무

대집행의 대상이 되는 의무	대집행의 대상이 되지 않는 의무
• 불법광고물의 철거의무, 시설개선의무, 건물의 수리의무, 건물의 청소·소독의무, 식목의무, 불법개간산림의 원상회복의무 • 대부계약이 해지된 경우 원상회복을 위하여 실시하는 지상물철거의무 • 공장시설개선의무	• 비대체적 작위의무(의사의 진료의무, 증인의 출석의무, 토지·건물 인도의무, 국유지·매점 퇴거의무, 외국인 강제퇴거) • 부작위의무(용도위반 부분을 장례식장으로 사용하는 것을 중지할 것과 이를 불이행할 경우) • 수인의무(감염병환자의 격리) • 금전급부의무 • 사법상 의무(사업시행자와 건물소유자 간 철거의무 합의를 한 경우)

관련 판례

1. 사업시행자와 건물소유자 간 협의취득 시 건물소유자가 매매대상 건물에 대한 철거의무를 부담하겠다는 취지의 약정은 사법상 의무이지 공법상 의무가 아니므로 대집행의 대상이 될 수 없음(대판 2006.10.13. 2006두7096)
2. 국유재산 임대차계약상 철거의무는 사법상 의무이므로 대집행의 대상이 되지 않음. 따라서 이 사건 철거계고처분은 무효임(대판 1975.4.22. 73누215)
※「국유재산법」 개정으로 행정청은 행정재산 또는 일반재산인지 여부와 관계없이 대집행을 할 수 있음(대판 1975. 4. 22. 91누13090)
3. 공유재산의 대부계약이 해지된 경우 원상회복의무는 구 「지방재정법」 제85조(현행 「공유재산 및 물품관리법」 제83조)에 따른 공법상 의무이므로 대집행의 대상이 될 수 있음(대판 2001.10.12. 2001두4078)
4. 행정대집행의 절차가 인정되는 경우에는 따로 민사소송의 방법으로 피고들에 대하여 이 사건 시설물의 철거를 구하는 것은 허용되지 않는다고 할 것임(대판 2009.6.11. 2009다1122)
5. 아무런 권원 없이 국유재산에 설치한 시설물에 대하여 행정청이 행정대집행을 실시하지 않는 경우, 그 국유재산에 대한 사용청구권을 가지고 있는 자가 국가를 대위하여 민사소송으로 그 시설물의 철거를 구할 수 있음(대판 2009.6.11. 2009다1122)
6. 용도를 위반하여 법원건물의 일부를 장례식장으로 사용하는 것을 중지하는 명령에 따른 '장례식장 사용중지의무'가 '타인이 대신'할 수도 없고, 타인이 대신하여 '행할 수 있는 행위'라고도 할 수 없는 비대체적 부작위의무에 대한 것이므로, 그 자체로 위법함이 명백함(대판 2005.9.28. 2005두7464)

③ 다른 수단으로써 불이행된 의무이행을 확보하기 곤란할 것(= 보충성)

④ 의무의 불이행을 방치함이 심히 공익을 해하는 것일 것

관련 판례

1. 무허가로 불법건축되어 철거할 의무가 있는 건축물을 도시미관, 주거환경, 교통소통에 지장이 없다는 이유로 방치하면 공익을 해칠 우려가 있음(대판 1989.3.28. 87누930)
2. 건축주가 다액의 공사비를 투입하여 위 건축물을 신축한 것이고 이것이 철거된 종전의 건축물보다 주위의 경관에 더 잘 어울린다고 하여도, 도립공원인 자연환경지구에 불법적으로 건축을 했다면, 불법건물을 그대로 방치하는 것은 심히 공익을 해하는 것이므로 철거계고처분은 행정대집행법이 정한 요건을 구비한 것임(대판 1989.10.10. 88누11230)
3. 도로관리청으로부터 도로점용허가를 받지 아니하고 광고물을 설치하였다는 점만으로 곧 심히 공익을 해치는 경우에 해당한다고 할 수 없고 대집행계고의 요건에 관한 주장·입증책임은 처분청에게 있음(대판 1974.10.25. 74누122)

단권화 메모 & OX

01 피수용자 등이 기업자에 대하여 부담하는 수용대상 토지의 인도의무는 대집행 대상이 될 수 있다. (19 소방7 변형) [○ / ×]

02 공익사업을 위해 토지를 협의 매도한 종전 토지소유자가 토지 위의 건물을 철거하겠다는 약정을 하였다고 하더라도 이러한 약정 불이행 시 대집행의 대상이 되지 아니한다. (18 서울9하) [○ / ×]

03 공유 일반재산의 대부료 지급은 사법상 법률관계이므로 행정상 강제집행절차가 인정되더라도 따로 민사소송으로 대부료의 지급을 구하는 것이 허용된다. (22 지방9) [○ / ×]

04 권원 없이 국유재산에 설치한 시설물에 대하여 관리청이 행정대집행을 통해 철거를 하지 않는 경우 그 국유재산에 대하여 사용청구권을 가진 자는 국가를 대위하여 민사소송으로 그 시설물의 철거를 구할 수 있다. (22 지방9) [○ / ×]

05 관계법령에 위반하여 장례식장 영업을 하고 있는 자에게 부과된 장례식장 사용중지의무는 공법상 의무로서 행정대집행의 대상이 된다. (22 지방9) [○ / ×]

| 정답 | 01 ×(인도는 대집행 대상이 아님) 02 ○ 03 ×(「국가재정법」상 모든 재산이 해당) 04 ○ 05 ×(부작위의무 불이행은 대집행 대상이 아님)

2 요건 충족 (16 지방7)

① 대집행의 요건은 계고 시까지는 충족되어야 함. 다만, 계고장만이 아니라 전후 문서로 치유될 수 있음
② **대집행 요건충족 입증책임:** 처분 행정청
③ 대집행의 요건이 충족된 경우에도 대집행을 할 것인지의 여부는 행정청의 재량에 해당함(多). 기속행위라는 소수설도 있음
④ 불가쟁력의 발생 여부와 관계없이 대집행 가능

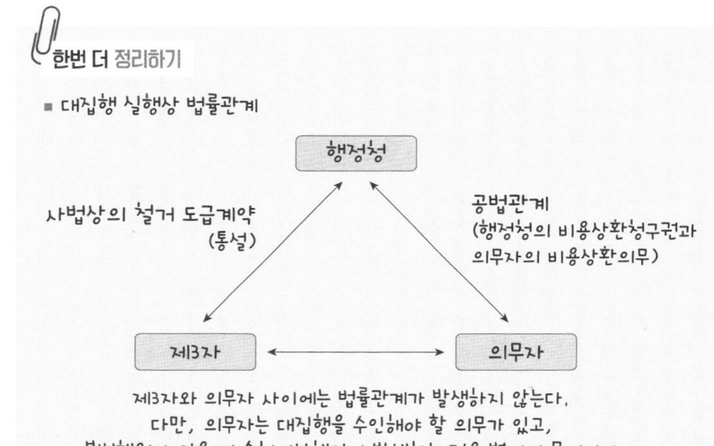

3 대집행의 주체와 행위자

① **대집행의 주체:** 처분청(○) / 감독청 등(×, 단 법률에 근거를 두고 위임·위탁을 받은 경우는 가능)
② **대집행 실행의 주체:** 처분청(○), 제3자(○)
③ 행정청과 대집행 실행자 간의 관계는 사법상 계약임
④ 대집행 실행자로서의 제3자는 공무수탁사인이 아니므로 대집행의 주체는 아님
⑤ 의무자와 대집행 실행자 간에는 직접적인 법률관계가 존재하지 않음. 다만, 의무자는 제3자의 대집행행위를 수인할 의무가 있음

★★★
4 대집행의 절차 (22 지방9) (21 소방9) (20 국가7) (20 지방7) (20 지방9) (19 국가9) (19 서울9하) (18 지방9) (17 국가7하) (17지방7상) (17서울7) (16 지방7)

① **대집행 절차로서의 계고**

법적 성질	준법률행위적 행정행위로서 통지, 처분성(○)
계고의 요건	• 상당한 이행기간의 부여 • 반드시 문서(○), 구두(×) • 의무 내용은 계고 시에 특정되어야 함 • 대체적 작위의무(철거의무) 부과와 계고의 결합가능성 → 한 장의 문서로 하명과 계고처분을 할 수 있는가에 대해 학설은 부정적이나, 판례는 긍정적임 • 계고의 생략: 비상시 또는 위험이 절박한 경우에 있어서 당해 행위의 급속한 실시를 요하여 계고절차 등을 취할 여유가 없을 때에는 계고절차와 대집행 영장에 의한 통지를 생략하고 대집행을 할 수 있음

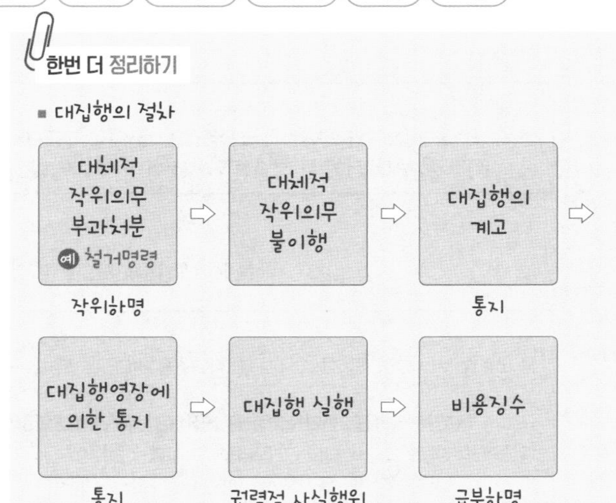

단권화 메모 & OX

01 행정청이 대집행계고를 함에 있어서 의무자가 스스로 이행하지 아니하는 경우에 대집행할 행위의 내용 및 범위는 반드시 대집행계고서에 의해서만 특정되어야 하는 것이지, 계고처분 전후에 송달된 문서나 기타 사정을 종합하여 행위의 내용이 특정되거나 대집행 의무자가 그 이행의무의 범위를 알 수 있는 것만으로는 부족하다. (16 지방7) [○ / ×]

02 행정청이 대집행에 대한 계고를 함에 있어서 의무자가 스스로 이행하지 아니하는 경우 대집행할 행위의 내용과 범위가 구체적으로 특정되어야 하지만, 그 내용 및 범위는 대집행계고서에 의해서만 특정되어야 하는 것은 아니고 그 처분 전후에 송달된 문서나 기타 사정을 종합하여 이를 특정할 수 있으면 족하다. (21 소방9) [○ / ×]

03 계고서라는 명칭의 1장의 문서로 일정기간 내에 위법건축물의 자진철거를 명함과 동시에 그 소정기한 내에 자진철거를 하지 아니할 때에는 대집행할 뜻을 미리 계고한 경우, 철거명령에서 주어진 일정기간이 자진철거에 필요한 상당한 기간이라도 그 기간 속에 계고 시에 필요한 '상당한 이행기간'이 포함된다고 볼 수 없다. (16 지방7) [○ / ×]

04 비상시 또는 위험이 절박한 경우에 있어 당해 행위의 급속한 실시를 요하여 대집행영장에 의한 통지절차를 취할 여유가 없을 때에는 이 절차를 거치지 아니하고 대집행할 수 있다. (21 소방9) [○ / ×]

| 정답 | 01 ×(전후 문서로 특정되어도 충분함) 02 ○ 03 ×(1장의 문서로 가능함이 판례의 입장) 04 ○

관련 판례

1. 상당한 의무이행기간을 부여하지 않은 계고처분 후 대집행영장으로 대집행의 시기를 늦추더라도 계고처분은 위법함(대판 1990.9.14. 90누2048)
2. 대집행 행위의 내용 및 범위는 반드시 대집행계고서에 의하여서만 특정되어야 하는 것이 아니고 계고처분 전후에 송달된 문서나 기타 사정을 종합하여 행위의 내용이 특정되면 족함. 제2차, 제3차의 계고처분은 새로운 철거의무를 부과한 것이 아니고 다만 대집행기한의 연기통지에 불과하므로 행정처분이 아님. 위법한 건물의 공유자 1인에 대한 계고처분은 다른 공유자에 대하여는 그 효력이 없음(대판 1994.10.28. 94누5144)
3. 한 장의 문서로 위법건축물에 대한 자진철거를 명함과 동시에 그에 필요한 상당한 기간 경과 후에도 자진철거를 하지 않을 때는 대집행할 뜻을 미리 계고한 경우 당해 계고처분은 허용됨(대판 1992.6.12. 91누13564)

② **대집행 절차로서의 대집행영장에 의한 통지:** 준법률행위적 행정행위로서의 통지이므로 항고소송의 대상이 됨

관련 판례

서울광장은 비록 공부상 지목이 도로로 되어 있으나 「도로법」 제65조 제1항 소정의 행정대집행의 특례규정이 적용되는 「도로법」상 도로라고 할 수 없으므로 위 철거대집행은 구체적 직무집행에 관한 법률상 요건과 방식을 갖추지 못한 것으로서 적법성이 결여되었고, 따라서 피고인들이 위 공무원들에 대항하여 폭행·협박을 가하였더라도 특수공무집행방해죄는 성립되지 않음(대판 2010.11.11. 2009도11523)

③ **대집행 절차로서 대집행 실행의 법적 성질:** 권력적 사실행위, 처분

㉠ 대집행 실행에 저항하는 의무자를 상대로 한 실력행사 가능 여부

- 건물철거의무에는 퇴거의무도 포함되므로, 별도의 집행권원 없이 퇴거명령이 가능함
- 별도로 건물 퇴거를 구하는 민사소송 제기는 부적법함(대판 2017.4.28. 2016다213916)

㉡ 점유자들이 위력을 행사하여 방해하는 경우: 「경찰관 직무직행법」에 근거한 위험발생 방지조치 또는 「형법」상 공무집행방해죄의 범행방지 내지 현행범체포 차원에서 경찰의 도움을 받을 수 있음(대판 2017.4.28. 2016다213916)

④ **대집행의 비용부담자:** 의무자(○) / 국가(×), 대집행실행의 주체(×)

㉠ 미납 시 징수방법: 「국세징수법」상 강제징수(○) / 민사소송(×)

㉡ 귀속: 대집행에 요한 비용을 징수하였을 때에는 그 징수금은 사무비의 소속에 따라 국고 또는 지방자치단체의 수입으로 함

5 하자승계 (21 소방9)

① 철거명령과 대집행절차 사이에는 하자승계가 안 됨

② 다만, 철거명령이 무효인 경우 대집행 절차도 무효가 됨

③ 대집행 절차 사이에는 하자가 승계됨

6 대집행 구제

① 행정심판(○), 행정소송(○)

② 대집행에 대한 불복에 있어서 행정심판을 거치지 아니하고도 행정소송을 제기할 수가 있음

③ **대집행 실행이 완료된 경우**

㉠ 대집행 계고처분을 취소할 법률상의 이익은 없음(대판 1993.6.8. 93누6164)

㉡ 대집행 절차가 취소되지 않아도 손해배상을 청구할 수 있음

단권화 메모 & OX

01 대집행의 절차인 '대집행의 계고'의 법적 성질은 준법률행위적 행정행위이므로 계고 그 자체가 독립하여 항고소송의 대상이나, 2차 계고는 새로운 철거의무를 부과하는 것이 아니고 대집행기한의 연기 통지에 불과하므로 행정처분으로 볼 수 없다는 판례가 있다. (21 소방9) [○ / ×]

02 행정청은 퇴거를 명하는 집행권원이 없더라도 건물철거 대집행 과정에서 부수적으로 철거의무자인 건물의 점유자들에 대해 퇴거 조치를 할 수 있다. (22 지방9) [○ / ×]

03 행정청이 행정대집행의 방법으로 건물철거의무의 이행을 실현할 수 있는 경우, 점유자들이 적법한 행정대집행을 위력을 행사하여 방해한다면 「형법」상 공무집행방해죄의 범행방지 차원에서 경찰의 도움을 받을 수도 있다. (18 지방9) [○ / ×]

04 대집행에 소용된 비용을 납부하지 아니할 때에는 국세징수의 예에 의하여 징수할 수 있다. (16 지방9) [○ / ×]

05 계고처분의 후속절차인 대집행에 위법이 있다고 하여 그와 같은 후속절차에 위법성이 있다는 점을 들어 선행절차인 계고처분이 부적법하다는 사유로 삼을 수는 없다. (21 소방9) [○ / ×]

| 정답 | 01 ○ 02 ○ 03 ○ 04 ○ 05 ○

★★★
03 이행강제금(집행벌)

(21 국가7) (21 국가9) (21 지방9) (20 지방9) (20 군무원9) (19 지방9) (19 소방7) (18 국가9) (17 국가7하) (17 지방9하) (16 국가9)

의의	• 행정벌은 과거 행위에 대한 제재이나, 이행강제금은 과거행위에 대한 제재가 아니라 장래 의무이행 확보를 위한 강제집행수단임. 반복부과가 가능함 • 무허가건축행위에 대한 형사처벌과 시정명령 위반에 대한 이행강제금 부과는 이중처벌에 해당하지 아니함(헌재 2004.2.26. 2001헌바80) • 직접적(×) / 간접적(○) 의무이행 확보수단 • 이행강제금에 관한 일반법으로 「행정기본법」 제31조에 일반법적 근거가 마련되었음
성격	일신전속적이므로 상속인에게 승계되지 않음(대결 2006.12.8. 자 2006마470)
대체적 작위의무에 대한 이행강제금 부과	• 대체적 작위의무에 대해서도 이행강제금을 부과할 수 있음 • 대집행과 이행강제금은 선택적으로 활용할 수 있으며, 이처럼 그 합리적인 재량에 의해 선택하여 활용하는 이상 중첩적인 제재에 해당한다고 할 수 없음(헌재 2004.2.26. 2001헌바80)
이행강제금 부과와 징수	• 「건축법」상 이행강제금은 1년에 2회 이내의 범위에서 그 시정명령이 이행될 때까지 반복하여 이행강제금을 부과 · 징수할 수 있음 • 시정명령을 받은 자가 이를 이행하면 새로운 이행강제금의 부과를 즉시 중지하되, 이미 부과된 이행강제금은 징수하여야 함 • 이행강제금을 납부하지 않으면 지방세 체납처분의 예에 따라 강제징수함
이행강제금 부과에 대한 불복절차	• 구 「건축법」은 이행강제금 부과처분에 대한 불복절차로서 「비송사건절차법」을 규정하고 있어, 항고소송을 제기할 수 없었으나 「건축법」 개정으로 이행강제금 부과에 대해 항고소송을 제기할 수 있음 • 「농지법」의 이행강제금 부과처분은 「비송사건절차법」에 따른 과태료 재판에 준하여 재판함(「농지법」 제62조) • 행정청이 「건축법」 위반에 대한 이행강제금 부과처분을 함에 있어서 위반행위의 근거법규를 잘못 적시한 경우, 관할법원이 직권으로 이를 바로잡아 이행강제금을 부과할 수 있음(대결 2005.8.19. 2005마30)

04 직접강제

법적 근거	일반법으로 「행정기본법」 제32조에 일반법적 근거가 마련되었음
수단	• 「식품위생법」 등에 규정된 무허가영업소의 영업소폐쇄명령을 받은 후 영업을 하는 업소에 대한 강제폐쇄는 직접강제임. 강제폐쇄에는 영장이 필요 없음 • 무등록 학원 폐쇄도 직접강제임 • 무등록 학원 폐쇄를 규정한 학원법은 무등록 학원의 설립 · 운영자에 대한 폐쇄명령의 근거는 아님(대판 2001.2.23. 99두6002) • 불법입국한 외국인 강제퇴거, 감염병환자 강제퇴거는 직접강제임
대상	대체적 작위의무, 비대체적 작위의무, 부작위의무, 수인의무 등 모든 의무의 불이행
한계	대집행, 이행강제금으로 의무이행을 할 수 있는 경우에는 허용될 수 없음
불복	권력적 사실행위이므로 항고소송대상(○), 손해배상청구(○)

한번 더 정리하기

■ 직접강제의 성질

직접강제에 해당하는 것	• 강제예방접종 • 무허가영업소의 강제폐쇄 • 불법체류외국인에 대한 강제출국 • 집회군중에 대한 강제해산
직접강제가 아닌 것	• 개별법상의 폐쇄조치 명령(하명) • 「식품위생법」상 물건의 폐기(행정상 즉시강제)

단 권 화 메 모 & O X

01 사망한 건축주에 대하여 「건축법」상 이행강제금이 부과된 경우 그 이행강제금 납부의무는 상속인에게 승계된다. (16 국가9) [○ / ×]

02 현행 「건축법」상의 이행강제금에 대한 불복은 「비송사건절차법」에 의하도록 규정하고 있으므로 이행강제금부과처분은 항고소송의 대상이 될 수 없다. (19 소방7) [○ / ×]

| 정답 | 01 ×(일신전속적 성질) 02 ×(「건축법」상 이행강제금은 행정소송 대상임)

05 강제징수

단권화메모&OX

1) 강제징수 근거 → 「국세기본법」(×) / 「국세징수법」(○) (20 국가9)

2) 강제징수 절차로서 독촉

강제징수 절차	독촉 - 체납절차(압류 → 매각 → 청산)
독촉의 법적 성질	준법률행위적 행정행위 중 의사의 통지행위
독촉장의 발부	국세를 지정납부기한까지 완납하지 아니한 때에는 관할 세무서장은 지정납부기한 경과 후 10일 내에 독촉장을 발부하여야 함
납부기한	납부기한을 발부일로부터 20일 내로 함(「국세징수법」 제10조)
독촉절차를 생략한 압류처분을 한 경우	압류처분이 무효인 것은 아님

3) 압류 (17 국가9상)

법적 성질	권력적 사실행위(○), 처분(○), 압류에는 영장이 필요 없음
압류대상	• 무체재산(○), 그러나 납세자가 아닌 제3자의 재산을 대상으로 한 압류처분은 당연무효임(대판 2012.4.12. 2010두4612) • 세무공무원은 질권이 설정된 동산 또는 유가증권을 압류한 경우 그 동산 또는 유가증권의 질권자에게 압류조서의 등본을 내주어야 함(「국세징수법」 제34조 제4항)
압류금지재산	• 체납자 또는 그와 생계를 같이 하는 가족(사실상 혼인관계에 있는 사람을 포함. 동거가족)의 생활에 없어서는 아니 될 의복, 침구, 가구, 주방기구, 그 밖의 생활필수품 • 체납자 또는 그 동거가족에게 필요한 3개월간의 식료품 또는 연료 • 발명 또는 저작에 관한 것으로서 공표되지 아니한 것
급여	총액의 2분의 1에 해당하는 금액 압류금지
해제	택지소유상한을 넘은 토지에 대한 초과부담금이 부과되었는데 이를 납부하지 않아 재산이 압류되었음. 그 후 헌법재판소가 「택지소유상한에 관한 법률」(현 폐지)에 대해 위헌결정을 한 경우 행정청은 압류를 해제해야 함(대판 2002.8.23. 2001두2959)

※ 체납자가 사망한 후 체납자 명의의 재산에 대하여 한 압류는 그 재산을 상속한 상속인에 대하여 한 것으로 봄(「국세징수법」 제27조 제2항)
※ 체납처분은 재판상의 가압류 또는 가처분으로 인하여 그 집행에 영향을 받지 아니함

4) 매각 (16 국가9)

공매	• 매각의 원칙적인 절차 • 법률행위적 행정행위의 하나인 대리임
수의계약	사법상의 매매계약

관련 판례

1. 공매통지는 단순히 공매 자체를 체납자에게 알려주는 데 불과한 것이 아니라 공매의 절차적 요건임. 따라서 공매통지를 하지 않은 공매처분은 절차상 흠이 있어 위법함(대판 2008.11.20. 2007두18154(전합))
2. 공매처분으로 손해를 받은 자는 손해배상을 청구할 수 있으나 매수인이 공매절차에서 취득한 공매재산의 시가와 감정평가액과의 차액 상당을 법률상의 원인 없이 부당이득한 것이라고는 볼 수 없음(대판 1997.4.8. 96다52915)
3. 공매처분은 한국자산공사가 세무서장의 위임을 받아 공매처분한 경우 한국자산공사가 피고가 됨(대판 1997.2.28. 96누1757)

5) 청산

① 국세 · 가산금과 체납처분비의 징수순위는 '체납처분비 → 국세 → 가산금'에 의함
② 배분한 금전에 잔액이 있는 때에는 이를 체납자에게 지급하여야 함
③ 압류처분을 한 후 결손처분을 하였다 하더라도 압류처분이 당연히 실효되거나 무효가 되는 것은 아님
④ 결손처분을 한 경우라도 새로이 압류할 수 있는 새로운 재산을 발견한 때에는 지체 없이 결손처분을 취소하고 체납처분을 하여야 함

관련 판례

교부청구를 한 세무서장 등이 체납자에게 교부청구한 사실을 알릴 것을 요하지 아니하므로, 체납자에게 교부청구사실을 알리지 아니하였다고 하여 소멸시효 중단의 효력에 영향이 없음(대판 2010.5.27. 2009다69951)

6) 하자승계

과세처분 무효	압류 무효
과세처분 무효가 아닌 경우	강제징수절차에 하자는 승계되지 않음
독촉과 체납절차	하자가 승계됨

단권화 메모 & OX

01 체납자에 대한 공매통지는 체납자의 법적 지위나 권리 · 의무에 직접적인 영향을 주는 행정처분에 해당한다. (16 국가9) [○ / ×]

| 정답 | 01 ×(공매통지는 공매의 사전절차에 해당)

03 행정상 즉시강제와 행정조사

출제 비중 10%

★★☆ 01 행정상 즉시강제

(22 국가9) (21 국가7) (21 소방7) (20 국가7) (20 지방7) (19 국가7) (19 지방7) (18 국가7) (18 지방7) (17 국가7상) (17 지방7) (17 국가9하)

1) 행정상 즉시강제와 강제집행

① 즉시강제는 하명과 의무불이행을 요건으로 하지 않음

② 행정상 강제집행으로 행정의무이행을 확보할 수 있는 경우 행정상 즉시강제는 허용되지 않음(보충성)

2) 행정상 즉시강제의 법적 근거

① 법률에 근거가 있어야 함

② 「경찰관직무집행법」이 행정상 즉시강제에 관한 일반법이라 할 수 있음. 그 밖에 개별적 단행법으로 「마약류 관리에 관한 법」, 「감염병의 예방 및 관리에 관한 법」, 「소방기본법」 등이 있음

3) 행정상 즉시강제의 유형 → 대인적 강제, 대물적 강제, 대가택 강제

대인적 강제	「경찰관 직무집행법」	• 보호조치: 미아보호, 정신착란자보호 • 위험발생 방지조치: 광견에 대한 방어조치 • 범행의 예방 · 제지 • 장구의 사용, 무기의 사용
	개별법	• 「감염병의 예방 및 관리에 관한 법」: 강제격리, 강제건강진단 • 「출입국관리법」 제46조: 강제퇴거 • 「마약류 관리에 관한 법률」 제40조: 치료보호 • 구 「수난구호법」: 인근주민에 대한 원조강제 • 구 「소방기본법」: 소방활동 종사명령 • 구 「정신보건법」: 응급입원
대물적 강제	「경찰관 직무집행법」	• 무기 · 흉기 · 위험물의 임시영치 • 위해방지조치: 무단방치된 장애물제거
	개별법	• 「식품위생법」, 「약사법」, 「검역법」: 물건의 폐기 • 「소방기본법」: 소방대상물에 대한 강제처분 • 구 「음반 및 비디오물에 관한 법률」: 불법비디오 수거 · 폐기 • 「청소년 보호법」: 청소년유해약물의 수거폐기 • 행형법 제41조 등: 물건의 영치 • 「자연재해대책법」: 물건의 제거 사용, 위험발생방지조치 • 「도로교통법」: 위법공작물에 대한 조치 • 「재난 및 안전관리기본법」에 의한 응급조치

단권화 메모 & OX

01 행정상 즉시강제는 실정법의 근거를 필요로 하고, 그 발동에 있어서는 법규의 범위 안에서도 행정상의 장해가 목전에 급박하고, 다른 수단으로는 행정목적을 달성할 수 없는 경우이어야 하며, 이러한 경우에도 그 행사는 필요 최소한도에 그쳐야 함을 내용으로 하는 한계에 기속된다. (17 국가9하) [○ / ×]

02 목전에 급박한 장해를 예방하기 위한 경우에는 예외적으로 법률의 근거가 없이도 발동될 수 있다는 것이 일반적인 견해이다. (22 국가9) [○ / ×]

03 강제 건강진단과 예방접종은 대인적 강제수단에 해당한다. (22 국가9) [○ / ×]

| 정답 | 01 ○ 02 ×(즉시강제는 법적 근거 필요함) 03 ○

대가택적 강제	「경찰관 직무집행법」 제7조	「경찰관 직무집행법」 제7조 위험방지를 위한 가택출입
	개별법	• 「식품위생법」, 「공중위생관리법」: 출입검사 • 「총포 · 도검 · 화약류 등 단속법」: 출입검사 • 「조세범 처벌법」: 수색

4 행정상 즉시강제의 한계 (21 국가9) (17 국가9하)

시간상	급박성 요건
목적상	소극적 목적(○) / 적극적 목적(×), 새로운 사회질서(×)
보충성 요건	강제집행으로 목적달성이 안 되는 경우 → 행정상 즉시강제(○)
비례원칙	타인재산에 위해를 제거하기 위해 인신을 구속하는 것은 비례원칙에 위반되므로 허용되지 않음
영장주의 적용 여부	다수설, 대법원: 절충설(원칙 불요, 예외 범죄수사상 영장은 필요) 헌법재판소: 원칙 불요설

5 적법한 즉시강제 → 손실보상

6 위법한 즉시강제에 대한 구제 (22 국가9)

행정상 즉시강제	처분성(○) → 행정심판 or 소송대상(○)
행정상 즉시강제에 대한 항고소송에서 소의 이익	즉시강제가 완성된 후 소가 제기될 가능성이 커서 소의 이익이 없다는 이유로 각하될 가능성이 큼
손해배상	○
정당방위	위법한 즉시강제에 저항하는 것은 정당방위로서 공무집행방해죄를 구성하지 아니함

단권화 메모 & OX

01 즉시강제는 항고소송의 대상이 되는 처분의 성질을 갖는다. (22 국가9 변형) [○ / ×]

02 위법한 즉시강제작용으로 손해를 입은 자는 국가나 지방자치단체를 상대로 「국가배상법」이 정한 바에 따라 손해배상을 청구할 수 있다. (22 국가9) [○ / ×]

| 정답 | 01 ○ 02 ○

02 행정조사

1) 행정조사와 즉시강제 (22 소방7) (17 서울9)

행정상 즉시강제	행정조사
• 행정상 필요한 구체적인 결과실현을 목적으로 함 • **권력적** 작용 • 직접적 실력행사가 허용됨 • 급박성이 개념요소임	• 일정한 행정작용을 위한 준비적·보조적 수단으로서 필요한 정보나 자료수집 등을 목적으로 함 • **권력적** 조사작용 + **비권력적** 조사작용 • 실력행사가 허용되지 않으므로 상대방이 거부하는 경우에 직접적 실력행사는 할 수 없고 벌칙에 의해 간접적으로 강제하게 됨 • 급박성이 개념요소 아님

2) 권력적 조사와 비권력적 조사 (19 국가7)

구분	권력적 조사	비권력적 조사
의미	행정기관의 일방적인 명령·강제를 수단으로 하는 강제조사	행정기관의 일방적인 명령·강제를 수반하지 않는 임의조사
법률유보적용	○	×
성질	**권력적** 사실행위	비권력적 사실행위
예	• 불심검문(즉시강제로 보는 견해도 있음) • 물건의 수거·검사, 음주측정, 가택수색 • 화재원인과 피해상황에 대한 조사·질문 • 세무공무원이 강제징수를 하면서 체납자 등에 대하여 질문하거나 장부·서류 기타 물건의 검사(「국세징수법」 제36조)	여론조사, 임의적인 공청회, 임의적인 통계조사, 종교조사, 부동산소유현황전산화나 주민등록자료전산화를 위한 조사

3) 법적 근거 (22 소방9) (21 군무원7) (19 서울7하)

일반적인 행정조사	법령에 근거가 있어야 행정조사 가능
임의적 행정조사	조사대상자의 자발적 협조를 받아 실시하는 행정조사는 법령의 근거가 필요 없음

4) 위법한 행정조사의 하자승계 (20 지방7)

위법한 행정조사에 근거하여 행정행위를 한 경우 행정행위에 하자가 있느냐에 대해 학설이 대립하나, 다수설은 부정적임

단권화 메모 & OX

01 행정조사는 조사대상자의 자발적 협조를 얻어서 실시하는 경우에는 개별 법령의 근거규정이 없어도 할 수 있다. (20 소방9) [○ / ×]

| 정답 | 01 ○

★★☆

5 행정조사의 한계 (20 소방9) (19 소방9)

① 실체법적 한계

법률적합성원칙에 따른 한계	권력적 행정조사의 경우에는 근거된 법규의 범위 내에서만 허용됨
목적상 한계	모든 권력적 · 비권력적 행정조사는 그 조사의 목적에 필요한 범위 내에서만 허용되는 것이므로 그 이외의 목적을 위하여 행하여서는 아니 됨. 따라서 범죄수사의 목적으로 행하여지는 행정조사는 위법한 것임
비례의 원칙에 따른 한계	행정조사는 행정목적의 달성에 적합한 수단으로, 필요한 최소한도의 범위 내에서, 공익과 사익 사이에 균형(상당성)이 이루어지도록 해야 함

② 절차법적 한계(행정조사와 영장주의)

구분	권력적 행정조사	비권력적 행정조사
영장필요 여부	• 원칙: × • 예외: 범죄수사와 관련이 있는 강제적 조사는 필요	×

6 행정조사로 권리를 침해당한 경우 구제절차 (16 국가9)

구분	손실보상	손해보상	항고소송의 대상
권력적 행정조사	○	○	○
비권력적 행정조사	×	×	×

7 행정조사의 개념 (18 지방9)

현장조사 · 문서열람 · 시료채취 등을 하거나 조사대상자에게 보고요구 · 자료제출요구 및 출석 · 진술요구를 행하는 활동

8 세무조사, 금융감독기관 감독 · 검사, 공정거래위원회의 조사

원칙	「행정조사기본법」 적용배제
예외	행정조사의 기본원칙(비례원칙 등), 법적 근거, 전자통신이용한 행정조사규정은 적용

단권화 메모 & OX

01 행정조사는 법령 등의 준수를 유도하기보다는 법령 등의 위반에 대한 처벌에 중점을 두어야 한다. (20 소방9) [○ / ×]

02 우편물 통관검사절차에서 이루어지는 성분분석 등의 검사가 압수·수색영장 없이 이루어졌다 하더라도 특별한 사정이 없는 한 위법하지 않다. (19 소방9) [○ / ×]

03 위법한 행정조사로 손해를 입은 국민은 「국가배상법」에 따른 손해배상을 청구할 수 있다. (16 국가9) [○ / ×]

| 정답 | 01 ×(행정조사는 유도 또는 예방목적임) 02 ○ 03 ○

9) 행정조사 기본원칙 (16 국가9)

① 최소한의 범위만 행정조사
② 목적에 적합한 행정조사
③ 중복조사금지원칙
④ 처벌 위주(×), 법령준수 유도(○)
⑤ 조사내용공표금지, 누설금지
⑥ 행정조사를 통해 알게 된 정보의 타용도 이용금지, 제공금지
⑦ 적법절차원칙(사전통지, 이유제시 필요)

10) 조사의 주기 (21 소방9)

① 정기조사원칙
② **다음의 경우에는 수시조사 가능**
  ㉠ 법률에서 수시조사를 규정하고 있는 경우
  ㉡ 법령 등의 위반에 대하여 혐의가 있는 경우
  ㉢ 다른 행정기관으로부터 법령 등의 위반에 관한 혐의를 통보 또는 이첩받은 경우
  ㉣ 법령 등의 위반에 대한 신고를 받거나 민원이 접수된 경우
  ㉤ 그 밖에 행정조사의 필요성이 인정되는 사항으로서 대통령령으로 정하는 경우

11) 야간조사 금지원칙 (17 서울9)

① 현장조사는 해가 뜨기 전이나 해가 진 뒤에는 할 수 없음
② **야간조사가 가능한 경우**
  ㉠ 조사대상자(대리인 및 관리책임이 있는 자를 포함한다)가 동의한 경우
  ㉡ 사무실 또는 사업장 등의 업무시간에 행정조사를 실시하는 경우
  ㉢ 해가 뜬 후부터 해가 지기 전까지 행정조사를 실시하는 경우에는 조사목적의 달성이 불가능하거나 증거인멸로 인하여 조사대상자의 법령 등의 위반 여부를 확인할 수 없는 경우

12) 시료채취 (19 소방9)

① 최소한도로 시료채취
② 시료채취로 조사대상자에게 손실을 입힌 때에는 대통령령으로 정하는 절차와 방법에 따라 그 손실을 보상하여야 함

13) 공동조사 → 강행규정

당해 행정기관 내의 2 이상의 부서가 동일하거나 유사한 업무분야에 대하여 동일한 조사대상자에게 행정조사를 실시하는 경우, 서로 다른 행정기관이 대통령령으로 정하는 분야에 대하여 동일한 조사대상자에게 행정조사를 실시하는 경우 공동조사를 해야 함

단 권 화 메 모 & O X

01 행정조사는 조사목적을 달성하는 데 필요한 최소한의 범위 안에서 실시하여야 한다. (16 국가9) [○ / ×]

02 행정조사는 그 실효성 확보를 위해 수시조사를 원칙으로 한다. (21 소방9) [○ / ×]

03 조사대상자의 동의가 있는 경우 해가 뜨기 전이나 해가 진 뒤에도 현장조사가 가능하다. (17 서울9) [○ / ×]

04 「행정조사기본법」에 의하면, 조사목적달성을 위한 시료채취로 조사대상자에게 손실이 발생하였더라도 행정기관의 장은 이에 대한 보상책임을 지지 않는다. (19 소방9) [○ / ×]

| 정답 | 01 ○ 02 ×(정기조사가 원칙) 03 ○ 04 ×(손실보상 의무사항임)

14 재조사금지 (18 지방9)

정기조사 또는 수시조사를 실시한 행정기관의 장은 동일한 사안에 대하여 동일한 조사대상자를 재조사하여서는 아니 됨. 다만, 당해 행정기관이 이미 조사를 받은 조사대상자에 대하여 위법행위가 의심되는 새로운 증거를 확보한 경우에는 그러하지 아니함

15 조사를 위한 사전통지 (18 국가9)

① 조사개시 7일 전까지 조사대상자에게 서면으로 통지해야 함

② 행정조사의 개시와 동시에 출석요구서 등을 조사대상자에게 제시하거나 행정조사의 목적 등을 조사대상자에게 구두로 통지할 수 있는 경우

㉠ 행정조사를 실시하기 전에 관련 사항을 미리 통지하는 때에는 증거인멸 등으로 행정조사의 목적을 달성할 수 없다고 판단되는 경우

㉡ 「통계법」 제3조 제2호에 따른 지정통계의 작성을 위하여 조사하는 경우

㉢ 제5조 단서에 따라 조사대상자의 자발적인 협조를 얻어 실시하는 행정조사의 경우

16 조사원 교체신청

조사대상자는 조사원에게 공정한 행정조사를 기대하기 어려운 사정이 있다고 판단되는 경우에는 행정기관의 장에게 당해 조사원의 교체를 신청할 수 있음

17 자발적 협조에 따라 실시하는 행정조사

① 법령에 근거할 필요 없음

② 행정조사에 대하여 조사대상자가 조사에 응할 것인지에 대한 응답(구두도 가능)을 하지 아니하는 경우에는 법령 등에 특별한 규정이 없는 한 그 조사를 거부한 것으로 봄

18 조사결과 통지

행정기관의 장은 법령 등에 특별한 규정이 있는 경우를 제외하고는 행정조사 결과를 확정한 때로부터 7일 이내 결과를 당사자에게 통지해야 함

19 위법한 행정조사와 행정행위의 효력 → 위법 (18 국가7)

관련 판례

1. 위법한 세무조사에 기초하여 이루어진 부가가치세부과처분은 위법함(대판 2006.6.2. 2004두12070)
2. 구 「국세기본법」에 따라 금지되는 재조사에 기하여 한 과세처분은 위법함(대판 2017.12.13. 2016두55421)
3. 음주운전 여부 조사과정에서 운전자 본인의 동의를 받지 않고 법원의 영장도 없이 한 혈액 채취 조사 결과를 근거로 한 운전면허 정지, 취소처분은 위법함(대판 2016.12.27. 2014두46850)

단권화 메모 & OX

01 정기조사 또는 수시조사를 실시한 행정기관의 장은 조사대상자의 자발적인 협조를 얻어 실시하는 경우가 아닌 한, 동일한 사안에 대하여 동일한 조사대상자를 재조사하여서는 아니 된다. (18 지방9) [○ / ×]

02 「행정조사기본법」에 따르면, 행정조사를 실시하는 경우 조사 개시 7일 전까지 조사대상자에게 출석요구서, 보고요구서·자료제출요구서, 현장출입조사서를 서면으로 통지하여야 하나, 조사대상자의 자발적인 협조를 얻어 행정조사를 실시하는 경우에는 미리 서면으로 통지하지 않고 행정조사의 개시와 동시에 이를 조사대상자에게 제시할 수 있다. (18 국가9) [○ / ×]

| 정답 | 01 ×(새로운 사항이 있는 경우 재조사 가능)
02 ○

04 행정벌

출제 비중 20%

단권화 메모 & OX

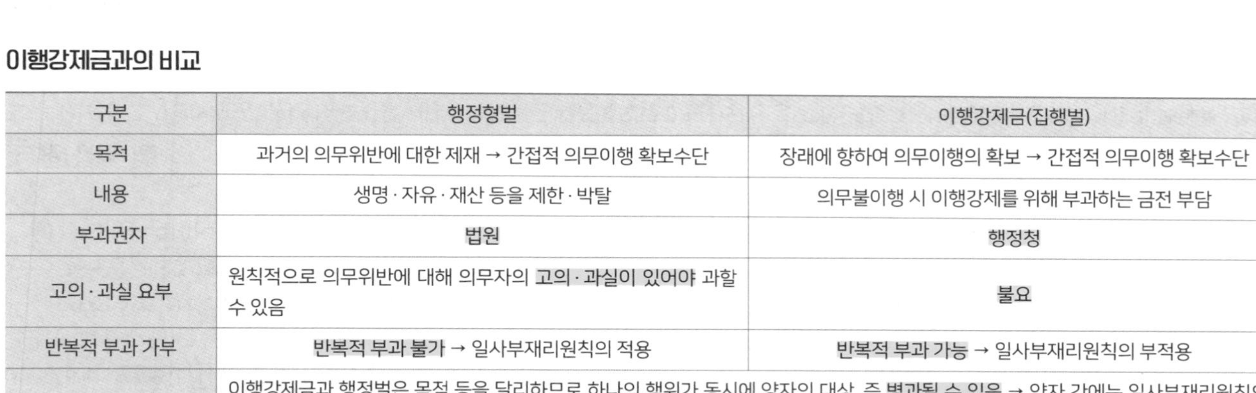

01 행정벌 서론

1) 이행강제금과의 비교

구분	행정형벌	이행강제금(집행벌)
목적	과거의 의무위반에 대한 제재 → 간접적 의무이행 확보수단	장래에 향하여 의무이행의 확보 → 간접적 의무이행 확보수단
내용	생명·자유·재산 등을 제한·박탈	의무불이행 시 이행강제를 위해 부과하는 금전 부담
부과권자	법원	행정청
고의·과실 요부	원칙적으로 의무위반에 대해 의무자의 고의·과실이 있어야 과할 수 있음	불요
반복적 부과 가부	반복적 부과 불가 → 일사부재리원칙의 적용	반복적 부과 가능 → 일사부재리원칙의 부적용
병과	이행강제금과 행정벌은 목적 등을 달리하므로 하나의 행위가 동시에 양자의 대상, 즉 병과될 수 있음 → 양자 간에는 일사부재리원칙의 부적용(대결 2005.8.19. 자 2005마30)	

2 징계벌과의 비교

구분	행정형벌	징계벌
목적	일반행정법(권력) 관계에서 과거의 의무위반에 대한 제재	특별행정법(권력) 관계에서 **내부의 질서 유지**
내용	생명 · 자유 · 재산 등을 제한 · 박탈	신분적 이익의 전부(파면 · 해임)나 일부(강등 · 정직 · 감봉 · 견책)의 박탈
부과권자	법원	**특별권력의 주체**
상대방	일반국민	행정조직의 **내부구성원인 공무원**
고의 · 과실 요부	원칙적으로 의무위반에 대해 의무자의 고의 · 과실이 있어야 과할 수 있음	**불요**
반복적 부과 불가	**반복적 부과 불가** → 일사부재리원칙의 적용	
병과	징계벌과 행정벌은 목적 등을 달리하므로 하나의 행위가 동시에 양자의 대상, 즉 **병과될 수 있음** → 양자 간에는 일사부재리원칙의 부적용	

3 일사부재리원칙과 행정벌

유형	일사부재리원칙(이중처벌금지원칙) 위반
형사벌과 행정질서벌	위반 아님
행정벌과 이행강제금	위반 아님
행정벌과 징계벌	위반 아님
행정형벌과 과징금	위반 아님
행정형벌과 행정처분(운행정지처분)	위반 아님
행정질서벌과 행정처분	위반 아님
직위해제처분과 감봉처분	위반 아님
형벌과 신상공개	위반 아님

관련 판례

1. 운행정지처분의 사유가 된 사실관계로 자동차운송사업자가 이미 형사처벌을 받은 바 있다 하여 서울특별시장의 운행정지처분이 일사부재리의 원칙에 위반된다 할 수 없음(대판 1983.6.14. 82누439)
2. 개발제한구역 내의 건축물에 대하여 허가를 받지 않고 한 용도변경행위에 대한 형사처벌과 「건축법」상의 이행강제금의 부과는 그 처벌 내지 제재대상이 되는 기본적 사실관계로서의 행위를 달리하며, 또한 그 보호법익과 목적에서도 차이가 있으므로 이중처벌에 해당한다고 할 수 없음(대결 2005.8.19. 자 2005마30)
3. 구 「청소년의 성보호에 관한 법률상」의 청소년의 성을 사는 행위에 대한 신상공개제도는 기존의 형벌과 이중처벌금지 원칙에 위배되지 않음(헌재 2003.6.26. 2002헌가14)
4. 「부동산 실권리자명의 등기에 관한 법률」에서 형사처벌과 아울러 과징금의 부과처분을 할 수 있도록 규정하고 있다 하더라도 이중처벌금지원칙에 위반한다고 볼 수 없음(대판 2007.7.12. 2006두4554)
5. 직위해제처분이 공무원에 대한 불이익한 처분이긴 하나 징계처분과 같은 성질의 처분이라 할 수 없으므로 동일한 사유로 직위해제처분을 하고 다시 감봉처분을 하였다 하여 일사부재리원칙에 위배된다 할 수 없음(대판 1983.10.25. 83누184)

단권화 메모 & OX

01 행정법규위반에 대하여 벌금 이외에 과징금을 함께 부과하는 것은 이중처벌금지원칙에 위반된다. (18 교행9) [○ / ×]

| 정답 | 01 ×(이중처벌에 해당하지 않음)

4) 행정형벌과 행정질서벌 비교 (21 소방9) (19 국가7) (19 서울9하)

구분	행정형벌	행정질서벌
유형	사형, 징역, 금고, 구류, 벌금, 과료, 자격정지, 몰수	과태료
형벌인지 여부	○	×
형법총칙 적용	○	×
죄형법정주의 적용	○	○(多) ×(헌법재판소 판례)
고의·과실	○	○
근거법	「형법」·「형사소송법」	「질서위반행위규제법」
절차	• 일반절차: 형사소송 • 특별절차: 통고처분·즉결심판	과태료 재판
재량 여부	행정형벌을 과할 것인지, 행정질서벌인 과태료를 과할 것인지는 입법자의 재량임(헌재 1995.11.30. 94헌바14)	

02 행정형벌

1) 근거

죄형법정주의 적용, 반드시 법률에 근거함

2) 「형법」 총칙 적용

적용(○), 개별법에 규정이 있는 경우 배제할 수 있음

3) 과실범 처벌

명문규정 + 해석상 과실범을 처벌할 뜻이 취지상 명확하게 인정되는 경우도 처벌 가능함

관련 판례

1. 「대기환경보전법」에 명문규정은 없으나 자동차배출가스가 소정의 배출허용기준을 초과한다는 점을 과실로 인식하지 못한 경우에도 처벌할 수 있음(대판 1997.1.24. 96도524)
2. 「소방시설 설치·유지 및 안전관리에 관한 법률」 제9조에 의한 소방시설 등의 설치 또는 유지·관리에 대한 명령이 행정처분으로서 하자가 있어 무효인 경우, 위 명령 위반을 이유로 행정형벌을 부과할 수 없음(대판 2011.11.10. 2011도11109)

단권화 메모 & OX

01 과태료는 행정상의 질서유지를 위한 행정질서벌에 해당할 뿐 형벌이라 할 수 없어 죄형법정주의의 규율대상에 해당하지 않는다. (21 소방9) [○ / ×]

| 정답 | 01 ○

4 법인의 행정형벌 책임(양벌규정) (22 국가9) (22 소방7) (20 지방7) (19 서울9하) (18 지방9) (17 국가9상) (17 지방9상)

① 법률에 법인의 대리인 · 사용인 · 종업원이 법을 위반하여 처벌할 때 법인도 처벌한다는 양벌규정이 있는 경우에 한해 법인도 처벌할 수 있음
② 지방자치단체는 자치사무를 처리하는 경우 양벌규정에 의한 처벌대상이 됨
③ 명문규정이 있는 경우에는 피고용인의 행정법규 위반을 이유로 감독자, 사용인을 처벌할 수 있음

관련 판례

1. 다단계 판매원은 양벌규정에 있어 사용인의 지위에 있음(대판 2006.2.24. 2003도4966)
2. 종업원의 범죄행위에 대해 영업주가 비난받을 만한 행위가 있었는지 여부와 전혀 관계없이 종업원의 범죄행위가 있으면 자동적으로 영업주도 처벌하도록 한 것은 책임주의에 위반됨(헌재 2009.7.30. 2008헌가10)

5 책임능력 → 14세 미만의 행위는 벌하지 않음

6 행정형벌의 과벌절차

일반절차	「형사소송법」에 따름
특별절차	통고처분, 즉결심판

★★☆

7 통고처분의 의의 (22 지방9) (21 지방7) (20 군무원7) (19 국가9)

① 형벌의 비범죄화 정신에 접근하는 제도
② 통고처분은 항고소송의 대상인 처분이 아님

관련 판례

1. 통고처분 제도는 경미한 법규위반자로 하여금 형사처벌절차에 수반되는 심리적 불안, 시간과 비용의 소모, 명예와 신용의 훼손 등의 여러 불이익을 당하지 않고 범칙금을 납부함으로써 위반행위에 대한 제재를 신속 · 간편하게 종결할 수 있게 하여 주며, 법규위반행위가 홍수를 이루고 있는 현실에서 행정공무원에 의한 전문적이고 신속한 사건처리를 가능하게 하고, 검찰 및 법원의 과중한 업무부담을 덜어줌. 또한 통고처분제도는 형벌의 비범죄화 정신에 접근하는 제도임(헌재 2003.10.30. 2002헌마275)
2. 통고처분을 행정심판이나 행정소송의 대상에서 제외하고 있는 「관세법」 제38조 제3항 제2호가 재판청구권을 침해했다고 할 수 없음(헌재 1998.5.28. 96헌바4)

단권화 메모 & OX

01 양벌규정은 행위자에 대한 처벌규정임과 동시에 그 위반행위의 이익귀속주체인 영업주에 대한 처벌규정이다. (22 국가9) [○ / ×]

02 통고처분은 법정기간 내에 납부하지 않는 것을 해제조건으로 하는 행정처분이므로 행정소송의 대상이 된다. (22 지방9) [○ / ×]

| 정답 | 01 ○ 02 ×(통고처분은 처분이 아님)

8 통고처분의 대상 (18국가7)

① 통고처분은 법률에 규정이 있는 경우에 한해 부과할 수 있음

② **법률규정이 있는 경우:** 조세범(「조세범처벌절차법」 제15조) · 관세범(「관세법」 제311조) · 출입국사범(「출입국관리법」 제102조 이하) · 교통사범(「도로교통법」 제163조 이하) · 경범죄사범(「경범죄처벌법」 제7조)

③ 통고처분은 20만 원 이하의 벌금 · 과료에 해당하는 사건에 한정됨

④ 자유형에 대해서는 통고처분할 수 없음

⑤ 통고처분은 범칙금의 통고이지, 벌금 · 과료의 통고는 아님

9 통고처분권자

① 국세청장, 세무서장, 관세청장, 출입국관리소장, (해양)경찰서장

② 판사(×), 검사(×)

10 통고처분을 받은 자가 범칙금을 납부한 경우 (18 지방7) (17 국가7상)

① 범칙금을 납부한 경우 확정재판의 효력에 준하는 효력이 인정됨(대판 2002.11.22. 2001도849)

② **일사부재리원칙이 적용됨:** 검사 소추(×), 법원 처벌(×)

11 범칙금을 납부하지 않은 경우 (22 소방9) (20 군무원9) (20 소방9)

① **통고처분의 효력:** 통고처분은 효력을 상실함 → 항고소송의 대상으로서 처분 아님. 통고처분에 대해 행정쟁송으로 다툴 수 없음

② **경찰서장, 해양경찰서장:** 즉결심판 청구 → 피고인, 정식재판 청구

관련 판례

> 관세청장의 통고 여부는 재량이므로, 통고 없이 고발할 수 있고, 통고 없이 고발했다고 하더라도 고발 및 공소제기가 부적법한 것은 아님(대판 2007.5.11. 2006도1993)

12 즉결심판

즉결심판에 대한 불복 → 7일 이내, 정식재판청구서를 경찰서장에게 제출 → 경찰서장은 판사에게 송부

단권화 메모 & OX

01 「도로교통법」상 경찰서장의 통고처분은 항고소송의 대상이 되는 처분이다. (20 소방9) [○ / ×]

| 정답 | 01 ×(「도로교통법」에서 규정하는 경찰서장의 통고처분은 항고소송의 대상으로서 처분이 아님)

03 행정질서벌

단 권 화 메 모 & O X

1) 의의 (20 소방9)

① 과태료가 부과되는 행정벌로서 행정질서벌
② 「형법」 총칙상의 형벌이 아님
③ 「형법」 총칙 적용(×)
④ **죄형법정주의 적용 여부**: 부정설(헌법재판소 판례)

2) 질서위반행위 (19 지방9)

정의	법률 · 조례상의 의무를 위반하여 과태료를 부과하는 행위 ※ 지방자치단체의 규칙에 위반하면 과태료 부과(×)
질서위반행위가 아닌 것	• 대통령령으로 정하는 사법상 · 소송법상 의무를 위반하여 과태료를 부과하는 행위 • 대통령령으로 정하는 법률에 따른 징계사유에 해당하여 과태료를 부과하는 행위
질서위반행위 근거 법률	• 법률에 따르지 아니하고는 어떤 행위도 질서위반행위로 과태료를 부과하지 아니함 • 「질서위반행위규제법」은 질서위반행위의 요건에 관한 근거법(×). 부과요건, 과태료 부과절차, 징수에 관한 법(○) • 과태료 부과는 「비송사건절차법」에 따름(×)

3) 「질서위반행위규제법」과 다른 법과의 관계

과태료의 부과 · 징수, 재판 및 집행 등의 절차에 관한 다른 법률의 규정 중 이 법의 규정에 저촉되는 것은 이 법으로 정하는 바에 따름

★★☆

4) 「질서위반행위규제법」 적용의 시간적 범위 (20 소방9) (18 지방7) (18 서울7하)

① 행위 시의 법률에 따름
② 질서위반행위 후 법률이 변경되어 그 행위가 질서위반행위에 해당하지 않거나 과태료가 가볍게 된 때는 변경된 법률적용을 적용함
③ 과태료처분이나 법원의 과태료재판 확정 후 법률이 변경되어 그 행위가 질서위반행위에 해당하지 아니하게 된 때는 과태료 징수 · 집행 면제함

5) 「질서위반행위규제법」 적용의 장소적 범위

대한민국 영역 안에서 질서위반행위	국민, 외국인 적용(○)
대한민국 영역 밖에서 질서위반행위	대한민국 국민 적용(○)
대한민국 영역 밖에 있는 대한민국 선박 · 항공기 안에서 질서위반행위	외국인 적용(○)

01 행정질서벌인 과태료는 형벌이 아니므로 행정질서벌에는 「형법」 총칙이 적용되지 않는다. (20 소방9) [○ / ×]

02 질서위반행위의 성립은 행위 시의 법률을 따르고 과태료 처분은 판결 시의 법률에 따른다. (20 소방9) [○ / ×]

| 정답 | 01 ○ 02 ×(과태료는 위반행위시법이 원칙임)

6 고의·과실 (16 국가7)

「질서위반행위규제법」 제7조【고의 또는 과실】 고의 또는 과실이 없는 질서위반행위는 과태료를 부과하지 아니한다.

7 위법성 착오 (16 지방7)

자신의 위법행위가 위법하지 아니한 것으로 오인 + 오인에 정당한 이유가 있는 때, 과태료를 부과하지 않음

관련 판례

과태료는 위반자가 그 의무를 알지 못하는 것이 무리가 아니었다고 할 수 있어 그것을 정당시할 수 있는 사정이 있을 때 또는 그 의무의 이행을 그 당사자에게 기대하는 것이 무리라고 하는 사정이 있을 때 등 그 의무 해태를 탓할 수 없는 정당한 사유가 있는 때에는 이를 부과할 수 없음(대판 2000.5.26. 98두5972)

8 책임능력 (19 소방7)

① **14세 미만자**: 과태료 부과(×)

② **책임자**: 현실적인 행위자가 아니더라도, 법령상 책임자로 규정된 자에게 부과됨(대판 2000.5.26. 98두5972)

9 다수인의 질서위반행위 가담 (21 국가7) (21 지방9) (16 서울9하)

① 2인 이상이 질서위반행위에 가담한 때에는 각자가 질서위반행위를 한 것으로 봄

② 신분에 의하여 성립하는 질서위반행위에 신분이 없는 자가 가담한 때는 신분이 없는 자. 질서위반행위 성립(○)

③ 신분에 의하여 과태료를 감경 또는 가중하거나 과태료를 부과하지 아니하는 때는 신분이 없는 자. 과태료 감경(×), 과태료 가중(×)

10 수개의 질서위반행위 (17 서울9)

하나의 행위가 2 이상의 질서위반행위에 해당하는 경우에는 각 질서위반행위에 대하여 정한 과태료 중 가장 중한 과태료를 부과함

11 과태료 부과와 사법적 효력 (20 국가9)

관련 판례

구 「주택건설촉진법」(현 「주택법」)의 규정을 위반하여 주택을 공급한 자에게 과태료를 부과한다고 하여 그 주택공급계약의 사법적 효력까지 부인된다고 할 수 없음(대판 2007.8.23. 2005다59475)

단권화 메모 & OX

01 질서위반행위를 한 자가 자신의 책임 없는 사유로 위반행위에 이르렀다고 주장하는 경우, 법원은 그 내용을 살펴 행위자에게 고의나 과실이 있는지를 따져보아야 한다. (16 국가7) [○ / ×]

02 위법성의 착오는 과태료 부과에 영향을 미치지 않는다. (16 지방7) [○ / ×]

03 14세가 되지 아니한 자의 질서위반행위는 과태료를 부과하지 아니한다. 다만 다른 법률에 특별한 규정이 있는 경우에는 그러하지 아니하다. (19 소방7) [○ / ×]

04 신분에 의하여 성립하는 질서위반행위에 신분이 없는 자가 가담한 때에는 신분이 없는 자에 대하여도 질서위반행위가 성립한다. (16 서울9하) [○ / ×]

05 하나의 행위가 2 이상의 질서위반행위에 해당하는 경우에는 각 질서위반행위에 대하여 정한 과태료 중 가장 중한 과태료를 부과하는 것이 원칙이다. (17 서울9) [○ / ×]

| 정답 | 01 ○ 02 ×(착오에 정당한 이유가 있는 때에 한하여 과태료를 부과하지 아니함) 03 ○ 04 ○ 05 ○

★★☆

12 과태료 부과 (22 지방9) (21 소방9) (19 서울9하)

부과절차	사전통지(10일 이상 기간을 정하여 의견제출하도록 함) - 의견제출 - 과태료 부과 → 60일 이내 이의제기 → 과태료 효력 상실 → 행정청 14일 이내 법원 통보 → 법원, 과태료재판 → 법원 결정 → 당사자, 검사 즉시항고(과태료 집행은 정지함)
과태료 부과	처분청(○), 이의신청 후 과태료재판 법원(○), 검사(×)
처분성 여부	• 처분(×), 항고소송(×): 행정청으로부터 과태료부과처분을 받은 자가 행정소송을 제기하면 과태료부과처분의 집행이 정지됨(×)

13 약식재판 (16 국가7)

심문 없이 과태료 재판 → 7일 이내 이의제기 → 정식재판

14 과태료 집행절차 (19 소방7) (18 서울7하)

과태료 부과와 집행	과태료 부과 확정 → 검사 집행
과태료 체납자	• 사업정지, 허가취소(○) • 30일 이내 법원의 감치결정(○) • 체납된 과태료와 관계되는 그 소유의 자동차의 등록번호판 영치 • 100분의 3에 상당하는 가산금 징수 + 1개월 경과할 때마다 1000분의 12에 상당하는 중가산금 부과(○) • 강제노역(×)
소멸시효	5년
소멸시효 관련 판례	「국가재정법」제96조의 금전채권에 대한 소멸시효 규정은 과태료에는 적용되지 않음(대결 2000.8.24. 자 2000마1350)

15 상속재산 등에 대한 과태료 집행

① 과태료 부과 → 이의제기하지 않고 사망 → 상속재산에 대해 집행(○)

② 과태료 부과 → 이의제기하지 않고 법인 합병 → 존속한 법인에 대해 집행(○)

16 조례에 의한 과태료 부과 (16 국가9)

① 지방자치단체는 조례를 위반한 행위에 대하여 조례로써 1천만 원 이하의 과태료를 정할 수 있음

② 과태료의 부과·징수, 재판 및 집행 등의 절차에 관한 사항은 「질서위반행위규제법」에 따름

단권화 메모 & OX

01 행정청의 과태료 부과에 대해 서면으로 이의가 제기된 경우 과태료 부과처분은 그 효력을 상실한다. (22 지방9) [○ / ×]

02 행정청이 질서위반행위에 대하여 과태료를 부과하고자 하는 때에는 미리 당사자에게 과태료 부과의 원인이 되는 사실, 과태료 금액 및 적용법령 등을 통지하고 10일 이상의 기간을 정하여 의견을 제출할 기회를 주어야 한다. (21 소방9) [○ / ×]

03 「질서위반행위규제법」에 의하면 법원이 과태료 재판을 약식재판으로 진행하고자 하는 경우 당사자와 검사는 약식재판의 고지를 받은 날부터 7일 이내에 이의신청을 할 수 있다. (16 국가7) [○ / ×]

04 행정청은 당사자가 납부기한까지 과태료를 납부하지 아니한 때에는 납부기한을 경과한 날부터 체납된 과태료에 대하여 100분의 5에 상당하는 가산금을 징수한다. (19 소방7) [○ / ×]

05 과태료는 행정청의 과태료 부과처분이 있은 후 3년간 징수하지 아니하면 시효로 인하여 소멸한다. (18 서울7하) [○ / ×]

06 지방자치단체의 조례도 과태료 부과의 근거가 될 수 있다. (16 국가9) [○ / ×]

| 정답 | 01 ○ 02 ○ 03 ○ 04 ×(3%) 05 ×(5년의 시효) 06 ○

05 새로운 의무이행 확보수단

출제 비중 17%

인영T의 필기

새로운 수단
- 금전적 수단 — 과징금, 가산금, 가산세
- 명예적 수단 — 공급 거부, 명단 공표, 관허사업의 제한, 세무조사, 출국금지 등

01 금전상의 수단(제재)

★★★

1) 과징금

22 국가9 · 22 지방9 · 22 소방7 · 20 지방9 · 19 서울9하 · 18 서울7하

① 과징금과 과태료 비교

구분	과징금	과태료
의의	경제법의 의무위반행위로 얻은 불법적인 이익박탈	행정법상 의무위반에 대한 처벌
행정법상 의무위반에 대한 제재	○	○
처분성	○	×
양자의 병과가능	○	

② 과징금과 이행강제금 비교

구분	과징금	이행강제금
일신전속적 성질	×	○
상속인에게 승계되는지 여부	○	×
간접적인 의무이행수단	○	

③ 과징금의 법적 근거

㉠ 법률에 근거해야 과징금을 부과할 수 있음

㉡ 「행정기본법」상 법률로 정한 바에 따라 과징금을 부과할 수 있으나 아직 과징금 부과에 관한 일반법은 없음

㉢ 과징금의 최초 법률: 「독점규제 및 공정거래에 관한 법률」

단권화 메모 & OX

01 「독점규제 및 공정거래에 관한 법률」상의 부당내부거래에 대한 과징금에는 행정상의 제재금으로서의 기본적 성격에 부당이득환수적 요소도 부가되어 있다. (18 서울7하) [○ / ×]

| 정답 | 01 ○

④ **과징금 부과와 불복절차**

㉠ 과징금은 법률행위적 행정행위로서 하명이므로 행정쟁송 대상(○)

㉡ 개별법 규정이 있는 경우 청문회 절차를 거쳐 과징금을 부과해야 함

㉢ 과징금 부과 여부와 과징금 액수 모두 재량행위임(대판 2008.4.10. 2007두22054)

관련 판례

1. 면허받은 장의자동차운송사업구역에 위반하였음을 이유로 한 행정청의 과징금 부과처분에 의하여 동종업자의 영업이 보호되는 결과는 사업구역제도의 반사적 이익에 불과하기 때문에 그 과징금 부과처분을 취소한 재결에 대하여 처분의 상대방 아닌 제3자는 그 취소를 구할 법률상 이익이 없음(대판 1992.12.8. 91누13700)
2. 특별한 규정이 없는 한 신설회사에 대하여 분할하는 회사의 분할 전 법 위반행위를 이유로 과징금을 부과하는 것은 허용되지 않음(대판 2009.6.25. 2008두17035)
3. 과징금 부과처분에 대하여 공정력과 집행력을 인정한다고 하여 이를 확정판결 전의 형벌집행과 같은 것으로 보아 무죄추정의 원칙에 위반된다고도 할 수 없음(헌재 2003.7.24. 2001헌가25)
4. 명의신탁이 조세를 포탈하거나 법령에 의한 제한을 회피할 목적이 아닌 경우, 과징금을 감경하지 않았다면 그 과징금 부과처분이 재량권을 일탈·남용한 위법한 처분임(대판 2010.7.15. 2010두7031)

⑤ **「독점규제 및 공정거래에 관한 법률」상 과징금 제도**

㉠ 공정거래위원회는 시장지배적 사업자가 남용행위를 한 경우에는 그 사업자에게 대통령령으로 정하는 매출액(대통령령으로 정하는 사업자의 경우에는 영업수익)에 100분의 6을 곱한 금액을 초과하지 아니하는 범위에서 과징금을 부과할 수 있다. 다만, 매출액이 없거나 매출액의 산정이 곤란한 경우로서 대통령령으로 정하는 경우(이하 "매출액이 없는 경우 등"이라 함)에는 20억 원을 초과하지 아니하는 범위에서 과징금을 부과할 수 있음

㉡ 과징금 부과 후 새로운 자료가 나온 경우 추가과징금 부과는 할 수 없음

관련 판례

1. 과징금은 국가형벌권 행사로서 처벌이 아님. 따라서 형사처벌과 과징금을 병과하더라도 이중처벌금지원칙에 위반되지 않음(헌재 2003.7.24. 2001헌가25)
2. 과징금 부과처분에 대하여 공정력과 집행력을 인정한다고 하여 이를 확정판결 전의 형벌집행과 같은 것으로 보아 무죄추정의 원칙에 위반된다고도 할 수 없음(헌재 2003.7.24. 2001헌가25)
3. 과징금 부과 여부와 과징금 액수 모두 재량행위임(대판 2008.4.10. 2007두22054)
4. 부당내부거래에 대해 매출액 100분의 2까지 과징금을 부과할 수 있도록 한 「독점규제 및 공정거래에 관한 법률」 제24조의2는 비례성원칙에 반하여 과잉제재를 하는 것이라 할 수 없음(헌재 2003.7.24. 2001헌가25)

⑥ **「부동산 실권리자명의 등기에 관한 법률」상 과징금 제도**

㉠ 과징금 부과 여부: 기속행위

㉡ 과징금액: 재량행위

㉢ 과징금 감경 여부는 재량에 속하므로 과징금 부과처분이 재량권을 일탈·남용하여 위법한 경우: 과징금 전부취소(○), 일부취소(×)

단권화 메모 & OX

01 과징금부과처분에 대해 취소소송을 제기하여 다툴 수 있다. (22 지방9 변형) [○ / ×]

02 「독점규제 및 공정거래에 관한 법률」상의 과징금은 법이 규정한 범위 내에서 그 부과처분 당시까지 부과관청이 확인한 사실을 기초로 일의적으로 확정되어야 할 것이지, 추후에 부과금 산정기준이 되는 새로운 자료가 나왔다고 하여 새로운 부과처분을 할 수 있는 것은 아니다. (22 국가9) [○ / ×]

03 과징금이 법이 정한 한도액을 초과하여 위법한 경우, 법원은 그 초과부분에 대하여 일부 취소할 수 없고 그 전부를 취소하여야 한다. (22 지방9 변형) [○ / ×]

| 정답 | 01 ○ 02 ○ 03 ○

관련 판례

1. 「부동산 실권리자명의 등기에 관한 법률」 위반자인 명의신탁자에 대해 과징금을 부과할 것인지 여부는 기속행위에 해당하므로 과징금을 감경할 수 있으나 그에 대하여 과징금 부과처분을 하지 않거나 과징금을 전액 감면할 수 있는 것은 아님(대판 2007.7.12. 2005두17287)
2. 명의신탁이 조세를 포탈하거나 법령에 의한 제한을 회피할 목적이 아닌 경우, 과징금을 감경하지 않았다면 그 과징금 부과처분이 재량권을 일탈·남용한 위법한 처분임(대판 2010.7.15. 2010두7031)

⑦ 변형 과징금

의의	사업정지 또는 철회를 대신(갈음) 부과하는 과징금
목적	국민의 편의, 물가, 고용 등 공익을 위함(○), 사업자의 권리피해 최소화를 위함(×)
「여객자동차운수사업법」	법 위반으로 사업정지를 하여야 하는 경우 사업정지처분이 이용자에게 불편을 줄 우려가 있는 때 사업정지처분을 갈음하여 과징금을 부과·징수할 수 있음
사업정지를 명할 것인지 변형 과징금을 부과할 것인지 여부	**재량**
과징금 부과에 대한 불복절차	**행정쟁송절차**

⑧ 과징금과 행정벌 비교

구분	과징금	행정벌
부과주체	행정기관	사법기관
처벌	×	○
병과 가능	○	

2 가산금과 가산세 (18 국가7) (18 지방7) (17 지방7)

① 가산금과 가산세 비교

구분	가산금(「국세기본법」은 납부지연가산세)	가산세
의의	국세를 납부기한까지 납부하지 않은 경우 지연이자	세법에서 규정하는 의무의 성실한 이행을 확보하기 위하여 세법에 따라 산출한 세액에 가산하여 징수하는 금액
종류	가산금(중가산금)	• 무신고 가산세 • 과소신고 가산세
명령적 행정행위(처분성)	법률에서 직접 적용 시 처분성 없음 다만, 처분으로 행하는 경우는 가능	○
가산율	• 3% • 1월마다 1천분의12	20% 또는 10%

단권화메모&OX

01 「부동산 실권리자명의 등기에 관한 법률」상 명의신탁자에 대한 과징금의 부과 여부는 행정청의 재량행위이다. (22 국가9) [○ / ×]

02 영업정지에 갈음하여 부과되는 이른바 변형된 과징금의 부과 여부는 통상 행정청의 재량행위이다. (22 국가9) [○ / ×]

| 정답 | 01 ×(명의신탁부동산에 대한 과징금의 부과 여부는 기속행위) 02 ○

② 가산금의 법정기일 → 고지된 납부기한을 도과한 때 법령에서 정한 금액이 추가됨

③ 가산세 부과요건

㉠ 세법상 의무위반이 발생한 경우 납세자의 고의·과실은 고려되지 않음

㉡ 납세의무자가 세무공무원의 잘못된 설명을 믿고 신고납부의무를 이행하지 않은 경우에는 정당한 사유가 인정될 수 없으므로 가산세 부과할 수 있음

02 명예적 수단(제재)

1) 공급 거부 (19 소방7)

① 간접적 의무이행 확보수단

② 법률에 근거해야 함

③ 공급 거부는 평등원칙, 부당결부금지원칙, 비례원칙에 위반해서는 안 됨

④ 일반수도사업자는 수돗물의 공급을 원하는 자에게 정당한 이유 없이 그 공급을 거절하여서는 아니 됨(「수도법」 제39조 제1항)

→ 「건축법」상 위법건축물을 시정하기 위해 수도·전기 공급을 거부할 수 있다고 규정했으나, 부당결부금지원칙에 위반된다는 주장이 제기되어 개정법에서는 거의 삭제되었고, 현재는 「수도법」 제39조 제1항이 있음

⑤ 공급 거부와 권리구제

전화, 전기	민사소송
단수처분	항고소송
위법한 공급거부	손해배상

2) 법위반사실의 공표(명단 공표 등) (19 소방7)

① 의무위반자에 대한 행정상 공표

위무위반자 명단 공표 성격	심리적·간접적 의무이행 확보수단(○) / 직접적 의무이행 확보수단(×)
법적 근거	근거 필요(○), 일반법 규정(○, 「행정절차법」 제40조의3), 「식품위생법」(○), 「공직자윤리법」(○), 「공공기관의 정보공개에 대한 법률」(×)
고액체납자 명단 공개	「국세징수법」(○) / 「국세기본법」(×)
아동·청소년 범죄자 명단 공개	청소년 성매수자의 신상공개제도가 이중처벌금지원칙, 과잉금지원칙, 평등원칙, 적법절차원칙 등에 위반되지 않는다는 입장임(헌재 2003.6.26. 2002헌가14)

단권화 메모 & OX

01 가산금은 행정법상의 금전급부의무의 불이행에 대한 제재로서 가해지는 금전부담으로, 금전채무의 이행에 대한 간접강제의 효과를 갖는다. (17 지방7) [○ / ×]

02 납세의무자가 세무공무원의 잘못된 설명을 믿고 신고납부의무를 이행하지 아니하였다 하더라도 그것이 관계 법령에 어긋나는 것임이 명백한 때에는 그러한 사유만으로는 가산세를 부과할 수 없는 정당한 사유가 있는 경우에 해당한다고 할 수 없다. (18 지방7) [○ / ×]

03 지방자치단체의 장에 의한 수도의 공급거부는 항고소송의 대상이 된다. (19 소방7) [○ / ×]

04 의무위반자의 명단공표는 법에 근거가 있는 경우에 한하여 가능하다. (19 소방7) [○ / ×]

| 정답 | 01 ○ 02 ○ 03 ○ 04 ○

② **공표에 대한 권리구제**

항고소송	명단공표 → 비권력적 사실행위 → 처분(×), **항고소송(×)**
손해배상	국가기관의 명단공표가 명예를 훼손한 경우 • 공표된 내용을 진실이라고 믿었고 + 그렇게 믿을 만한 상당한 이유가 있는 경우: 위법성(×) • 막연한 의구심에 근거하여 위장증여자라는 조사결과보고를 진실하다고 믿은 데에는 상당한 이유가 없음. 따라서 국세청장의 위장증여 보도자료는 상당한 이유가 없으므로 피해자에게 손해배상을 해야 함(대판 1993.11.26. 93다18389)
결과제거청구권	위법한 공표내용의 정정·철회 등 시정조치요구

3 관허사업의 제한

① 의무위반자에 대해 인가, 허가를 거부·정지·철회하여 의무이행을 간접적(○) / 직접적(×)으로 확보하려는 수단
② 법률의 근거를 필요로 함
③ 일반법은 없음
④ **국세를 체납한 자에 대해 주무관서에 허가를 하지 아니할 것을 요구(관허사업의 제한):** 「국세징수법」(○) / 「국세기본법」(×)
⑤ **국세기본법과 국세징수법의 의무이행 확보수단 비교**

구분	「국세기본법」	「국세징수법」
체납자 명단공개	○	×
체납자 관허사업제한	×	○
체납자 출국금지	×	○

⑥ 「건축법」상 관허사업 제한
⑦ **「질서위반행위규제법」상 관허사업 제한:** 과태료 3회 이상 체납자 등
⑧ 부당결부금지원칙에 위반될 가능성이 있음
⑨ 허가신청 → 허가거부 → 행정쟁송(○), 손해배상(○)

4 기타 (21 지방7) (21 군무원9) (19 소방9) (18 지방7) (18 국가9) (17 국가7하)

① **출국금지**

「국세징수법」	체납자 출국금지
헌법재판소	벌금·추징금을 납부하지 아니한 자에 대한 출국금지는 과잉금지원칙에 반하지 않음(헌재 2004.10.28. 2003헌가18)

② **기타 간접적 의무이행 확보수단**
㉠ 병역의무 불이행자에 대한 임용·채용금지
㉡ 세무조사결정은 항고소송대상인 처분에 해당함(대판 2011.3.10. 2009두23617)
㉢ 수익적 행정행위의 철회 등
㉣ 시정명령

단권화 메모 & OX

01 시정명령이란 행정법령의 위반행위로 초래된 위법상태의 제거 내지 시정을 명하는 행정행위를 말하는 것으로서, 그 위법행위의 결과가 더 이상 존재하지 않는다면 시정명령을 할 수 없다. (18 지방7) [○ / ×]

02 세무조사결정은 항고소송의 대상이 된다. (19 소방9) [○ / ×]

| 정답 | 01 ○ 02 ○

PART 5

행정구제법 I

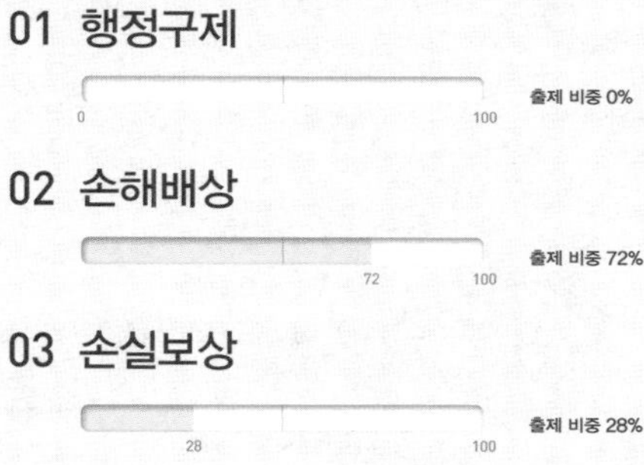

※ QR코드 스캔으로 무료강의 바로 접속

인영T의 필기

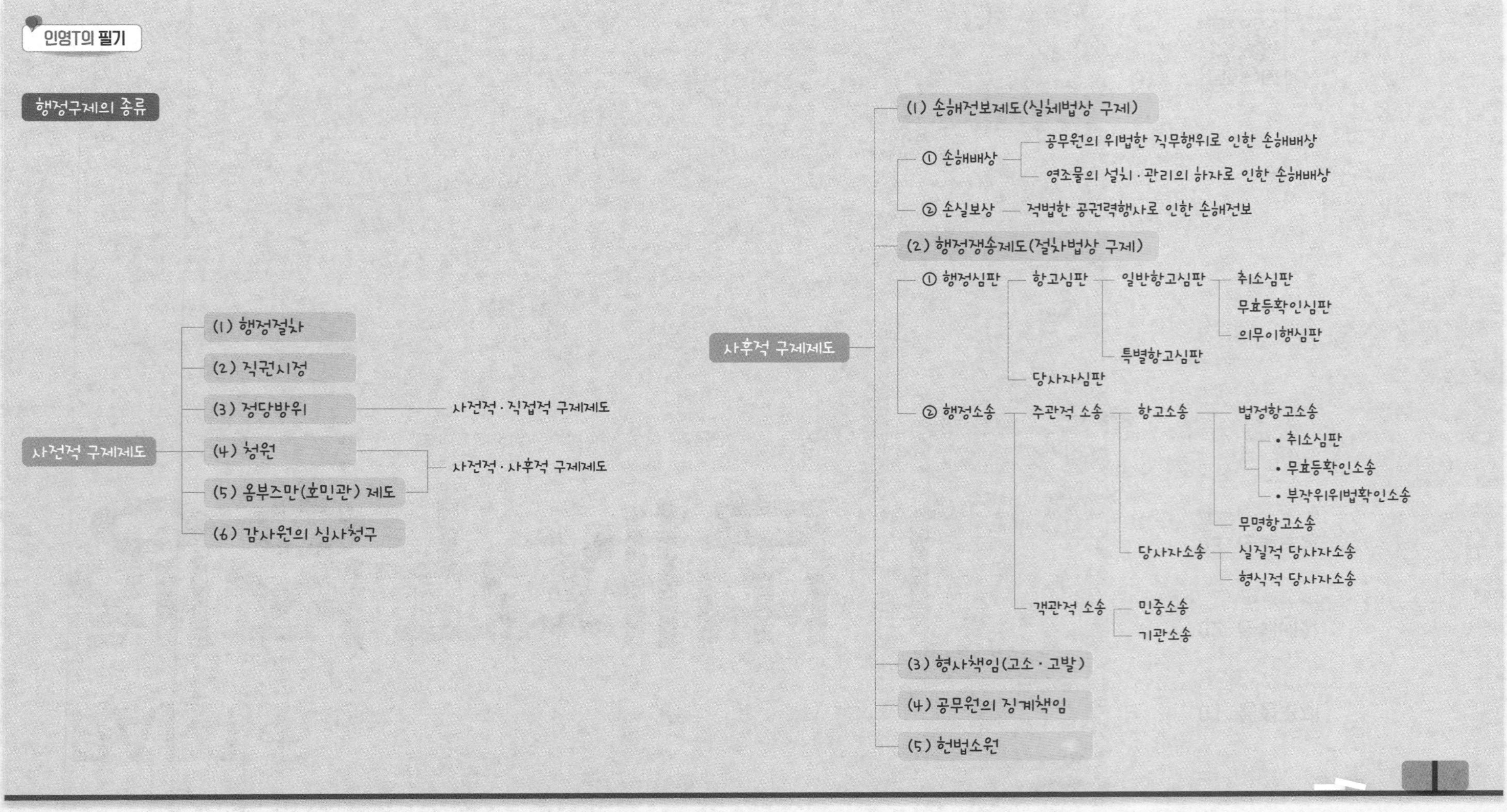

행정구제의 종류
사전적 구제제도
(1) 행정절차
(2) 직권시정
(3) 정당방위
사전적 · 직접적 구제제도
(4) 청원
(5) 옴부즈만(호민관) 제도
사전적 · 사후적 구제제도
(6) 감사원의 심사청구
사후적 구제제도
(1) 손해전보제도(실체법상 구제)
① 손해배상
공무원의 위법한 직무행위로 인한 손해배상
영조물의 설치 · 관리의 하자로 인한 손해배상
② 손실보상
적법한 공권력행사로 인한 손해전보
(2) 행정쟁송제도(절차법상 구제)
① 행정심판
항고심판
일반항고심판
취소심판
무효등확인심판
의무이행심판
특별항고심판
당사자심판
② 행정소송
주관적 소송
항고소송
법정항고소송
• 취소심판
• 무효등확인소송
• 부작위위법확인소송
무명항고소송
당사자소송
실질적 당사자소송
형식적 당사자소송
객관적 소송
민중소송
기관소송
(3) 형사책임(고소 · 고발)
(4) 공무원의 징계책임
(5) 헌법소원

01 행정구제

출제 비중 0%

0 100

단권화 메모 & OX

1 국민권익위원회

소속	국무총리 소속
구성	위원장 1명을 포함한 15인
위원장과 위원의 임기	3년, 1차 연임 가능

2 주민의 감사원에 대한 감사청구

① 19세 이상의 주민 → 감사청구 → 60일 이내 감사종결 → 결과통보

② 국민의 감사청구에 대한 감사원장의 기각결정은 헌법소원의 공권력행사에 해당함

3 청원

방식 및 절차	• 권리침해 전제(×), 재결 필수(×) • 반드시 문서(○) / 구두(×), 익명(×) • 수리 · 심사 · 통지의무(○) / 이유 명시까지 요구(×)
수리금지	감사 · 수사 · 재판 중인 때, 청원 수리금지
청원회신	항고소송대상(×), 헌법소원 대상(×)

02 손해배상

출제 비중 72%

01 총설

1) 연혁

프랑스	블랑코 사건에서 → 국가배상책임(○), 위험책임 인정(○)
독일	대위책임
영국 · 미국	제2차 세계대전 후 인정

2) 손해배상의 법적 근거 (22 소방7) (16 서울9하)

① 헌법과 「국가배상법」의 비교

구분	헌법	「국가배상법」
배상책임 주체	국가, 공공단체	국가, 지방자치단체
공무원의 직무상 불법행위 배상	○	○
영조물 설치 · 관리하자 배상	×	○

② 「국가배상법」과 국가배상청구권의 성질

구분	다수설	판례
국가배상법	공법	사법의 특별법
국가배상청구권	공권	사권
소송유형	당사자소송	민사소송

③ 국가배상청구권

생명 · 신체의 침해로 인한 배상을 받을 권리	양도 · 압류할 수 없음
생명 · 신체 이외의 법익침해로 배상을 받을 권리	양도 · 압류 가능

단권화 메모 & OX

01 국가배상은 공행정작용을 대상으로 하므로 국가배상청구소송은 당사자소송이다.
(16 서울9하) [○ / ×]

| 정답 | 01 ×(민사소송 대상임)

3) 「국가배상법」과 「민법」 적용범위

구분	「국가배상법」	「민법」
권력작용, 관리행위	○	×
공무수탁사인의 행위	○	×
사법상 행위	×	○
공공단체의 행위	×	○

4) 배상기준

「국가배상법」의 배상기준	기준액설(○) / 한정액설(×)
「형사보상 및 명예회복에 관한 법률」의 보상기준	배상기준(×)
공무원의 불법행위로 피해자가 손해를 입은 동시에 이익을 얻은 경우	손해배상액에서 그 이익에 상당하는 금액을 공제해야 함

5) 국가배상청구의 주체 (19 소방9)

국민(○), 국내법인(○), 외국인은 상호주의하에서 인정(○)

6) 국가배상청구권 소멸시효 (18 서울7하) (17 국가7상)

①

원칙: 안 날로부터 3년	「민법」 적용 → 합헌 결정
예외: 소멸시효 주장배제	중앙정보부가 A를 고문으로 사망케 하였고, 이를 은폐하였음에도 국가측이 국가배상청구권의 소멸시효완성을 주장하는 것은 신의칙에 반하여 권리남용에 해당하므로 허용될 수 없음(서울고법 2006.2.14. 2005나27906)

관련 판례

1. 배상심의 절차를 필수적 절차로 규정하고 있는 법은 헌법 제37조의 기본권 제한의 한계에 관한 규정을 위배하여 국민의 재판청구권을 침해하는 정도에는 이르지 않음(헌재 2000.2.24. 99헌바17)
2. 동의를 받은 배상심의 절차는 재판상 화해와 같은 효력이 있다는 「국가배상법」 조항은 헌법에 위반됨(헌재 1995.5.25. 91헌가7)

② 국가배상청구소송을 제기한 경우 국가배상청구권의 소멸시효는 중단되나, 다른 채권의 소멸시효는 중단되지 않음

관련 판례

1. 공무원의 직무수행 중 불법행위로 납북된 피해자의 국가배상청구권에 관한 소멸시효는 납북상태가 지속되는 동안에는 진행하지 않는 것이 원칙임. 그러나 가족들 고유의 국가배상청구권에 관한 소멸시효는 완성될 수 있음(대판 2012.4.13. 2009다33754)
2. 1951년 지리산 공비토벌작전에서 군인들이 수백 명의 거창 주민을 학살했음. 국회는 거창학살특별법을 제정할 의무는 없음. 국회가 거창특별법을 제정했으나 대통령권한대행자가 거부권을 행사한 경우 신뢰보호 위반은 아님(대판 2008.5.29. 2004다33469)

단권화 메모 & OX

01 외국인이 피해자인 경우 해당 국가와 상호보증이 있을 때에만 「국가배상법」을 적용한다. (19 소방9) [○ / ×]

02 국가배상청구권은 피해자나 그 법정대리인이 그 손해 및 가해자를 안 날로부터 3년간 이를 행사하지 아니하면 시효로 인하여 소멸한다. (18 서울7하) [○ / ×]

| 정답 | 01 ○ 02 ○

7) 배상심의 절차 (20 지방9) (19 소방9)

① 임의적 절차이므로 손해배상의 소송은 배상심의회에 배상신청을 하지 아니하고도 제기할 수 있음
② **배상심의회의 배상결정:** 처분(×) → 항고소송 대상(×)
③ **국가배상심의 절차:** 행정심판 절차(×)
④ 「국가배상법」상 배상신청인은 배상심의회의 배상결정에 동의하여 배상금을 수령한 이후에도 손해배상소송을 제기하여 배상금의 증액을 청구할 수 있음
⑤ 지구심의회에 배상신청 → 지구심의회 결정(4주일 이내) → 본부심의회나 특별심의회에 재심신청(송달된 날로부터 2주일 이내) → 본부심의회 또는 특별심의회 결정(4주일 이내)

8) 배상심의회

본부심의회	법무부
특별심의회	국방부
본부심의회와 특별심의회, 지구심의회	법무부장관의 지휘를 받아야 함
배상심의회 심의절차	지구심의회에 배상신청 → 지구심의회 결정(4주일 이내) → 본부심의회나 특별심의회에 재심신청(송달된 날로부터 2주일 이내) → 본부심의회 또는 특별심의회 결정(4주일 이내)

9) 손해배상청구소송에서 피고

행정주체(국가, 지방자치단체) / 행정청(×), 행정안전부장관(×), 지방자치단체장(×)

★★★

02 공무원 직무상 불법행위로 인한 손해배상책임

1) 공무원 (22 국가9) (19 지방9) (19 소방7) (19 소방9)

① 국가기관 구성원으로서 공무원

최광의 공무원	경력직 공무원 + 특수경력직 공무원 + 공무를 위탁받아 공무를 수행하는 모든 자
국가기관 구성원	국회의원, 검사, 판사, 헌법재판소 재판관도 포함됨
불특정 공무원	가해공무원을 특정할 수 없어도 무방함 예 시위 중 전투경찰순경에 의해 폭행을 당한 경우 폭행한 전투경찰순경을 특정할 수 없음. 이런 경우 불특정 전투 경찰순경도 공무원에 포함됨
임용결격사유가 있는 공무원	공무원을 임용한 후 무효사유가 사후에 발견되더라도 그때까지 직무행위는 공무원의 행위로 봄

단권화 메모 & OX

01 배상심의회에 대한 배상신청은 임의절차이다. (19 소방9) [○ / ×]

| 정답 | 01 ○

② 국가기관
③ 공무수탁사인
④ 공무를 위탁받아 실질적으로 공무에 종사하고 있는 자는 공무의 위탁이 일시적이고 한정적이라고 할지라도 공무원이 될 수 있음

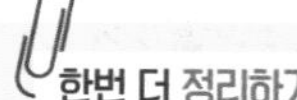
관련 판례

1. 지방자치단체가 '교통할아버지 봉사활동계획'을 수립한 후 관할 동장으로 하여금 '교통할아버지'를 선정하게 하여 어린이 보호, 교통안내, 거리질서 확립 등의 공무를 위탁하여 집행하게 하던 중 '교통할아버지'로 선정된 노인이 위탁받은 업무범위를 넘어 교차로 중앙에서 교통정리를 하다가 교통사고를 발생시킨 경우, 지방자치단체는 「국가배상법」 제2조 소정의 배상책임을 부담함(대판 2001.1.5. 98다39060)
2. 집행관이 직무를 수행함에 있어서 주의의무를 위배함으로써 손해를 가한 경우에는 국가는 그 피해자에 대하여 「국가배상법」 제2조에 의해 손해를 배상할 의무가 있음(대판 1968.5.7. 68다326)
3. 법령의 위탁에 의하여 시·도지사나 시장 등의 업무에 속하는 대집행권한을 수권받은 한국토지주택공사는 공무인 대집행을 실시함에 따르는 권리·의무 및 책임이 귀속되는 행정주체의 지위에 있다고 볼 것이지 지방자치단체 등의 기관으로서 「국가배상법」 제2조 소정의 공무원에 해당한다고 볼 것은 아님(대판 2010.1.28. 2007다82950)
4. 국가기관에 근무하는 청원경찰의 직무상 불법행위에 대해서는 「국가배상법」이 적용됨(대판 1993.7.13. 92다47564)

한번 더 정리하기

■ 공무원 인정 여부

공무원으로 인정되는 자	공무원으로 인정되지 않는 자
• 시청 청소차 운전수, 서울시 구청 차량운전수 • 조세원천징수의무자 • 파출소에 근무하는 방범원 • 소집 중인 예비군 • 집행관(구 집달관) • 미군부대 카투사 • 철도건널목의 간수 • 소방대원 • 전입신고서에 확인인을 찍는 통장 • 교통할아버지 • 지방자치단체에서 근무하는 청원경찰 • 전투경찰 • 별정우체국장 • 수산업협동조합 • 철도 개찰원 • 청원경찰 • 공중보건의	• 의용소방대원 • 시영버스 운전수 • 우체국에서 아르바이트를 하는 자 • 공무집행에 자진 협력하는 사인 • 공공조합의 직원 • 한국도로공사 사장 • 법령에 의해 대집행권한을 위탁받은 한국토지공사(대판 2010.1.28. 2007다82950)

단권화 메모 & OX

01 공무원은 법률상 공무원뿐만 아니라 널리 공무를 위탁받아 실질적으로 공무에 종사하는 자를 포함하며 공무를 위탁받은 사인도 포함된다. (19 소방7) [○ / ×]

02 지방자치단체로부터 어린이보호 등의 공무를 위탁받아 집행하는 교통할아버지는 '공무원'으로 볼 수 있다. (19 소방9 변형) [○ / ×]

03 지방자치단체에 근무하는 청원경찰은 「국가배상법」 제2조에서 규정하는 '공무원'으로 볼 수 있다. (19 소방9) [○ / ×]

| 정답 | 01 ○ 02 ○ 03 ○

2) 직무행위의 범위 (22 지방9) (18 서울7하)

권력작용(○), 관리작용(○), 사경제적 활동(×), 국고행위(×)

관련 판례

1. 국가의 철도운행사업은 국가가 공권력의 행사로서 하는 것이 아니고 사경제적 작용이라 할 것이므로, 이로 인한 사고에 공무원이 관여하였다고 하더라도 국가배상법을 적용할 것이 아니고 일반 「민법」의 규정에 따라야 함(대판 1999.6.22. 99다7008)
2. 서울시의 버스운행은 사경제작용에 의해 발생한 사고로 '직무집행'에 해당하지 않으므로 「국가배상법」이 적용되지 않음(대판 1969.4.22. 68다2225)

3) 직무내용 (17 국가7상)

① 모든 행정행위(○) + 권력적 사실행위(○) + 행정지도와 같은 비권력적 사실행위(○)

② 법률행위적 행정행위(○), 준법률행위적 행정행위(○), 입법작용(○), 사법작용(○)

관련 판례

인감증명서 발급과 같은 준법률행위적 행정행위도 직무행위에 포함됨(대판 1991.7.9. 91다5570)

4) 직무상 행위

작위 · 부작위 · 행위지체

관련 판례

구 「군법무관임용법」 제5조 제3항과 「군법무관임용 등에 관한 법률」 제6조가 군법무관의 보수의 구체적 내용을 시행령에 위임했음에도 불구하고 행정부가 정당한 이유 없이 시행령을 제정하지 않은 것은 불법행위에 해당함(대판 2007.11.29. 2006다3561)

5) 공무원의 행위가 직무와 관련된 행위일 것 (22 지방9) (18 국가9)

① 당해 행위가 실질적으로 정당한 권한 내 행위인지를 불문함

② 직접적인 직무행위 + 직무에 부수하는 행위

관련 판례

1. 「국가배상법」 제2조 제1항의 '직무를 집행함에 당하여'라 함은 직접 공무원의 직무집행행위이거나 그와 밀접한 관련이 있는 행위를 포함하고, 이를 판단함에 있어서는 행위 자체의 외관을 객관적으로 관찰하여 공무원의 직무행위로 보여질 때에는 비록 그것이 실질적으로 직무행위가 아니거나 또는 행위자로서는 주관적으로 공무집행의 의사가 없었다고 하더라도 그 행위는 공무원이 '직무를 집행함에 당하여' 한 것으로 보아야 함(대판 2005.1.14. 2004다26805)
2. 공무원의 행위가 실질적으로 공무집행행위가 아니라는 사실을 피해자가 알았다 하더라도 직무행위로 인정할 수 있음(대판 1995.4.21. 93다14240)

단권화 메모 & OX

01 국가의 비권력적 작용은 국가배상청구의 요건인 직무에 포함되지 않는다. (22 지방9) [○ / ×]

02 국가배상청구의 요건인 공무원의 직무에는 비권력적 작용도 포함되며 행정주체가 사경제주체로서 하는 활동도 포함된다. (18 서울7하) [○ / ×]

03 헌법에 의하여 일반적으로 부과된 의무가 있음에도 불구하고 국회가 그 입법을 하지 않고 있다면 「국가배상법」상 배상책임이 인정된다. (17 국가7상) [○ / ×]

04 「국가배상법」상 공무원의 직무행위는 객관적으로 직무행위로서의 외형을 갖추고 있어야 할 뿐만 아니라 주관적 공무집행의 의사도 있어야 한다. (18 국가9) [○ / ×]

| 정답 | 01 ×(비권력작용도 직무에 해당) 02 ×(사경제주체는 「민법」을 적용) 03 ×(일반적 의무가 아닌 특정한 의무이어야 함) 04 ×(주관적 의사는 불문으로 함)

③ 직무상 행위의 인정 여부(대법원 판례)

외형상 직무행위	외형상 비직무행위
• 교도소 내, 소년원 내의 폭력행위 • 제복을 착용한 비번인 경찰관의 강도행위 • 군의 후생사업 • 상관의 명에 의한 상관의 이삿짐 운반 • 훈계권 행사로서의 기합 • ROTC 소속 차량의 그 학교 교수 장례식 참석차 운행 • 시위진압 중 전경이 조경수를 짓밟는 행위 • 훈련 도중인 군인의 휴식 중 꿩사냥 • 운전을 임무로 하지 않은 군인이 군복을 입고 군용차량을 불법운전한 경우 • 지휘나 승낙 없이 한 유흥목적의 군용차량 운행 • 수사 도중의 고문행위 • 출장갔다가 퇴근하기 위해 집으로 운행하던 중 사고 • 군부대표시의 개인 오토바이 운행	• 군인 휴식 중의 비둘기사냥 • 개인적 원한에 의한 총기사고 • 가솔린불법처분 중 발화 • 상사기합에 격하여 총기난사 • 권총으로 서로 장난 중의 오발사고 • 결혼식 참석을 위한 군용차 운행 • 사격 후 논에 있는 잉어를 잡으려다 일으킨 사고 • 군의관의 포경수술 • 고참병의 훈계살인 • 불법휴대한 칼빈총으로 꿩사격 • 부대이탈 후 민간인 사살 • 공무원의 통상적인 출근 중의 교통사고 • 압류 도중 절도행위 • 전투경찰대원이 훈련을 마치고 점심을 먹기 위해 근무지파출소로 개별적으로 걸어가다가 경찰서 소속의 대형버스에 충격되어 사망한 경우

6) 공무원의 행위가 고의 · 과실로 인한 것일 것 (18 국가9)

① 고의 · 과실: 평균적 공무원의 과실기준(○), 선임감독자의 과실(×)

② 「민법」과 「국가배상법」의 차이

구분	「민법」	「국가배상법」
사용자가 선임 · 감독에 상당한 주의를 한 때 면책되는지 여부	○	×

③ 국가는 선임감독과 사무감독에 상당한 주의를 했다고 해도 배상책임이 면책되지 않음

7) 공무원의 과실 (21 국가9) (20 지방7) (18 지방7) (18 서울7하)

과실의 개념	주관설	공무원이 주의의무를 게을리 한 경우(다수설, 판례)
	객관설	국가작용의 흠
공무원 기준	평균적 공무원	
조직과실이론	가해공무원이 특정되지 않더라도 상황상 그것이 공무원의 행위라고 인정되면 국가기관의 과실로 인정하는 견해임	

단권화 메모 & OX

01 국가나 지방자치단체는 공무원이 직무를 집행하면서 고의 또는 과실로 위법하게 타인에게 손해를 가한 때에 「국가배상법」상 배상책임을 지고, 공무원의 선임 및 감독에 상당한 주의를 한 경우에도 그 배상책임을 면할 수 없다. (18 국가9) [○ / ×]

| 정답 | 01 ○

8 과실과 위법성과의 관계 (22 국가9) (18 서울7하) (17 국가7하)

과실과 위법성을 구별하는 것이 판례의 입장임

관련 판례

1. 어떠한 행정처분이 후에 항고소송에서 취소되었다고 할지라도 그 기판력에 의하여 당해 행정처분이 곧바로 공무원의 고의 또는 과실로 인한 것으로서 불법행위를 구성한다고 단정할 수는 없는 것임(대판 2003.12.11. 2001다65236)
2. 서울시장을 부패혐의로 고발한 공무원을 동사무소로 전보한 것은 불법행위가 아님: 공무원에 대한 전보인사가 법령이 정한 기준과 원칙에 위배되거나 인사권을 다소 부적절하게 행사한 것으로 볼 여지가 있다 하더라도 그러한 사유만으로 그 전보인사가 당연히 불법행위를 구성한다고 볼 수는 없음(대판 2009.5.28. 2006다16215)
3. 공무원의 직무집행이 법령이 정한 요건과 절차에 따라 이루어진 것이라면 특별한 사정이 없는 한 이는 법령에 적합한 것이고, 그 과정에서 개인의 권리가 침해되는 일이 생긴다고 하여 그 법령적합성이 곧바로 부정되는 것은 아님(대판 1997.7.25. 94다2480)
4. 법관이 위법 또는 부당한 목적을 가지고 재판을 하는 등 권한의 취지에 명백히 어긋나게 이를 행사한 경우 위법한 행위가 되어 배상책임이 인정됨(대판 2001.10.12. 2001다47290)
5. 국회의원은 입법에 관하여 원칙적으로 국민 전체에 대한 관계에서 정치적 책임을 질 뿐 국민 개개인의 권리에 대응하여 법적 의무를 지는 것은 아니므로, 국회의원의 입법행위는 그 입법내용이 헌법의 문언에 명백히 위배됨에도 불구하고 국회가 굳이 당해 입법을 한 것과 같은 특수한 경우가 아닌 한 「국가배상법」 제2조 제1항 소정의 위법행위에 해당한다고 볼 수 없음(대판 2008.5.29. 2004다33469)

9 법령해석의 잘못과 공무원의 과실인정 여부 (22 국가9) (17 국가7하) (16 지방9)

① 법령에 대한 해석이 복잡해 법해석에 대해 다양한 학설이 대립하고 있던 중 그중 하나의 해석을 택해 법을 집행한 경우 후에 대법원의 해석과 다르다 할지라도 그 처분에 과실을 인정할 수 없음

② **처분 이후 근거법률이 위헌결정된 경우:** 과실(×)

관련 판례

1. 일반적으로 공무원이 직무를 집행함에 있어서 관계 법규를 알지 못하거나 필요한 지식을 갖추지 못하여 법규의 해석을 그르쳐 잘못된 행정처분을 하였다면 그가 법률전문가가 아닌 행정직 공무원이라고 하여 과실이 없다고 할 수 없음(대판 2010.4.29. 2009다97925)
2. 대법원 판례에 의하여 확립된 법령의 해석에 어긋나는 견해를 고집하여 계속하여 위법한 행정처분을 하거나 이에 준하는 행위로 평가될 수 있는 불이익을 처분상대방에게 주게 된다면, 이는 그 공무원의 고의 또는 과실로 인한 것이 되어 그 손해를 배상할 책임이 있음(대판 2007.5.10. 2005다31828)
3. 근로자가 당사자가 되어 진행된 민사사건에서 신체장해의 존부가 다투어져 신체감정절차를 거쳐 그러한 장해를 인정하지 않는 내용의 판결이 확정되었음에도, 산업재해보상보험심사위원회가 특별한 합리적 근거도 없이 확정판결의 내용에 명백히 배치되는 사실인정을 한 경우 이러한 재결은 국가배상책임의 요건을 충족할 수 있음(대판 2011.1.27. 2008다30703)

한번 더 정리하기

■ 과실 인정과 부정

과실 인정	과실 부정
• 법의 무지로 법을 위반한 경우 • 대법원의 판례 등을 통해 확립된 법령해석에 어긋난 행정처분을 한 경우 • 민사소송의 내용을 배척한 산업재해보상심의회의 재결	• 법해석에 대해 다양한 학설이 대립하고 있던 중 그중 하나의 해석을 택해 법을 집행한 경우 • 행정처분 후 항고소송에서 법원이 처분을 취소한 경우 • 처분 이후 근거법률에 대한 위헌결정을 한 경우

단권화 메모 & OX

01 행정처분이 후에 항고소송에서 취소되었다고 할지라도 그 기판력에 의하여 당해 행정처분이 곧바로 공무원의 고의 또는 과실로 인한 것으로서 불법행위를 구성한다고 단정할 수는 없다. (22 국가9) [○ / ×]

02 공무원의 직무집행이 법령이 정한 요건과 절차에 따라 이루어진 것이라면 특별한 사정이 없는 한 이는 법령에 적합한 것이고, 그 과정에서 개인의 권리가 침해되는 일이 생긴다고 하여 그 법령적합성이 곧바로 부정되는 것은 아니다. (18 서울7하) [○ / ×]

03 법관의 재판행위가 위법행위로서 국가배상책임이 인정되려면 당해 법관이 위법 또는 부당한 목적을 가지고 재판하는 등 법관에게 부여된 권한의 취지에 명백히 어긋나게 이를 행사하였다고 인정할 특별한 사정이 있어야 한다. (17 국가7하) [○ / ×]

04 공무원이 관계 법령의 해석이 확립되기 전에 어느 한 설을 취하여 업무를 처리한 것이 결과적으로 위법하더라도 처분 당시 그 이상의 업무처리를 성실한 평균적 공무원에게 기대하기 어려웠던 경우라면 원칙적으로 공무원의 과실을 인정할 수 없다. (22 국가9) [○ / ×]

05 일반적으로 공무원이 관계법규를 알지 못하거나 필요한 지식을 갖추지 못하고 법규의 해석을 그르쳐 행정처분을 하였다면 그가 법률전문가가 아닌 행정직 공무원이라고 하여 과실이 없다고는 할 수 없다. (16 지방9) [○ / ×]

| 정답 | 01 ○ 02 ○ 03 ○ 04 ○ 05 ○

10) 공무원의 행위가 법령에 위반한 행위일 것

① **단순한 부당행위**: 법령위반이 아님 → 배상(×)
② **재량권행사가 비례원칙 등에 위반된 경우**: 위법(○)
③ **행정법의 일반원칙에 위반된 경우**: 위법(○)
④ **행정규칙에 위반된 경우**: 위법(×)

관련 판례

공무원의 직무집행이 법령이 정한 요건과 절차에 따라 이루어진 것이라면 특별한 사정이 없는 한 이는 법령에 적합한 것이고, 그 과정에서 개인의 권리가 침해되는 일이 생긴다고 하여 그 법령적합성이 곧바로 부정되는 것은 아님(대판 1997.7.25. 94다2480)

11) 입법·사법작용의 위법 여부 (20 군무원7)

법관의 재판내용이 법령을 따르지 않았다 하더라도 위법한 행위가 되어 손해배상책임이 생기는 것은 아님

관련 판례

1. 헌법재판소 재판관이 청구기간을 오인하여 한 각하결정의 경우 배상책임 인정됨(대판 2003.7.11. 99다24218)
2. 국회의원은 입법에 관하여 원칙적으로 국민 전체에 대한 관계에서 정치적 책임을 질 뿐 국민 개개인의 권리에 대응하여 법적 의무를 지는 것은 아니므로, 국회의원의 입법행위는 그 입법내용이 헌법의 문언에 명백히 위배됨에도 불구하고 국회가 굳이 당해 입법을 한 것과 같은 특수한 경우가 아닌 한「국가배상법」제2조 제1항 소정의 위법행위에 해당한다고 볼 수 없음(대판 2008.5.29. 2004다33469)

12) 행정청의 부작위행위

① **의무**: 법령의무 + 조리상 의무
② 형식적 의미의 법령에 규정이 없는 경우에도 조리상 공무원의 작위의무를 인정할 수 있고, 부작위는 위법함
③ 재량권의 0으로 수축을 인정할 때 공무원의 작위의무가 인정되므로 재량영역에서도 부작위는 위법하여 배상책임이 인정될 수 있음

13) 직무상 작위의무의 사익보호성과 인과관계 (22 국가9)

법령이 전적으로 공익만을 보호하고 있다거나 국민 개개인의 이익을 보호하고 있지 않다면 개인의 이익은 반사적 이익에 불과해 부작위로 인한 손해에 대해 배상할 필요가 없음

14) 입증책임

① 직무행위 위법성: 원고(피해자)
② 직무행위 적법성: 피고(국가)

단권화 메모 & OX

01 공무원이 직무를 수행하면서 그 근거가 되는 법령의 규정에 따라 구체적으로 의무를 부여받았어도 그것이 국민의 이익과 관계없이 순전히 행정기관 내부의 질서를 유지하기 위한 것이라면 그 의무에 위반하여 국민에게 손해를 가하여도 국가 등은 배상책임을 부담하지 않는다. (22 국가9) [○ / ×]

| 정답 | 01 ○

15 위법성 인정과 선결문제 (22 지방9)

처분이 아직 취소가 되지 않은 경우라도 법원은 행정처분의 위법성을 확인하고 손해배상을 명할 수 있음

16 법령위반을 인정한 경우와 부정한 경우 (20 군무원9) (18 국가9) (18 서울9하) (17 국가7상) (14 국가7)

법령위반을 인정한 경우	법령위반을 부정한 경우
• 국가 소속 선박검사관이나 시 소속 공무원들이 직무상 의무를 위반하여 시설이 불량한 선박에 대하여 선박중간검사에 합격하였다 하여 선박검사증서를 발급하고, 해당 법규에 규정된 조치를 취함이 없이 계속 운항하게 함으로써 화재사고가 발생한 것이라면, 화재사고와 공무원들의 직무상 의무위반행위와의 사이에는 상당인과관계가 있음(대판 1993.2.12. 91다43466) • 안양천 범람으로 주차장이 침수된 경우 하천법은 사익보호성을 가지므로 손해배상책임을 인정해야 함(대판 2006.4.14. 2003다41746) • 성폭력범죄의 담당경찰관이 경찰서에 설치되어 있는 범인식별실을 사용하지 않고 공개된 장소인 형사과사무실에서 피의자들을 한꺼번에 세워 놓고 나이 어린 학생인 피해자에게 범인을 지목하도록 한 행위가 「국가배상법」상의 '법령 위반' 행위에 해당함(대판 2008.6.12. 2007다64365) • 경찰서 대용감방에 배치된 경찰관 등으로서는 감방의 상황을 잘 살펴 수감자들 사이에서 폭력행위 등이 일어나지 않도록 예방하고 나아가 폭력행위 등이 일어난 경우에는 이를 제지하여야 할 의무가 있음에도 불구하고 이러한 주의의무를 게을리 하였다면 국가는 감방 내의 폭력행위로 인한 손해를 배상할 책임이 있음(대판 1993.9.28. 93다17546) • A가 당뇨병으로 시력저하 등을 호소하였으나 교도소 의무관이 적절한 조치를 취하지 아니하며 수용자가 실명에 이르게 되었다면 의무관의 주의의무위반이라고 할 수 있음(대판 2005.3.10. 2004다65121) • 경찰관이 폭행사고현장에 도착한 후 가해자를 피해자와 완전히 격리하고, 흉기의 소지 여부를 확인하는 등 적절한 다른 조치를 하지 않은 것이 피해자에게 발생한 피해의 심각성 및 절박한 정도 등에 비추어 현저하게 불합리하여 위법하므로, 국가는 위 경찰관의 직무상 과실로 말미암아 발생한 후속 살인사고로 인하여 피해자 및 그 유족들이 입은 손해를 배상할 책임이 있음(대판 2010.8.26. 2010다37479)	• 국가 등에게 일정한 기준에 따라 상수원수의 수질을 유지하여야 할 의무를 부과하고 있는 「수도법」의 규정은 국민 일반의 건강을 보호하여 공공 일반의 전체적인 이익을 도모하기 위한 것이지, 국민 개개인의 안전과 이익을 직접적으로 보호하기 위한 규정이 아니므로, 그 의무에 위반하여 국민이 정신적 고통을 받았다고 하더라도 국가 또는 지방자치단체가 배상책임을 부담하지 아니함(대판 2001.10.23. 99다36280) • A는 점용허가를 받아 하천부지에 비행장을 신축하였고, 건설교통부장관(현 국토해양부장관)은 이 사건 토지를 하천사업부지용지로 인정해주었는바, 담당공무원이 사업시행으로 비행장 등이 철거될 가능성이 있다는 사실을 A에게 통지하지 않았다 하더라도 주의의무위반이 아님(대판 2005.6.10. 2002다53995) • 사업시행자가 인가조건에 위반하여 사전분양행위를 하고 공사가 중단되어 분양자가 피해를 보더라도 행정청의 불행사가 현저하게 불합리하다고 인정되지 않음. 따라서 사전분양자에 대한 관계에서 「국가배상법」상 위법이 되는 것은 아님(대판 2005.11.10. 2003다18876) • 음주운전자에 대한 채혈지연: 경찰관이 음주운전 단속시 운전자의 요구에 따라 곧바로 채혈을 실시하지 않은 채 호흡측정기에 의한 음주측정을 하고 1시간 12분이 경과한 후에야 채혈을 하였다는 사정만으로는 위 행위가 법령에 위배된다거나 객관적 정당성을 상실하여 운전자가 음주운전 단속과정에서 받을 수 있는 권익이 현저하게 침해되었다고 단정하기 어려움(대판 2008.4.24. 2006다32132) • A가 불법유턴을 하자 경찰관 B는 추적을 했고 A차량은 신호위반으로 C의 차량과 충돌하여 C가 사망한 경우 B의 추적을 직무상 의무위반으로 볼 수 없으므로 C에게 손해가 발생했다는 이유만으로 B의 추적행위를 위법하다고 할 수 없음(대판 2000.11.10. 2000다26807) • 시위대의 화염병 투척으로 약국에 화재가 발생한 경우 고의·과실로 인한 불법행위라 할 수 없음(대판 1997.7.25. 94다2480)

17 타인에게 손해발생

① 재산상 손해 + 정신적 손해

② 적극적 손해 + 소극적 손해

③ 재산적 손해로 인한 정신적 고통에 대한 위자료가 인정될 수도 있음

단권화 메모 & OX

01 성폭력범죄의 수사를 담당하거나 수사에 관여하는 경찰관이 직무상 의무에 위반하여 피해자의 인적사항 등을 공개 또는 누설한 경우, 그로 인하여 피해자가 입은 손해에 대하여 국가는 배상책임을 진다. (14 국가7) [○ / ×]

| 정답 | 01 ○

 관련 판례

일반적으로 타인의 불법행위로 인하여 재산권이 침해된 경우에는 특별한 사정이 없는 한 그 재산적 손해의 배상에 의하여 정신적 고통도 회복된다고 보아야 할 것임 재산적 손해의 배상만으로는 회복할 수 없는 정신적 손해가 있다면 그 위자료를 인정할 수 있음(대판 2003.7.25. 2003다22912)

단 권 화 메 모 & O X

18 **인과관계** (22 소방9)

① **인과관계 유무**: 결과발생의 개연성 + 행동규범의 목적 등을 종합적으로 고려

② **인과관계의 인정과 부정**

인과관계 인정	인과관계 부정
• 경매공무원의 경매기일 미통지 → 경매취소 → 경락받은 자의 손해 • 허위인감 발급 → 부동산 담보대출 → 상호저축은행 손해 • 위병근무 중 탈영, 총기난사 → 민간인 피해 • 군 폭음탄 유출 → 민간인 피해 • 불량선박에 대한 합격증 발급 → 화재 피해 • 무장공비 사건에서 경찰 미출동 → 손해 • 윤락업소에 감금된 여성의 화재로 인한 사망사건에서 소방공무원의 시정조치 등을 명하지 않은 부작위 → 손해	• 군병원 탈주 → 피해 • 잘못된 개별공시지가결정 → 담보등기 후 물품추가공급 → 손해 • 육군규정에 정해진 영내 대기기간을 초과하여 초임하사를 영내 거주하도록 한 것 → 자살 • 윤락업소 화재사건으로 인한 여성사망사건에서 「식품위생법」상 공무원의 시정명령을 취하지 아니한 부작위 → 여성 사망 • 자동차보험계약해지서를 우편집배원이 허위로 배달되었다고 기재 → 보험계약해지 × → 보험회사의 피해

19 **「국가배상법」과 「자동차손해배상보장법」**

① 「자동차손해배상보장법」은 손해배상에서 고의 · 과실을 요하지 않음

② **공무원 자동차 사고와 국가의 배상책임**

차량	직무집행 여부	국가	운전자
관용차	직무집행 중	「자동차손해배상보장법」상 배상	
	직무와 무관한 경우	외형상 운행이익이 있다면 「자동차손해배상보장법」상 배상	
공무원 소유 차량	직무집행 중	「국가배상법」상 배상	「자동차손해배상보장법」상 책임
	직무와 무관	×	「자동차손해배상보장법」상 책임

03 이중배상금지

1) 이중배상금지 대상자 (19 서울9하)

헌법상 이중배상금지 대상자	군인, 군무원, 경찰공무원, 기타 법률이 정한 자(헌법재판소 헌법조문은 심판대상이 안 된다는 이유로 각하 결정)
「국가배상법」상 이중배상금지 대상자	군인, 군무원, 경찰공무원, 전투경찰(합헌 결정), **향토예비군**
판례상 이중배상금지 대상이 아닌 자	**공익근무요원**, **경비교도대원**, 군인 등에 해당하지 않는 자 → 배상청구 ○

2) 전투·훈련 등 직무집행과 관련하여 받은 손해일 것

소집되어 훈련 중에 있던 향토예비군대원	○ → 배상청구(×)
숙직실에서 연탄가스 중독으로 사망한 경찰	× → 배상청구(○)
훈련 종료 후 점심을 먹기 위해 파출소로 걸어가던 중 사망한 전투경찰대원	× → 배상청구(○)

3) 법률에 따라 보상을 받을 수 있을 것

법률에 보상이 있는 경우	배상 ×
법률에 보상이 없는 경우	배상 ○

4) 민간인과 군인의 공동불법행위 (18 국가9)

구분	민간인의 구상권 행사	민간인의 전액 배상	귀책부분에 한해 배상
대법원	×	×	○
헌법재판소	○	○	×

관련 판례

1. 대법원: 공동불법행위자는 자신의 부담부분에 한하여 손해배상의무를 부담하고, 한편 국가 등에 대하여는 그 귀책부분의 구상을 청구할 수 없다고 해석함이 상당하다 할 것임(대판 2001.2.15. 96다42420(전합))
2. 헌법재판소: 「국가배상법」 제2조 제1항의 단서는 일반국민이 직무집행 중인 군인과의 공동불법행위로 직무집행 중인 다른 군인에게 공상을 입혀 그 피해자에게 공동의 불법행위로 인한 손해를 배상한 다음 공동불법행위자인 군인의 부담부분에 관하여 국가에 대하여 구상권을 행사하는 것을 허용하지 아니한다고 해석하는 한, 헌법에 위반됨(헌재 1994.12.29. 93헌바21)

단권화 메모 & OX

01 민간인과 직무집행 중인 군인의 공동불법행위로 인하여 직무집행 중인 다른 군인이 피해를 입은 경우 민간인이 피해 군인에게 자신의 과실비율에 따라 내부적으로 부담할 부분을 초과하여 피해금액 전부를 배상한 경우에 대법원 판례에 따르면 민간인은 국가에 대해 가해 군인의 과실비율에 대한 구상권을 행사할 수 있다. (18 국가9) [○ / ×]

| 정답 | 01 ×(경과실의 경우 국가만 책임이 있으므로 군인인 공무원이 배상한 경우 국가에게 구상권 청구 가능)

★★☆

04 영조물 설치·관리상 하자로 인한 손해배상

1 공무원의 불법행위책임과 영조물 설치·관리하자책임 (21 지방9)

구분	공무원의 불법행위책임	영조물 설치·관리하자책임
근거	헌법 제29조 제1항, 「국가배상법」 제2조	「국가배상법」 제5조
행위	공무원의 직무상 행위	영조물 설치·관리행위
고의·과실	○	×, 무과실책임

2 「민법」상 공작물책임과 비교 (17 국가9하)

구분	「국가배상법」상 영조물책임	「민법」상 공작물책임
하자의 대상	공공의 영조물 + 하천 등 자연물 포함	공작물
점유자 면책	점유자 면책 부정	점유자 면책 인정(「민법」 제758조 단서)
배상책임자	국가와 지방자치단체	국가, 지방자치단체 제외한 공공단체와 사인

3 공공의 영조물 (22 지방9) (22 군무원9) (20 국가9) (17 국가7상) (17 국가7하) (17 지방7) (17 국가9상)

① 「국가배상법」 제5조상 영조물 ≠ 공적 목적을 위해 제공된 인적·물적 시설의 결합체로서 영조물

② 국가가 소유·임차하고 있는 공물(○) → 사인의 재산도 포함 가능

③ 소유권, 임차권 그 밖의 권한에 기하여 관리하고 있는 경우 + 사실상 관리하고 있는 경우

④ 인공공물 + 자연공물

⑤ 일반재산은 영조물이 아님 → 국가소유라면 모두 영조물(×)

⑥ **영조물 여부**

영조물로 인정받은 사례에 해당하는 것	영조물에 해당하지 않는 것
• 여의도 광장 • 매향리 사격장(현재 사격장은 폐쇄) • 철도건널목 자동경보기, 교통신호기 • 공중변소 • 도로의 맨홀 • 댐, 육교, 도로, 지하차도, 전신주, 방파제 • 저수지, 제방과 하천부지 • 경찰관의 권총 • 경찰견	• 일반재산(구 잡종재산) • 국유림, 국유임야 • 사고지점 도로가 군민의 통행에 제공되었다 하여도 피고 군에 의하여 노선인정 기타 공용개시가 없었으면 이를 영조물이라 할 수 없음(대판 1981.7.7. 80다2478) • 언덕의 붕괴를 예방하기 위해 도급회사가 설치한 옹벽은 아직 완성되지 아니하여 일반 공중의 이용에 제공되지 않고 있으므로 영조물이라고 할 수 없음(대판 1998.10.23. 98다17381) • 시 명의 종합운동장 예정부지와 한국모터스포츠연맹이 설치한 자동차 경주에 필요한 방호벽은 시가 일반 공중에 제공한 바 없고 관리한 바도 없음(대판 1995.1.24. 94다45302)

단권화 메모 & OX

01 공공의 영조물은 사물(私物)이 아닌 공물(公物)이어야 하지만, 공유나 사유임을 불문하고 행정주체에 의하여 특정 공공의 목적에 공여된 유체물이면 족하다. (22 군무원9) [○ / ×]

02 지방자치단체가 권원 없이 사실상 관리하고 있는 도로는 국가배상책임의 대상이 되는 영조물에 해당하지 않는다. (22 지방9) [○ / ×]

| 정답 | 01 ○ 02 ×(사실상 관리하는 시설물 일체 포함)

4 영조물 설치·관리하자의 의의

구분	내용
객관설	영조물이 통상 갖추어야 할 안전성의 결함이 있다면 하자가 있음
주관설	영조물 관리자의 안전관리의무 위반
절충설	양자 모두 고려
판례	객관설, 변형된 객관설

5 영조물 설치·관리하자의 기준 (21 소방9) (14 국가7)

① **통상의 용법에 따른 안전성 결여:** 학교 난간에서 흡연하다가 사망한 경우 난간 높이가 빗물이 흘러내리지 않을 정도라면 통상 안전성을 갖추었으므로 설치·관리상 하자가 없음(대판 1997.5.16. 96다54102)

② **영조물 설치·관리하자:** 통상 안전성을 갖추지 못한 상태 + 수인한도를 넘는 피해 발생(대판 2010.11.25. 2007다74560) → 기능성 하자의 경우 배상인정

③ **도로의 결함:** 통행상 안전에 결함이 발생한 경우 → 도로의 하자 인정(×) → 도로구조, 장소적 환경, 이용 상황을 전반적으로 고려해 도로하자 유무를 판단함

④ 다른 자연적 사실이나 제3자 또는 피해자의 행위와 경합하여 발생한 손해도 영조물의 설치·관리상의 하자에 의해 발생한 것으로 볼 수 있음

⑤ 영조물이 완전무결한 상태에 있지 않고 그 기능상 어떠한 결함이 있다는 것만으로 영조물의 설치 또는 관리에 하자가 있다고 할 수 없음

6 영조물 설치·관리하자를 인정한 판례와 부정한 판례 (21 소방7) (19 소방7) (16 국가9) (14 국가7)

영조물 설치·관리하자를 인정한 판례	영조물 설치·관리하자를 부정한 판례
• 상수도관에 균열이 생겨 새어나온 물로 노면이 결빙되어 있다면 도로로서의 안전성에 결함이 있는 상태로서 설치·관리상 하자가 있다고 할 것임(대판 1994.11.22. 94다32924) • 국도 웅덩이 사건(대판 1993.6.25. 93다14424) • 가변차로 신호등의 하자로 인하여 발생한 피해는 손해발생의 예견가능성이나 회피가능성이 없는 경우라 할 수 없음. 따라서 영조물 관리상의 하자를 인정할 수밖에 없음(대판 2001.7.27. 2000다56822) • 신고된 신호기의 경우에 고장사실이 신고되었음에도 오작동 신호기를 찾지 못한 사고가 난 경우, 설치·관리상 하자가 있음 • 김포공항에서 발생한 소음으로 인근 주민들이 입는 손해는 사회통념상 수인한도를 넘는 것으로 김포공항의 설치·관리에 하자가 있음(대판 2005.1.27. 2003다49566) • 매향리 사격장에서 발생할 소음으로 지역주민들이 입는 피해는 사회통념상 참을 수 있는 정도를 넘는 것으로 사격장 설치 또는 관리에 하자가 있음(대판 2004.3.12. 2002다14242) • 사격장의 소음피해를 인식하거나 과실로 인식하지 못하고 이주한 주민은 손해배상액을 산정함에 있어서 참작 또는 감경을 해야 함(대판 2010.11.11. 2008다57975) • 여의도광장사건(대판 1995.2.24. 94다57671)	• 신고되지 않은 교통신호기 고장으로 인한 교통사고 • 편도 4차선의 간선도로를 따라 오다가 편도 1차선의 지선도로가 좌측에서 합류하는 삼거리 교차로를 지나 우측으로 굽은 간선도로를 따라 계속 진행하는 차량에 대하여 신호기가 우측 화살표 신호가 아닌 직진 신호를 표시한 경우(대판 2000.1.14. 99다24201) • 트럭 앞바퀴가 고속도로에 떨어져 있다가 발생한 사고 • U자형 쇠파이프 도로방치사건(대판 1997.4.22. 97다3194) • 강설로 인한 도로결빙사건(대판 2000.4.25. 99다54998)

단권화 메모 & O X

01 학생이 담배를 피우기 위하여 3층 건물 화장실 밖의 난간을 지나다가 실족하여 사망한 경우, 학교관리자에게 그와 같은 이례적인 사고가 있을 것을 예상하여 화장실 창문에 난간으로의 출입을 막기 위한 출입금지장치나 추락위험을 알리는 경고표지판을 설치할 의무는 없으므로 학교시설의 설치·관리상의 하자는 인정되지 아니한다. (14 국가7) [○ / ×]

02 영조물 설치의 하자 유무는 객관적 견지에서 본 안전성의 문제이고 그 설치자의 재정사정이나, 영조물의 사용목적에 의한 사정은 안전성을 결정짓는 절대적 요건에는 해당하지 않는다. (19 소방7) [○ / ×]

03 도로의 설치 및 관리에 있어 완전무결한 상태를 유지할 정도의 고도의 안전성을 갖추지 아니 하였다고 하여 하자가 있다고 단정할 수는 없고, 그것을 이용하는 자의 상식적이고 질서 있는 이용 방법을 기대한 상대적인 안전성을 갖추는 것으로 족하다. (22 군무원9) [○ / ×]

04 사격장이나 공항과 같은 영조물 자체에 물적 결함이 존재하지 않는 경우에도 영조물의 설치·관리의 하자가 인정될 수 있다. (19 소방7) [○ / ×]

05 소음 등을 포함한 공해 등의 위험지역으로 이주하여 거주하는 것이 피해자가 위험의 존재를 인식하고 그로 인한 피해를 용인하면서 접근한 것이라고 볼 수 있는 경우 가해자의 면책이 인정될 수 있다. (16 국가9) [○ / ×]

| 정답 | 01 ○ 02 ○ 03 ○ 04 ○ 05 ○

7 영조물 설치·관리하자로 인한 손해발생 (21 소방9)

① **손해:** 적극 + 소극, 재산 + 정신적 손해

② 영조물 설치·관리하자로 인한 손해가 발생한 경우 위자료 청구가 가능함

8 자연공물의 관리상 하자로 인한 손해배상 (20 국가7)

① 자연공물의 하자는 인공공물의 하자보다 좁게 인정됨

② **일제형 수제의 하자기준:** 계획홍수위가 적정한지 여부

③ **파제형 수제의 하자:** 일반적으로 인정됨

9 면책사유 (17 지방9상)

① 면책사유가 있었다 하더라도 공무원의 과실로 손해가 확대된 경우에는 국가의 배상책임이 인정됨

② 재정사정은 영조물의 안정성의 정도에 관하여 참작사유는 될 수 있을지언정 면책을 결정지을 절대적 요건은 되지 못함

③ **입증책임**

원고	영조물 설치·관리의 하자
피고	불가항력, 면책사유

관련 판례

고속도로의 관리상 하자가 인정되는 이상 「민법」상 고속도로의 점유관리자는 그 하자가 불가항력에 의한 것이거나 손해의 방지에 필요한 주의를 해태하지 아니하였다는 점을 주장·입증하여야 비로소 그 책임을 면할 수 있음(대판 2008.3.13. 2007다29287)

10 면책사유를 인정한 판례와 부정한 판례

면책사유 인정	면책사유 부정
600년 또는 1,000년 발생빈도 강우에 따른 하천 범람	• 50년 빈도의 최대 강우로 제방도로 유실 • 국도변 산비탈 붕괴로 교통사고 • 장마철 가로수가 쓰러져 사고 발생 • 폭설에 따른 고속도로 교통정체·고립

단 권 화 메 모 & O X

01 강설에 대처하기 위하여 완벽한 방법으로 도로 자체에 융설 설비를 갖추는 것은 현대의 과학기술 수준이나 재정사정에 비추어 사실상 불가능하다고 할 것이므로, 고속도로의 관리자에게 도로의 구조, 기상예보 등을 고려하여 사전에 충분한 인적·물적 설비를 갖추어 강설 시 신속한 제설작업을 하고 필요한 경우 제때에 교통통제 조치를 취할 관리의무가 있다고 할 수 없다. (14 국가7) [○ / ×]

02 판례는 「국가배상법」 제5조의 영조물의 설치·관리상의 하자로 인한 손해가 발생한 경우, 피해자의 위자료 청구권이 배제되지 아니한다고 판시하였다. (21 소방9) [○ / ×]

| 정답 | **01** ×(최저 속도제한이 있는 고속도로는 일기예보 등을 고려하여 관리의무가 있음) **02** ○

05 국가배상과 책임자

구분	대위책임설	자기책임설	중간설	절충설(판례)
국가의 배상 책임의 성질	공무원의 위법한 행위는 국가 등의 행위로 볼 수 없어 공무원의 개인책임, 국가가 대신 배상	국가행위에 대한 자기책임	• 경과실: 국가 자신의 책임(자기책임설) • 고의·중과실: 국가만 책임(대위책임설)	• 경과실: 국가기관의 행위로 볼 수 있어 국가 자기책임 • 고의·중과실: 국가기관의 행위로 볼 수 없어 공무원만, 다만 외형상 국가도 책임(피해자 구제)
공무원의 대외적 책임: 선택의 청구 여부	가해공무원은 피해자에게 책임이 없다(반대견해 있음): 부정	공무원의 불법행위에 대한 개인책임은 국가배상책임과는 별개의 책임(반대견해 있음): 긍정	경과실, 고의·중과실 어느 경우나: 부정	• 경과실: 부정 • 고의·중과실: 긍정(직무행위의 외관이 있는 경우)
구상권 (공무원의 대내적 책임)	긍정	부정(반대견해 있음)	• 경과실: 부정 • 고의·중과실: 구상권 행사 긍정	

1) 선택적 청구

경과실	국가(○), 공무원(×): 선택청구 불가
고의·중과실	국가(○), 공무원(○): 선택청구 가능

2) 공무원의 배상책임

① 헌법 제29조 제1항(공무원 자신의 책임은 면제되지 않음)의 의미는 공무원 개인의 구체적인 손해배상책임 범위까지 규정한 것은 아님

② **공무원의 구상책임**

경과실	책임(×)
고의·중과실	책임(○)

③ **공무원 구상책임의 성질**

대위책임설	부당이득반환청구권
자기책임설	변상책임

3) 선임감독자와 비용부담자 (17 지방9하)

① 「국가배상법」 제6조: 비용부담자도 배상책임을 짐
② 「국가배상법」 제6조의 비용부담자의 개념: 형식적 비용부담자 + 실질적 비용부담자

4) 배상책임 판례

여의도 광장사건	• 영등포구청: 비용부담자로서 배상책임 • 서울시: 선임 · 감독자로서 배상책임
자동차운전면허장 관리사건	• 대한민국: 선임 · 감독자로서 배상책임 • 서울시: 비용부담자로서 배상책임
교통신호기	• 대전시: 선임 · 감독자로서 배상책임 • 대한민국: 비용부담자로서 배상책임

5) 최종적 배상책임자 (20 소방9) (17 서울9)

① 영조물의 하자로 인한 손해의 원인에 대하여 책임을 질 자가 따로 있을 때에는 국가 또는 지방자치단체는 그 자에 대하여 구상할 수 있음
② 학설: 사무귀속자설(多), 비용부담자설, 기여도설

관련 판례

1. 비용부담자로서 국가가 배상했다면 신호기 사무 관리자인 지방자치단체에 국가는 구상할 수 있음(대판 2001.9.25. 2001다41865)
2. 국도의 설치 · 관리하자로 사고가 발생한 경우, 국가와 지방자치단체 모두 배상책임자임. 내부적 부담부분은 도로인수 · 인계경위, 사건발생경위 등을 종합해서 결정해야 함(대판 1998.7.10. 96다42819)

단권화 메모 & OX

01 지방자치단체장이 설치하여 관할 지방경찰청장에게 관리권한이 위임된 교통신호기의 고장으로 인하여 교통사고가 발생한 경우, 지방자치단체뿐만 아니라 국가도 손해배상책임을 부담한다는 것이 판례의 태도이다. (20 소방9) [○ / ×]

| 정답 | 01 ○

날지 못하면 달려라.
달리지 못하면 걸어라.
그리고 걷지 못하면 기어라.
당신이 무엇을 하든 앞으로 가야 한다는 것만 명심해라.

– 마틴 루터 킹(Martin Luther King)

03 손실보상

출제 비중 28%

단권화 메모 & OX

01 행정상 손실보상

1) 손해배상과 구별 (21 소방9)

구분	손해배상	손실보상
원리	• 개인주의적 사상 • 도덕적 책임주의	• 단체주의적 사상 • 사회적 공평부담
위법성요건	○	×
공법영역	○	○
사법영역	○	×
헌법	제29조 제1항	제23조 제3항
일반법	「국가배상법」(○)	× [개별법(○)]
고의·과실요건	○	×
재산상 손해	○	○
비재산상 손해(정신적 손해)	○	×
양도·압류	생명·신체침해로 인한 권리 양도·압류(×)	재산상 피해에 관한 전보는 양도 가능

2) 손실보상청구권의 성질 (19 지방9) (17 지방9상)

① 학설

다수설	판례
공권	사권
행정소송	민사소송

② 판례

전통적 판례	최근 판례
어업권에 대한 손실에 따른 보상청구권은 사법상 권리이므로 민사소송으로 손실보상금 지급청구를 해야 함(대판 1998.2.27. 97다46450)	• 공유수면매립사업으로 관행어업권을 상실하게 된 자의 손실보상청구권은 「공유수면매립법」에 의해 발생한 권리로서 공권이므로, 행정소송방법으로 권리를 주장해야 함(대판 2001.6.29. 99다56468) • 「하천법」상 하천구역편입토지에 대한 손실보상청구권은 공권이고, 손실보상지급은 당사자소송에 의해야 함(대판 2006.5.18. 2004다6207(전합))

01 대법원은 구 「하천법」 부칙 제2조와 이에 따른 특별조치법에 의한 손실보상청구권의 법적 성질을 사법상의 권리로 보아 그에 대한 쟁송은 행정소송이 아닌 민사소송절차에 의하여야 한다고 판시하고 있다. (17 지방9상) [○ / ×]

| 정답 | 01 ×(당사자소송 대상임)

3 손실보상청구권의 요건 (20 국가7)

공공필요, 재산권에 대한 수용·사용·제한, 특별한 희생

4 공공필요 (17 국가9상)

① 국가의 재정수입은 공공필요에 해당하지 않으므로 국고목적을 위한 재산권 수용은 허용되지 않음
② **공공필요의 입증책임:** 사업시행자
③ **토지수용주체(사업시행자):** 행정기관 + 민간기업인
④ 공공복리보다 공공필요가 좁은 개념으로 봄이 판례의 입장(헌재 2014.10.30. 2011헌바129)

관련 판례

1. 6·25전쟁 중 전사한 워커장군을 추모하기 위한 워커힐 관광호텔사업은 공공필요에 해당함(대판 1971.10.22. 71다1716)
2. 체신연금·보험가입자들의 노후생활의 집 건립부지로 토지를 양도하는 것은 공공필요에 따른 토지양도는 아님(대판 1994.1.11. 93누17768)

5 헌법 제23조 제3항

① 공공필요에 의한 재산권의 수용·사용 또는 제한 및 그에 대한 보상은 법률로써 하되, 정당한 보상을 지급하여야 함(헌법 제23조 제3항)

재산권침해 목적	공공필요
침해유형	수용·사용·제한
침해와 보상근거	법률(○), 규칙(×), 명령(×), 조례(×)
보상기준	정당보상

② 헌법은 보상청구권의 근거뿐만 아니라 보상의 기준과 방법에 관해서도 법률에 유보하고 있음

6 특별한 희생

① **일반적 희생:** 보상(×)
② **특별한 희생:** 보상(○)
③ **실질적 기준설**

구분	사회적 제약	특별한 희생
보호가치설	보호가치가 없는 재산권 제한	보호가치가 있는 재산권 제한
수인한도성설	수인한도 내 재산권 제한	수인한도를 넘는 재산권 제한
사적 효용설	재산권 제한 후 사적 유용성이 남아 있는 경우	재산권 제한 후 사적 유용성이 없는 경우
목적위배설	재산권의 본래 목적이 유지되고 있는 경우(논 → 논)	재산권의 본래 목적이 유지되고 있지 않은 경우(농지 → 도로)

단권화 메모 & OX

01 헌법재판소는 헌법 제23조 제3항의 '공공필요'는 '국민의 재산권을 그 의사에 반하여 강제적으로라도 취득해야할 공익적 필요성'을 의미하고, 이 요건 중 공익성은 기본권 일반의 제한사유인 '공공복리'보다 좁은 것으로 보고 있다. (17 국가9상) [○ / ×]

02 재산권의 사회적 제약에 해당하는 공용제한에 대해서는 보상규정을 두지 않아도 된다. (18 국회8) [○ / ×]

| 정답 | 01 ○ 02 ○

상황구속설	재산권이 처한 상황에서 예측 가능한 재산권 제한 (산 → 개발금지, 건축금지)	예측할 수 없는 재산권 제한(도시 → 건축금지)

7 보상규정 흠결 시 권리구제 (17 지방9상)

방침규정설	• 보상(×)
위헌무효설 (입법자에 대한 직접효력설)	• 배상 • 헌법 제23조 제3항, 불가분조항(○)
직접효력설	• 헌법 제23조 제3항에 근거하여 직접보상청구 • 헌법 제23조 제3항, 불가분조항(×)
유추적용설	• 헌법 제23조 제3항과 관계 규정, 간접적으로 유추적용 • 수용유사침해이론 수용에 적극적

★★☆

8 개발제한구역 관련 헌법재판소 판례 (22 소방7) (18 서울9하)

① 헌법상의 재산권은 토지소유자가 이용가능한 모든 용도로 토지를 자유로이 최대한 사용할 권리나 가장 경제적 또는 효율적으로 사용할 수 있는 권리를 보장하는 것을 의미하지는 않음

② 개발제한구역의 지정으로 인한 개발가능성의 소멸과 그에 따른 지가의 하락이나 지가상승률의 상대적 감소는 토지소유자가 감수해야 하는 사회적 제약의 범주에 속하는 것으로 보아야 함 → 자신의 토지를 건축이나 개발목적으로 사용할 수 있으리라는 기대가능성이나 신뢰 및 이에 따른 지가상승의 기회는 재산권의 보호범위에 속하지 않음: 보상(×)

보상 ×	보상 ○
• 헌법 제23조 제2항의 사회적 제한 내의 재산권 제한 • 개발제한구역 지정 후 토지를 종래의 목적으로 사용할 수 있는 경우	• 헌법 제23조 제2항의 사회적 제한 밖의 재산권 제한 • 구역지정 후 토지를 종래의 목적으로도 사용할 수 없거나(예 나대지) 또는 토지를 전혀 이용할 수 있는 방법이 없는 예외적인 경우

③ 헌법불합치결정

④ 개발제한구역 지정은 사회적 제한에 해당하지만 헌법 제23조 제3항의 공용침해로서 공용수용에 해당하지 않으므로 헌법 제23조 제1항과 제2항상의 비례원칙심사를 통하여 통제함

⑤ 분리이론

9 헌법의 재산권 보장

헌법 제23조 제1항의 존속보장(분리이론)	"방어하라, 불연이면(→ 그렇지 않으면) 청산한다"
헌법 제23조 제3항의 가치보장(경계이론)	"참으라, 그리고 청산하라"

단권화 메모 & OX

01 헌법 제23조 제3항을 불가분조항으로 볼 경우, 보상규정을 두지 아니한 수용법률은 헌법위반이 된다. (17 지방9상) [○ / ×]

02 대법원은 손실보상규정이 없는 경우에 다른 손실보상규정의 유추적용을 인정하는 경우가 있다. (18 국회8) [○ / ×]

03 개발제한구역 지정으로 인한 지가의 하락은 원칙적으로 토지소유자가 감수해야 하는 사회적 제약의 범주에 속하나, 지가의 하락이 20% 이상으로 과도한 경우에는 특별한 희생에 해당한다. (18 서울9하) [○ / ×]

| 정답 | 01 ○ 02 ○ 03 ×(지가의 하락은 토지소유자가 감수해야 하는 사회적 제약의 범주에 속하는 것으로 보상의 대상이 되는 특별한 희생이 아님)

10 분리이론과 경계이론 (18 서울9하)

구분	경계이론(문턱)	분리이론(단절이론)
내용규정과 공용침해 규정 간의 관계	본질적 차이는 없음	본질적 차이가 있음
주안점	가치보장, 보상	존속보장, 재산권침해 배제
과잉금지원칙 등에 위반되어 위헌인 내용규정	헌법 제23조 제3항의 공용침해임	헌법 제23조 제3항의 공용침해는 아님
보상이 필요한 재산권 제한	헌법 제23조 제3항에 따른 공용침해	• 헌법 제23조 제1항에 따른 비례원칙에 반하는 재산권내용 한계규정: 보상규정이 없는 경우 • 헌법 제23조 제3항에 따른 공용수용: 보상규정이 있는 경우
구 「도시계획법」 제21조에 따라 개발제한구역 지정 후 종래 용도로 사용할 수 없는 경우	헌법 제23조 제3항 공용침해임	헌법 제23조 제3항의 공용침해가 아님
법원	독일 최고법원	• 독일 헌법재판소 • 우리 헌법재판소

※ 사회적 제약을 벗어나는 무보상의 공용침해에 대하여, 분리이론은 당해 침해행위의 폐지를 주장함으로써 위헌적 침해의 억제에 중점을 두고 있음에 비하여, 경계이론은 보상을 통한 가치의 보장에 중점을 두고 있음

11 손실보상기준 (17 서울9)

① 시가에 의한 보상원칙(**완전보상**)

② **표준지 공시지가**에 의한 보상도 정당한 보상임

관련 판례

1. **개발이익을 배제**하고 손실보상액을 산정한다 하여 헌법이 규정한 정당보상의 원리에 어긋나는 것이라고는 판단되지 않음(헌재 1990. 6. 25. 89헌마107)
2. 수 필지의 표준지 중 어떤 표준지를 선정하였는지를 확인할 수 없으므로 **각 보상대상 토지에 관한 감정평가는 적정성을 결여하였다고 할 것임**(대판 1991.4.23. 90누3539)

12 개발이익과 보상 (21 군무원7) (19 소방9)

당해 사업으로 개발이익이 생기는 경우	개발이익 배제
다른 공공사업으로 개발이익이 생기는 경우	개발이익을 배제하지 아니한 가격으로 보상

단권화 메모 & OX

01 토지수용으로 인한 보상액을 산정함에 있어서 당해 공공사업과 관계없는 다른 사업의 시행으로 인한 개발이익은 이를 배제하지 아니한 가격으로 평가하여야 한다. (19 소방9) [○ / ×]

| 정답 | 01 ○

13 사업시행으로 인한 공법적 제한과 보상가액산정 (14 국가7)

당해 공익사업으로 인한 공법상 제한	공법상 제한이 없는 상태에서 토지가액평가
다른 목적의 공익사업으로 제한받는 경우	공법상 제한을 받은 상태에서 토지가액평가

관련 판례

1. 사업인 택지개발사업에 대한 실시계획의 승인과 더불어 그 용도지역이 주거지역으로 변경된 토지를 그 사업의 시행을 위하여 후에 수용하였다면 그 재결을 위한 평가를 함에 있어서는 그 용도지역의 변경을 고려함이 없이 평가하여야 함(대판 1999.3.23. 98두13850)
2. 문화재보호구역의 확대지정이 당해 공공사업인 택지개발사업의 시행을 직접 목적으로 하여 가하여진 것이 아님이 명백하므로 토지의 수용보상액은 그러한 공법상 제한을 받는 상태대로 평가하여야 함(대판 2005.2.18. 2003두14222)

14 보상에 포함하는 것과 포함되지 않는 것

보상에 포함하는 것	보상에 포함되지 않는 것
• 공법·사법상 재산적 가치가 있는 권리 • 물권 + 채권 • 무체재산권인 저작권, 특허권 • 지장물인 건물은 건축허가를 받은 건물 + 그렇지 않은 건물도 사업인정의 고시 이전에 건축된 건물이면 보상 대상이 됨(대판 2000.3.10. 99두10896)	• 당해 사업의 개발이익(재산권 보호 ×) • 정신적 손해 • 자연적·문화적·학술적 가치 • 기대이익(재산권 보호 ×) • 영업을 하기 위해 투자한 비용과 그 영업을 통해 얻을 것으로 기대되는 이익

15 손실보상(완전보상) (17 국가9하) (14 국가7)

대인적 보상 → 대물적 보상 → 생활보상

원칙적 보상방법	예외적인 보상방법
• 금전보상원칙 • 선불원칙(사전보상원칙) • 일시불 • 개인별(○), 물건별 보상원칙(×) • 사업시행자 보상원칙	• 채권보상 • 현물보상(대토보상) • 매수보상 • 후불 • 분할불

16 대물보상(재산의 객관적 가치보상) (21 국가7) (19 국가7) (17 지방9하)

① 토지보상
② 건물이전비보상
③ 광어업·어업권·물 등의 사용권
④ 농업손실보상
⑤ 임금손실보상
⑥ 분묘이전비보상

단 권 화 메 모 & O X

01 토지수용으로 인한 손실보상액은 당해 공공사업의 시행을 직접 목적으로 하는 계획의 승인·고시로 인한 가격변동을 고려함이 없이 수용재결 당시의 가격을 기준으로 하여 정하여야 한다. (14 국가7) [○ / ×]

02 손실보상은 현금보상이 원칙이나 일정한 경우에는 채권이나 현물로 보상할 수 있다. (14 국가7) [○ / ×]

| 정답 | 01 ○ 02 ○

⑦ **영업손실보상**: 폐지보상과 휴업보상

㉠ 폐지 · 휴업보상의 기준: 다른 장소로 이전가능한지 여부(○) / 실제로 다른 장소로 이전했는지 여부(×)

㉡ 이전가능성이 없는 경우: 폐업보상

㉢ 구「토지수용법」(현「공익사업을 위한 토지 등의 취득 및 보상에 관한 법률」)상 영업손실보상 규정: 토지, 건물 등이 수용됨으로써 영업을 할 수 없게 되어 생기는 직접적 손실에 대한 보상임. 따라서 영업을 하기 위해 투자한 비용이나, 기대이익에 대한 손실보상청구의 근거는 아님

17) 생활보상 (21 국가7)

① 재산권의 객관적 가치보상으로 전보되지 않은 생활근거보상

② 헌법의 재산권 보장과 인간다운 생활을 할 권리에 근거함

③ 생활보상의 유형으로 이주대책 시행, 직업훈련, 주거이전비 지급, 이주농민에 대한 이농비 보상, 배후지 상실로 인한 영업보상을 들 수 있음

④ **주거이전비 보상청구권**:「공익사업을 위한 토지 등의 취득 및 보상에 관한 법률」에 따라 직접 발생 → 주거이전비 보상청구소송. 당사자소송(○) / 민사소송(×), 항고소송(×)

★★☆

18) 이주대책 시행 (22 군무원9) (18 지방7) (18 서울7하)

요건	이주대책 대상자 중 이주정착지에 이주를 희망하는 자가 10호 이상인 경우
의무자	사업시행자
성질	• 이주대책 실시 여부는 입법자의 재량임 • 재개발사업의 경우에도 이주대책을 수립해야 함(대판 2004.10.27. 2003두858) • 사업시행자는 특별공급주택의 수량, 특별공급대상자의 선정 등에 있어 재량을 가짐(대판 2007.2.22. 2004두7481)
이주대책 대상자	• 공익사업으로 주거용 건물을 제공하여 생활근거를 상실한 자 • 임의적 대상자, 세입자를 이주대책 대상자에서 제외한 것은 세입자의 재산권 침해가 아님(헌재 2006.2.23. 2004헌마19) • 관할구청장이 세입자에 대하여 영구임대아파트의 입주권부여 대상자가 아니라고 한 통보는 행정처분임(대판 1993.2.23. 92누5966) • 이주대책일 당시 주거용 건물을 의미함. 따라서 이주대책일 이후 적법한 절차에 따르지 않고, 주거용으로 용도변경된 경우 수용재결 내지 협의계약 체결 시 주거용으로 사용된 건물이라도 이주대책의 대상이 되는 주거용 건물이 아님(대판 2009.2.26. 2008두5124) • 공익사업을 위한 관계법령에 의한 고시 등이 있은 날 당시 주거용 건물이 아니었던 건물이 그 이후에 주거용 용도로 변경된 경우 이주대책대상이 되는 건축물이 아님(대판 2009.2.26. 2007두13340)
아파트수분양권, 택지분양청구권	• 이주대책 대상자의 신청에 대한 사업시행자의 이주대책 대상자로 확인 · 결정에 의해 발생함(대판 1994.5.24. 92다35783(전합)) • 이주대책 대상자의 특별분양신청에 대해 사업시행자의 거부행위는 항고소송의 대상이 되는 처분임(대판 1992.11.27. 92누3618)

단권화메모&OX

01 사업시행자 스스로 공익사업의 원활한 시행을 위하여 생활대책을 수립 · 실시할 수 있도록 하는 내부규정을 두고 이에 따라 생활대책대상자 선정기준을 마련하여 생활대책을 수립 · 실시하는 경우, 생활대책대상자 선정기준에 해당하는 자기 자신을 생활대책대상자에서 제외하거나 선정을 거부한 사업시행자를 상대로 항고소송을 제기할 수 있다. (22 군무원9) [○ / ×]

| 정답 | 01 ○

★★☆

19 간접손실보상 (22 소방9)(20 국가7)(20 지방7)(20 군무원7)(19 지방7)(19 서울7하)(19 소방9)(16 지방7)

법적 근거	• 사업시행지 밖의 손실에 대한 보상(**간접손실보상**)의 근거: **헌법 제23조 제3항(判)** • 「공익사업을 위한 토지 등의 취득 및 보상에 관한 법률」: 잔여지손실보상, 잔여지매수 · 수용청구권, 사업지 밖의 토지비용보상 「공익사업을 위한 토지 등의 취득 및 보상에 관한 법률」에 간접손실에 대한 일반 법규정 없음. 다만, 간접손실보상에 대한 개별규정은 있음 • 시행규칙: 소수자잔존보상, 영업손실보상, 어업피해보상, 농업손실보상
잔여지수용청구권	① 잔여지를 종래 목적에 사용하는 것이 현저히 곤란할 때(법 제74조 제1항) ② 사용이 현저히 곤란할 때: 사회적 · 경제적으로 사용하는 것이 곤란하게 된 경우(절대적으로 이용불가능한 경우) + 이용은 가능하나 많은 비용이 소요되는 경우(대판 2005.1.28. 2002두4679) ③ 잔여지수용청구권의 법적 성질 • 잔여지수용청구권은 그 요건을 구비한 때에는 토지수용위원회의 특별한 조치를 기다릴 것 없이 청구에 의하여 수용의 효과가 발생하는 **형성권적 성질**을 가짐 • 잔여지수용청구권의 행사기간은 제척기간임 ④ 행사기간: 협의가 성립되지 아니한 경우에는 해당 사업의 공사완료일까지 ⑤ 매수 또는 수용의 청구가 있는 잔여지 및 잔여지에 있는 물건에 관하여 권리를 가진 자는 사업시행자 또는 관할 토지수용위원회에 그 권리의 존속을 청구할 수 있음(법 제74조 제2항) ⑥ 불복절차: 수용청구 → 토지수용위원회, 기각재결 → 보상금증감청구소송. **피고는 사업시행자**
인정과 부정 판례	**간접손실보상 ○** • 수산물위탁판매장을 운영하면서 위탁수수료를 받았던 수산업협동조합이 공유수면매립으로 인해 발생한 영업손실(대판 1999.10.8. 99다27231) • 구 「수산업법」상 어업허가를 받고 허가어업에 종사하던 어민이 공유수면매립사업의 시행으로 피해를 입게 된 경우(대판 1999.11.23. 98다11529) **간접손실보상 ×** • 금강하구둑 공사로 인해 참게 축양업을 할 수 없게 되었다고 주장하는 경우(대판 1998.1.20. 95다29161) • 발전소건설로 김 양식업의 피해를 받았다고 주장하는, 허가나 신고 없이 김 종묘 생산업에 종사하는 종사자(대판 2002.11.26. 2001다44352)

20 협의취득 (18 지방7)

사업시행자와 토지소유자 간 협의에 의한 취득	**사법상 계약(判)**
협의가 안 된 경우	사업시행자는 사업인정고시가 있는 날로부터 1년 이내에 토지수용위원회에 수용재결을 신청
수용재결 신청권자	토지소유자는 수용재결신청을 할 수 없고, **사업시행자**에게 수용재결신청을 청구할 수 있음

단권화 메모 & OX

01 잔여지 수용청구의 의사표시는 관할 토지수용위원회에 하여야 하므로, 원칙적으로 사업시행자에게 한 잔여지 매수청구의 의사표시를 관할 토지수용위원회에 한 잔여지 수용청구의 의사표시로 볼 수 없다. (16 지방7) [○ / ×]

02 「공익사업을 위한 토지 등의 취득 및 보상에 관한 법률」상의 잔여지수용청구는 매수에 관한 협의가 성립되지 아니한 경우에만 할 수 있으며, 그 사업의 공사 완료일까지 하여야 한다. (19 소방9) [○ / ×]

03 사업시행자가 공익사업에 필요한 토지를 협의 취득하는 행위는 사경제주체로서 행하는 사법상의 법률행위이다. (18 지방7) [○ / ×]

| 정답 | 01 ○ 02 ○ 03 ○

21) 토지수용위원회의 수용재결 (22 국가9)(18 국가7)(16 서울9하)

구분	내용
수용재결	• 토지수용위원회는 사업시행자·토지소유자 또는 관계인이 신청한 범위 안에서 재결하여야 함. 다만, 손실보상에 있어서는 증액재결을 할 수 있음 • 수용재결은 항고소송의 대상이 되는 행정처분임
수용재결에 대한 이의신청	• 중앙토지수용위원회에 이의신청 • 이의신청절차: **특별행정심판절차** • 이의재결: 수용재결이 위법·부당할 때 전부 또는 일부 취소가능, 보상액 변경도 가능
수용재결에 대한 불복절차	• 이의신청절차는 임의적 절차이므로 수용재결에 대해 이의신청절차를 거치지 않고 바로 항고소송을 제기할 수 있음 • 수용재결 → **90일 이내** → 항고소송 또는 형식적 당사자소송 제기, 이의 수용재결 → **60일 이내** → 항고소송 또는 형식적 당사자소송 제기 • 재결에 대하여 불복절차를 취하지 아니함으로써 그 재결에 대하여 더 이상 다툴 수 없게 된 경우에는 기업자는 그 재결이 당연무효이거나 취소되지 않는 한, 이미 보상금을 지급받은 자에 대하여 민사소송으로 그 보상금을 부당이득이라 하여 반환을 구할 수 없음(대판 2001.4.27. 2000다50237)

단권화메모&OX

01 중앙토지수용위원회의 이의재결에 대한 행정소송은 재결서를 받은 날부터 60일 이내에 제기해야 한다. (18 교행9) [○ / ×]

02 토지소유자가 손실보상금의 액수를 다투고자 할 경우에는 사업시행자가 아니라 토지수용위원회를 상대로 보상금의 증액을 구하는 소송을 제기하여야 한다. (16 서울9하) [○ / ×]

| 정답 | 01 ○ 02 ×(보상금 증감 소송은 사업시행자와 토지소유자 간 진행)

02 독일의 행정상 손해전보제도의 흠결과 보완

단 권 화 메 모 & O X

구분	우리 헌법상의 손해전보제도	수용유사침해	수용적 침해	희생보상청구권
개념	• 국가배상제도: 공무원의 위법한 직무행위, 영조물의 설치·관리상의 하자로 인한 배상(영조물 책임은 헌법이 아니라 「국가배상법」) • 손실보상제도: 국가의 적법·무책한 행위로 인한 재산권의 보장	국가의 무책한 행위로 인한 손실이라는 점에서 손실보상과 다른 요건은 동일하나, **보상규정이 없다**는 점에서 위법함	적법, 무책한 점에서 다른 요건은 손실보상과 동일하나 침해가 **비의도적**이라는 점이 다름 예 지하철공사로 인근 상가의 매출 감소	다른 요건은 손실보상과 동일하나 침해된 것이 **재산권이 아니라 생명·신체 등**인 경우 예 예방접종 후 부작용
손실보상 등 요건	• 공공필요 • 적법한 공권력행사 • 의도된 재산권침해 • 특별한 희생 • 보상규정 있음	• 공공필요 • 위법한 공권력행사(보상규정이 없다는 의미) • 재산권에 대한 침해 • 특별한 희생 • 보상규정 없음	• 공공필요 • 적법한 공권력행사 • 의도되지 않은 재산권 침해 • 특별한 희생	• 공공필요 • 적법한 공권력행사 • 비재산적 침해(생명·신체) • 특별한 희생

1 수용유사침해에 대한 보상

수용유사침해 요건	• 재산권 침해(○) / 비재산권 침해(×) • 특별한 희생(○) • 위법(○) / 고의·과실(×) → 위법·무책
수용유사침해이론의 근거	독일 헌법재판소의 자갈채취 판례 후: 관습법상 인정되어 온 희생보상청구권
수용유사침해의 인정 여부	• 유추적용설을 주장하는 학자들이 수용유사침해이론에 대해 적극적임 • 수용유사침해는 경계이론(○) / 분리이론(×)을 근거로 함 • 부정적 견해: 우리나라에는 희생보상의 관습법이 없음. 위헌무효설이나 직접효력설로 문제를 해결할 수 있음 • 대법원 판례: 수용유사침해론을 명시적으로 인정(×)

2) 수용적 침해

① 의의

㉠ 비의도적, 비전형적 재산권 침해

㉡ 간접손실보상의 유형(○)

㉢ 결과책임(○) / 과실책임(×)

② 수용적 침해 예

㉠ 지하철 공사로 고객의 도로통행이 어려워져 인근상가의 매출이 감소되는 경우

㉡ 도시계획결정으로 도로구역으로 고시되었으나 공사는 하지 않고 오랫동안 방치함으로써 고시지역 내의 토지소유자가 큰 재산상의 불이익을 입게 되는 경우

③ 요건

㉠ 적법한 공권력 행사로 인한 의도되지 않은 재산권 침해(○)

㉡ 위법(×), 고의·과실(×), 비재산적 법익침해(×)

㉢ 법익침해의 비교

구분	손해배상	손실보상	수용유사침해	수용적 침해	희생보상 청구권	결과제거 청구권
재산적 법익	○	○	○	○	×	○
비재산적 법익	○	×	×	×	○	○

㉣ 위법, 고의·과실을 기준으로 한 비교

구분	손해배상	손실보상	수용유사침해	수용적 침해	희생보상 청구권	결과제거 청구권
위법	○	×	○	×	×	○
고의·과실 (유책)	○	×	×	×	×	×

한번 더 정리하기

■ 수용유사침해와 수용적 침해 비교

구분	수용유사침해	수용적 침해
위법	○	×
재산적 법익	○	○
비재산적 법익	×	×
고의·과실	×	×
의도/비의도	의도	비의도
박탈되는 재산권	대물적 손실	간접손실

단권화 메모 & OX

3 희생보상청구권

<table>
<tr><td>의의</td><td>• 비재산적 법익침해에 대한 보상
• 감염병 예방을 위한 예방접종으로 사망한 경우</td></tr>
<tr><td>요건</td><td>• 적법한 침해(○), 고의 · 과실(×)
• 비재산적 가치 있는 권리침해
• 고권적 침해: 직접 + 간접적인 강제 + 심리적 강제(○)
• 특별한 희생
• 침해의 목적: 사익(×) / 공익(○)</td></tr>
<tr><td>손실보전방법</td><td>비재산적 법익침해로 인한 재산적 손실(○) / 정신적 피해에 대한 위자료(×)</td></tr>
<tr><td>청구권의 경합</td><td>위법한 비재산적 법익침해: 손해배상(○) / 희생보상청구권(×)</td></tr>
<tr><td>권리구제</td><td><table>
<tr><td>개별법이 있는 경우</td><td>• 개별법 적용
예 「감염병의 예방 및 관리에 관한 법률」, 「소방기본법」 등
• 희생보상청구권 적용(×)</td></tr>
<tr><td>개별법이 없는 경우</td><td>• 희생보상청구권(○)</td></tr>
</table>
※ 희생보상청구권, 판례를 통해 발전(×)
참고 구 「전염병예방법」 제54조의2(예방접종으로 인한 피해에 대한 국가보상)에 따른 국가보상의 성질은 특별희생보상임(대판 2014.5.16. 2014두274)</td></tr>
</table>

4 결과제거청구

단권화 메모 & OX

① **성질**

㉠ 물권적 권리 한정(×)

㉡ 결과제거청구권의 법적 성질

다수설	판례
공권	사권
당사자소송	민사소송

② **법적 근거:** 법치행정, 기본권 규정, 취소판결의 기속력(○)

③ **요건**

공행정작용으로 인한 침해	권력적 + 비권력적 행정작용(○), 법률행위 + 사실행위(○), 작위 + 부작위(○), 사법적 활동으로 인한 침해(×)
법률상 이익이 침해되는 것	재산적 이익 + 비재산적 법익(명예, 신용 등), 사실상의 이익(×)
관계이익이 보호할 가치가 있을 것	불법적으로 점유하고 있는 물건(×)
위법한 상태의 존재	처음부터 위법한 행정작용 + 적법한 행정작용의 효력상실로 사후에 위법상태 발생
위법한 상태의 계속	• 위법한 상태가 존재하지 않게 된 경우: 결과제거청구권(×) / 손해배상(○) • 무효가 아닌 행정행위: 취소가 안 된 경우 결과제거청구권(×)
결과제거의 기대가능성	불법으로 파손된 자동차, 결과제거청구권 행사(×) / 손해배상(○)

④ **결과제거청구권의 내용과 범위**

㉠ 원상회복

㉡ 직접적인 결과 제거(○) / 간접적인 결과 제거(×)

㉢ 피해구제가 충분치 않은 경우: 손해배상

관련 판례

1. 적법한 사용권을 취득함이 없이 타인의 토지를 도로부지로 편입하여 도로로 사용하는 경우, 인도청구할 수 없음(대판 1968.10.22. 68다1317)
2. 공중의 편의를 위한 상수도시설을 대지소유자가 소유권에 기하여 철거를 요구하는 것이 권리남용에 해당되지 않음(대판 1987.7.7. 85다카1383)

한번 더 정리하기

■ 손해배상청구권과 결과제거청구권 비교

구분	손해배상청구권	결과제거청구권
위법	○	○
고의·과실	○	×
권리구제수단	배상	원상회복 (예외적으로 배상)
양자의 병존가능성	○	

※ 불법자동차를 경찰이 다른 곳으로 옮겨 놓은 경우, 결과제거청구권 인정되지 않음. 적법한 행위이기 때문임

PART 6

행정구제법 II

01 행정심판

02 행정소송

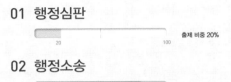

출제 비중 80%

※ QR코드 스캔으로 무료강의 바로 접속

01 행정심판

출제 비중 20%

01 행정쟁송 개설

1)

시심적 쟁송	당사자소송
복심적 쟁송	항고쟁송

2)

주관적 쟁송	항고쟁송, 당사자소송
객관적 쟁송	민중소송, 기관소송

02 행정심판

1) 행정심판의 존재 이유

① 내부적 통제
② 행정의 전문지식 활용을 통한 사법기능 보완(부담 감경)
③ 신속성, 간편성 같은 쟁송경제의 실현(○), 구제의 신중성 확보(×)
④ **법원의 부담경감(○)**: 행정관청에 관련된 분쟁을 법원이 담당하는 것이 바람직하지 않으므로

2) 행정심판절차의 사법절차 준용

① **근거**: 헌법 제107조 제3항
② 행정심판절차로서 임의적 절차, 필수적 절차 모두 헌법에서는 허용함. 단, 「행정소송법」에서는 임의적 절차로 규정함
③ 행정심판절차가 종국적 절차 또는 필수적 절차인 경우 사법절차를 준용해야 함
④ **행정심판절차**: 전심절차(○) / 종심절차(×)

3) 이의신청절차 (22 국가9)

① 당해 행정청에 제기
② 토지수용위원회의 수용재결에 대하여 중앙토지수용위원회에 제기하는 이의신청절차는 **특별행정심판**임
③ 「난민법」 제21조에 따른 이의신청을 한 경우에는 「행정심판법」에 따른 행정심판을 청구할 수 없음

단권화 메모 & OX

01 「공익사업을 위한 토지 등의 취득 및 보상에 관한 법률」상 토지수용위원회의 수용재결에 이의가 있어 중앙토지수용위원회에 이의를 신청한 경우는 행정심판을 제기할 수 있다. (22 국가9 변형) [○ / ×]

02 「난민법」상 난민불인정결정에 대해 법무부장관에게 이의신청한 경우는 행정심판을 청구할 수 있다. (22 국가9 변형) [○ / ×]

| 정답 | 01 ×(토지보상법상의 이의신청은 행정심판의 성질을 가지므로 이의신청을 한 경우 행정심판을 다시 제기할 수 없음) 02 ×(「난민법」 제21조 제2항상의 이의신청 시 행정심판은 불가함)

4 진정

관련 판례

1. 진정은 일정한 희망을 진술하는 행위로, 진정에 대한 행정기관의 회신은 법적 구속력이 없음. 따라서 진정을 거부하는 민원회신은 항고소송의 대상이 되는 처분이 아님(대판 1991.8.9. 91누4195)
2. 신청서가 행정기관의 처분의 시정을 구하는 취지라면 진정서라는 용어를 사용했어도 행정심판청구로 볼 수 있음(대판 1995.9.29. 95누332)

5 행정심판과 행정소송의 비교 (19 국가9) (18 국가9) (18 서울7하) (18 서울9하)

구분	행정심판	행정소송
대상	처분, 부작위	처분, 행정심판재결, 부작위 등
대통령 처분	×	○
집행부정지	○	○
임시처분	○	×
불고불리	○	○
당사자주의 원칙	○	○
직권심리주의 보충	○	○
구술심리주의 원칙	×(구술 또는 서면)	○
심리공개원칙	×	○
의무이행소송	○(의무이행심판)	×
부작위위법확인소송	×	○(부작위위법확인소송)
당·부당	○	×
제3자, 관계 행정청의 참가	○	○
사정재결 / 사정판결	○	○
직접처분권	○	×
간접강제	○	○
처분의 적극적 변경	○	×
피청구인 또는 피고를 잘못 지정한 경우 직권 경정	○(신청 또는 직권)	×(신청만)
제기기간	• 안 날로부터 90일 • 있은 날로부터 180일	• 안 날로부터 90일 • 있은 날로부터 1년

단권화 메모 & OX

01 행정심판의 가구제 제도에는 집행정지제도와 임시처분제도가 있다. (18 서울9하) [○ / ×]

| 정답 | 01 ○

6) 행정심판 간의 비교 (20 지방9)

구분	취소심판	무효등확인심판	의무이행심판
청구기간	○	×	• 거부처분: ○ • 부작위: ×
집행부정지원칙	○	○	×
사정재결	○	×	○
간접강제	○	×	○

03 행정심판위원회

1) 행정심판위원회의 의의

① 심리·재결권(○)
② 합의제 행정청(○)
③ 심리·재결의 일원화(○) → 재결청이 별도로(×)

2) 「행정심판법」상 행정심판위원회의 종류 (21 소방9)

해당 행정청의 행정심판위원회	• 감사원, 국가정보원장, 그 밖에 대통령령으로 정하는 대통령 소속기관의 장(대통령비서실장 등)의 처분·부작위 • 국회사무총장·법원행정처장·헌법재판소사무처장 및 중앙선거관리위원회사무총장의 처분·부작위 • 국가인권위원회, 그 밖에 지위·성격의 독립성과 특수성 등이 인정되어 대통령령으로 정하는 행정청의 처분·부작위
중앙행정심판위원회 → 국민권익위원회 소속(○)	• 국무총리, 각부장관, 청장, 처장의 처분·부작위 • 특별시장·광역시장·특별자치시장·도지사·특별자치도지사의 처분·부작위 • 특별시·광역시·특별자치시·도 또는 특별자치도의 교육감의 처분·부작위 • 특별시·광역시·특별자치시·도·특별자치도의 의회(의장, 위원회위원장, 사무처장 등 의회 소속 모든 행정청을 포함)의 처분·부작위 • 「지방자치법」에 따른 지방자치단체조합 등 관계 법률에 따라 국가·지방자치단체·공공법인 등이 공동으로 설립한 행정청(「행정심판법」 제6조 제2항 제3호)
광역자치단체장 소속의 행정심판위원회	• 시·도 소속 행정청의 처분·부작위 • 시·도의 관할구역에 있는 시·군·자치구의 장, 소속 행정청 또는 시·군·자치구의 의회(의장, 위원회의 위원장, 사무국장, 사무과장 등 의회 소속 모든 행정청을 포함)의 처분·부작위 • 시·도의 관할구역에 있는 둘 이상의 지방자치단체(시·군·자치구)·공공법인 등이 공동으로 설립한 행정청의 처분·부작위
해당 행정청의 직근 상급행정기관에 두는 행정심판위원회	법무부, 대검찰청 소속 특별지방행정기관의 처분·부작위 예 서울지방검찰청장의 처분에 불복하면, 서울고등검찰청 소속 행정심판위원회가 심리·재결함

3 특별법상 인정되는 특별행정심판위원회(제3기관) (18 서울9하)

① 「특허법」의 특허심판원
② 「국세기본법」의 조세심판원
③ 「해양사고의 조사 및 심판에 관한 법률」상 해양심판원
④ 공무원법의 소청심사위원회
⑤ 「교원의 지위 향상 및 교육활동 보호를 위한 특별법」의 교원소청심사위원회
⑥ 「공익사업을 위한 토지 등의 취득 및 보상에 관한 법률」의 중앙토지수용위원회
⑦ 「감사원법」상 변상금 재결

4 행정심판위원회의 구성 (21 소방9)

구분	일반행정심판위원회	중앙행정심판위원회
위원 수	위원장 1명 포함 50명 이내	• 위원장 1명 포함 70명 이내 • 상임위원 4명 이하(현행 3인으로 구성)
위원장	• 행정심판위원회 소속 행정청 • 시·도지사 소속의 행정심판위원회는 조례에 따라 공무원이 아닌 자를 위원장으로 정할 수 있음	국민권익위원회 부위원장 → 직무대행: 상임위원 중 재직기간순으로
위원의 위촉·지명·임명	행정청이 위촉하는 외부인사 또는 지명하는 공무원	• 상임위원: 대통령 임명 • 비상임위원: 국무총리 위촉
임기	• 위촉된 위원: 2년, 2차에 한해 연임 가능 • 지명된 위원: 재직하는 동안	• 상임위원: 3년, 1차 연임 가능 • 비상임위원: 2년, 2차 연임 가능
위원장 직무대행	위원장이 지명한 위원	상임위원 중 재직기간이 긴 의원 → 연장자
위원회의 회의 구성	• 위원장과 위원장이 지정하는 8명의 위원으로 구성 • 예외적으로 6명 위원으로 구성 가능	• 위원장, 상임위원, 비상임위원을 포함하여 총 9명 • 자동차운전면허 행정처분사건을 심리·의결하는 소위원회는 4명
위원회의 회의 정족수	구성원 과반수 출석, 출석위원 과반수 찬성	구성원 과반수 출석, 출석위원 과반수 찬성

단권화 메모 & OX

01 중앙행정심판위원회는 위원장 1명을 포함하여 70명 이내의 위원으로 구성한다. (21 소방9) [○ / ×]

02 중앙행정심판위원회의 회의는 위원장, 상임위원 및 위원장이 회의마다 지정하는 비상임위원을 포함하여 총 15명으로 구성한다. (21 소방9) [○ / ×]

| 정답 | 01 ○ 02 ×(9명으로 구성)

5) 위원회의 권한 · 의무

위원회의 권한 · 의무인 것	위원회의 권한 · 의무가 아닌 것
• 심리 · 의결 · 재결권 • 집행정지권 · 임시처분권 • 시정조치요구권 • 사정재결에 관한 결정권	• 위원회의 위원 기피 · 회피결정권 → 위원회가 아니라 위원장의 직권사항 • 위원의 위촉권

04 행정심판의 요건

1) 행정심판청구인

① 법률상 이익이 있는 자연인, 법인, 법인격 없는 사단 · 재단, 제3자(○)
② 다수가 공동으로 심판청구한 경우 청구인들 중에서 3명 이하의 선정대표자를 선정할 수 있음
③ 선정대표자는 반드시 청구인들 중에서(○), 청구인이 아닌 선정대표자 선정은 무효임(대판 1991.1.25. 90누7791)

2) 청구인의 지위승계 (18 국가9)

당연승계	청구인이 사망한 경우, 법인을 합병한 경우 청구인의 지위를 승계함
허가승계	권리나 이익을 양수한 자는 위원회의 허가를 받아 지위를 승계할 수 있음

3) 피청구인

① **권한이 다른 행정청에 승계된 경우:** 피청구인은 승계한 행정청
② **청구인이 피청구인을 잘못 지정한 경우:** 직권(○) 또는 신청(○)으로 피청구인 경정
③ 청구인, 피청구인 모두 대리인 선임 가능

4) 관계인의 행정심판 참가 → 신청 또는 직권

① **신청에 의한 행정심판 참가:** 의결이 있기 전까지 심판 참가 가능. 제3자, 관계 행정청은 위원회의 허가를 받아 참가할 수 있음
② 위원회의 요구에 의한 행정심판 참가

단권화 메모 & OX

01 행정심판의 경우 여러 명의 청구인이 공동으로 심판청구를 할 때에는 청구인들 중에서 3명 이하의 선정대표자를 선정할 수 있다. (18 국회8) [○ / ×]

02 행정심판의 대상과 관련되는 권리나 이익을 양수한 특정승계인은 행정심판위원회의 허가를 받아 청구인의 지위를 승계할 수 있다. (18 국가9) [○ / ×]

| 정답 | 01 ○ 02 ○

5 심판청구 대상 (22 지방9) (20 군무원7)

① 개괄주의(○)
② 처분(○)
③ 부작위(○)
④ 대통령의 처분 · 부작위(×)
  ※ 행정소송에서는 대통령의 처분 · 부작위도 소송의 대상이 됨
⑤ 행정심판재결(×)

6 행정심판 청구기간 (18 서울9하)

처분이 있음을 알게 된 날부터 90일	불변기간
처분이 있었던 날부터 180일	정당한 사유가 있다면(○), 불변기간(×)
양자의 관계	둘 중 하나가 도과되면 청구기간 도과로 각하됨

7 알게 된 날 90일의 기준일 (17 지방9상)

처분이 있음을 알게 된 날의 의미	• 현실적으로 안 날(○) / 추상적으로 알 수 있었던 날(×) • 처분을 기재한 서류가 당사자의 주소에 송달되는 등으로 사회통념상 처분이 있음을 당사자가 알 수 있는 상태에 놓여진 때에는 반증이 없는 한 그 처분이 있음을 알았다고 추정할 수는 있음(대판 2002.8.27. 2002두3850)
과세처분의 납세고지서 수령에서 알게 된 날	아파트 경비원이 수령한 날(○) / 납세의무자가 수령한 날(×)
과징금 부과처분의 납부고지서 수령에서 알게 된 날	아파트 경비원이 수령한 날(×) / 납부의무자가 현실로 안 날(○)
조세에 대한 이의신청을 한 경우 알게 된 날	재조사결정통지일(×) / 후속처분의 통지를 받은 날(○)

8 예외적 심판기간

현행법상 행정처분은 제3자에게까지 통지하지 않음

90일의 예외로서 불가항력	• 청구인이 천재지변, 전쟁, 사변, 그 밖의 불가항력으로 인하여 90일 이내에 심판청구를 할 수 없었을 때에는 그 사유가 소멸한 날부터 14일 이내에 행정심판을 청구할 수 있음 • 다만, 국외에서 행정심판을 청구하는 경우에는 그 기간을 30일로 함
180일의 예외로서 정당한 사유	행정처분의 직접 상대방이 아닌 제3자는 일반적으로 처분이 있는 것을 바로 알 수 없는 처지에 있으므로, 위와 같은 심판청구기간 내에 심판청구를 제기하지 아니하였다고 하더라도, 그 기간 내에 처분이 있은 것을 알았거나 쉽게 알 수 있었기 때문에 심판청구를 제기할 수 있었다고 볼 만한 특별한 사정이 없는 한, 위 법조항 본문의 적용을 배제할 "정당한 사유"가 있는 경우에 해당한다고 보아 위와 같은 심판청구기간이 경과한 뒤에도 심판청구를 제기할 수 있음(대판 1992.7.28. 91누12844; 대판 1991.5.28. 90누1359)

단권화 메모 & OX

01 대통령의 처분 또는 부작위에 대하여는 다른 법률에서 행정심판을 청구할 수 있도록 정한 경우 외에는 행정심판을 청구할 수 없다. (18 국회8) [○ / ×]

02 행정심판위원회의 재결에 고유한 위법이 있는 경우에는 다시 행정심판을 청구할 수 있다. (22 지방9 변형) [○ / ×]

03 행정처분이 있은 날이라 함은 그 행정처분의 효력이 발생한 날을 의미한다. (18 서울9하) [○ / ×]

04 납세자의 이의신청에 의한 재조사결정에 따른 행정소송의 제소기간은 이의신청인 등이 재결청으로부터 재조사결정의 통지를 받은 날부터 기산한다. (17 지방9상) [○ / ×]

| 정답 | 01 ○ 02 ×(행정심판의 재결은 다시 행정심판을 청구할 수 없음) 03 ○ 04 ×(재조사결과에 따른 처분의 통지를 받은 날)

9) 청구기간이 적용되는 행정심판

취소심판	적용(○)
거부처분에 대한 의무이행심판	적용(○)
부작위에 대한 의무이행심판	적용(×)
무효등확인심판	적용(×)

10) 행정청이 오고지·불고지한 경우 심판청구기간

오고지한 경우	길게 잘못 알린 기간 내, 짧은 기간을 고지한 경우는 원칙대로
불고지한 경우	처분이 있었던 날부터 180일 이내에 청구하면 됨

05 행정심판청구와 변경 (22 군무원9) (18 서울9하) (17 국가9하) (16 국가9)

행정심판청구의 방식		• 서면(○) / 구두(×). 단, 형식은 요구하지 않음 • 위원회에 지정 · 운영하는 전자정보처리조직을 통하여 제출할 수 있음
심판청구 절차		• 심판청구서의 제출 → 처분청 경유(임의적 절차) → 위원회에 통지 → 위원회에 직접 청구 • 국세에 관한 행정심판의 청구는 처분청을 경유하여야 함 • 심판청구서를 다른 행정기관에 제출한 경우: 정당한 권한이 있는 피청구인에게 보내야 함
경유한 경우 심판청구에 대한 피청구인인 처분청의 처리		• 접수 → 위원회에 송부(10일 이내) • 제3자가 심판청구한 경우: 처분 상대방에게 알려야 함 • 직권취소: 심판청구의 이유가 있다고 인정하면 직권으로 취소 · 변경
심판청구의 변경	청구변경 유형	• 청구인은 청구의 기초에 변경이 없는 범위에서 청구의 취지나 이유를 변경할 수 있음(「행정심판법」 제29조 제1항) • 처분변경으로 인한 심판청구 변경: 변경된 처분에 맞추어 청구취지나 이유 변경
	청구변경 절차	청구변경 신청 → 위원회의 허가
	청구변경 효과	청구의 변경결정이 있으면 처음 행정심판이 청구되었을 때부터 변경된 청구의 취지나 이유로 행정심판이 청구된 것으로 봄(「행정심판법」 제29조 제8항)
심판청구와 처분의 집행정지		• 심판의 청구로 처분의 효력이나 집행이 정지되지는 않음 • 집행정지 신청 또는 위원회 직권으로 처분의 집행정지 가능
임시처분		• 위원회는 당사자의 신청 또는 직권으로, 적극적으로 임시의 지위를 부여하는 처분을 할 수 있음 • 임시처분의 보충성: 임시처분은 집행정지로 목적을 달성할 수 있는 경우에는 허용되지 아니함(「행정심판법」 제31조 제3항)

단 권 화 메 모 & O X

01 행정심판청구는 엄격한 형식을 요하지 않는 서면행위로 해석된다. (18 서울9하) [○ / ×]

02 행정심판청구는 처분의 효력이나 그 집행 또는 절차의 속행에 영향을 주지 않는다. (17 국가9하) [○ / ×]

03 수익적 처분의 거부처분이나 부작위에 대해 임시적 지위를 인정할 필요가 있어서 인정한 제도는 임시처분이다. (22 군무원9) [○ / ×]

04 행정심판위원회는 당사자의 신청에 의한 경우는 물론 직권으로도 임시처분을 결정할 수 있다. (16 국가9) [○ / ×]

| 정답 | 01 ○ 02 ○ 03 ○ 04 ○

06 행정심판의 심리 (22 소방9) (20 지방9) (19 소방7) (17 국가9하) (16 국가9) (16 지방9)

<table>
<tr><td>요건심리</td><td>심판청구의 요건심리 후 요건미비 → 보정명령 → 보정 × → 각하재결</td></tr>
<tr><td>본안심리</td><td>위법, 정당 · 부당심리 가능(소송은 위법만)</td></tr>
<tr><td>심리범위</td><td>• 불고불리
• 불이익변경금지: 심판청구의 대상이 되는 처분보다 청구인에게 불리한 심리를 하지 못함
• 법률문제(○), 사실문제(○)</td></tr>
<tr><td>심리방식</td><td>• 당사자주의(대심주의) 원칙
• 직권심리주의 보충: 위원회는 필요하면 당사자가 주장하지 아니한 사실에 대하여도 심리할 수 있음. 그러나 심판청구의 대상 이외에 대해 재결은 불가(불고불리의 원칙)
• 심리형식: 서면심리 원칙(×), 구술심리 원칙(×) / 구술심리 또는 서면심리(선택)
• 비공개심리주의: 명문규정은 없으나 비공개원칙
<table><tr><th>구분</th><th>행정심판</th><th>행정소송</th></tr><tr><td>당사자주의 원칙</td><td>○</td><td>○</td></tr><tr><td>직권주의 보충</td><td>○</td><td>○</td></tr><tr><td>서면 · 구술심리</td><td>구술심리 또는 서면심리(선택)</td><td>구술심리 원칙, 예외적 서면심리</td></tr><tr><td>공개 여부</td><td>비공개주의</td><td>공개주의</td></tr></table>• 위원회에서 위원이 발언한 내용이나 그 밖에 공개되면 위원회의 심리 · 재결의 공정성을 해칠 우려가 있는 사항으로서 대통령령으로 정하는 사항은 공개하지 아니함</td></tr>
<tr><td>증거서류 제출</td><td>• 당사자 보충서류 제출(○)
• 당사자 증거서류 제출(○) → 위원회 → 다른 당사자에 송달하여야 함
• 위원회(○) / 당사자(×)는 사건 심리에 필요하면 관계 행정기관이 보관 중인 관련 문서, 장부, 그 밖에 필요한 자료를 제출할 것을 요구할 수 있음
• 위원회, 소속 공무원에게 의견진술, 의견서 제출을 요구할 수 있음 → 요구를 받은 행정기관은 특별한 사정이 없는 한 위원회의 요구에 따라야 함
• 중앙행정심판위원회에서 심리 · 재결하는 심판청구의 경우 소관 중앙행정기관의 장은 의견서를 제출하거나 위원회에 출석하여 의견을 진술할 수 있음</td></tr>
<tr><td>증거조사</td><td>직권 또는 당사자의 신청에 따라 증거조사를 할 수 있음</td></tr>
<tr><td>심판청구 취하</td><td>• 청구인: 서면으로 심판청구를 취하할 수 있음. 피청구인 취하(×)
• 참가인: 참가신청을 취하할 수 있음</td></tr>
</table>

단권화 메모 & OX

01 부당한 처분에 대해서도 행정심판을 제기할 수 있다. (19 소방7) [○ / ×]

02 행정심판위원회는 심판청구의 대상이 되는 처분보다 청구인에게 불리한 재결을 하지 못한다. (16 국가9) [○ / ×]

03 행정심판위원회는 당사자가 주장하지 아니한 사실에 대하여 심리할 수 없다. (16 지방9) [○ / ×]

| 정답 | 01 ○ 02 ○ 03 ×(심리가 가능함)

더 알아보기

증거조사의 방법

- 당사자나 관계인(관계 행정기관 소속 공무원을 포함)을 위원회의 회의에 출석하게 하여 신문(訊問)하는 방법
- 당사자나 관계인이 가지고 있는 문서·장부·물건 또는 그 밖의 증거자료의 제출을 요구하고 영치(領置)하는 방법
- 특별한 학식과 경험을 가진 제3자에게 감정을 요구하는 방법
- 당사자 또는 관계인의 주소·거소·사업장이나 그 밖의 필요한 장소에 출입하여 당사자 또는 관계인에게 질문하거나 서류·물건 등을 조사·검증하는 방법

07 행정심판의 재결 (22 지방9)

인영T의 필기

- 각하재결
- 기각재결(사정재결)
- 인용재결
  - 취소·변경재결 — 처분취소재결, 처분변경재결, 처분변경명령재결
  - 무효등확인재결 — 처분무효·실효확인재결, 처분존재·부존재확인재결
  - 의무이행재결 — 처분재결(형성재결), 처분명령재결(이행재결)

1) 재결의 주체 및 성질

① 행정심판위원회가 함

② 행정행위 중 확인에 해당함

③ 불가변력(○)

2) 재결기간 (21 군무원9)

① 청구서를 받은 날부터 60일 이내 재결. 단, 30일 연장 가능

② 이 기간 내 행정심판 재결이 없으면 재결을 거치지 않고 처분에 대해 항고소송을 제기할 수 있음

③ 재결기간은 훈시규정임. 따라서 이 기간을 넘겨 재결하더라도 절차상 위법한 것은 아님

3) 재결의 방식

서면(○) / 구두(×), 구두에 의한 재결은 무효임

4) 재결의 범위 (21 소방9)

구분	행정심판	행정소송
위법	○	○
당·부당(합목적성 심사)	○	×

단 권 화 메 모 & O X

01 취소심판을 제기한 경우, 행정심판위원회는 심판청구가 이유가 있다고 인정하면 처분변경명령재결을 할 수 있다. (22 지방9 변형) [○ / ×]

| 정답 | 01 ○

5) 재결의 송달과 효력 (22 지방9)(21 지방9)

① **행정심판위원회** → 재결서 정본을 당사자에게 송달

※ 행정심판위원회로부터 재결서의 정본을 송달받은 행정청은 청구인 및 참가인에게 재결서의 등본을 송달하여야 함(×)

② **재결의 효력발생**: 청구인에게 송달된 때

6) 각하재결, 기각재결 (17 국가9하)

① **요건충족 ×**: 각하재결

② **요건충족 시 본안 판단**

심판청구에 이유가 없는 경우	기각재결
심판청구에 이유가 있는 경우	인용재결

③ 기각재결 후에도 처분청은 처분을 직권으로 취소·변경할 수 있음

7) 사정재결 (22 지방9)(21 지방9)

① 청구에 이유(처분이 위법·부당)가 있을 때

② 공공복리에 크게 위배된다고 볼 경우에 한함

③ 기각재결의 유형임

④ 주문에 처분의 위법·부당 명시

⑤ 「행정심판법」은 사정재결을 함에 있어서 구체적인 권익구제방법을 명문으로 규정하고 있음(×)

⑥ **사정재결과 사정판결의 비교**

구분	사정재결	사정판결
요건	• 처분 또는 부작위의 위법·부당 • 인용이 공공복리에 위배 • 주문에 기각재결과 함께 처분의 위법·부당 명시	• 처분의 위법 • 취소가 현저히 공공복리에 적합하지 아니한 경우 • 주문에 기각판결과 함께 처분의 위법을 명시
구제조치	위원회는 청구인에 대하여 상당한 구제방법을 취하거나 상당한 구제방법을 취할 것을 피청구인에게 명할 수 있음 ※ 「행정심판법」은 사정재결을 함에 있어서 구체적인 권익구제방법을 명문으로 규정하고 있음(×)	법원은 판결을 함에 있어서 미리 원고가 그로 인하여 입게 될 손해의 정도와 배상방법 그 밖의 사정을 조사하여야 함
적용 심판/적용 소송	• 취소심판(○) • 의무이행심판(○) • 무효등확인심판(×)	• 취소소송(○) • 부작위위법확인소송(×) • 무효등확인소송(×)

단권화 메모 & OX

01 행정심판위원회의 기각재결이 있은 후에는 행정청은 원처분을 직권으로 취소할 수 없다. (22 지방9 변형) [○ / ×]

02 행정심판위원회는 취소심판청구가 이유 있다고 인정하는 경우에도 이를 인용하는 것이 공공복리에 크게 위배된다고 인정하면 그 심판청구를 기각하는 재결을 할 수 있다. (17 국가9하) [○ / ×]

03 무효확인심판을 제기한 경우, 행정심판위원회는 심판청구가 이유 있다고 인정하면서도 이를 인용하는 것이 공공복리에 크게 위배된다고 인정하면 청구인의 심판청구를 기각할 수 있다. (22 지방9 변형) [○ / ×]

| 정답 | 01 ×(불가쟁력과 불가변력은 별개) 02 ○ 03 ×(사정재결은 무효등확인심판에는 인정되지 않음)

8 인용재결 (22 지방9) (21 국가9) (21 군무원7)

① **전부 또는 일부처분 취소재결(○):** 형성재결
② **처분변경재결(○):** 형성재결
③ **처분변경명령재결(○):** 적극적 변경 → 이행재결
④ 처분취소명령재결(×)
⑤ 의무이행재결로서 처분재결(형성재결)과 처분명령재결(이행재결)

9 재결의 효력 (19 지방9)

구속력, 형성력, 공정력, 불가쟁력, 불가변력, 기속력(○) / 기판력(×)

10 형성력 → 취소재결에 인정

별도의 행정청의 의사표시 없이 처분의 효력 상실

11 기속력 (20 지방7) (20 국가9) (20 군무원9) (19 국가7) (18 국가7) (18 서울7하) (18 서울9하) (17 서울9)

① **인정되는 범위:** 인용재결(○) / 기각 · 각하재결(×)
② 재결의 기속력은 인용재결의 주문 및 그 전제가 된 요건사실의 인정과 판단, 즉 처분 등의 구체적 위법사유에 관한 판단에만 미친다고 할 것이고, 종전 처분이 재결에 의하여 취소되었다 하더라도 종전 처분 시와 다른 사유를 들어서 처분을 하는 것은 기속력에 저촉되지 않음
③ 당사자의 신청을 거부하거나 부작위로 방치한 처분의 이행을 명하는 재결이 있으면 행정청은 지체 없이 이전의 신청에 대하여 재결의 취지에 따라 처분을 하여야 함
　㉠ 기속행위 → 행정청, 신청을 인용하는 처분(○)
　㉡ 재량행위 → 행정청, 신청대로 처분할 의무(×)
④ **제3자효 행정행위:** 심판위원회, 취소재결 → 처분의 상대방은 항고소송으로 다툴 수 있음

★★☆ 「행정심판법」 제50조 / 「행정심판법」 제50조의2

12 위원회의 시정명령권과 직접처분권, 간접강제 (22 지방9) (22 소방7) (21 국가7) (20 국가9) (19 국가9) (19 서울9하) (18 지방7) (18 서울7하)

① 위원회, 이행재결명령 → 피청구인, 처분을 하지 아니한 경우 → 당사자 신청(○), 위원회 직권(×) → 위원회, 시정명령(상 · 기)(→ 상당한 기간) → 행정청(피청구인) 불이행 → 위원회는 직접처분을 할 수 있음
② 위원회, 이행재결명령 → 피청구인, 처분을 하지 아니한 경우 → 당사자 신청(○), 위원회 직권(×) → 위원회, 시정명령(상 · 기) → 행정청(피청구인) 불이행 → 위원회는 그 지연기간에 따라 일정한 배상을 하도록 명하거나 즉시 배상할 것을 명할 수 있음(간접강제)

한번 더 정리하기

■ 시정명령권과 직접처분권, 간접강제

구분	행정소송	행정심판
시정명령권, 직접처분권	×	○
간접강제	○	○

단권화 메모 & O X

01 행정심판의 재결에도 판결에서와 같은 기판력이 인정되는 것이어서 재결이 확정되면 처분의 기초가 된 사실관계나 법률적 판단이 확정되는 것이므로 당사자는 이와 모순되는 주장을 할 수 없게 된다. (22 지방9) [○ / ×]

02 행정심판 재결의 기속력은 인용재결뿐만 아니라 각하재결과 기각재결에도 인정되는 효력이다. (18 서울9하) [○ / ×]

03 의무이행심판을 제기하여 처분명령재결이 있었음에도 당해 행정청이 허가를 하지 않는 경우 행정심판위원회는 직권으로 시정을 명하고 이를 이행하지 아니하면 직접 건축허가처분을 할 수 있다. (22 지방9 변형) [○ / ×]

| 정답 | 01 ×(재결에는 기판력이 인정되지 않음) 02 ×(기속력은 인용재결에만) 03 ×(직접처분은 신청으로만 가능함)

관련 판례

이행명령재결이 있었고, 당해 행정청이 어떤 처분을 한 경우, 처분이 재결의 내용에 따르지 않은 경우라도 위원회는 직접처분할 수 없음(대판 2002.7.23. 2000두9151)

단 권 화 메 모 & O X

13) 행정심판의 재심청구금지

심판청구에 대한 재결이 있으면 그 재결 및 같은 처분 또는 부작위에 대하여 다시 행정심판을 청구할 수 없음

14) 재결에 대한 행정소송 (17 국가9하)

① 고유한 위법이 있는 경우에 한해 취소소송의 대상(○)
② 인용재결, 각하재결은 취소소송의 대상이 될 수 있음

08 고지제도

1) 고지의 법적 성질 (20 군무원7)

① 비권력적 사실행위(○)
② 준법률행위적 행정행위로서 통지(×)
③ 고지신청 → 행정청의 거부: 처분(○)
④ **고지규정**: 훈시규정(×) / 강행규정(○)

2) 고지의 법적 근거

구분	「행정절차법」	「행정심판법」
직권고지(당사자)	○	○
신청에 의한 고지(제3자)	×	○
행정심판청구 여부, 기간	○	○
고지에 행정소송 제기 여부 포함	○	×
불고지 제재규정	×	○

3 고지의 배제

개별법에 고지를 배제하는 규정이 있으면 고지는 배제됨

관련 판례

「국세기본법」에 「행정심판법」의 고지규정을 배제하고 있으므로 보상금을 교부하지 않기로 처분함에 있어 「행정절차법」 규정에 따라 고지할 의무는 없음(대판 1992.3.31. 91누6016)

4 행정청의 직권고지와 신청고지 (18 지방9)

구분	직권에 의한 고지	신청에 의한 고지
근거 조항	「행정심판법」 제58조 제1항	「행정심판법」 제58조 제2항
고지의 대상	서면에 의한 처분(○), 구두에 의한 처분(학설 대립)	서면·구두에 의한 처분
	「행정심판법」상 행정심판의 대상이 되는 처분뿐만 아니라 다른 개별법령에 의한 심판청구의 대상이 되는 처분도 포함(통설)	
신청 여부	×	○
고지의 상대방	처분의 상대방	이해관계인
고지의 내용	• 해당 처분에 대하여 행정심판을 청구할 수 있는지 • 행정심판을 청구하는 경우의 심판청구절차 및 심판청구기간	• 해당 처분이 행정심판의 대상이 되는 처분인지 • 행정심판의 대상이 되는 경우 소관위원회 및 심판청구기간
고지의 방법	• 법규정은 없음 • 구두에 의한 고지가 가능한지에 대해서는 학설 대립. 서면으로 하는 것이 바람직함	• 서면·구두에 의한 고지 모두 가능 • 서면요구가 있으면 서면으로 고지해야 함
고지의 시기	처분 시	신청 시 지체 없이

★★☆

5 불고지·오고지 (22 지방9) (22 군무원9) (19 소방7)

① 불고지·오고지로 심판청구서를 다른 행정기관에 제출한 경우에 그 행정기관 → 정당한 권한이 있는 피청구인에게 송달

② **오고지의 경우 심판청구기간:** 행정청이 심판청구기간을 잘못 알린 경우에는 그 잘못 알린 기간 내에 심판청구가 있으면 그 심판청구는 적법한 기간 내에 제기된 것으로 봄

③ **불고지의 경우 심판청구기간:** 행정청이 심판청구기간을 알리지 아니한 경우 처분이 있었던 날부터 180일 내에 심판청구를 할 수 있음

④ 고지에 하자가 있더라도 처분이 위법이 되는 것은 아님

⑤ 고지에 대한 제재규정은 「행정소송법」에는 적용되지 않음

단권화 메모 & OX

01 처분청이 행정심판청구기간을 고지하지 아니한 때에는 심판청구기간은 처분이 있음을 안 경우에도 당해 처분이 있은 날로부터 180일이 된다. (19 소방7) [○ / ×]

02 처분청이 처분을 통지할 때 행정심판을 제기할 수 있다는 사실과 기타 청구절차 및 청구기간 등에 대한 고지를 하지 않았다고 하여 처분에 하자가 있다고 할 수 없다. (22 군무원9) [○ / ×]

03 행정청이 행정처분을 하면서 상대방에게 불복절차에 관한 고지의무를 이행하지 않았다면 이는 절차적 하자로서 그 행정처분은 위법하게 된다. (22 지방9) [○ / ×]

04 처분 시에 행정청으로부터 행정심판 제기기간에 관하여 법정 심판청구기간보다 긴 기간으로 잘못 통지받은 경우에 보호할 신뢰이익은 그 통지받은 기간 내에 행정소송을 제기한 경우에까지 확대되지 않는다. (22 지방9) [○ / ×]

| 정답 | 01 ○ 02 ○ 03 ×(고지의무 불이행은 기간상 불이익만 있음) 04 ○

행정소송

출제 비중 80%

단권화 메모 & OX

01 행정소송 개설

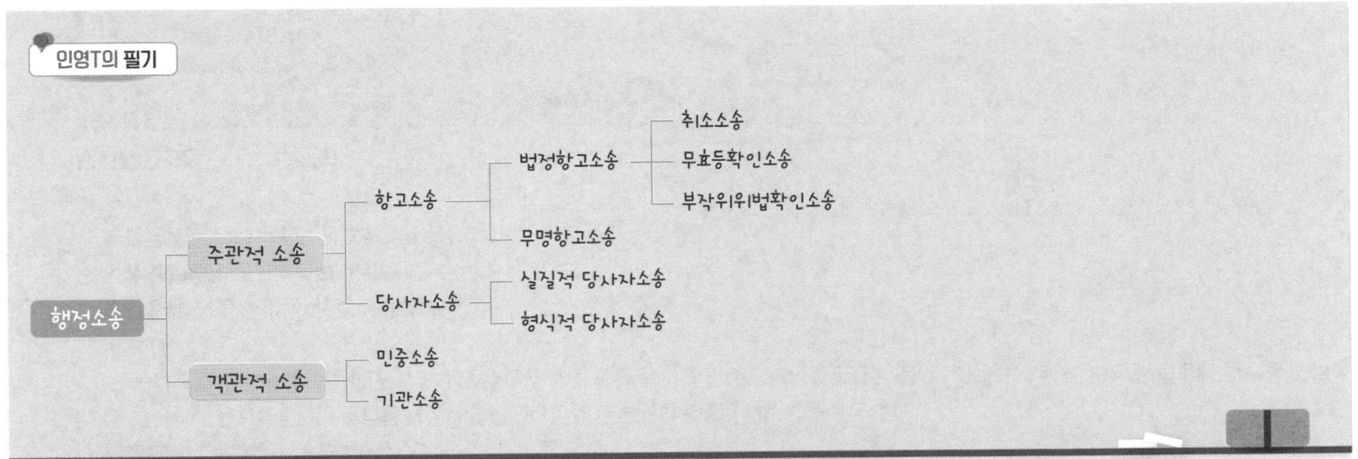

1) 행정소송의 유형 (20 지방9)

① **(법정)항고소송:** 취소소송, 무효등확인소송, 부작위위법확인소송(무명항고소송: 의무이행소송, 예방적 작위소송은 부정)
② 당사자소송
③ 기관소송
④ 민중소송

2) 소송의 유형별 종류

주관적 소송	항고소송, 당사자소송
객관적 소송	기관소송, 민중소송
형성소송	취소소송
확인소송	무효등확인소송, 부작위위법확인소송, 당사자소송
이행소송	부작위에 대한 의무이행소송(현행법상 허용 ×)

단권화 메모 & OX

3) 기관소송

① **기관소송 법정주의, 기관소송 열기주의**: 법률이 정한 경우에 법률이 정한 기관만이 기관소송 제기 가능
② 헌법재판소의 권한쟁의 대상이 되는 것은 기관소송 대상에서 제외됨
③ 권한쟁의: 국가기관 상호 간, 지방자치단체 간, 국가기관과 지방자치단체 간 권한분쟁소송

서울시와 감사원	권한쟁의(헌법재판소)
서울시와 동작구	권한쟁의(헌법재판소)
국회의원과 국회의장	권한쟁의(헌법재판소)
서울시 의회의 재의결이 법령에 위반되는 경우 서울시장의 제소	기관소송(대법원)

4) 민중소송 (21 소방9)

① **민중소송 법정주의, 열기주의**: 법률이 정한 자만 제기할 수 있음
② 개인의 주관적 권리구제를 위한 소송이 아님. 즉, 객관적 소송
③ **민중소송의 유형**: 선거소송, 국민투표 무효확인소송, 주민투표소송, 주민소송

5) 항고소송의 한계 (20 군무원9)

① **반사적 이익(×)**: 소 제기(×) → 최근 반사적 이익 축소, 반사적 이익의 공권화
② **일반적 · 추상적 법령(×)**: 소의 대상(×)
③ **사실관계의 확인을 구하는 소(×)**
㉠ 교과서에 독립운동가의 활동을 잘못 기술하였다는 이유로 사실관계의 확인을 구하는 소(×)
㉡ 독립운동가들의 활동을 잘못 알고 서훈추천권을 행사한 국가보훈처장의 서훈추천권 행사 · 불행사의 무효 또는 위법함의 확인을 구하는 소(×)
④ **통치행위**: 사법심사(원칙 ×, 예외적 ○)
⑤ **자유재량행위**: 항고소송의 대상(「행정소송법」 제27조)
⑥ **특별권력관계에서 처분**: 항고소송의 대상(○)

6) 무명항고소송 → 판례는 부정

구분	긍정설	부정설
이행판결의 권력분립 위반 여부	위반(×)	위반(○)
항고소송의 종류(「행정소송법」 제4조)	예시적	한정적 열거
취소소송: 위법한 처분을 취소 또는 변경하는 소송(「행정소송법」 제4조의 변경)	• 소극적 변경(○) • 적극적 변경(○)	• 소극적 변경(○) • 적극적 변경(×)

관련 판례

1. 의무이행청구, 처분의 이행을 구하는 청구, 검사에 대한 압수물 환부이행을 구하는 소송은 허용되지 않음(대판 1995.3.10. 94누14018)
2. 신축건물 준공처분을 해서는 안 된다는 내용의 부작위를 구하는 청구는 허용되지 않음(대판 1987.3.24. 86누182)
3. 보건복지부 고시를 적용하여 요양급여비용을 결정해서는 안 된다는 판결을 구하는 소송은 인정되지 않음(대판 2006.5.25. 2003두11988)

02 취소소송의 개설

개설	• 의의: 항고소송의 일종으로서 행정청의 위법한 처분 등을 취소 또는 변경하는 소송 • 성질: 취소판결을 통해 직접적으로 법률관계를 소멸·변경시킴 • 소송물: 과세처분취소소송의 소송물은 그 취소원인이 되는 위법성 일반(判), 권리가 침해되었다는 원고의 법적 주장(×), 개개의 위법사유(×)
성질	• 주관적 소송(○) • 복심적 소송(○), 시심적 소송(×)
요건	**소송의 형식적 요건**: • 관할법원 • 행정심판전치주의 • 제소기간 • 일정한 형식(소장) **당사자 요건**: • 대상적격성 • 원고적격 • 소의 이익 • 피고적격

★★★
03 취소소송의 대상적격

1) 취소소송의 대상 = 처분 + 행정심판재결 (19 서울9하) (17 서울7)

① **항고소송의 대상으로서의 처분:** "처분"이라 함은 행정청이 행하는 구체적 사실에 관한 법집행으로서의 공권력의 행사 또는 그 거부와 그 밖에 이에 준하는 행정작용을 의미함

② **행정청의 개념:** 국가 또는 지방자치단체와 같은 행정기관, 법령에 의하여 행정권한의 위임 또는 위탁을 받은 행정기관, 공공단체 및 그 기관 또는 사인

보훈심사위원회의 결정	처분성(×), 보훈심사위원회는 행정청이 아님
조달청장, 국방부장관, 지방자치단체장의 입찰자격제한조치	처분성(○)
공기업·준정부기관의 입찰참가제한조치	처분성(○) 비교 공공기관인 수도권 매립지공사의 부정당업자 제재처분(입찰참가자격제한): 처분성(×)

단권화 메모 & OX

01 신축건물의 준공처분을 하여서는 아니 된다는 내용의 부작위를 청구하는 행정소송은 예외적으로 허용된다. (18 교행9) [○ / ×]

02 어떤 행위가 상대방의 권리를 제한하는 행위라 하더라도 행정청 또는 그 소속기관이나 권한을 위임받은 공공단체 등의 행위가 아닌 한 이를 행정처분이라고 할 수 없다. (17 서울7) [○ / ×]

| 정답 | 01 ×(무명항고소송은 인정되지 않음) 02 ○

③ **구체적 사실에 관한 법집행작용으로서의 행정작용**: 「노동조합 및 노동관계조정법」 제16조에 따른 노동위원회의 노동조합에 대한 노동조합규약의 변경보완시정명령 → 처분성(○)

④ **공권력 행사와 거부**: 행정청이 우월한 공권력의 주체로서 일방적으로 행하는 권력적 행위. 거부는 법규상·조리상 신청할 권리가 있는 자의 신청을 거부한 경우이어야 함

⑤ **국회나 법원이 하는 실질적 의미의 행정행위**
㉠ 지방의회의 의원제명결의는 행정처분임(대판 1993.11.26. 93누7341)
㉡ 지방의회의 지방의회의장에 대한 불신임의결은 행정처분임(대판 1994.10.11. 94두23)
㉢ 지방의회의 의장선임의결은 행정처분임

⑥ **대통령의 처분**: 행정심판의 대상(×), 항고소송의 대상(○)

2) 법규명령·조례 (19 지방9) (19 서울9하) (18 국가9) (18 서울9하) (17 국가7하) (17 서울7)

① **법규명령·조례·고시**: 일반·추상적 성질을 가지므로 구체적인 법집행작용이 아님. 그러나 국민에게 권리와 의무를 직접 부과하는 처분적 명령이나 조례는 항고소송의 대상이 되는 처분임

② **판례**

처분성 인정	처분성 부정
• 두밀분교폐지조례(대판 1996.9.20. 95누8003) • 모집단위별로 입학정원을 개정한 공주대학교 학칙개정행위(대판 2010.1.28. 2008두19550) • 보건복지부 고시인 약제급여·비급여목록 및 급여상한금액표(대판 2006.9.22. 2005두2506) • 요양급여 인정기준에 관한 보건복지부 고시(대결 2003.10.9. 자 2003무23) ※ 일반처분: 처분성 긍정, 청소년보호위원회의 유해매체물결정(대판 2007.6.14. 2004두619)	• 공립초등학교 두밀분교폐지절차는 조례에 따른 사후적 사무처리에 불과하므로 처분성이 없음(대판 1996.9.20. 95누7994) • 의료기관의 명칭표시판에 진료과목을 함께 표시하는 경우 글자 크기를 제한하고 있는 구 「의료법 시행규칙」 제31조(대판 2007.4.12. 2005두15168)

3) 행정계획 (20 국가7)

처분성 인정	처분성 부정
• 도시계획결정(대판 1982.3.9. 80누105) • 환지예정지지정과 환지처분(대판 1999.8.20. 97누6889) • 토지소유자의 납골시설에 관한 도시관리계획입안에 대한 군수의 반려(대판 2009.9.17. 2007다2428(전합)) • 「택지개발촉진법」 제3조에 의한 건설부장관(현 국토교통부장관)의 택지개발예정지구의 지정과 같은 법 제8조에 의한 건설부장관의 택지개발사업시행자에 대한 택지개발계획의 승인(대판 1992.8.14. 91누11582)	• 도시기본계획(대판 2002.10.11. 2000두8226) • 환지계획(대판 1999.8.20. 97누6889) • 혁신도시최종입지확정처분(대판 2007.11.15. 2007두10198) • 협의취득: 도시계획사업의 시행자가 그 사업에 필요한 토지를 협의취득하는 행위(대판 1992.10.27. 91누3871)

단권화 메모 & OX

01 어떠한 고시가 일반적·추상적 성격을 가질 때에는 법규명령 또는 행정규칙에 해당할 것이지만, 다른 집행행위의 매개 없이 그 자체로서 직접 국민의 구체적인 권리의무나 법률관계를 규율하는 성격을 가질 때에는 항고소송의 대상이 되는 행정처분에 해당한다. (17 서울7) [○ / ×]

| 정답 | 01 ○

4 거부처분 (22 국가9) (20 지방9) (18 지방7) (17 서울9)

거부처분이 항고소송의 대상이 되려면 법령 또는 조리상의 신청권이 있어야 하고, 행정청의 거부행위가 법률관계에 영향을 미쳐야 함. 그러나 신청권이 있으면 족하지, 신청이 인용될 수 있어야 거부처분이 항고소송의 대상이 되는 것은 아님

처분성 인정(신청권 있음)	처분성 부정(신청권 없음)
• 학력인정 학교 형태의 평생교육시설의 설치자명의변경신청에 대한 행정청의 거부처분(대판 2003.4.11. 2001두9929) • 대학교원의 임용권자가 임용기간이 만료된 조교수에 대하여 재임용을 거부하는 취지로 한 임용기간만료의 통지(대판 2004.4.22. 2000두7735(전합)) • 일정한 기간 내 행정처분을 구하는 신청을 할 수 있는 법률상 지위에 있는 자(폐기물사업적정통보를 받은 자)의 국토이용계획변경신청에 대한 거부행위(대판 2003.9.23. 2001두10936) ※ 원칙: 국토이용변경신청권(×) → 거부, 항고소송의 대상(×) • 다가구주택소유자의 분양신청거부(대판 2007.11.29. 2006두8495) ※ 철거민의 분양신청거부: 신청권(×), 처분성(×) • 주민등록번호가 유출된 경우에는 조리상 주민등록번호의 변경을 요구할 신청권이 있음(대판 2017.6.15. 2013두2945)	• 도시계획변경신청 거부행위(대판 1994.1.28. 93누22029) • 도시계획시설인 공원조성계획 취소신청의 거부(대판 1989.10.24. 89누725) • 재개발사업지구 내 토지 등의 소유자의 사업분할시행을 요구하는 재개발사업계획 변경신청에 대한 불허통지(대판 1999.8.24. 97누7004) • 제소기간이 도과하여 불가쟁력이 생긴 행정처분에 대하여 국민에게 그 변경을 구할 신청권이 있는지 여부(원칙적 소극), 주택사업계획승인에 부가된 부관(강서구 토지매입)의 변경신청을 거부한 행위 → 항고소송의 대상(×)(대판 2007.4.26. 2005두11104) • 「교육공무원법」 제12조에 따라 임용지원자를 특별채용하는 경우, 임용지원자는 임용권자에게 자신의 임용을 요구할 법규상 또는 조리상 권리가 없음(대판 2005.4.15. 2004두11626)

5 준법률행위적 행정행위 (19 지방7) (19 서울7하)

처분성 인정	처분성 부정
• '민주화운동 관련자 명예회복 및 보상심의위원회'의 보상금 등의 지급대상자에 관한 결정(대판 2008.4.17. 2005두16185(전합)) 참고 「광주민주화운동 관련자 보상 등에 관한 법률」(현 「5·18 민주화운동 관련자 보상 등에 관한 법률」) 제15조 본문의 규정에서 말하는 광주민주화운동 관련자 보상심의위원회(현 5·18 민주화운동 관련자 보상심의위원회)의 결정: 취소소송의 대상이 되는 행정처분(×)(대판 1992.12.24. 92누3335) • 친일반민족행위자재산조사위원회의 재산조사개시결정(대판 2009.10.15. 2009두6513) • 감사원의 재심판정처분(대판 1984.4.10. 84누91): 변상책임판정 → 재심판정 → 항고소송 ※ 「감사원법」상 소속장관 등의 변상명령(대판 1994.12.2. 93누623): 항고소송의 대상(○)	• 운전경력증명서상의 기록사항삭제신청 거부처분(대판 1991.9.24. 91누1400) • 관할관청이 무허가건물의 무허가건물관리대장 등재요건에 관한 오류를 바로잡으면서 당해 무허가건물을 무허가건물관리대장에서 삭제하는 행위(대판 2009.3.12. 2008두11525) • 인감증명발급(대판 2001.7.10. 2000두2136) • 건설부장관이 공유수면매립면허를 함에 있어 그 면허받은 자에게 당해 공유수면에 이미 토사를 투기한 지방해운항만청장에게 그 대가를 지급하도록 한 부관에 따라 한 같은 해운항만청장의 수토대금 납부고지행위(대판 1992.1.21. 91누1264)

단권화 메모 & OX

01 피해자의 의사와 무관하게 주민등록번호가 유출된 경우, 조리상 주민등록번호의 변경을 요구할 신청권을 인정함이 타당하다. (22 국가9) [○ / ×]

02 임용지원자가 특별채용 대상자로서 자격을 갖추고 있고 유사한 지위에 있는 자에 대하여 정규교사로 특별채용한 전례가 있다 하더라도, 교사로의 특별채용을 요구할 법규상 또는 조리상의 권리가 있다고 할 수 없다. (22 국가9) [○ / ×]

| 정답 | 01 ○ 02 ○

6 사실행위 (19 국가9) (17 국가9하) (16 국가9)

단순한 사실이나 사실확인은 처분(×), 권력적 사실행위는 처분(○)

처분성 인정	처분성 부정
• 교도소재소자 이송조치(대판 1992.8.7. 92두30): 미결수용자의 방어권에 영향을 미치므로 • 국가인권위원회의 성희롱결정 및 시정권고조치(대판 2005.7.8. 2005두487): 성희롱 행위자로 결정된 자의 인격권에 영향을 미치므로 • 교육감이 학교법인에 대한 감사 실시 후 처리지시를 하고 그와 함께 그 시정조치에 대한 결과를 증빙서를 첨부한 문서로 보고하도록 한 것(대판 2008.9.11. 2006두18362): 불이행 시 제재가 있으므로 • 구청장이 사회복지법인에 특별감사 결과 지적사항에 대한 시정지시와 그 결과를 관계 서류와 함께 보고하도록 한 지시(대판 2008.4.24. 2008두3500): 불이행 시 제재가 있으므로 • 공정거래위원회의 표준약관사용권장행위(대판 2010.10.14. 2008두23184): 불이행 시 과태료 부과	• 위법건축물에 대한 단전 및 전화통화 단절조치 요청행위(대판 1996.3.22. 96누433) • 무단용도변경을 이유로 단전조치된 건물의 소유자로부터 전기공급신청을 받은 한국전력공사가 전기공급의 적법 여부를 조회한 데 대한 관할구청장의 회신(대판 1995.11.21. 95누9099) • 세무당국이 소외 회사에 대하여 원고와의 주류거래를 일정 기간 중지하여 줄 것을 요청한 행위(대판 1980.10.27. 80누395) • 당연퇴직처분(대판 1995.11.14. 95누2036) • 공무원연금법령의 개정사실과 퇴직연금수급자가 퇴직연금 중 일부 금액의 지급정지대상자가 되었다는 공무원연금관리공단의 사실통보(대판 2004.7.8. 2004두244) ※ 공무원연금지급이 과오급된 경우 급여환수통지: 처분(○) • 택지개발사업시행자의 택지공급방법결정(대판 1993.7.13. 93누36) ※ 이주대책 대상자 확인결정: 처분(○) 주택소유자의 분양신청에 대한 사업시행자의 거부: 처분(○) 관리처분계획: 처분(○)

7 중간행위, 내부적 행위 (22 국가9) (20 군무원9) (19 서울7하) (19 소방9) (17 서울7)

중간행위도 독립적인 경우 처분성 인정. 다만, 중간행위일지라도 독립적인 경우 처분성 인정

처분성 인정	처분성 부정
• 원자로 및 관계시설의 부지사전승인처분(대판 1998.9.4. 97누19588) • 폐기물처리업허가권자의 폐기물사업계획 부적정통보(대판 1998.4.28. 97누21086) • 항공노선에 대한 운수권배분처분(대판 2004.11.26. 2003두10251): 행정규칙에 근거한 처분, 항고소송의 대상(○)	• 항만명칭결정처분(대판 2008.5.29. 2007두23873) • 군의관의 징병검사신체등위판정(대판 1993.8.27. 93누3356) 참고 국가유공자 대상자 판정을 위한 재심신체검사 시 등외판정: 신체검사등외판정의 취소를 구하는 소는 국가유공자등록신청의 기각처분취소를 구하는 취지도 포함되어 있음. 기각처분은 항고소송의 대상(○)(대판 1993.5.11. 91누9206) • 감사원의 기각결정(대판 1967.6.27. 67누44) ※ 감사원 기각결정: 공권력 주체의 고권적 처분으로서 헌법소원의 대상이 되는 공권력 행사(헌재 2006.2.23. 2004헌마414) • 공매결정(대판 2007.7.27. 2006두8464; 대판 1998.6.26. 96누12030) ※ 공매통지(대판 2011.3.24. 2010두25527): 처분성(×) 공매처분: 처분성(○)

단 권 화 메 모 & O X

01 「국가공무원법」상 당연퇴직의 인사발령은 법률상 당연히 발생하는 퇴직사유를 공적으로 확인하여 알려주는 이른바 관념의 통지에 불과하므로 행정소송의 대상이 되는 독립한 행정처분이라고 할 수 없다. (16 국가9) [○ / ×]

02 「병역법」상 신체등위판정은 항고소송의 대상이 된다. (19 소방9) [○ / ×]

| 정답 | 01 ○ 02 ×(내부적 절차에 불과)

8 조세 관련 (21 지방7) (19 지방7) (19 서울7하) (18 서울7상) (17 국가7하)

처분성 인정	처분성 부정
• 과세관청의 소득처분에 따른 소득금액변동통지(대판 2006.4.20. 2002두1878(전합)): 원천징수의무자에게 의무부과(원천납세의무자에게는 의무부과(×), 처분(×)) • 증액경정처분(대판 2009.5.14. 2006두17390): 당초 과세처분은 증액결정으로 흡수 / 당초 과세처분, 항고소송의 대상(×)	• 식품위생법령의 영업허가자에 대한 행정제재를 유리하게 변경한 경우 항고소송의 대상: 변경처분(×), 변경된 내용의 당초 처분(○)(대판 2007.4.27. 2004두9302) • 국세환급금결정(대판 2009.11.26. 2007두4018): 법률에 의해 환급금액이 결정되므로

9 징계·경고 관련 (18 지방9)

처분성 인정	처분성 부정
• 국가나 지방자치단체에 근무하는 청원경찰에 대한 징계(대판 1993.7.13. 92다47564) • 「함양군 지방공무원 징계양정에 관한 규칙」에 근거한 불문경고(대판 2002.7.26. 2001두3532): 법적 불이익이 따르므로 • 금융기관의 임원에 대한 경고(대판 2005.2.17. 2003두14765): 3년간 금융기관 임직원 취임이 금지되므로	• 금융감독원장이 종합금융주식회사의 전 대표이사에게 재직 중 위법·부당행위 사례를 첨부하여 금융 관련 법규를 위반하고 신용질서를 심히 문란하게 한 사실이 있다는 내용으로 '문책경고장(상당)'을 보낸 행위(대판 2005.2.17. 2003두10312): 법적 불이익 없음 참고 '금융감독원장의 문책경고'는 처분임(대판 2005.2.17. 2003두14765) • 서울특별시 지하철공사 사장의 소속직원에 대한 징계처분(대판 1989.9.12. 89누2103): 사법관계 • 주한미군 한국인 직원의료보험조합의 직원에 대한 징계면직처분(대판 1987.12.8. 87누884): 사법관계

10 국·공유재산 관련

처분성 인정	처분성 부정
• 행정재산의 사용·수익에 대한 허가신청을 거부한 행위(대판 1998.2.27. 97누1105) • 「하천법」 및 「공유수면관리법」에 규정된 하천 또는 공유수면의 점용료부과처분(대판 2004.10.15. 2002다68485) • 귀속재산매각(대판 1991.6.25. 91다10435) ※ 국유재산매각: 사법상 매매행위 → 매각대상이 되는 재산은 사법의 지배를 받는 일반재산이므로	• 국유잡종재산(현 일반재산) 대부행위 및 그 사용료납입고지(대판 1995.5.12. 94누5281) • 지방자치단체장이 국유잡종재산(현 일반재산) 대부신청을 거부한 행위(대판 1998.9.22. 98두7602)

단권화 메모 & OX

01 원천징수의무자에 대한 소득금액변동통지는 원천납세의무의 존부나 범위와 같은 원천납세의무자의 권리나 법률상 지위에 어떠한 영향을 준다고 할 수 없으므로 소득처분에 따른 소득의 귀속자는 법인에 대한 소득금액변동통지의 취소를 구할 법률상 이익이 없다. (17 국가7하) [○ / ×]

02 증액경정처분이 있는 경우 당초 신고나 결정은 증액경정 처분에 흡수됨으로써 독립된 존재가치를 잃게 된다고 보아야할 것이므로, 원칙적으로는 당초 신고나 결정에 대한 불복 기간의 경과 여부 등에 관계없이 증액경정처분만이 항고소송의 심판대상이 된다. (18 서울7상) [○ / ×]

03 금융기관 임원에 대한 금융감독원장의 문책경고는 상대방의 권리의무에 직접 영향을 미치지 않으므로 행정소송의 대상이 되는 처분에 해당하지 않는다. (18 지방9) [○ / ×]

| 정답 | 01 ○ 02 ○ 03 ×(처분에 해당함)

11) 부관

부담인 부관	항고소송의 대상(○) 예 주택건설사업을 승인하면서 차량진입로 확보 등의 의무를 부과하고 있는 부담(대판 1994.1.25. 93누13537)
나머지 부관	항고소송의 대상(×) 예 기부채납받은 행정재산에 대한 사용·수익허가에서 공유재산의 관리청이 정한 사용·수익허가의 기간(대판 2001.6.15. 99두509)

12) 각종 통지의 처분성 (22 국가9) (19 국가7) (19 지방7) (18 지방9) (17 지방9하) (17 국가7상)

처분성 인정	처분성 부정
• 계고처분과 대집행영장통지(대판 1971.11.30. 71다1980) • 이행강제금 독촉(대판 2009.12.24. 2009두14507) • 구「교통안전공단법」(현「한국교통안전공단법」)상 분담금납부통지(대판 2000.9.8. 2000다12716) • 시장·군수·구청장의 농지소유자에 대한 농지처분의무통지(대판 2003.11.14. 2001두8742)	• 공무원 당연퇴직통보(대판 1985.7.23. 84누374) • 공매통지(대판 2011.3.24. 2010두25527) • 형성적 재결의 결과통보(대판 1997.5.30. 96누14678): 행정심판위원회의 재결을 처분청이 통보한 것에 불과 • 재개발조합이 조합원들에게 한 조합원 동·호수 추첨결과 통보 및 분양계약체결 안내통보(대판 2002.12.10. 2001두6333): 관리처분계획에 따라 확정된 내용안내이므로 • 의료보험진료기관이 보호기관에 제출한 진료비명세서에 대한 의료보험연합회의 심사결정통지(대판 1999.6.25. 98두15863): 의료보호기관의 결정이 최종적이므로

13) 반복적 행위

최초의 행위와 동일성이 인정되는 반복적 행위는 처분성이 부인됨

관련 판례

위법건축물에 대한 철거명령 및 계고처분에 불응하자 제2차, 제3차로 행한 계고처분이 행정처분인지 여부(대판 1994.10.28. 94누5144): 처분성 부인

참고 신청에 대한 거부처분이 있은 후 다시 한 신청이 새로운 신청을 한 취지라면 그에 대한 거부처분도 새로운 거부처분으로 보아야 하는지 여부: 새로운 거부처분이 있은 것으로 보아야 할 것(대판 1992.10.27. 92누1643)

14) 개별 법률에서 특별한 구제절차를 둔 경우 (19 지방9)

관련 판례

검사의 공소가 행정소송의 대상이 되는 처분인지 여부: 검사의 공소에 대하여는 형사소송절차에 의하여서만 이를 다툴 수 있고, 행정소송의 방법으로 공소의 취소를 구할 수는 없음(대판 2000.3.28. 99두11264)

단권화 메모&OX

01 제1차 철거대집행 계고처분에 응하지 아니한 경우에 발한 제2차 계고처분은 항고소송의 대상이다. (18 국회8 변형) [○ / ×]

| 정답 | 01 ×(반복된 계고처분은 처분이 아님)

15 항고소송 대상으로서의 행정심판재결 (22 국가9)(21 국가7)(19 국가9)(18 국가9)

① **소송대상에 대한 원칙**: 원처분주의(○), 재결주의(×)
② 다만, 재결 자체에 대한 고유한 위법성이 있는 경우 행정소송의 제기가 가능함
   ㉠ 부적법하지 않은 행정심판청구를 각하재결한 경우(대판 2001.7.27. 99두2970)
   ㉡ 제3자효 행정행위에 대한 인용재결: 건축허가를 취소하는 재결, 노선면허발급처분을 취소하는 재결
   ㉢ 하자가 있는 각하와 기각판결
   ㉣ 재결취소소송에 있어 재결 자체에 고유한 위법이 없는 경우 법원이 취할 조치: 기각
③ **법률상 재결주의를 취하고 있는 경우**: 처분이 아니라 행정심판의 재결이 항고소송의 대상이 됨
   ㉠ 감사원의 변상판정에 대한 재심의 판정
   ㉡ 노동위원회의 처분에 대한 중앙노동위원회의 재심판정
   ㉢ 특허심판

16 교원징계절차 (19 국가7)(18 국가7)(17 국가7상)

사립학교 교원징계	민사소송 → 소청제기, 소청위원회 결정 → 항고소송(대상: 소청위원회 결정)
국공립 교원징계	소청위원회 결정 → 항고소송(대상: 징계처분)

더 알아보기

소송대상 관련 핵심지문
- 어떠한 처분의 근거나 법적인 효과가 행정규칙에 규정되어 있다면, 그 처분이 행정규칙의 내부적 구속력에 의하여 상대방의 권리·의무에 직접 영향을 미치는 행위라도, 항고소송의 대상이 되는 행정처분에 해당되지 않음(X)
- 건축허가불허가처분을 하면서 소방서장의 건축부동의를 사유로 들고 있는 경우 소방서장의 건축부동의도 행정행위이므로 그에 대한 취소를 구하는 소송을 제기할 수 있음(X)
- 거부처분의 처분성을 인정하기 위한 전제조건인 신청권의 존부는 신청의 인용이라는 만족적 결과를 얻을 권리가 있는지 여부에 따라 결정됨(X)

더 알아보기

그 밖에 항고소송의 대상이 되지 않는 것
- 소방서장의 부동의
- 통고처분
- 벌금부과
- 즉결심판
- 과태료부과
- 범칙금부과
- 과료부과

한번 더 정리하기

■ 사립학교 교원과 국공립 교원에 대한 징계와 불복절차

구분	사립학교 교원	국공립 교원
징계의 성격	처분(×)	처분(○)
소청위원회 결정	처분(○)	행정심판재결
항고소송 대상	소청위원회 결정	• 징계 • 예외적으로 소청위원회 결정

단권화 메모 & OX

01 「행정소송법」 제19조에서 말하는 '재결 자체에 고유한 위법'이란 원처분에는 없고 재결에만 있는 재결청의 권한 또는 구성의 위법, 재결의 절차나 형식의 위법, 내용의 위법 등을 뜻한다. (22 국가9) [○ / ×]

| 정답 | 01 ○

단 권 화 메 모 & O X

04 취소소송의 원고적격 (22 국가9) (20 군무원7)

1) 당사자능력 → 자연인/법인, 법인격 없는 사단·재단

2) 원고적격의 의의 → 법률상 이익구제설(判) (19 지방7) (17 서울9)

더 알아보기

지방자치단체장의 국토이용변경신청거부 (대판 2007.9.20. 2005두6935)	• 국가는 국토이용계획과 관련한 지방자치단체의 기관위임사무처리에 관해 소를 제기할 원고적격이 인정되지 않음 • 충북대학교 총장은 항고소송의 당사자능력이 없음
천성산터널사건 (대결 2006.6.2. 자 2004마1148·1149)	• 도롱뇽 → 당사자능력 부정 • 환경권과 「환경정책기본법」에서 천성산터널공사 금지청구권이 도출되지 않음

3) 구체적 판례 (21 국가7) (21 군무원9)

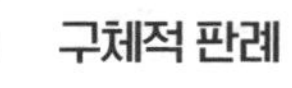

경업자소송에서 법률상 이익(원고적격)을 인정한 사례	경업자소송에서 법률상 이익(원고적격)을 부정한 사례
• 버스 운송사업자의 이익 • 시외버스 운송사업자의 이익 • 사업용 화물자동차사업자의 이익 • 선박운송사업자의 이익 • 중계유선방송사업자의 사업상 이익(대판 2007.5.11. 2004다11162) • 담배소매인의 이익(다만, 동일 시설물 내 담배소매인의 이익은 부정) • 분뇨, 축산폐수 수집운반업자의 이익 • 약종상 영업허가자의 이익 • 기존 광산업자의 이익	• 공중목욕탕업자의 이익 • 석탄가공업자의 이익 • 여관업자의 이익 • 한의사의 이익 • 장의자동차 운송사업자의 영업이익(대판 1992.12.8. 91누13700) • 기존업자의 특허 효력이 상실된 이후 새로운 특허에 대한 기존업자의 이익(대판 1990.8.14. 89누7900) • 양곡가공업 허가업자(대판 1990.11.13. 89누756) • 새로운 조미료 제조업자에 대한 조미료 원료 수입허가를 다툰 기존 조미료 제조업자
경원자소송에서 법률상 이익(원고적격)을 인정한 사례	**경원자소송에서 법률상 이익(원고적격)을 부정한 사례**
• 납세필 병마개제조사업자의 이익 • LPG충전사업 신규신청자의 이익 • 법학전문대학원 예비인가신청 대학교의 이익	• 수학교과용 도서검정합격처분에 대한 영어책 교과서 검정신청자 • 국립대학교 교수임용에 있어서 기존 국립대학교 같은 과 교수 • 대학교 총장의 교수임용에서의 세무대학교 학생

주민소송에서 법률상 이익(원고적격)을 인정한 사례	주민소송에서 법률상 이익(원고적격)을 부정한 사례
• 연탄공장 허가에 대한 주민의 이익 • 레미콘공장 설립승인처분에 대한 인근주민(대판 2007.6.1. 2005두11500) • LPG충전허가에 있어서의 주민의 이익 • 상수도 보호구역 내 공설 화장장 설치를 위한 도시계획결정에 대한 주민의 이익 • 환경영향평가 밖의 주민으로서 수인한도를 벗어난 환경피해를 입은 주민 • 양수발전소 건설승인처분에 있어서의 환경영향평가 내 주민의 이익 • 영광원자력발전소 건설부지 사전승인처분에 있어서 환경영향평가 내 주민의 이익 • 공유수면매립면허처분 및 새만금간척종합개발 사업인가처분에서 환경영향평가 내 주민의 이익 • 국립공원 집단시설 개발 승인결정에서 환경영향평가 내 주민의 이익 • 상수원 주변 공장설립승인처분에 있어서 환경영향평가 내 주민과 환경영향평가 밖 주민의 이익 • 아파트 건축허가 관련 주민의 이익 • 전원개발사업실시계획 관련 환경영향평가 안의 주민의 이익(대판 1998.9.22. 97누19571) • 납골당 설치허가처분 관련 환경영향평가 내 주민의 이익 • 폐기물 소각시설로부터 300m 이내의 주민(대판 2005.3.11. 2003두13489) • 폐기물 소각시설로부터 300m 밖의 주민 중 「환경영향평가법」상 보호되는 법률상 이익이 있으면 폐기물 소각시설 설치처분을 다툴 이익이 있음(대판 2005.5.12. 2004두14229)	• 상수원보호구역 변경처분에 있어서의 주민 • 환경영향평가 밖의 주민의 이익, 산악인과 사진작가의 이익 • 문화재 지정 관련 주민 • 기존 도로를 대신하는 새로운 도로가 생긴 경우 기존 도로를 이용하던 주민(대판 1999.12.7. 97누12556) • 위락시설(유흥주점)로 건물용도를 변경하는 것을 허용하는 취지의 재결을 다투는 주민(대구고법 1997.8.25. 97부558)

단 권 화 메 모 & O X

4) 제3자의 원고적격

 관련 판례

행정처분의 직접 상대방이 아닌 제3자라도 당해 행정처분의 취소를 구할 법률상의 이익이 있는 경우에는 원고적격이 인정됨(대판 1992.9.22. 91누13212)

5) 환경영향평가와 원고적격

관련 판례

- 환경영향평가대상지역 내 주민: 환경상의 이익은 주민 개개인에 대하여 개별적으로 보호되는 직접적·구체적 이익으로서 그들에 대하여는 특단의 사정이 없는 한 환경상의 이익에 대한 침해 또는 침해우려가 있는 것으로 사실상 추정되어 공유수면매립면허처분 등의 무효확인을 구할 원고적격이 인정됨
- 환경영형평가대상지역 밖 주민: 환경영향평가대상지역 밖의 주민이라 할지라도 공유수면매립면허처분 등으로 인하여 그 처분 전과 비교하여 수인한도를 넘는 환경피해를 받거나 받을 우려가 있는 경우에는, 공유수면매립면허처분 등으로 인하여 환경상 이익에 대한 침해 또는 침해우려가 있다는 것을 입증함으로써 그 처분 등의 무효확인을 구할 원고적격을 인정받을 수 있음(대판 2006.3.16. 2006두330(전합)).

6) 기본권과 원고적격

관련 판례

1. 병마개제조업자: 청구인의 기본권인 경쟁의 자유가(보충적으로) 바로 행정청의 지정행위(납세병마개제조자지정행위)의 취소를 구할 법률상 이익이 된다 할 것임(헌재 1998.4.30. 97헌마141)
2. 환경권에 근거한 원고적격 부정(대판 2006.3.16. 2006두330(전합))

※ 단체소송: 단체가 구성원이나 일반인을 위해 소송을 제기하는 것. 단체소송은 법령에 규정이 있는 경우에 한해 인정됨

7) 원고적격 관련 판례 (21 국가9)

원고적격 인정	원고적격 부정
• 법인의 주주가 당해 법인에 대한 행정처분의 취소를 구할 원고적격이 있는 경우(대판 2005.1.27. 2002두5313) 참고 일반적으로 법인의 주주나 임원은 당해 법인에 대한 행정처분에 관하여 사실상이나 간접적인 경제적 이해관계를 가질 뿐이어서 스스로 그 처분의 취소를 구할 원고적격이 없음(대판 1997.12.12. 96누4602) • 기존 분뇨와 축산폐수 수집운송업자(대판 2006.7.28. 2004두6716) • 「공공기관의 정보공개에 관한 법률」 제6조 제1항 소정의 국민의 범위 및 정보공개거부처분을 받은 청구인은 그 거부처분의 취소를 구할 법률상의 이익이 있음(대판 2003.12.12. 2003두8050)	• 수익적 행정처분을 한 상대방(대판 1995.8.22. 94누8129) • 기관위임사무에 있어서 국가 • 국유도로 공용폐지: 지방자치단체가 직접 공중의 통행에 제공하는 것으로서 일반국민은 이를 자유로이 이용할 수 있는 것이기는 하나, 그렇다고 하여 그 이용관계로부터 당연히 그 도로에 관하여 특정한 권리나 법령에 의하여 보호되는 이익이 개인에게 부여되는 것이라고까지는 말할 수 없음 참고 법률적인 관점으로도 이유가 있다고 인정되는 특별한 사정이 있는 경우에는 그와 같은 이익은 법률상 보호되어야 할 것이고, 따라서 도로의 용도폐지처분에 관하여 이러한 직접적인 이해관계를 가지는 사람이 그와 같은 이익을 현실적으로 침해당한 경우에는 그 취소를 구할 법률상의 이익이 있음(대판 1992.9.22. 91누13212) • 국세체납처분을 원인으로 한 압류등기 이후의 압류부동산 매수자에게는 압류처분의 취소를 구할 원고적격이 없음(대판 1985.2.8. 82누524)

단 권 화 메 모 & O X

★★☆
05 소의 이익 (22 국가9) (21 소방7) (18 지방9) (17 서울9)

1) 의의

법원은 소의 이익이 있어야 본안판단을 할 수 있음. 본안판결을 통해 실현되는 이익이 없다면 법원은 본안판단을 하지 않고 소의 이익이 없다는 이유로 각하함

2) 판단시점 → 사실심 변론종결 시

3) 구체적 개념 (21 군무원7) (19 국가7) (19 지방9) (18 서울7상) (18 지방9) (17 국가9하) (17 지방9상) (17 지방9하)

① **법률상 이익 + 정당한 이익**: 원고적격과 소의 이익을 넓은 의미의 소의 이익이라고 함. 좁은 의미의 소의 이익 및 원고적격과 구별되며 소의 이익에서 법률상 이익은 법률상 이익과 부수적 이익을 포함하는 개념임

② **사실상 · 경제상 이익**: 소의 이익에 포함되지 않음

③ **명예**: 소의 이익에 해당하지 않는다는 판례(문화재 지정사건)와 해당한다는 판례(고등학교 퇴학사건)가 있음

관련 판례

1. 처분청이 당초의 운전면허취소처분을 철회하고 정지처분을 한 경우, 당초의 취소처분을 대상으로 한 소의 이익: 당초의 처분인 운전면허취소처분은 철회로 인하여 그 효력이 상실되어 더 이상 존재하지 않는 것이고 그 후의 운전면허정지처분만이 남아 있는 것이라 할 것이며, 한편 존재하지 않는 행정처분을 대상으로 한 취소소송은 소의 이익이 없어 부적법함(대판 1993.7.27. 93누3899)
2. 운전면허정지처분에서 정한 정지기간이 상고심 계속 중에 경과한 이후에는 운전면허자에게 그 운전면허정지처분의 취소를 구할 법률상의 이익이 없음(대판 1997.9.26. 96누1931)
3. 환지처분 공고 후에 환지예정지지정처분의 취소를 구할 법률상 이익이 없음(대판 1999.10.8. 99두6873)
4. 입찰참가자격제한처분을 취소한 경우 소의 이익이 없음(대판 2002.9.6. 2001두5200)
5. 항소심판결 선고 후 개발부담금 감액경정처분이 이루어진 경우, 감액된 부분에 대한 개발부담금부과처분 취소청구 부분은 소의 이익이 없음(대판 2006.5.12. 2004두12698)
6. 영업허가반려취소 재반려: 행정청이 당초 분뇨관련 영업허가신청반려처분을 직권취소하고 재반려하는 새로운 처분을 한 경우 재반려 처분은 소의 이익이 있음(대판 2006.9.28. 2004두5317)
7. 원과세처분에 대한 취소소송 도중 경정처분의 경우 경정되고 남은 처분이 소의 이익이 있음(대판 1987.4.28. 87누36)
8. 법인세 과세표준과 관련하여 과세관청이 법인의 소득처분 상대방에 대한 소득처분을 경정하면서 증액과 감액을 동시에 한 결과 전체로서 소득처분금액이 감소된 경우, 법인은 소득금액변동통지의 취소를 구할 소의 이익이 없음(대판 2012.4.13. 2009두5510)
9. 학교법인, 파면처분 → 교원신청심사위원회, 파면처분취소 → 학교법인, 파면처분취소의 취소를 구하는 소제기 → 재판 도중 학교법인, 파면처분을 해임으로 변경: 파면처분의 효력상실로 소의 이익 상실(대판 2010.2.25. 2008두20765)

단권화 메모 & OX

01 과세관청이 과세처분을 한 뒤에 과세표준과 세액을 감액하는 경정처분을 한 경우에는 위 감액경정처분은 처음의 과세표준에서 결정된 과세표준과 세액의 일부를 취소하는 데 지나지 아니하는 것이므로 처음의 과세처분이 감액된 범위 내에서 존속하게 되고 이 처분만이 쟁송의 대상이 되며 이 경우 전심절차의 적법 여부는 당초 처분을 기준으로 하여 판단하여야 한다. (18 서울7상) [○ / ×]

| 정답 | 01 ○

4) 병역문제에서의 소의 이익 (21 지방9)(20 군무원9)(19 국가9)(16 국가9)

인정	부정
현역입영대상자가 입영한 후 현역병입영통지처분의 취소(대판 2003.12.26. 2003두1875)	• 보충역편입처분 및 공익근무요원소집처분의 취소를 구하는 소의 계속 중 병역처분변경신청에 따라 제2국민역편입처분으로 병역처분이 변경된 경우, 종전 보충역편입처분 및 공익근무요원소집처분의 취소(대판 2005.12.9. 2004두6563) • 보충역편입처분취소처분이 취소되어 확정되면 현역병입영대상편입처분에 터잡은 현역병입영통지처분에 따라 현역병으로 복무하는 것을 피할 수 없는 경우에 보충역처분취소의 취소(대판 2004.12.10. 2003두12257) • 상등병에서 병장으로의 진급요건을 갖춘 자에 대해 그 진급처분을 행하지 아니한 상태에서 예비역으로 편입하는 처분을 한 경우, 진급처분부작위위법을 이유로 한 예비역편입처분의 취소(대판 2000.5.16. 99두7111) • 공익근무요원소집해제신청을 거부한 후에 원고가 계속하여 공익근무요원으로 복무함에 따라 복무기간 만료를 이유로 소집해제처분을 한 경우, 거부처분의 취소(대판 2005.5.13. 2004두4369) • 병역감면신청서회송처분과 공익근무요원소집처분이 직권으로 취소되었는데도, 이에 대한 무효확인과 취소를 구하는 소(대판 2010.4.29. 2009두16879) • 현역병입영대상자로 병역처분을 받은 자가 그 취소소송 중 모병에 응하여 현역병으로 자진입대한 경우, 그 현역병입영대상자의 병역처분의 취소(대판 1998.9.8. 98두9165)

5) 징계에서의 소의 이익 (22 국가9)(16 지방7)

인정	부정
• 징계(감봉)처분을 받은 공무원이 자진퇴직한 경우 징계처분의 취소(대판 1977.7.12. 74누147) • 징계에 관한 일반사면과 그 징계처분의 취소(대판 1983.2.8. 81누121) • 파면처분 후 당연퇴직한 공무원의 그 파면처분의 취소(대판 1985.6.25. 85누39) • 징계처분을 받은 공무원이 자진퇴직한 경우 징계처분취소: 징계처분으로서 감봉처분이 있은 후 공무원의 신분이 상실된 경우에도 위법한 감봉처분의 취소가 필요한 경우에는 위 감봉처분의 취소를 구할 소의 이익이 있음(대판 1977.7.12. 74누147) • 해임처분 후 임기가 만료되었으나 해임처분일부터 임기만료일까지 기간에 대한 보수지급을 구할 수 있는 경우 그 해임처분의 무효확인 또는 취소: 해임권자와 보수지급의무자가 다른 경우에도 마찬가지임(대판 2012.2.23. 2011두5001) • 징계에 관한 일반사면과 동 징계처분의 취소: 파면처분으로 이미 상실된 원고의 공무원 지위가 회복될 수는 없으므로 원고는 이 사건 파면처분의 위법을 주장하여 그 취소를 구할 소송상 이익이 있다 할 것임(대판 1983.2.8. 81누121)	• 공무원면직처분무효확인의 소의 원고들이 상고심 심리종결일 현재 이미 「공무원법」상의 정년을 초과하였거나 사망하여 면직된 경우(대판 1991.6.28. 90누9346) • 행정청이 공무원에 대하여 새로운 직위해제사유에 기한 직위해제처분을 한 경우, 그 이전 직위해제처분의 취소(대판 2003.10.10. 2003두5945) • 교원소청심사위원회의 파면처분취소결정에 대한 취소소송의 계속 중 학교법인이 교원에 대한 징계처분을 파면에서 해임으로 변경한 경우(대판 2010.2.25. 2008두20765)

단 권 화 메 모 & O X

01 현역입영대상자가 입영한 후에도 현역입영통지처분이 취소되면 원상회복이 가능하므로 이미 처분이 집행된 후라고 할지라도 현역입영통지처분의 취소를 구할 소의 이익이 있다. (16 국가9) [O / ×]

02 해임처분 취소소송 계속 중 임기가 만료되어 해임처분의 취소로 지위를 회복할 수는 없다고 할지라도, 그 취소로 해임처분일부터 임기만료일까지 기간에 대한 보수 지급을 구할 수 있는 경우에는 해임처분의 취소를 구할 법률상 이익이 있으므로, 수소법원은 본안에 대하여 판단하여야 한다. (22 국가9) [O / ×]

03 행정청이 직위해제 상태에 있는 공무원에 대하여 새로운 직위해제사유에 기한 직위해제처분을 한 경우 그 이전에 한 직위해제처분의 취소를 구할 소의 이익이 없다. (16 지방7) [O / ×]

| 정답 | 01 ○ 02 ○ 03 ○

6 직위해제와 소의 이익 (22 지방9)(21 국가7)(21 지방7)(21 소방7)(18 지방7)

인정	부정
직위해제처분 → 해임	• 직위해제처분 → 새로운 직위해제처분: 종전의 직위해제처분 취소를 구할 이익이 없음 • 직위해제처분 → 직권면직 • 직위해제처분 → 정직처분

7 지방의회 의원의 제명취소 (16 국가9)

여전히 그 제명의결의 취소를 구할 법률상 이익이 있음(대판 2009.1.30. 2007두13487)

8 제재처분의 효력기간 경과와 소의 이익 (17 지방9상)

구분	구 판례	최근 판례
법규명령에 가중적 제재가 규정된 경우 소의 이익	○	○
행정규칙에 가중적 제재가 규정된 경우 소의 이익	×	○

관련 판례

1. 가중제재처분 규정이 있는 「건축사법」에 의한 건축사업무정지처분의 정지기간이 지난 후 그 취소를 구할 소의 이익이 있는지 여부: 위 처분을 그대로 방치하여 둠으로써 장래 건축사사무소등록취소라는 가중된 제재처분을 받게 될 우려가 있는 것이므로 건축사로서의 업무를 행할 수 있는 법률상 지위에 대한 위험이나 불안을 제거하기 위하여 건축사업무정지처분의 취소를 구할 이익이 있음(대판 1991.8.27. 91누3512)
2. 건축사업무정지처분을 받은 후 새로운 업무정지처분을 받음이 없이 1년이 경과하여 실제로 가중된 제재처분을 받을 우려가 없게 된 경우, 업무정지처분에서 정한 정지기간이 경과한 후에 업무정지처분의 취소를 구할 법률상 이익이 있는지 여부: 위 처분에서 정한 정지기간이 경과한 이상 특별한 사정이 없는 한 그 처분의 취소를 구할 법률상 이익이 없음(대판 2000.4.21. 98두10080)

단권화 메모 & OX

01 지방의회 의원이 제명의결 취소소송 계속 중 임기가 만료되어 제명의결의 취소로 의원 지위를 회복할 수 없다고 할지라도 제명의결 시부터 임기만료일까지의 기간에 대한 월정수당의 지급을 구할 수 있으므로 그 제명의결의 취소를 구할 법률상 이익이 인정된다. (16 국가9) [○ / ×]

02 가중요건이 부령인 시행규칙상 처분기준으로 규정되어 있는 경우(예 「식품위생법 시행규칙」 제89조 [별표 23] 행정처분 기준), 처분에서 정한 제재기간이 경과하였다면 그에 따라 선행처분을 받은 상대방은 그 처분의 취소를 구할 법률상 이익이 없다. (17 지방9상) [○ / ×]

| 정답 | 01 ○ 02 ×(협의의 소의 이익이 있음)

06 취소소송의 피고적격

1) 피고적격의 의의

항고소송에서 피고가 될 수 있는 자격

2) 소송의 피고 (20 군무원7)

구분	행정청	행정주체
항고소송의 피고	○	×
• 당사자소송의 피고 • 손해배상청구소송의 피고 • 부당이득반환청구소송의 피고	×	○

3) 행정청 (22 국가9) (21 군무원9) (20 국가7) (20 군무원9)

① **의의:** 국가의 의사 또는 판단을 결정하여 이를 외부에 표시할 수 있는 기관
② **독임제 행정관청:** 각부장관 · 청장, 지방자치단체의 장, 권한을 위임받은 경찰서장 · 소방서장 등
③ **합의제 행정청:** 합의를 통해 대외적으로 의사표시를 할 수 있는 기관. 합의제 행정청은 장이 아니라 합의제기관이 피고가 됨

위원회가 피고인 경우	합의제 행정관청인데 장이 피고인 경우 (위원장이 피고인 경우)
• 중앙선거관리위원회 • 행정심판위원회 • 감사원 • 토지수용위원회 • 저작권심의위원회 • 국민권익위원회 • 교원소청심사위원회 • 공무원소청심사위원회	• 중앙노동위원회위원장 • 중앙해양안전심판원장 • 7급 지방직 공무원 불합격처분에 대한 소송의 피고는 시 · 도 인사위원회 위원장

4) 공무수탁사인

공무수탁사인은 행정주체이자 행정청이므로 항고소송의 피고가 됨

5) 공공조합(농지개량조합, 도시재개발조합 등) → 항고소송의 피고가 됨

단권화메모&OX

01 국민권익위원회가 소방청장에게 일정한 의무를 부과하는 내용의 조치요구를 한 경우 소방청장은 조치요구의 취소를 구할 당사자능력 및 원고적격이 인정되지 않는다. (22 국가9) [○ / ×]

| 정답 | 01 ×(당사자능력 및 원고적격을 예외적으로 인정한 판례)

6 행정청이 아닌 기관

보조기관	• 행정청의 권한행사를 보조하는 기관 • 행정청이 아니므로 피고가 되지 못하나, 행정청의 위임을 받아 대외적으로 권한을 행사하는 경우 예외적으로 행정청이 될 수 있음 예) 차관, 실장, 국장, 과장
의결기관	• 의사를 결정할 권한은 있으나 외부에 표시할 권한은 없는 기관 • 의결기관은 행정청이 아니므로 피고가 되지 못함 예) 경찰위원회, 세무사자격심의위원회, 보훈심사위원회, 공무원징계위원회
집행기관	• 행정청의 의사를 집행하는 기관 • 행정청이 아니므로 피고가 될 수 없음 예) 경찰공무원, 세무공무원

7 피고적격의 구체적 문제 (22 소방7) (21 군무원7) (18 지방9) (18 서울9하) (17 국가9하)

① **대통령 등:** 대통령, 국회의장, 대법원장, 헌법재판소장 등의 처분은 처분을 한 자가 아니라 다른 행정청이 피고가 됨

대통령의 처분 또는 부작위에 있어서의 피고	소속장관
중앙선거관리위원장의 처분에 있어서의 피고	사무총장
국회의장의 처분에 있어서의 피고	국회 사무총장
대법원장의 처분에 있어서의 피고	법원행정처장
헌법재판소장의 처분에 있어서의 피고	헌법재판소 사무처장

② **권한위임의 경우 항고소송의 피고:** A라는 기관(위임청)이 B라는 기관(수임청)에게 권한을 위임한 경우, 수임청인 B기관이 피고가 됨

관련 판례

1. 성업공사(현 한국자산관리공사): 수임청으로서 실제로 공매를 행한 성업공사를 피고로 하여야 하고, 위임청인 세무서장은 피고적격이 없음(대판 1997.2.28. 96누1757)
2. 에스에이치공사: 취소소송의 정당한 피고는 위 공사임(대판 2007.8.23. 2005두3776)
3. 사업시행자: 그 처분이 위법·부당한 것이라면 사업시행자인 당해 공법인을 상대로 그 취소소송을 제기할 수 있음(대판 1994.5.24. 92다35783(전합))

단권화 메모 & OX

01 「국가공무원법」에 의한 처분, 기타 본인의 의사에 반한 불리한 처분이나 부작위에 관한 행정소송을 제기할 때에 대통령의 처분 또는 부작위의 경우에는 소속장관을 피고로 한다. (18 서울9하) [○ / ×]

| 정답 | 01 ○

③ 내부위임의 경우 항고소송의 피고

관련 판례

1. 위임기관의 명의로 처분한 경우 위임청이 피고가 됨: 수임관청이 그 위임된 바에 따라 위임관청의 이름으로 권한을 행사하였다면 그 처분청은 위임관청이므로 그 처분의 취소나 무효확인을 구하는 소송의 피고는 위임관청으로 삼아야 함(대판 1991.10.8. 91누520)
2. 특별시장의 권한을 내부위임받은 것에 불과한 구청장이 자신의 명의로 한 행정처분에 대해서는 구청장을 피고로 해야 함: 내부위임을 받은 데 불과한 하급행정청이 권한 없이 행정처분을 한 경우에도 실제로 그 처분을 행한 하급행정청을 피고로 하여야 할 것이지 그 처분을 행할 적법한 권한 있는 상급행정청을 피고로 할 것은 아님(대판 1994.8.12. 94누2763)

④ 권한대리의 경우 항고소송의 피고

원칙	A기관(피대리관청)의 대리로서 B기관(대리관청)이 사무를 처리한 경우, A기관(피대리관청)이 피고가 됨
대리관청이 대리관계를 밝히지 않은 채 자신의 명의로 처분한 경우	• 대리권을 수여받은 데 불과하여 그 자신의 명의로는 행정처분을 할 권한이 없는 행정청의 경우 대리관계를 밝힘이 없이 그 자신의 명의로 행정처분을 하였다면 그에 대하여는 처분명의자인 당해 행정청이 항고소송의 피고가 됨 • 다만, 대리관청이 대리관계를 밝히지 않은 채 자신의 명의로 처분을 한 경우라 하더라도 상대방이 대리관계를 안 경우는 피대리관청이 피고가 됨

⑤ 지방의회와 지방자치단체장

조례안 의결	지방자치단체장 또는 교육감(○), 지방의회(×)
지방의회 의원 징계의결	지방의회의 의원징계, 의장불신임, 의장선거 등에 있어서 피고는 지방의회임

한번 더 정리하기

구분	피고
위임의 경우	수임청
내부위임의 경우	• 원칙: 위임청 • 수임청이 자신의 명의로 처분을 한 경우: 수임청
권한대리	• 원칙: 피대리관청 • 대리기관이 대리관계를 밝히지 않은 경우: 대리관청 • 대리기관이 대리관계를 밝히지 않았으나 처분의 상대방이 대리관계를 알고 있는 경우: 피대리관청
처분청과 통지한 행정청이 다른 경우	처분청: 인천직할시장이 처분하고, 북구청장이 통지한 경우 → 인천직할시장이 피고

8 피고경정의 유형 (20 국가9)

원고가 피고를 잘못 지정한 경우	• 원고가 피고를 잘못 지정한 경우 피고경정신청을 할 수 있음. 법원은 직권으로 피고의 경정을 할 수 없고, 원고의 신청이 있는 경우에 한해 피고경정을 허가할 수 있음 • 피고를 잘못 지정했는지는 제소 시를 기준으로 함
권한승계 또는 행정청이 없게 된 경우	• 권한승계의 경우 권한을 승계한 행정청으로 피고를 경정해야 함(「행정소송법」 제13조 제1항, 제14조 제6항) • 행정청이 없게 된 때에는 그 처분 등에 관한 사무가 귀속되는 국가 또는 공공단체로 피고를 경정해야 함(「행정소송법」 제13조 제2항, 제14조 제6항) • 권한승계 또는 행정청이 없게 된 경우의 피고경정은 법원이 당사자의 신청 또는 직권으로 함
소의 변경에 대한 피고의 경정	A가 행정청(예 국방부장관)을 피고로 하여 항고소송을 제기한 후 항고소송을 당사자소송으로 소 종류를 변경하였다면 당사자소송은 행정주체(예 대한민국)가 피고이므로 피고를 경정해야 함(「행정소송법」 제21조)

단권화 메모 & OX

01 대리권을 수여받은 데 불과하여 그 자신의 명의로는 행정 처분을 할 권한이 없는 행정청의 경우 대리관계를 밝힘이 없이 그 자신의 명의로 행정처분을 하였다면 그에 대하여는 처분명의자인 당해 행정청이 항고소송의 피고가 되어야 하는 것이 원칙이다. (18 서울9하) [○ / ×]

02 조례가 항고소송의 대상이 되는 경우 피고는 지방자치단체의 의결기관으로서 조례를 제정한 지방의회이다. (18 서울9하) [○ / ×]

| 정답 | 01 ○ 02 ×(피고는 지방자치단체의 장)

9) 피고경정의 효과 (17 지방9하)

피고경정의 종기(終期)	「행정소송법」 제14조에 의한 피고경정은 사실심 변론종결에 이르기까지 허용되는 것으로 해석하여야 할 것이고, 굳이 제1심 단계에서만 허용되는 것으로 해석할 근거는 없음(대결 2006.2.23. 자 2005부4)
피고경정	피고경정결정이 있으면 새로운 피고에 대한 소송은 처음에 소를 제기한 때 제기된 것으로 봄(「행정소송법」 제14조 제4항)
불복절차	피고경정신청을 각하하는 결정에 대하여는 즉시항고할 수 있음(「행정소송법」 제14조 제3항)

10) 원고가 피고를 잘못 지정한 경우 법원의 조치

법원이 석명권을 행사하여 원고로 하여금 피고를 경정하게 하지 않고 바로 소를 각하한 것은 위법함(대판 2004.7.8. 2002두7852)

07 취소소송의 제소기간 (21 국가9)(17 지방7)

1) 의의 및 특징 (22 지방9)

① 처분 등의 상대방이 소송을 제기할 수 있는 시간적 간격
② 법적 안정성을 위하여 일정한 기간이 지나면 법적으로 다툴 수 없음
③ 제소기간은 무효확인소송에는 적용되지 않음. 다만, 무효확인을 구하는 의미의 취소소송을 제기한 경우에는 제소기간을 준수해야 함
④ 소송요건이므로 법원의 직권조사사항임
⑤ 초일불산입의 원칙이 적용됨

2) 행정심판을 거치지 않은 경우

① **처분 등이 있음을 안 날의 의미**: 통지·공고 기타의 방법에 의하여 당해 처분이 있었다는 사실을 현실적으로 안 날을 의미하며, 처분의 구체적 내용이나 당해 처분의 위법 여부까지 알 필요는 없음
② **불변기간**
㉠ 안 날로부터 90일 ※ 처분이 있은 날부터 1년은 불변기간이 아님
㉡ 당사자가 책임질 수 없는 사유로 불변기간을 지킬 수 없었던 경우에는 그 사유가 없어진 날부터 2주 이내에 소를 제기할 수 있음
③ 대리인·가족·직원·아르바이트 직원이 납부고지를 수령한 경우 납부의무자는 그때 부과처분이 있음을 알았다고 추정할 수 있음(대판 1999.12.28. 99두9742)

단권화 메모 & OX

01 무효인 처분에 대해 무효선언을 구하는 취소소송을 제기하는 경우에는 제소기간의 제한이 없다. (22 지방9) [O / ×]

| 정답 | 01 ×(제소기간의 제한을 받음)

④ 고시·공고에 의한 경우

불특정 다수인에 대한 고시·공고에 의한 행정처분	행정처분에 이해관계를 갖는 자가 고시 또는 공고가 있었다는 사실을 현실적으로 알았는지 여부에 관계없이 고시가 효력을 발생하는 날에 행정처분이 있음을 알았다고 보아야 함(대판 2006.4.14. 2004두3847)
특정인의 주소불명으로 공고한 경우(「행정절차법」)	상대방이 당해 처분이 있었다는 사실을 현실적으로 안 날에 그 처분이 있음을 알았다고 보아야 함(대판 2006.4.28. 2005두14851)

관련 판례

원고가 통보서를 송달받기 전에 정보공개를 청구하여 일체의 관련 서류들을 교부받음으로써 적어도 그 무렵에는 이 사건 처분이 있음을 알았다고 하더라도, 이 사건 처분은 상대방이 있는 행정처분으로서 특별한 규정이 없는 한 상대방에게 고지되어야 효력을 발생하므로, 원고에게 고지되어 원고가 현실적으로 처분이 있다는 사실을 알았을 때 제소기간이 진행됨(대판 2014.9.25. 2014두8254)

3) 행정심판을 거친 경우 → 재결서의 정본을 송달받은 날로부터 90일 (22 지방9) (20 지방9) (17 서울7)

① 행정심판이 필수적 전치주의인 경우
② 행정심판을 청구할 수 있는 경우
③ 행정청이 행정심판청구를 할 수 있다고 잘못 알린 경우

4) 「행정소송법」 제20조 제2항의 적용

「**행정소송법**」 **제20조【제소기간】** ② 취소소송은 처분 등이 있은 날부터 1년(제1항 단서의 경우는 재결이 있은 날부터 1년)을 경과하면 이를 제기하지 못한다. 다만, 정당한 사유가 있는 때에는 그러하지 아니하다.

더 알아보기

처분 등이 있은 날로부터 1년	'안 날로부터 90일' 또는 '있은 날로부터 1년' 둘 중 하나라도 도과되면 제소기간의 도과로 각하됨
행정심판을 거치지 아니한 경우	• 처분 등이 있은 날로부터 1년: 처분 등이 있은 날이란 그 행정처분이 상대방에게 도달되어 효력을 발생한 날을 의미함 (대판 1991.6.28. 90누6521) • 제3자의 경우: 행정처분이 있은 날로부터 1년 이내에 행정소송을 제기해야 함 • 다만, 행정심판을 거친 경우에는 행정심판의 재결이 있는 날로부터 1년 이내에 제기해야 함

5) 정당한 사유가 있는 경우

「**행정소송법**」 **제20조【제소기간】** ② 취소소송은 처분 등이 있은 날부터 1년(제1항 단서의 경우는 재결이 있은 날부터 1년)을 경과하면 이를 제기하지 못한다. 다만, 정당한 사유가 있는 때에는 그러하지 아니하다.
「**행정심판법**」 **제27조【심판청구의 기간】** ② 청구인이 천재지변, 전쟁, 사변(事變), 그 밖의 불가항력으로 인하여 제1항에서 정한 기간에 심판청구를 할 수 없었을 때에는 그 사유가 소멸한 날부터 14일 이내에 행정심판을 청구할 수 있다.

단권화 메모 & OX

01 甲이 2022.1.5. 영업정지처분을 통지받았고, 행정심판을 제기하여 2022.3.29. 1월의 영업정지처분으로 변경하는 재결이 있었고 그 재결서 정본을 2022.4.2. 송달받은 경우 취소소송의 기산점은 2022.1.5.이다. (22 지방9 변형) [○ / ×]

| 정답 | 01 ×(2022.4.2.)

단 권 화 메 모 & O X

더 알아보기

정당한 사유가 있는 경우	당사자가 소송행위를 하기 위한 일반적으로 하여야 할 주의를 다하였음에도 불구하고 그 기간을 준수할 수 없었던 사유가 있어야 함. 정당한 사유가 있다면 제소기간 경과 후에도 제소할 수 있음
"정당한 사유"의 의미와 그 판단기준	「행정소송법」 제20조 제2항 소정의 "정당한 사유"란 불확정개념으로서 그 존부는 사안에 따라 개별적·구체적으로 판단하여야 하나 「민사소송법」 제173조의 "당사자가 그 책임을 질 수 없는 사유"나 「행정심판법」 제27조 제2항 소정의 "천재지변, 전쟁, 사변 그 밖에 불가항력적인 사유"보다는 넓은 개념이라고 풀이되므로, 제소기간 도과의 원인 등 여러 사정을 종합하여 지연된 제소를 허용하는 것이 사회통념상 상당하다고 할 수 있는가에 의하여 판단하여야 함
복효적 행정행위에 있어서의 제3자	복효적 행정행위의 제3자에게 행정청은 「행정절차법」상 통지할 의무가 없으므로 제3자는 처분의 내용을 몰라 자신의 책임을 질 수 없는 사유로 제소기간을 도과할 수 있으므로 제소기간 도과 후라도 취소소송을 제기할 수 있음

관련 판례

1. 새로운 소에 대한 제소기간의 준수 등은 원칙적으로 소의 변경이 있은 때를 기준으로 하여야 함(대판 2004.11.25. 2004두7023)
2. 보충역편입처분취소처분의 효력을 다투는 소에 공익근무요원복무중단처분, 현역병입영대상편입처분 및 현역병입영통지처분의 취소를 구하는 청구를 추가적으로 병합한 경우, 공익근무요원복무중단처분, 현역병입영대상편입처분 및 현역병입영통지처분의 취소를 구하는 소의 소제기기간의 준수 여부는 각 그 청구취지의 추가, 변경신청이 있은 때를 기준으로 개별적으로 판단하여야 함(대판 2004.12.10. 2003두12257)
3. 처분 당시에는 취소소송의 제기가 법제상 허용되지 않아 소송을 제기할 수 없다가 위헌결정으로 인하여 비로소 취소소송을 제기할 수 있게 된 경우에는 객관적으로는 '위헌결정이 있은 날', 주관적으로는 '위헌결정이 있음을 안 날' 비로소 취소소송을 제기할 수 있게 되어 이때를 제소기간의 기산점으로 삼아야 함(대판 2008.2.1. 2007두20997)

한번 더 정리하기

■ 제소기간의 적용 여부

구분	취소소송	무효등확인소송	부작위위법확인소송	당사자소송
「행정소송법」 제20조 제소기간의 적용	○	×	• 행정심판을 거치지 않은 경우: × • 행정심판을 거친 경우: ○	×

★★★

08 행정심판 전치주의 요건

단권화메모&OX

1) 전치요건 (21 국가7) (20 군무원9) (17 국가7상) (17 지방9상)

① 「**행정소송법**」: 임의적 절차

② **개별법**: 필수적 절차를 규정하는 경우가 있음 → 이 경우 행정심판을 거쳐 항고소송을 제기해야 함

구분	내용
「국세기본법」상 전치요건	• 이의신청: 임의적 절차 • 90일 이내 심사청구 또는 심판청구: 심사청구와 심판청구 중복제기 불가 → 둘 중 한 절차만 거쳐 → 항고소송 • 심사청구 또는 심판청구: 필수적 절차 • 과세처분에 대해 감사원이 심사청구한 경우 심사청구 또는 심판청구를 거친 것으로 함
그 밖의 행정심판이 필수절차인 경우	• 국세부과, 지방세부과, 「관세법」상 관세부과 • 공무원 · 교원에 대한 징계 • 「도로교통법」상 면허정지 · 취소 • 감사원의 변상금 재결 • 중앙노동위원회 구제재결

2) 필요적 전치주의의 예외

구분	내용
행정심판을 제기함이 없이 취소소송을 제기할 수 있는 경우 (동종, 단계, 사실심, 잘못)	• 동종사건에 관하여 이미 행정심판의 기각재결이 있은 때 • 서로 내용상 관련되는 처분 또는 같은 목적을 위하여 단계적으로 진행되는 처분 중 어느 하나가 이미 행정심판의 재결을 거친 때 • 행정청이 사실심의 변론종결 후 소송의 대상인 처분을 변경하여 당해 변경된 처분에 관하여 소를 제기하는 때 • 처분을 행한 행정청이 행정심판을 거칠 필요가 없다고 잘못 알린 때
행정심판 재결 없이 행정소송을 제기할 수 있는 경우 (육긴사유)	• 행정심판청구가 있은 날로부터 60일이 지나도 재결이 없는 때 • 처분의 집행 또는 절차의 속행으로 생길 중대한 손해를 예방하여야 할 긴급한 필요가 있는 때 • 법령의 규정에 의한 행정심판기관이 의결 또는 재결을 하지 못할 사유가 있는 때 • 그 밖의 정당한 사유가 있는 때

단 권 화 메 모 & O X

3) 전치주의 요건판단

직권조사사항	행정심판의 전치요건은 항고소송의 요건이므로 이 요건 충족 여부는 법원의 판단사항임
부적법한 심판청구를 각하하지 않고 행정심판위원회가 본안판단한 경우	행정심판을 거친 것으로 볼 수 없음
행정심판위원회가 적법한 심판청구를 각하한 경우	행정심판 전치주의 요건을 충족한 것으로 봄
처분 전의 행정심판청구	처분 전 행정심판청구는 부적법하나 재결 전에 처분이 행해졌다면 하자는 치유됨. 행정심판재결 후 행정소송을 제기하면 요건은 충족된 것임
전치요건 판단시점	행정소송 제기 시에는 행정심판절차를 거치지 않았으나, 행정소송 사실심변론 종결 전에 행정심판절차를 거친 경우 하자는 치유됨
행정심판과 소송의 사유	행정심판 과정에서 주장하지 아니한 사유도 행정소송에서는 제기할 수 있음

09 관할법원과 이송과 병합

1) 관할법원

원칙	피고인 행정청 소재 행정법원
피고가 중앙행정기관의 장인 경우	대법원 소재 행정법원(서울행정법원)
특별관할	토지의 수용 기타 부동산 또는 특정 장소에 관계되는 처분은 그 부동산 또는 장소의 소재지 관할 행정법원에 소를 제기할 수 있음
합의관할	당사자 간 합의로 관할법원을 결정할 수 있음(「민사소송법」 제29조)
관할법원 이송	행정사건을 민사소송으로 제기한 경우, 민사법원은 각하할 것이 아니라 관할법원인 행정법원에 이송해야 함(대판 1997.5.30. 95다28960)

2) 관련 청구소송의 이송과 병합 (19 서울7하)

① 당해 처분과 관련된 손해배상 · 부당이득반환 · 원상회복청구소송 등이 계속되고 있는 경우 당사자의 신청 또는 직권에 의해 관련 청구소송을 취소소송이 계속된 법원(○) / 손해배상청구소송이 계속된 법원(×)에 이송할 수 있음

② 취소소송에는 사실심의 변론종결 시까지 관련 청구소송을 병합하거나 피고 외의 자를 상대로 한 관련 청구소송을 취소소송이 계속된 법원에 병합하여 제기할 수 있음(「행정소송법」 제10조 제2항)

③ 법에 따르면 3천만 원의 과세처분이 적법한데 4천만 원의 과세처분에 따라 4천만 원의 세금을 납부한 경우
㉠ 취소소송이 계속된 법원에 1천만 원의 부당이득반환청구소송을 병합하여 제기할 수 있음
㉡ 이 경우, 법원은 4천만 원의 과세처분이 위법하다면 1천만 원의 과세처분을 취소하고 피고에게 1천만 원의 부당이득을 반환하라고 명할 수 있음
㉢ 행정처분의 취소를 구하는 소송에서 처분의 취소를 선결문제로 하는 부당이득반환청구가 병합된 경우, 부당이득반환청구가 인용되기 위해서는 처분이 취소되면 충분하고, 처분의 취소가 확정되어야 하는 것은 아님(대판 2009.4.9. 2008두23153)

④ 관련 청구소송의 병합은 본래의 항고소송이 적법할 것을 요건으로 하므로 본래의 항고소송이 부적법하여 각하되면 그에 병합된 관련 청구도 부적법각하되어야 함(대판 2001.11.27. 2000두697)

★★☆

3 소의 변경 (22 군무원9) (20 국가7) (18 서울9하)

구분	내용
종류	• 소 종류의 변경(항고소송 간, 항고소송과 당사자소송, 민사소송과 행정소송 간) • 처분변경으로 인한 소 종류의 변경
요건	원고 신청 → 법원의 허가(○) / 법원 직권으로 변경(×)
시한	사실심 변론종결 시까지
처분변경으로 인한 소의 변경	• 법원은 행정청이 소송의 대상인 처분을 소가 제기된 후 변경한 때에는 원고의 신청에 의하여 결정으로써 청구의 취지 또는 원인의 변경을 허가할 수 있음(「행정소송법」 제22조 제1항) • 「행정소송법」 제22조 제1항의 규정에 의한 신청은 처분의 변경이 있음을 안 날로부터 60일 이내에 하여야 함(「행정소송법」 제22조 제2항)
법원의 소의 변경 허가결정	즉시항고(○)
소의 변경 효과	• 구소가 제기된 때 새로운 소가 제기된 것으로 봄 • 구소는 취하됨
소의 변경과 제소기간	당사자소송에서 취소소송으로 소 종류를 변경한 경우 구소(당사자소송)를 제기한 때를 기준으로 제소기간 준수 여부를 판단함 ※ 청구취지를 변경하여 소를 제기한 경우: 구소는 취하되고 새로운 소가 제기된 것으로 보아야 하므로 소의 변경이 있는 때를 기준으로 제소기간 준수 여부를 판단함(대판 2004.11.25. 2004두7023)

단권화메모&OX

01 법원은 취소소송을 당해 처분 등에 관계되는 사무가 귀속하는 국가 또는 공공단체에 대한 당사자소송 또는 취소소송 외의 항고소송으로 변경하는 것이 상당하다고 인정할 때에는 청구의 기초에 변경이 없는 한 사실심의 변론종결 시까지 원고의 신청 또는 직권에 의하여 결정으로써 소의 변경을 허가할 수 있다. (22 군무원9) [○ / ×]

| 정답 | 01 ×(신청으로만 가능함)

★★★

10 집행부정지 원칙

1) 소 제기의 효과

소 제기로 처분의 효력, 집행은 정지되지 않음. 다만, 법원의 결정으로 집행이 정지될 수 있음

2) 집행정지의 요건 (22 지방9) (22 소방7) (21 지방9) (20 소방9) (21 군무원7) (18 국가7)

집행정지의 요건	적극적 요건	소극적 요건
	• 적법한 본안소송 계속 • 처분의 존재 • 회복하기 어려운 손해예방 필요 • 긴급한 필요의 존재	• 공공복리에 중대한 영향을 미칠 우려가 없을 것 • 본안청구의 이유 없음이 명백하지 않을 것
집행정지 신청시기	• 본안소송 제기 전(×) • 본안소송 제기와 동시에(○) • 본안소송 제기 후 변론종결 시까지(○)	
당사자의 신청 또는 직권으로 법원 결정	신청인은 본안소송의 당사자, 처분의 집행정지를 구할 법률상 이익이 있어야 함	
집행정지 대상으로서의 처분	• 행정행위(○) • 권력적 사실행위(○) • 부관 중 부담(○) • 거부처분(×): 불허가처분(×), 교도소장의 접견허가거부처분(×) ※ 유효기간 만료 후 제기한 투전기업소 갱신허가신청을 거부한 불허가처분에 대하여 그 효력정지를 구하는 신청은 적법함(×) • 부작위(×)	
회복하기 어려운 손해발생 예방	• 금전보상으로 회복될 수 없는 손해(○): 금전보상이 가능한 손해(×) • 금전납부로 인한 손해도 회복하기 어려운 손해에 해당할 수 있음(○) → 과징금 납부 → 경영상 위기 발생 → 과징금 납부명령, 집행정지 대상(○) • 손해: 현저히 큰 손해(×) • 4대강 살리기 마스터플랜에 따른 사업실시계획 승인처분: 효력정지(×)	
집행정지요건 충족 입증책임	신청인(○)	
집행정지신청에 대한 법원의 판단	행정처분의 적법 여부(×) / 집행정지 요건(○)	

단 권 화 메 모 & O X

01 취소소송을 제기하면서 집행정지신청을 한 경우 법원이 집행정지결정을 하는 데 있어 원고의 본안청구의 적법 여부는 집행정지의 요건에 포함되지 않는다. (22 지방9 변형) [○ / ×]

02 집행정지의 결정을 신청함에 있어서는 그 이유에 대한 소명을 반드시 필요로 하는 것은 아니므로 정당한 사유 등 특별한 사정이 있다면 재판부는 그 소명 없이 직권으로 집행정지에 대한 결정을 하여야 한다. (20 소방9) [○ / ×]

| 정답 | 01 ×(요건에 해당함) 02 ×(소명은 해야 함)

더 알아보기

회복하기 어려운 손해발생 우려 인정	회복하기 어려운 손해발생 우려 부정
• 과징금납부명령의 처분이 사업자의 자금사정이나 경영 전반에 미치는 파급효과가 매우 중대한 경우 그로 인한 손해는 '회복하기 어려운 손해'에 해당함(대결 2001.10.10. 자 2001무29) • 상고심에 계속 중인 형사피고인을 안양교도소로부터 진주교도소로 이송하면 회복하기 어려운 손해가 발생할 염려가 있음(대판 1992.8.7. 92두30) • 약제비를 낮추는 보건복지부 고시에 대해 집행을 정지해야 할 제약회사의 이익이 있음(대결 2004.5.12. 자 2003무41)	• 거부처분의 효력정지는 그 거부처분으로 인하여 신청인에게 생길 손해를 방지하는 데에 아무런 소용이 없어 투전기업소 갱신신청을 거부한 처분의 효력정지를 구할 이익이 없음(대판 1992.2.13. 91두47) • 한국문화예술위원회 위원장이 자신의 해임처분의 무효확인을 구하는 소송을 제기한 후 다시 해임처분의 집행정지신청을 한 경우, 해임처분으로 신청인에게 회복하기 어려운 손해가 발생할 우려가 있어 이를 예방하기 위하여 긴급한 필요가 있다고 볼 수 없을 뿐만 아니라, 그 효력을 정지할 경우 공공복리에 중대한 영향을 미칠 우려가 있으므로 효력정지신청은 기각됨(대결 2010.5.14. 자 2010무48) • 경쟁 항공회사에 대한 국제항공노선면허처분으로 인하여 노선의 점유율이 감소됨으로써 경쟁력과 대내외적 신뢰도가 상대적으로 감소되고 연계노선망 개발이나 타항공사와의 전략적 제휴의 기회를 얻지 못하게 되는 손해는 위 면허처분의 효력정지를 구할 법률상 이익이 될 수 없음(대결 2000.10.10. 자 2000무17)

3) 집행정지결정의 효력 (22 군무원9) (16 지방9)

처분집행, 절차속행을 정지함으로써 집행정지 목적을 달성할 수 있는 경우	처분의 효력을 정지할 수 없음
집행정지 효력의 발생	집행정지결정으로, 집행정지를 위한 행정청의 별도의 조치 없이 처분의 효력 등은 법원의 결정으로 정지됨
집행정지의 효력	형성력(○), 기속력(○), 기판력(×)
집행정지의 시간적 효력	• 장래효(○) / 소급효(×), 소급적으로 처분의 효력정지 · 절차정지(×) • 주문에 밝히지 않으면 집행정지는 본안판결이 확정될 때까지 효력 존속
집행정지결정의 대인적 효력	피고행정청(○), 관계행정청(○), 제3자(○)

4) 집행정지결정에 대한 불복

일반적으로 즉시항고는 집행정지효력이 있으나 이 경우 없다는 뜻

집행정지결정에 대한 불복방법	즉시항고 → 집행정지결정에 효력이 없음
집행정지결정의 취소	집행정지의 결정이 확정된 후 집행정지가 공공복리에 중대한 영향을 미치거나 그 정지사유가 없어진 때에는 당사자의 신청 또는 직권에 의하여 결정으로써 집행정지의 결정을 취소할 수 있음(「행정소송법」 제24조 제1항)

5) 가처분 (18 지방7) (18 서울7하)

① 「행정소송법」 규정(×)

② 「민사소송법」 규정(○) → 행정소송에 적용할지에 대해서는 학설 대립

③ **판례:** 부정

단 권 화 메 모 & O X

01 처분의 효력정지는 처분 등의 집행 또는 절차의 속행을 정지함으로써 목적을 달성할 수 있는 경우에는 허용되지 아니한다. (16 지방9) [○ / ×]

02 집행정지결정은 속행정지, 집행정지, 효력정지로 구분되고 이 중 속행정지는 처분의 집행이나 효력을 정지함으로써 목적을 달성할 수 있는 경우에는 허용되지 아니한다. (22 군무원9) [○ / ×]

| 정답 | 01 ○ 02 ×(속행정지가 아니라 집행정지가 조문상 옳음)

★★★

11 소송참가

단권화메모&OX

1) 제3자의 소송참가(공동소송적 보조참가) (18 국가7)

① 신청 또는 직권 시 법원의 결정으로
② **신청각하결정**: 즉시항고(O)
③ **소송참가허가결정**: 항고(×)
④ **참가시기**: 확정판결 전 상고심에서 가능
⑤ **각종 소송에서 제3자의 소송참가**
  ㉠ 취소소송(O)
  ㉡ 무효등확인소송(O)
  ㉢ 부작위위법확인소송(O)
  ㉣ 당사자소송(O)
⑥ **판결의 효력**: 제3자에게도 미침
⑦ **보조참가인의 지위**
  ㉠ 공동소송적 보조참가인
  ㉡ 항고소송의 피고(×)
  ㉢ 소 취하(×)
  ㉣ 상소(O)
⑧ **제3자의 재심청구**: 처분 등을 취소하는 판결에 의하여 권리 또는 이익의 침해를 받은 제3자는 자기에게 책임 없는 사유로 소송에 참가하지 못함으로써 판결의 결과에 영향을 미칠 공격 또는 방어방법을 제출하지 못한 때에는 이를 이유로 확정된 종국판결에 대하여 재심의 청구(30일, 1년: 불변기간)를 할 수 있음

한번 더 정리하기

■ 제3자의 소송참가와 행정청의 소송참가

구분	제3자의 소송참가	행정청의 참가
법적 성질	공동소송적 보조참가인	보조참가인
절차	당사자와 제3자의 신청 또는 법원의 직권	당사자 또는 행정청의 신청 또는 법원의 직권
불복	• 법원이 제3자의 신청에 대한 각하결정 → 불복(O) • 법원이 허가결정 → 불복(×)	법원의 참가허가·거부결정 → 불복(×)
소송행위	피참가인의 행위와 저촉되는 행위를 할 수 있음	피참가인의 행위와 저촉되는 행위를 할 수 없음

2) 행정청의 소송참가(보조참가)

① **소송에 참가하는 행정청**: 피고행정청(×), 감독청(O)
② 직권·신청에 의한 법원결정
③ **참가 여부에 대한 법원결정 불복**: 참가결정 항고(×) / 참가불허결정 항고(×)

01 소송참가할 수 있는 행정청이 자기에게 책임 없는 사유로 소송에 참가하지 못함으로써 판결의 결과에 영향을 미칠 공격방어방법을 제출하지 못한 때에는 이를 이유로 확정된 종국판결에 대하여 재심을 청구할 수 있다. (18 국가7) [O / ×]

| 정답 | 01 ×(행정청(보조참가인)의 재심청구에 관한 규정은 없고, 제3자(공동소송적 보조참가인)의 경우 일정 요건하에 재심청구가 가능함)

12 심리내용 · 범위 · 절차

단 권 화 메 모 & O X

1) 취소소송 심리의 내용

① **요건심리**: 사실심 변론종결 시를 기준으로 적법성 요건 충족 여부 심리
② 본안심리

2) 심리의 범위

① **불고불리의 원칙**: 소 제기 없는 사건에 대한 심리금지
② 사실문제(○)
③ **법률문제(○)**
㉠ 당 · 부당 심리(×)
㉡ 위법 여부 심리(○)
㉢ 재량권 일탈 · 남용 심리(○): 기각, 인용판결(○) / 각하판결(×)

3) 심리의 절차 (18 지방9)

심리에 관한 일반원칙	특수한 심리절차
• 당사자주의 • 처분권주의 • 변론주의 • 구술심리 • 공개심리	직권주의(직권탐지주의, 직권심리주의)

직권심리주의	법원은 필요하다고 인정할 때에는 직권으로 증거조사를 할 수 있고, 당사자가 주장하지 아니한 사실에 대하여도 판단할 수 있음
직권심리주의의 한계	• 법원은 아무런 제한 없이 당사자가 주장하지 아니한 사실 판단(×) • 법원은 기록에 현출되어 있는 사항 중 당사자가 주장하지 아니한 사항을 직권으로 증거조사할 수 있음(91누2854) → 기록에 현출되지 않은 사항에 대해 직권조사할 수 있는 것(×)

4) 주장책임

① 자기에게 유리한 주장을 할 책임
② 자기에게 유리한 주장을 하지 않으면 자기에게 불이익이 발생함

5) 입증책임 (21 군무원7)

① 사실의 존부가 불확실한 경우 사실을 입증해야 할 책임. 이를 입증하지 못하면 입증책임이 있는 자에게 불이익이 주어짐
② **취소소송 입증책임의 분배**

구분	입증책임	예
권한행사의 적법성	피고	• 과세처분의 적법성 • 과세처분의 근거 • 과세요건사실
권한장애사유의 존재	원고	비과세 관행 또는 세금부과 대상이 아니라는 주장
권한행사를 해야 할 의무의 존재	원고	허가신청 거부처분에 대해 허가처분을 해야 할 법적 의무가 있음
권한행사를 할 수 없었던 사유	피고	정보공개청구에 대해 정보공개법상 비공개 사유라는 주장
재량권의 일탈·남용	원고	과징금 금액이 위법하다는 주장
절차의 적법성	피고	납세고지서 송달 여부

③ **무효확인소송에서의 입증책임**: 무효확인에 대한 주장책임과 입증책임 모두 원고에게 있음
④ **부작위위법확인소송에서의 입증책임**

신청사실, 신청권의 존재	원고
신청에 따른 처분을 하지 못한 것을 정당화하는 사유	행정청

단권화 메모 & OX

★★☆

13 처분사유의 추가·변경 (22 국가9) (22 군무원9) (17 국가7상) (17 지방7) (17 서울7) (17 국가9상) (17 서울9)

1) 「행정소송법」 규정(×)

2) 처분사유 추가·변경의 시간적 한계

사실심 변론종결 시

3) 처분사유 추가·변경

처분사유는 처분 시에 있어야 함

4) 기본적 사실관계의 동일성 인정 여부

기본적 사실관계의 동일성이 인정된 경우 → 사유 추가·변경(○)	기본적 사실관계의 동일성이 없는 경우 → 사유 추가·변경(×)
• 처분의 근거법령만을 추가·변경하는 것은 새로운 처분사유의 추가라고 볼 수 없으므로 이와 같은 경우에는 처분청이 처분 당시에 적시한 구체적 사실에 대하여 처분 후에 추가·변경한 법령을 적용하여 그 처분의 적법 여부를 판단하여도 무방함 • '담합주도로 입찰을 방해'에서 '특정인을 위한 담합한 자'로 사유변경 • 준농림지역을 이유로 산림형질변경허가거부에서 자연환경, 생태계 교란 등의 이유로 사유변경(대판 2004.11.26. 2004두4482) • 과세처분사유의 이자소득과 대금업에 의한 사업소득 • 액화석유가스판매허가거부사유에 있어 허가기준에 맞지 않는다는 사유에서 판매소 사이의 이격거리가 맞지 않는다로 사유로 변경(대판 1989.7.25. 88누11926)	• 군 부대장의 부동의사유와 공공의 안전·군사시설 보호사유 • 행정심판 중이라는 사유와 불법적인 형질변경행위사유 • 수납대장 미비치사유와 관계서류제출명령 불이행사유 • 학교위생정화구역 외의 허위표시사유와 상사의 결재 없이 거리표시기입사유 • 계약불이행사유와 뇌물증여사유 • 무자료 주류판매사유와 무면허판매업자에 대한 주류판매사유 • 기존 중고자동차 사업자와의 거리제한규정 저촉사유와 최소주차용지 미달사유 • 청소년을 고용한 적이 없다는 사유와 유통기한이 경과한 식품을 판매한 사유

단 권 화 메 모 & O X

01 석유판매업허가신청에 대하여 관할 군부대장의 동의를 얻지 못하였다는 당초의 불허가 사유와 토지가 탄약창에 근접한 지점에 있어 공익적인 측면에서 보아 허가신청을 불허한 것은 적법하다는 사유는 기본적 사실관계 동일성을 부정한다. (22 군무원9) [○ / ×]

02 원고 자신은 청소년을 고용한 적이 없다고 주장하면서 제기한 과징금부과처분의 취소소송 계속 중에 행정청은 원고가 유통기한이 경과한 식품을 판매한 사실을 처분사유로 추가·변경할 수 있다. (22 국가9 변형) [○ / ×]

| 정답 | 01 ○ 02 ×(기본적 사실관계의 동일성이 없으므로 사유 추가·변경 불가)

14 판결의 유형

단권화 메모 & OX

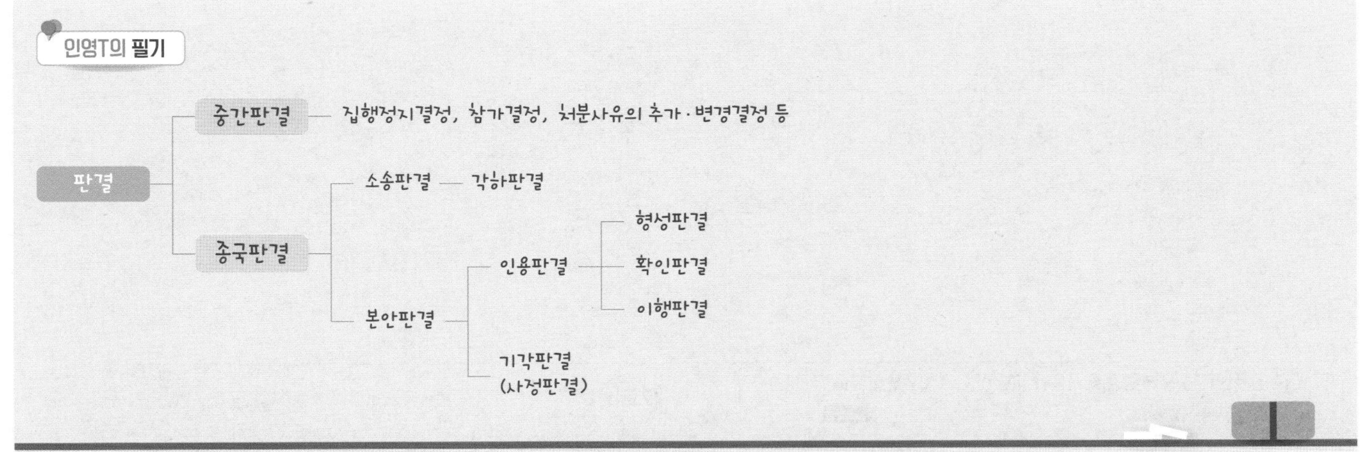

1) 판결의 유형

① **각하판결(소송판결)**: 소송요건 존부판단시기, 사실심 변론종결 시 기준
② 기각판결(본안판결)
③ 기각판결인 사정판결(본안판결)
④ 인용판결(본안판결)

2) 사정판결 (22 지방9) (21 지방9) (17 지방7)

요건	처분 위법, 취소가 현저히 공공복리에 적합하지 않은 경우
주문	기각, 처분의 위법임을 명시
사정판결이 가능한 경우	당사자의 신청에 의한 사정판결(○), 법원의 직권으로 사정판결(○, 判)
판단시점	• 처분의 위법 여부: 처분 시 • 처분의 취소가 현저히 공공복리에 적합하지 아니할 것: 판결 시
비용	원고(×) / 피고(○)
효과	청구기각, 처분 위법(기판력 인정), 법원이 직접 손해배상을 명하는 것은 아님
권리구제	손해배상을 취소소송이 계속된 법원에 병합하여 제기할 수 있음
사정판결이 인정되는 소송	취소소송(○), 무효등확인소송(×), 부작위위법확인소송(×)

01 원고의 청구가 이유 있다고 인정하는 경우에도 이를 인용하는 것이 현저히 공공복리에 적합하지 않다고 판단되면 법원은 피고 행정청의 주장이나 신청이 없더라도 사정판결을 할 수 있다. (22 지방9) [○ / ×]

| 정답 | 01 ○

3) 일부취소·전부취소 (19 서울9하) (18 지방9) (17 국가7하)

단권화 메모 & OX

개별적 검토	재량	전부취소. 과징금 부과처분 → 재량 → 법에 정해진 한도액을 초과한 부분만 취소(×) / 전부취소(○)
	기속행위이나 법에서 금액을 산출할 수 없는 경우	전부취소(○)
	기속행위	과세처분 → 법에 따른 정당한 세액을 초과한 부분만 취소(○) / 전부취소(×)
	비공개대상정보와 공개가능한 부분이 분리 가능한 경우, 정보공개에 대한 거부처분	공개가능한 부분의 거부만 취소(○) / 거부처분 전부취소(×)

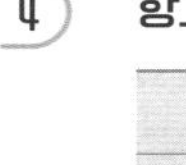
관련 판례

여러 개의 상이에 대한 국가유공자요건 비해당처분에 대한 취소소송에서 그중 일부 상이가 국가유공자요건이 인정되는 상이에 해당하더라도 나머지 상이에 대하여 위 요건이 인정되지 아니하는 경우에는 국가유공자요건 비해당처분 중 위 요건이 인정되는 상이에 대한 부분만을 취소하여야 할 것이고, 그 비해당처분 전부를 취소할 수는 없음(대판 2012.3.29. 2011두9263)

★★☆

4) 항고소송의 위법성 판단 기준시점

소송	취소소송	무효등확인소송	부작위위법확인소송	사정판결
위법성 판단 기준시점	처분 시	처분 시	**판결 시** (사실심 변론종결 시)	**처분 시** (다만, 사정판결의 필요성 판단시점은 판결 시)

15 판결의 효력

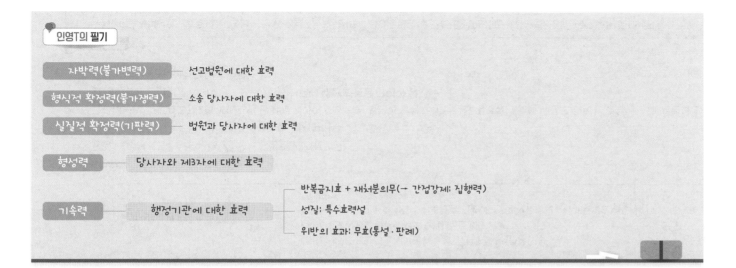

인영T의 필기

- 자박력(불가변력) — 선고법원에 대한 효력
- 형식적 확정력(불가쟁력) — 소송 당사자에 대한 효력
- 실질적 확정력(기판력) — 법원과 당사자에 대한 효력
- 형성력 — 당사자와 제3자에 대한 효력
- 기속력 — 행정기관에 대한 효력
  - 반복금지효 + 재처분의무(→ 간접강제: 집행력)
  - 성질: 특수효력설
  - 위반의 효과: 무효(통설·판례)

1 판결의 효력 (19 서울9하) (17 서울9)

자박력(불가변력), 불가쟁력(형식적 확정력), 기판력(실질적 확정력), 기속력, 형성력

★★☆

2 기판력 (22 지방9) (22 군무원9) (21 군무원7) (17 국가9상)

불가쟁력과의 관계	형식적 확정력인 불가쟁력이 발생해야 실질적 확정력인 기판력이 인정됨
기판력	「행정소송법」 규정(×) / 「민사소송법」 규정(○)
기판력이 인정되는 판결	기각판결, 인용판결
기판력의 객관적 범위	주문(○) / 개별적 사유(×)
기판력의 주관적 범위	원고(○), 피고행정청(○), 관계행정청(○) / 제3자(×)
기판력의 시간적 범위	사실심 변론종결 시
취소소송에서 기각판결의 기판력	취소소송에서 기각판결이 나오면 무효등확인소송을 제기하는 것은 기판력에 저촉됨
무효등확인소송에서 기각판결의 기판력	취소소송을 제기해도 기판력에 저촉되지 않음
취소소송 판결의 기판력과 손해배상청구소송	인용판결의 경우에는 기판력이 인정되므로 위법을 전제로 손해배상 여부를 판단해야 함. 그러나 취소소송에서 기각판결이 나온 경우 법원은 손해배상에서의 위법 여부를 별도로 판단한 후 배상 여부를 결정해야 함
취소소송에서 처분적법으로 확정된 후	행정청, 직권으로 기판력이 발생한 행정처분 취소 가능(○)

단권화 메모 & OX

01 공사중지명령의 상대방이 제기한 공사중지명령취소소송에서 기각판결이 확정된 경우 특별한 사정변경이 없더라도 그 후 상대방이 제기한 공사중지명령해제신청 거부처분취소소송에서는 그 공사중지명령의 적법성을 다시 다툴 수 있다. (22 지방9) [○ / ×]

02 취소소송의 기각판결의 기판력은 무효확인소송에 미친다. (22 군무원9) [○ / ×]

| 정답 | 01 ×(기판력으로 인하여 다툴 수 없음) 02 ○

3 기속력 (22 지방9) (22 군무원9)

① 기속력 일반

「행정소송법」 규정	○(「행정소송법」 제30조)
인정되는 범위	취소판결(○), 무효등확인소송(○), 부작위위법확인소송(○), 당사자소송(○)
인정되는 판결	인용판결(○) / 기각판결(×)
주관적 범위	당사자인 행정청(○), 그 밖의 모든 행정청(○)
객관적 범위	주문 + 위법사유에 관한 이유(○)
기속력의 성질	• 기판력설과 특수효력설 대립 • 특수효력설(多) • 판례는 기판력이라는 표현을 사용하고 있으나, 기속력을 특수한 효력이라는 관점에서 판시하고 있음. 따라서 판례는 특수효력설의 입장이라고 평가할 수 있음
기속력의 내용	• 반복금지효 • 재처분의무

② 반복효 금지의무 위반인 것과 아닌 것

위반인 것	위반이 아닌 것
위법사유를 반복하여 처분한 경우	• 처분 시에 존재한 다른 사유를 들어 동일한 내용의 처분을 하는 것 • 처분 이후 사유를 이유로 새로이 처분하는 것 • 절차상 하자를 이유로 처분이 취소된 후 처분청이 위법사유를 보완하여 동일한 내용의 처분을 하는 것 (대판 1987.2.24. 85누229)

③ 재처분의무

㉠ 신청 → 거부처분 → 거부처분 취소 → 행정청, 재처분의무

㉡ 신청 → 부작위 → 부작위위법확인 → 행정청, 재처분의무

㉢ 「행정소송법」 제30조 제2항에 따르면 판결에 의하여 취소되는 처분이 당사자의 신청을 거부하는 것을 내용으로 하는 경우에는 그 처분을 행한 행정청은 판결의 취지에 따라 다시 이전의 신청에 대한 처분을 하여야 함

㉣ 신청에 대한 처분: 신청한 대로 처분(×)

관련 판례

1. 거부처분이 실체법상의 위법을 이유로 취소된 경우: 행정청은 원칙적으로 신청을 인용하는 처분을 해야 하고, 사실심 변론종결 이전의 사유를 내세워 다시 거부처분을 하는 것은 기속력에 저촉됨(대판 2001.3.23. 99두5238)
2. 거부처분이 절차법상의 위법을 이유로 취소된 경우: 원고의 신청내용으로 재처분(×) → 행정청은 다른 이유로 거부처분을 할 수 있음
3. 사실심 변론종결 이후 발생한 새로운 사유를 내세워 다시 이전의 신청을 거부해도 재처분에 해당하고 기속력에 반하지 않음(대판 1999.12.28. 98두1895)
4. 법령이 개정 시행된 경우 개정된 법령에 따라 다시 거부처분할 수 있으며, 재처분에 해당함(대결 1998.1.7. 자 97두22)
5. 거부처분 이후 변경된 법령에 따라 새로운 사유를 들어 재차 거부하는 경우에도 개정법령에 경과규정을 둔 경우 거부처분은 기속력에 반함(대결 2002.12.11. 자 2002무22)

단권화 메모 & OX

01 절차상의 하자를 이유로 행정처분을 취소하는 판결이 선고되어 확정된 경우, 그 확정판결의 기속력은 취소사유로 된 절차의 위법에 한하여 미치는 것이므로 행정청은 적법한 절차를 갖추어 동일한 내용의 처분을 다시 할 수 있다. (22 지방9) [○ / ×]

02 행정청은 취소판결에서 위법하다고 판단된 처분사유와 기본적 사실관계의 동일성이 없는 사유이더라도 처분 시에 존재한 사유를 들어 종전의 처분과 같은 처분을 다시 할 수 없다. (22 지방9) [○ / ×]

03 거부처분에 대한 취소판결이 확정된 후 법령이 개정된 경우 개정된 법령에 따라 다시 거부처분을 하여도 기속력에 반하지 아니하다. (22 군무원9) [○ / ×]

| 정답 | 01 ○ 02 ×(기본적 사실관계의 동일성이 없는 경우에는 다시 가능함) 03 ○

④ **기속력을 위반한 처분**: 무효(○)
⑤ 파면처분 취소 후, 다시 징계절차를 거쳐 해임처분하는 것은 기속력에 반하지 않음(대판 1985.4.9. 84누747)
⑥ **기속력과 기판력 비교**

구분	기속력	기판력
규정	「행정소송법」 제30조	「민사소송법」에 규정, 행정소송에도 준용
적용판결	인용판결	인용 · 기각판결
주관적 범위	당사자인 행정청 + 관계행정청	원고 · 피고, 해당 법원
객관적 범위	판결주문과 판결이유에 설시된 개개의 위법사유	판결주문에 표시된 처분의 위법 또는 적법성 일반(○) + 이유(×)
성격	실체적 구속력	소송법적 효력
의미	행정청의 반복금지 의무, 재처분 의무	당사자, 법원은 기판력에 저촉되는 주장 · 판단을 할 수 없음

4 형성력 (22 국가9) (17 국가9하)

<table>
<tr><td>인정되는 판결의 범위</td><td>인용판결(○) / 기각판결(×)</td></tr>
<tr><td>형성력의 효력</td><td>• 취소판결이 있으면 행정청의 별다른 의사표시 없이 처분 시로 소급하여 처분의 효력상실
• 운전면허정지 → 법원, 운전면허정지의 취소 → 운전면허정지처분은 소급하여 효력을 잃게 되므로 면허정지기간 중의 운전은 무면허운전이 아님</td></tr>
<tr><td>주관적 범위</td><td>소송당사자(○), 판결에 참여하지 않은 제3자(○)</td></tr>
<tr><td>대세효</td><td>제3자에 대한 효력
<table><tr><td>구분</td><td>소송에 참여하지 않은 제3자</td></tr><tr><td>기판력</td><td>× → 재심청구</td></tr><tr><td>형성력</td><td>○ → 제3자에 대한 수익적 처분 취소</td></tr></table></td></tr>
<tr><td>인용 · 기각판결과 기속력 · 형성력</td><td><table><tr><td>구분</td><td>인용판결</td><td>기각판결</td></tr><tr><td>불가쟁력, 기판력의 효력</td><td>○</td><td>○</td></tr><tr><td>기속력</td><td>○</td><td>×</td></tr><tr><td>형성력</td><td>○</td><td>×</td></tr></table></td></tr>
</table>

한번 더 정리하기

■ 판결의 효력의 주관적 범위

자박력	선고법원에 대한 효력
기판력	법원과 당사자에 대한 효력
기속력	처분청 및 관계행정기관에 대한 효력
형성력	제3자에 대한 효력

단 권 화 메 모 & O X

01 영업허가취소처분이 나중에 행정쟁송절차에 의하여 취소되었더라도, 그 영업허가취소처분 이후의 영업행위는 무허가영업이다. (22 국가9) [○ / ×]

| 정답 | 01 ×(수익적 처분의 취소의 취소가 있는 경우 원처분이 소생함)

16 간접강제

1) 의의

거부처분취소, 부작위위법확인판결 → 행정청, 재처분의무 → 행정청이 재처분의무를 이행하지 않은 경우 → 간접강제

구분	간접강제
취소소송	○
무효등확인소송	×
부작위위법확인소송	○

2) 간접강제의 요건 (22 지방9) (21 국가7) (18 지방9)

① 인용판결

② 행정청, 재처분의무 불이행(판결 취지에 반한 재처분이 있었다면 간접강제 가능)

③ 당사자 신청
- 법원, 상당한 기간 내 재처분명령 → 이행하지 않은 경우, 기속력에 반한 경우 → 배상명령
- 법원, 즉시 배상명령

3) 간접강제에 기한 배상금의 성질

재처분 지연에 대한 제재(×), 손해배상(×) / 재처분 이행에 관한 심리적 강제수단(○)

관련 판례

특별한 사정이 없는 한 간접강제결정에서 정한 의무이행기간이 경과한 후에라도 확정판결의 취지에 따른 재처분의 이행이 있으면 배상금을 추심함으로써 심리적 강제를 꾀할 목적이 상실되어 처분상대방이 더 이상 배상금을 추심하는 것은 허용되지 않음(대판 2004.1.15. 2002두2444)

단권화 메모 & OX

01 건축허가거부처분에 대해 제기한 취소소송에서 인용판결이 확정되었으나 당해 행정청이 기속력에 위반하여 다시 거부처분을 한 경우 원고는 간접강제신청을 할 수 있다. (22 지방9 변형) [○ / ×]

| 정답 | 01 ○

17 취소소송의 종료·불복절차·소송비용

취소소송의 종료	• 소 취하: 종료 • 일신전속적인 소송에서 원고 사망 ⓔ 면직처분을 받은 A가 무효등확인소송 중에 사망 → 소는 종료됨(대판 2007.7.26. 2005두15748)
불복절차	• 1심 판결 - 항소 - 상고 • 1심 결정 - 항고 - 재항고 • 재심: 「민사소송법」 규정에 따른 재심, 제3자의 재심청구
소송비용 부담자	사정판결에 따른 기각: 피고 행정청이 처분을 취소·변경해서 청구가 각하 또는 기각된 경우: 피고 기각·각하판결: 원고 인용판결: 피고

★★☆

18 무효등확인소송

성질	• 기본적 성격: 확인소송 • 부차적 성격: 형성소송
대상	• 처분 • 고유한 하자 있는 행정심판재결 • 처분의 존재·부존재
소의 이익	• 즉시확정의 이익설과 법정이익보호설이 대립하나, 판례는 법정이익보호설을 취하고 있음 • 무효확인소송의 소의 이익은 보충성을 요건으로 하지 않음 • 무효확인소송의 보충성이 요구되는 것은 아니므로 행정처분의 무효를 전제로 한 이행소송 등과 같은 직접적인 구제수단이 있는지 여부를 따질 필요가 없음 • 부당이득반환청구의 소로써 위법적 상태를 제거할 수 있는지 여부에 관계없이 무효확인의 소를 제기한 경우 법률상 이익이 있는 한 소는 적법함(대판 2008.3.20. 2007두6342(전합)) • 우리나라 판례는 무효확인소송에서 즉시확정이익을 요하지 않는다고 함
공법상 계약 완료와 소의 이익(당사자소송)	• 공법상 계약기간이 완료된 경우 채용계약해지에 대한 무효확인을 구할 소의 이익은 없음 • 급료비지급청구소송 또는 손해배상청구소송의 이행청구소송으로 직접 권리구제방법이 있는 이상 무효확인소송은 적절한 권리구제수단이 아님(대판 2008.6.12. 2006두16328) • 당사자소송에서는 소의 이익에 관하여 즉시확정의 이익을 요한다고 함

단권화 메모 & OX

01 대법원은 종래 무효확인소송에서 요구해 왔던 보충성을 더 이상 요구하지 않는 것으로 판례 태도를 변경하였다. (18 교행9) [○ / ×]

| 정답 | 01 ○

<table>
<tr><td>행정심판과 제소기간</td><td>개별 법률이 행정심판을 거쳐 행정소송을 제기하도록 규정하고 있더라도 행정심판절차를 거치지 아니하고 무효확인의 소를 제기할 수 있음
<table><tr><th>구분</th><th>취소소송</th><th>무효등확인소송</th></tr><tr><td>예외적 행정심판전치주의 요건</td><td>○</td><td>×</td></tr><tr><td>제소기간</td><td>○</td><td>×</td></tr></table></td></tr>
<tr><td>무효등확인소송의 입증책임</td><td>원고책임설(○), 피고입증책임(×)</td></tr>
<tr><td>무효사유에 해당하는 처분에 대한 취소소송의 제기</td><td>• 취소소송은 요건을 구비하여 제기할 수 있음
• 행정심판전치주의가 개별법에 규정되어 있는 경우 행정심판을 거쳐 소를 제기해야 함
• 제소기간을 준수해야 함</td></tr>
<tr><td>취소사유에 해당하는 처분에 대한 무효등확인소송의 제기</td><td>• 무효확인을 구하는 소에는 취소를 구하는 취지도 포함되어 있음
• 취소사유가 있는지 심리 → 취소 여부 판결(대판 1994.12.23. 94누477)</td></tr>
</table>

한번 더 정리하기

■ 취소소송과 무효등확인소송의 비교

구분	취소소송	무효등확인소송
제소기간의 제한	○	×
사정판결	○	×
예외적 행정심판전치주의	○	×
간접강제	○	×
집행부정지 · 집행정지결정제도	○	○
제3자의 소송참가	○	○

더 알아보기

취소소송과 무효등확인소송

• 행정처분에 대한 무효확인과 취소청구는 서로 양립할 수 없는 청구로서 주위적 · 예비적 청구로서만 병합이 가능하고 선택적 청구로서의 병합이나 단순병합은 허용되지 아니함

• 동일한 행정처분에 대하여 무효확인의 소를 제기하였다가 그 후 그 처분의 취소를 구하는 소를 추가적으로 병합한 경우, 주된 청구인 무효확인의 소가 적법한 제소기간 내에 제기되었다면 추가로 병합된 취소청구의 소도 적법하게 제기된 것으로 봄이 상당함

단 권 화 메 모 & O X

01 무효선언을 구하는 취소소송이라도 형식이 취소소송이므로 제소요건을 갖추어야 한다. (22 군무원9) [○ / ×]

02 행정처분의 무효확인을 구하는 청구에는 특별한 사정이 없는 한 그 처분의 취소를 구하는 취지까지도 포함되어 있다고 볼 수 있다. (18 지방7) [○ / ×]

| 정답 | 01 ○ 02 ○

19 부작위위법확인소송 (22 소방7) (20 국가9) (20 군무원7) (17 지방9상) (17 지방9하) (15 국가7)

<table>
<tr><td>성질</td><td>• 확인의 소(○)
• 의무이행소송(×)</td></tr>
<tr><td>요건</td><td>• 법규상·조리상의 신청권이 있을 것
• 행정청이 법률상 처분할 의무가 있을 것: 의무는 법령상 의무 + 조리상 의무
※ 행정입법부작위는 처분의무의 문제가 아니므로 부작위위법확인소송의 대상이 되지 않음
※ 부작위가 소의 대상이 되려면 행정청에게 신청을 인용하여야 할 법률상의 의무가 있어야 함(×)
• 상당한 기간 경과
• 행정청이 아무런 처분을 하지 않았을 것
<table><tr><td>거부처분</td><td>부작위위법확인소송(×), 취소소송(○)</td></tr><tr><td>간주거부</td><td>부작위위법확인소송(×), 취소소송(○)</td></tr><tr><td>묵시적 거부</td><td>부작위위법확인소송(○), 취소소송(○)</td></tr></table></td></tr>
<tr><td>원고적격</td><td>• 처분을 신청한 자
• 부작위 관련 법규상·조리상 신청권이 있는 제3자
• 공사중지명령 → 공사중지명령 원인사유 소멸 → 중지명령철회신청 → 행정청 부작위: 중지명령의 철회를 요구할 신청권이 있음. 부작위위법(대판 2005.4.14. 2003두7590)</td></tr>
<tr><td>소의 이익</td><td>심판 도중 처분이 있으면 소의 이익(×)
• 부작위위법확인소송의 변론종결 전 신청에 대한 적극적·소극적 처분이 있으면 소의 이익을 상실하여 각하됨(대판 1990.9.25. 89누4758)
• 사실상 노무에 종사하는 공무원의 범위에 대한 조례부작위에 대하여 소송 진행 도중 공무원이 정년퇴직한 경우 권리구제가 불가하므로 소의 이익은 없음(대판 2002.6.28. 2000두4750)</td></tr>
<tr><td>제소기간</td><td>• 행정심판을 거친 경우: 재결서 송달 90일 이내
• 행정심판을 거치지 아니한 경우: 제소기간 제한 없음</td></tr>
<tr><td>심리의 내용</td><td>• 부작위위법확인소송에서 작위의무만을 심리(○), 신청인용여부심리(×): 절차심리설(判)
• 부작위위법확인의 인용판결: 행정청, 반드시 신청인용(×) 행정청, 거부처분할 수도 있음(○)</td></tr>
<tr><td>입증책임</td><td>• 원고: 신청권
• 피고: 처분을 하지 못한 사유</td></tr>
<tr><td>위법성 판단시점</td><td>판결 시</td></tr>
<tr><td>판결의 종류</td><td>각하·기각·인용판결(○), 사정판결(×)</td></tr>
<tr><td>판결의 효력</td><td>기속력(○), 형성력(×), 간접강제(○)</td></tr>
</table>

한번 더 정리하기

■ 취소소송과 부작위위법확인소송의 비교

구분	취소소송	부작위위법확인소송
처분변경으로 인한 소의 변경	○	×
집행정지	○	×
사정판결	○	×
행정심판 전치주의	○	○
제3자, 행정청의 소송참가	○	○
간접강제	○	○
형성력	○	×
기속력	○	○
제3자효	○	○

단권화 메모 & OX

01 부작위위법확인소송은 행정청에 대하여 어떠한 행정처분을 하여 줄 것을 요청할 수 있는 법규상 또는 조리상의 권리를 갖는 자만이 제기할 수 있다. (18 국회8 변형) [○ / ×]

02 절차적 심리설(응답의무설)에 의하면, 부작위위법확인소송의 인용판결의 경우에 행정청이 신청에 대한 가부의 응답만 하여도 「행정소송법」 제2조 제1항 제2호의 '일정한 처분'을 취한 것이 된다. (15 국가7) [○ / ×]

03 부작위위법확인소송에는 취소판결의 사정판결규정은 준용되지 않지만 제3자효, 기속력, 간접강제에 관한 규정은 준용된다. (18 국회8) [○ / ×]

| 정답 | 01 ○ 02 ○ 03 ○

★★★

20 당사자소송 (19 지방7) (22 지방9) (19 서울7하) (18 서울9하)

1) 실질적 당사자소송

① 처분 등을 원인으로 하여 발생한 법률관계소송
② 공법상 지위확인을 구하는 소송

2) 민사소송인 경우와 당사자소송인 경우 (22 국가9) (22 지방9) (21 국가7) (21 지방7) (18 서울9하)

① 공법상 금전급부청구소송 중 민사소송인 경우와 당사자소송인 경우

민사소송	당사자소송
• 공법상 부당이득반환(조세과오납금환급)청구소송(대판 1997.10.10. 97다26432; 대판 1995.4.28. 94다55019) • 국가배상청구소송(대판 1972.10.10. 69다701) • 「수산업법」상 손실보상청구소송(대판 2001.6.29. 99다56468; 대판 2005.9.29. 2002다73807) • 토지의 협의취득 시 보상금청구소송(대판 1999.3.23. 98다48866) • 국·공유 일반재산(구 잡종재산)의 대부료납부에 관한 소송(대판 2000.2.11. 99다61675; 대판 2010.11.11. 2010다59646)	• 「하천법」상 손실보상청구소송(대판 2006.5.18. 2004다6207(전합)) • 공유수면매립사업으로 인한 관행어업권을 상실한 자의 보상금증감청구소송(대판 2001.6.29. 99다56468; 대판 2005.9.29. 2002다73807) • 구 「토지수용법」 제75조의2(현 「공익사업을 위한 토지 등의 취득 및 보상에 관한 법률」 제85조 제2항)의 보상금증감청구소송(대판 1991. 11.26. 91누285): 형식적 당사자소송 • 구 「광주 민주화운동 관련자 보상 등에 관한 법률」(현 「5·18민주화운동 관련자 보상 등에 관한 법률」)상 보상금지급 등에 관한 소송(대판 1992.12.24. 92누3335) 비교 「민주화운동 관련자 명예회복 및 보상 등에 관한 법률」에 따른 보상금 등의 지급을 구하는 소송은 취소소송(대판 2008.3.20. 2005두16185(전합))임 - 보상심의위원회의 보상금 등의 지급대상자에 관한 결정은 행정처분임 • 석탄산업법령상 폐광된 광산에서 업무상 재해를 입은 근로자의 재해위로금지급청구소송(대판 1999.1.26. 98두12598) • 법령의 개정에 따른 국방부장관의 퇴역연금액감액조치에 대한 퇴역연금수급권자의 차액지급청구소송(대판 2003.9.5. 2002두3522) • 공무원연금법령의 개정에 따라 퇴직연금 중 일부 금액에 대한 지급이 정지된 경우 미지급 퇴직연금지급청구소송(대판 2004.12.24. 2003두15195) • 지방자치단체가 보조금지급결정을 하면서 일정 기한 내에 보조금을 반환하도록 하는 교부조건을 부가한 경우 보조사업자에 대한 지방자치단체의 보조금반환청구소송(대판 2011.6.9. 2011다2951) • 보조금교부결정이 취소된 경우 「보조금의 예산 및 관리에 관한 법률」 제31조 제1항에 의한 보조사업자에 대한 중앙관서장의 보조금반환청구소송(대판 2012.3.15. 2011다17328)

단권화 메모 & OX

01 공무원의 직무상 불법행위로 손해를 받은 국민이 국가 또는 공공단체에 배상을 청구하는 소송은 「민사소송법」상 민사소송에 의한다. (18 서울9하 변형) [○ / ×]

02 「하천구역 편입토지 보상에 관한 특별조치법」 제2조 제1항의 규정에 의한 손실보상금의 지급을 구하거나 손실보상청구권의 확인을 구하는 소송은 「행정소송법」상 당사자소송에 의한다. (18 서울9하 변형) [○ / ×]

| 정답 | 01 ○ 02 ○

② 공법상 신분 · 지위 등의 확인소송 중 민사소송인 경우와 당사자소송인 경우

민사소송	당사자소송
• 재개발조합 조합장과 조합임원의 선임 · 해임을 다투는 소송(대결 2009.9.24. 자 2009마168 · 169) • 서울특별시 지하철공사 사장의 소속 직원에 대한 징계처분(대판 1989.9.12. 89누2103)	• 주택재건축정비조합의 총회결의(조합설립변경결의 또는 사업시행계획결의)의 효력을 다투는 소송(대판 2009.9.17. 2007다2428(전합); 대판 2010.7.29. 2008다6328) • 재개발조합에 대한 조합원자격확인소송(대판 1996.2.15. 94다31235(전합)) 비교 재개발조합의 관리처분계획은 항고소송의 대상이 되는 행정처분임(대판 2002.12.10. 2001두6333) • 농지개량조합에 대한 직원지위확인소송(대판 1977.7.26. 76다3022) • 공무원지위확인소송(대판 1998.10.23. 98두12932) • 전문직공무원인 공중보건의사(국방일보의 발행책임자인 국방홍보원장 · 서울특별시의 경찰국 산하 서울대공전술연구소 연구위원)에 대한 채용계약 해지의 의사표시를 다투는 소송(대판 1996.5.31. 95누10617; 대판 2002.11.26. 2002두5948; 대판 1993.9.14. 92누4611) • 서울특별시립무용단원의 해촉을 다투는 소송(대판 1995.12.22. 95누4636)

3 형식적 당사자소송

① 보상금증감청구소송

㉠ 잔여지수용청구: 토지수용위원회 수용청구 기각재결 → 보상금증감청구소송

㉡ 피고: 사업시행자 ↔ 토지소유자, 관계인(○), 토지수용위원회(×)

② 「특허법」상 보상금 또는 대가에 관한 소송

4 당사자소송의 피고

→ 행정주체(○), 행정청(×), 국가(○), 지방자치단체(○), 공무수탁사인(○)

5 제소기간

→ 취소소송 제소기간 적용(×), 별도 규정이 있으면 이에 따름(불변기간)

6 행정심판 전심절차

→ 적용(×)

단권화 메모 & OX

01 조합원이 관리처분계획에 대한 의결에 대해 소송으로 다투려면 주택재건축정비사업조합을 상대로 민사소송을 제기하여야 한다. (22 지방9 변형) [○ / ×]

02 조합원이 관리처분계획에 대해 소송으로 다투려면 항고소송을 제기하여야 한다. (22 지방9 변형) [○ / ×]

03 공법상 계약이더라도 한쪽 당사자가 다른 당사자를 상대로 계약의 이행을 청구하는 소송은 민사소송으로 제기하여야 한다. (22 지방9) [○ / ×]

| 정답 | 01 ×(당사자소송의 대상임) 02 ○ 03 ×(당사자소송의 대상임)

7) 당사자소송과 항고소송 (21 군무원9) (18 국가9)

단권화 메모 & OX

① **법률의 규정에 의해 직접 권리 발생:** 당사자소송
② **법률에 근거한 처분에 의해 권리 발생:** 항고소송
③ **「5 · 18민주화운동 관련자 보상 등에 관한 법률」:** 보상금수급권이 법률에 의해 발생함 → 5 · 18민주화운동심의회 보상결정, 처분성(×)
④ **5 · 18민주화운동 보상금결정**

구분	처분성	소송절차
5 · 18민주화운동심의회 보상금결정	×	당사자소송
민주화운동보상심의회의 보상금결정	○	항고소송

⑤ **퇴직금소송**

구분	군인(공무원)퇴직금결정	퇴직금감액, 일부지급정지
법률에 의해 내용 결정	×	○
처분성	○	×
소송절차	항고소송	당사자소송

⑥ **항고소송과 당사자소송**

항고소송	당사자소송
• 「민주화운동 관련자 명예회복 및 보상 등에 관한 법률」에 따른 위원회의 보상결정 • 토지수용위원회의 수용재결 • 재건축조합의 관리처분계획 • 군인 · 공무원 퇴직금연금결정 • 과다지급된 공무원퇴직연금환수통지(대판 2009.5.14. 2007두16202) • 진료기관의 보호비용청구에 대하여 보호기관의 지급을 거부한 결정(대판 1999.11.26. 97다42250)	• 「5 · 18민주화운동 관련자 보상 등에 관한 법률」에 따른 보상 • 보상금증감청구소송 • 재건축조합총회결의 • 퇴직연금감액결정 • 퇴직연금 일부미지급결정 • 주거이전비 보상청구소송

8 당사자소송에서 가집행 허용 여부 (20 지방7)

국가를 상대로 하는 당사자소송의 경우에는 가집행선고를 할 수 없다는 「행정소송법」 제43조 규정은 헌법재판소 위헌결정(헌재 2022.2.24. 2020헌가12) 판결을 받아 이제는 가집행선고를 할 수 있음

관련 판례

「행정소송법」 제8조 제2항에 의하면 행정소송에도 「민사소송법」의 규정이 일반적으로 준용되므로 법원으로서는 공법상 당사자소송에서 재산권의 청구를 인용하는 판결을 하는 경우 가집행선고를 할 수 있음(대판 2000.11.28. 99두3416)

한번 더 정리하기

■ 소송의 비교

구분	취소소송	무효등확인소송	부작위위법확인소송	당사자소송
행정심판 예외적 전치주의	○	×	○	×
취소소송 제소기간 적용	○	×	△	×
소의 변경	○	○	○	○
처분변경으로 인한 소의 변경	○	○	×	○
집행부정지원칙, 집행정지제도	○	○	×	×
사정판결	○	×	×	×
판결의 대세적 효력	○	○	○	×
판결의 간접강제	○	×	○	×
제3자와 행정청 소송참가	○	○	○	○
기속력	○	○	○	○
기판력	○	○	○	○

단 권 화 메 모 & O X

에듀윌이
너를
지지할게

ENERGY

끝이 좋아야 시작이 빛난다.

– 마리아노 리베라(Mariano Rivera)

2023 에듀윌 공무원 행정법 단권화 요약노트

발 행 일 2022년 8월 10일 초판
편 저 자 정인영
펴 낸 이 권대호
펴 낸 곳 (주)에듀윌
등록번호 제25100-2002-000052호
주 소 08378 서울특별시 구로구 디지털로34길 55
코오롱싸이언스밸리 2차 3층

ISBN 979-11-360-1840-3 (13350)

www.eduwill.net
대표전화 1600-6700

여러분의 작은 소리
에듀윌은 크게 듣겠습니다.

본 교재에 대한 여러분의 목소리를 들려주세요.
공부하시면서 어려웠던 점, 궁금한 점,
칭찬하고 싶은 점, 개선할 점, 어떤 것이라도 좋습니다.

에듀윌은 여러분께서 나누어 주신 의견을
통해 끊임없이 발전하고 있습니다.

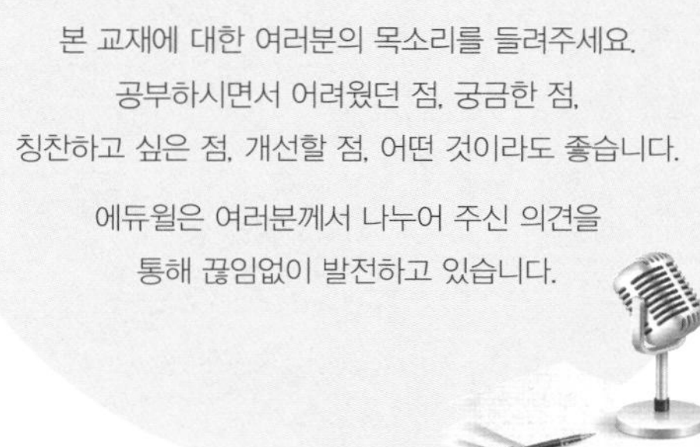

에듀윌 도서몰 book.eduwill.net

- 부가학습자료 및 정오표: 에듀윌 도서몰 → 도서자료실
- 교재 문의: 에듀윌 도서몰 → 문의하기 → 교재(내용, 출간) / 주문 및 배송

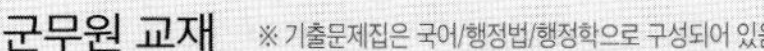

군무원 교재

※ 기출문제집은 국어/행정법/행정학으로 구성되어 있음.

기출문제집(행정법)

봉투모의고사
(국어+행정법+행정학)

계리직공무원 교재

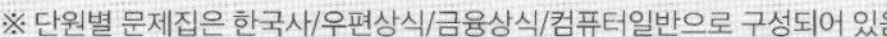

※ 단원별 문제집은 한국사/우편상식/금융상식/컴퓨터일반으로 구성되어 있음.

기본서(한국사)

기본서(우편상식)

기본서(금융상식)

기본서(컴퓨터일반)

단원별 문제집(한국사)

기출문제집
(한국사+우편·금융상식+컴퓨터일반)

국어 집중 교재

매일 기출한자(빈출순)

매일 푸는 비문학(4주 완성)

영어 집중 교재

빈출 VOCA

매일 3문 독해
(기본완성/실력완성)

빈출 문법(4주 완성)

기출판례집(빈출순) 교재

행정법

헌법

형사법

단권화 요약노트 교재

국어 문법 단권화 요약노트

영어 단기 공략
(핵심 요약집)

한국사 흐름노트

행정학 단권화 요약노트

행정법 단권화 요약노트

* YES24 수험서 자격증 공무원 베스트셀러 1위 (2017년 3월, 2018년 4월~6월, 8월, 2019년 4월, 6월~12월, 2020년 1월~12월, 2021년 1월~12월, 2022년 1월~7월 월별 베스트, 매월 1위 교재는 다름)
* YES24 국내도서 해당분야 월별, 주별 베스트 기준 (좌측 상단부터 순서대로 2021년 6월 4주, 2020년 7월 2주, 2020년 4월, 2020년 5월, 2022년 7월, 2022년 1월, 2021년 11월 3주, 2022년 6월, 2021년 10월 4주, 2022년 7월, 2022년 7월, 2020년 6월 1주, 2022년 7월, 2021년 10월, 2021년 12월 3주, 2020년 10월 2주, 2022년 6월 4주, 2022년 7월, 2022년 7월, 2021년 12월, 2022년 1월, 2022년 3월 3주, 2022년 6월, 2022년 7월, 2022년 6월 3주, 2021년 12월 1주, 2021년 9월)

더 많은
공무원 교재

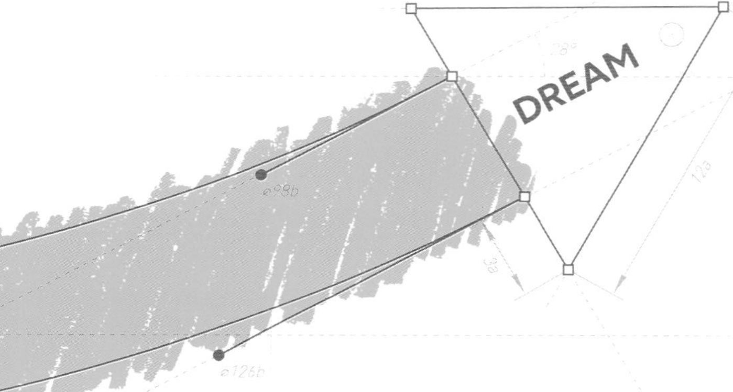

DREAM